Les Stratégies de Reproduction des Animaux

Consultez nos catalogues sur le Web

http://www.dunod.com

Les Stratégies de Reproduction des Animaux

L'aventure évolutive de la sexualité

Thierry Lodé
Professeur de l'Université d'Angers

Illustrations de
Dominique Le Jacques et Thierry Lodé

Préface de Jacques Blondel

DUNOD

Ce pictogramme mérite une explication. Son objet est d'alerter le lecteur sur la menace que représente pour l'avenir de l'écrit, particulièrement dans le domaine de l'édition technique et universitaire, le développement massif du **photocopillage**.

Le Code de la propriété intellectuelle du 1er juillet 1992 interdit en effet expressément la photocopie à usage collectif sans autorisation des ayants droit. Or, cette pratique s'est généralisée dans les établissements d'enseignement supérieur, provoquant une baisse brutale des achats de livres et de revues, au point que la possibilité même pour les auteurs de créer des œuvres nouvelles et de les faire éditer correctement est aujourd'hui menacée.

Nous rappelons donc que toute reproduction, partielle ou totale, de la présente publication est interdite sans autorisation du Centre français d'exploitation du droit de copie (**CFC**, 20 rue des Grands-Augustins, 75006 Paris).

© Dunod, Paris, 2001
ISBN 2 10 005739 1

Toute représentation ou reproduction intégrale ou partielle faite sans le consentement de l'auteur ou de ses ayants droit ou ayants cause est illicite selon le Code de la propriété intellectuelle (Art L 122-4) et constitue une contrefaçon réprimée par le Code pénal. • Seules sont autorisées (Art L 122-5) les copies ou reproductions strictement réservées à l'usage privé du copiste et non destinées à une utilisation collective, ainsi que les analyses et courtes citations justifiées par le caractère critique, pédagogique ou d'information de l'œuvre à laquelle elles sont incorporées, sous réserve, toutefois, du respect des dispositions des articles L 122-10 à L 122-12 du même Code, relatives à la reproduction par reprographie.

Préface

Voici un livre passionnant qui va ouvrir bien des horizons à ceux qui s'intéressent à la sexualité et à l'évolution des systèmes de reproduction. Un défi majeur en biologie est d'expliquer pourquoi et comment la reproduction sexuée et les processus de recombinaison génétique qui lui sont associés ont eu un tel succès au cours de l'histoire de la vie et cela, malgré son coût exorbitant. Car la sexualité est doublement coûteuse, d'abord parce que des « femelles asexuées » peuvent théoriquement produire deux fois plus de descendants que des femelles sexuées, ensuite parce que les mécanismes de recombinaison génétique risquent de détruire des assortiments de gènes favorables que la sélection naturelle aurait pu retenir. Pourquoi donc, malgré ces coûts, l'évolution s'obstine-t-elle à favoriser la sexualité, tant dans le monde animal que dans le monde végétal ? Une bonne vingtaine de modèles se sont efforcés, avec plus ou moins de succès, de démontrer comment et pourquoi les avantages du sexe surpassent les inconvénients de ses coûts. Ce livre nous entraîne dans cette histoire fascinante qu'est l'aventure de la sexualité et nous en fait découvrir ses caractéristiques et ses fonctions après que les systèmes de reproduction asexuée qui perdurent encore dans certains groupes primitifs ont été passés en revue et décrits.

Cette saga sur la sexualité se décline en trois registres : la genèse de la sexualité, son mode de fonctionnement et les compromis évolutifs qui lui sont associés. Il invite le lecteur à parcourir le déroulement des étapes qui se succédèrent depuis le simple dédoublement initial d'un individu par bourgeonnement jusqu'aux processus complexes de gestation chez les Mammifères. Il nous fait peu à peu découvrir l'émergence de la dualité par laquelle les deux sexes, à l'origine et pour longtemps présents dans le même individu, se dissocient l'un de l'autre et s'épanouissent chacun de son côté pour produire un mâle et une femelle. Il nous entraîne dans les détails de la biologie de la reproduction, évoquant tour à tour le partage et la complémentarité des fonctions entre sexes, l'investissement parental dans les différentes étapes de l'acte reproducteur, puis les mécanismes par lesquels l'isolement reproducteur conduit au processus de spéciation. L'auteur nous montre de manière convaincante par des exemples nombreux et bien choisis quelles sont les conséquences, dans tout ce qui fait la vie de l'individu, quel que soit son âge et son statut social, de la dualité sexuelle. Les prémisses anatomo-morphologiques et physiologiques de la détermination puis de la différenciation du sexe sont l'objet de descriptions et d'analyses précises, la complexité de certaines structures morphologiques ou l'aridité de certains termes techniques, qui font fortune dans les jurys d'agrégation, étant fort heureusement compensées par une illustration généreuse et efficace.

Les propos de Thierry Lodé s'enracinent résolument dans une perspective évolutive, cherchant à expliquer pourquoi et comment tel comportement, tel caractère ou tel trait a été retenu et renforcé par la sélection naturelle. C'est donc tout naturellement qu'une grande partie de l'ouvrage s'inscrit dans ces deux grands courants de la biologie moderne des populations que sont l'évolution des traits d'histoire de vie et l'écologie comportementale. Car la seule vraie question qui se pose à l'individu et à laquelle le biologiste s'efforce de répondre est celle-ci : comment faire pour rester dans le jeu de la vie en se prolongeant par sa descendance ? N'existe-t-il aucune alternative à la course permanente, telle celle d'Alice au pays des merveilles, pour garder sa place au soleil ? Même si certains ont pu trouver excessif d'assimiler l'individu à un avatar éphémère dont la seule fonction est de transmettre des gènes qui ne peuvent qu'être égoïstes, pour reprendre la formule de Dawkins, il reste que la seule sanction de la réussite ou de l'échec est ce qu'on aura transmis à la génération suivante. Or, se prolonger dans l'avenir en transmettant ses propres gènes n'est pas donné à tout le monde. Chez les Oiseaux, une petite fraction seulement des individus, parfois moins de 10 %, contribuent réellement à la génération suivante en produisant la plus grande partie des descendants viables. D'où l'importance accordée dans ce livre à deux grands types de processus, ceux qui déterminent la chaîne de décisions que l'organisme prend pour enclencher un cycle de reproduction, puis ceux qui déterminent les compromis que l'organisme doit faire pour ne pas céder au « Démon de Darwin », illusoire prétention à favoriser tous les traits à la fois, mais qui se traduirait par un immense gâchis. On ne peut pas tout avoir à la fois, il faut choisir entre quantité et qualité, entre reproduction et survie, entre se reproduire maintenant ou attendre un moment plus favorable, bref savoir ajuster son effort de reproduction à ses propres compétences. Si l'effort de reproduction se limite chez la plupart des Invertébrés à la production de larves plus ou moins livrées à elles-mêmes, un soin parental authentique émerge déjà chez certains Arthropodes – Araignées, Dermaptères, Hyménoptères – puis se développe considérablement chez les Vertébrés, notamment les Vertébrés supérieurs comme les Oiseaux et les Mammifères, au point de devenir terriblement coûteux en temps et en énergie. On a démontré, par d'élégantes techniques de physiologie écologique, que la quantité de travail fournie par un oiseau qui couve ses œufs puis élève ses jeunes correspond très exactement à quatre fois le métabolisme de base. Or un tel effort est celui que fournirait un terrassier ou un bûcheron en pleine activité ; il atteint la limite physiologique que l'organisme est capable d'assumer durablement sans hypothéquer sa propre survie. C'est dire l'importance cruciale des choix que l'organisme doit faire pour détecter puis retenir un partenaire travailleur et efficace, un territoire riche en nourriture, un site de reproduction à l'abri des intempéries et des prédateurs ou compétiteurs, une date de reproduction qui soit bien en phase avec l'offre alimentaire du milieu. Il suffit que l'un de ces choix ne soit pas parfait pour que l'individu rejoigne immédiatement la longue cohorte de ceux qui ne transmettent rien à la génération suivante. Un des acquis de ces dernières années est d'avoir réalisé combien la voie est étroite entre le succès et l'échec.

Les prémisses de l'acte reproducteur proprement dit – il y en a plus d'une dizaine – sont donc autant de choix que l'individu doit faire, y compris quant à l'opportunité même de se reproduire. C'est un fait qu'on n'a pas toujours intérêt à se reproduire trop jeune, l'expérience, parfois acquise auprès des parents, pouvant être un puissant atout pour l'avenir. On a aussi parfois intérêt à sauter un épisode de reproduction quand les conditions ne sont pas optimales, prenant ainsi une année sabbatique pour améliorer ses chances futures. C'est dire l'importance des choix individuels et des processus adaptatifs sur la valeur sélective des individus. Dans ce contexte, un des aspects les plus spectaculaires de la vie sexuelle des animaux, dont le lecteur découvrira bien des aspects dans ces pages, est la sélection sexuelle dont on sait les conséquences sur le dimorphisme entre mâles et femelles qui prend parfois des proportions extravagantes comme l'illustrent les bois du Cerf ou la queue du Paon. Une des fonctions de ces ornements, souvent démesurés jusqu'au grotesque, est de fournir à la femelle toute une panoplie d'indices qui la renseignent sur la qualité d'un partenaire potentiel, y compris sur certains facteurs comme sa susceptibilité aux parasites.

Un florilège de travaux récents, dont l'auteur de ce livre dessine parfaitement les contours, nous fait pénétrer dans le monde fascinant de l'ensemble des décisions que doit prendre l'individu pour tirer le meilleur parti des ressources et de l'environnement, puis des comportements qui leur sont associés. Il nous fait aussi pénétrer, grâce aux puissants outils que fournit la biologie moléculaire, et de façon fort indiscrète, dans l'intimité de la vie sexuelle des individus. En 1968, David Lack écrivait que plus de 90 % des oiseaux sont monogames et que la polyandrie est inconnue. Trente ans plus tard, on sait que si 90 % des oiseaux sont bien monogames, ils ne le sont que socialement car à peu près tous sont génétiquement polygames. Les tests de paternité révèlent en effet qu'au cours de chaque épisode de reproduction, une proportion importante des jeunes d'une même nichée est issue de pères socialement illégitimes. Qui eût dit il y a seulement dix ans que les jeunes mésanges qui piaillent au mois de mai dans les nichoirs de nos jardins ne sont souvent que des demi-frères ou sœurs ! Chose encore plus étonnante, on a découvert qu'une intense compétition se livre entre le sperme de plusieurs mâles dans le tractus génital de la femelle et que cette dernière est, semble-t-il, capable de choisir celui qui fécondera ses œufs.

Pour la première fois en langue française, les stratégies de reproduction des animaux sont racontées avec autorité et efficacité par un enseignant-chercheur passionné à la fois par la recherche et par l'enseignement. Spécialiste bien connu des Mustélidés, en particulier du Putois, Thierry Lodé nous offre un superbe panorama d'une question en pleine actualité scientifique comme en attestent l'abondance et la diversité d'une littérature pléthorique que l'auteur domine parfaitement. Se situant au cœur des théories modernes d'histoires de vie, ce livre offre à ses lecteurs les connaissances les plus récentes sur ce sujet qui réserve chaque jour de nouvelles surprises. Il fera le régal de tous ceux, étudiants, enseignants et chercheurs qui s'intéressent aux développements les plus récents de la biologie évolutive des populations.

Professeur Jacques Blondel
Université de Montpellier

Table des matières

INTRODUCTION • **LA REPRODUCTION ET LA SEXUALITÉ DANS L'ÉVOLUTION DES ESPÈCES**   1

1. La reproduction des organismes   1
2. La sexualité et l'évolution   2
3. Reproduction et sélection sexuelle   4

PARTIE 1
LES MODES DE REPRODUCTION : DU BOURGEONNEMENT À LA GESTATION

CHAPITRE 1 • **LA REPRODUCTION ASEXUÉE**   9

1.1 Le bourgeonnement   9
1.2 La sporulation   11
1.3 La scissiparité   12
1.4 La polyembryonie   14

CHAPITRE 2 • **LA REPRODUCTION SEXUÉE NON GONOCHORIQUE**   17

2.1 La conjugaison des Protistes et l'autogamie   17
2.2 L'hermaphrodisme   19
    2.2.1 L'hermaphrodisme simultané   19
    2.2.2 L'hermaphrodisme successif   20

2.3	La parthénogenèse	23
	2.3.1 La parthénogenèse obligatoire	23
	2.3.2 La parthénogenèse facultative et l'hétérogonie	26
2.4	La parthénogonie des Trématodes	27

CHAPITRE 3 • LA REPRODUCTION GONOCHORIQUE ET LA FÉCONDATION — 29

3.1	La dualité sexuelle	29
	3.1.1 La spermatogenèse	30
	3.1.2 L'ovogenèse	31
3.2	La fécondation	32
	3.2.1 La fécondation externe	32
	3.2.2 La fécondation interne indirecte	34
	3.2.3 La fécondation interne directe	35
	3.2.4 Les mécanismes de la fécondation	37
3.3	La fécondité potentielle comparée	38
	3.3.1 La production d'ovocytes	39
	3.3.2 Le rôle de l'accouplement	40
3.4	L'origine du sexe	41
	3.4.1 Le problème de la recombinaison	41
	3.4.2 Le rôle réparateur de la méiose	42
	3.4.3 Le paradoxe de la variabilité	42

CHAPITRE 4 • LA BIVALENCE SEXUELLE — 43

4.1	Homogamètes et hétérogamètes	43
4.2	La différenciation des gonades	45
	4.2.1 La gonadogenèse	45
	4.2.2 L'appareil génital hermaphrodite	46
	4.2.3 L'appareil génital gonochorique	47
4.3	L'indétermination sexuelle	49
	4.3.1 La bivalence embryonnaire tardive	49
	4.3.2 La détermination environnementale du sexe	51
4.4	La néoténie et la pædogenèse	54
4.5	La différenciation sexuelle	55

CHAPITRE 5 • LES MODALITÉS DE LA REPRODUCTION — 57

5.1	Les formes de croissance et les formes sexuelles	57
	5.1.1 Les œufs	57
	5.1.2 Les formes de croissance larvaire	59

5.2	L'oviparité	64
	5.2.1 L'ovuliparité	64
	5.2.2 L'oviparité immédiate	64
5.3	L'ovoviviparité	66
5.4	La Viviparité	70
	5.4.1 La viviparité apparente ou histotrophe	70
	5.4.2 La viviparité vraie ou hémotrophe	72
5.5	La gestation différée	75
	5.5.1 La fécondation retardée	75
	5.5.2 Le délai d'implantation	76

PARTIE 2
LA BIOLOGIE DE LA REPRODUCTION : DE LA RECONNAISSANCE SPÉCIFIQUE À L'ISOLEMENT REPRODUCTEUR

CHAPITRE 6 • LE RÔLE ÉVOLUTIF DES MÂLES ET DES FEMELLES — 81

6.1	L'avantage évolutif du sexe	81
	6.1.1 L'anisogamie	81
	6.1.2 L'équilibre du sex-ratio	82
6.2	Le dimorphisme sexuel	83
	6.2.1 La coloration	83
	6.2.2. Les organes sexuels secondaires	84
	6.2.3 Les organes annexes facilitant la copulation	85
	6.2.4 Les organes sensoriels	86
	6.2.5 La taille du corps	86
6.3	Dimorphisme et sélection sexuelle	88
	6.3.1 La protection des femelles et la compétition des mâles	88
	6.3.2 L'attirance des femelles	89
6.4	Le polymorphisme sexuel	91

CHAPITRE 7 • LES CYCLES REPRODUCTEURS — 93

7.1	Les cycles œstriens	93
7.2	Les facteurs abiotiques et environnementaux	95
7.3	Les facteurs trophiques	96
7.4	Les groupements et les déplacements coordonnés	97
	7.4.1 Les Invertébrés	98
	7.4.2 Les Vertébrés	99

CHAPITRE 8 • LES SÉQUENCES REPRODUCTIVES — 103

- 8.1 La maturité et les disponibilités sexuelles — 103
- 8.2 La reconnaissance des congénères — 104
  - 8.2.1 Les signaux olfactifs — 105
  - 8.2.2 Les signaux sonores — 106
  - 8.2.3 Les signaux visuels — 107
  - 8.2.4 Les signaux tactiles — 108
  - 8.2.5 Les signaux taxiques — 109
- 8.3 La synchronisation des comportements — 110
  - 8.3.1 La parade sexuelle — 110
  - 8.3.2 Le cadeau nuptial — 113

CHAPITRE 9 • L'INVESTISSEMENT PARENTAL — 117

- 9.1 Le rôle respectif des femelles et des mâles — 117
- 9.2 Les soins parentaux — 119
  - 9.2.1 La prise en charge des zygotes — 120
  - 9.2.2 Les soins apportés aux jeunes — 122
  - 9.2.3 L'absence d'activité galactophore chez les Mammifères mâles — 126
- 9.3 La reproduction communautaire et coopérative — 126
- 9.4 Le parasitisme reproducteur — 128
  - 9.4.1 Les Fourmis « esclavagistes » — 128
  - 9.4.2 La reproduction des parasitoïdes — 131
  - 9.4.3 Les Oiseaux parasites — 132
  - 9.4.4 L'association de la Moule et de la Bouvière — 137

CHAPITRE 10 • L'ISOLEMENT REPRODUCTEUR ET LA SPÉCIATION — 141

- 10.1 L'isolement prézygotique — 142
  - 10.1.1 L'isolement temporel — 142
  - 10.1.2 L'isolement écologique — 142
  - 10.1.3 L'isolement éthologique — 143
  - 10.1.4 L'isolement mécanique — 144
  - 10.1.5 L'isolement gamétique — 144
- 10.2 L'isolement postzygotique — 144
  - 10.2.1 La non-viabilité de l'hybride — 144
  - 10.2.2 La stérilité des hybrides — 145
  - 10.2.3 La déchéance des hybrides — 145
- 10.3 L'hybridation et l'hybridogenèse — 145
  - 10.3.1 L'hybridation naturelle — 146
  - 10.3.2 L'introgression — 148
  - 10.3.3 L'hybridogenèse — 149

… PARTIE 3
LES STRATÉGIES DE REPRODUCTION : DU SYSTÈME SEXUEL AU COMPROMIS ADAPTATIF

CHAPITRE 11 • LES INDIVIDUS REPRODUCTEURS ET LA POPULATION 155

11.1 La dimension spatio-temporelle 155
11.1.1 La répartition 155
11.1.2 Les générations 156

11.2 Les adultes reproducteurs 156
11.2.1 La maturité 156
11.2.2 Les variations du sex-ratio 157

11.3 La territorialité sexuelle et la dominance 159

CHAPITRE 12 • SYSTÈMES SEXUELS ET REPRODUCTION 163

12.1 L'individualisme 164

12.2 La polygynie 165
12.2.1 La polygynie dispersée 165
12.2.2 La polygynie temporaire 166
12.2.3 La polygynie permanente ou quasi permanente 169

12.3 La polyandrie 170

12.4 Les groupes multi-mâles, multi-femelles 172
12.4.1 Le grégarisme 172
12.4.2 La socialité 172
12.4.3 Les relations homosexuelles 176

12.5 Les couples monogames 177
12.5.1 La monogamie isolée 177
12.5.2. La monogamie coloniale 178

12.6 La coopération reproductive et les groupements eusociaux 179
12.6.1 Les avantages de la reproduction coopérative 179
12.6.2 Les groupements d'Arthropodes et les Insectes eusociaux 184

CHAPITRE 13 • SOCIOÉCOLOGIE DE LA REPRODUCTION 187

13.1 La diversité intraspécifique 187
13.1.1 L'âge de se reproduire 187
13.1.2 Le modèle source-puits 190

13.2 La diversité des rassemblements reproducteurs 191
13.2.1 Les facteurs morphologiques et éthologiques 191
13.2.2 Les facteurs de l'habitat 194

13.3 L'influence des interactions spécifiques	197
13.3.1 La compétition	197
13.3.2 La prédation	198
13.3.3 Le parasitisme	200
13.4 La reproduction densité-dépendante	200
13.4.1 Le stress de surdensité	200
13.4.2 La grégari-aptitude	201

CHAPITRE 14 • LES STRATÉGIES SEXUELLES   203

14.1 Les accouplements non aléatoires	203
14.2 La sélection sexuelle	207
14.2.1 Le choix du partenaire par les femelles	207
14.2.2 Garantir la paternité : le choix des mâles	213
14.2.3 Maintien des liens après l'accouplement	218
14.3 La sélection de parentèle	219
14.3.1 Le coefficient de parenté	219
14.3.2 La préférence des apparentés	221
14.4 La valeur adaptative de la reproduction	222
14.4.1 Les contraintes écologiques et la fécondité	222
14.4.2 Les variations phénotypiques de la reproduction	223
14.5 Le succès reproducteur et la théorie des jeux	225

CHAPITRE 15 • STRATÉGIES DÉMOGRAPHIQUES   227

15.1 La contribution reproductrice	227
15.1.1 L'effort de reproduction	227
15.1.2 La contribution reproductrice totale	228
15.2 Les stratégies d'histoire de vie	229
15.2.1 La croissance des populations	229
15.2.2 La capacité limite	231
15.2.3 Les stratégies reproductives	232
15.3 La variabilité et le compromis adaptatif	233
15.3.1 Les mécanismes maintenant le polymorphisme	233
15.3.2 La variance dans les populations	234

CONCLUSION • DES STRATÉGIES REPRODUCTIVES AUX STRATÉGIES ADAPTATIVES   237

1. La reproduction et la sexualité	237
2. La reproduction différentielle	239
3. Les stratégies adaptatives	239

BIBLIOGRAPHIE   241

INDEX   265

Introduction

La reproduction et la sexualité dans l'évolution des espèces

> « Gardons-nous de reprocher [au monde] un manque de cœur : il n'est ni parfait, ni beau, ni noble et ne veut rien devenir de tel, il n'aspire nullement à imiter l'homme !... Il n'est pas du tout atteint par nos jugements esthétiques ou moraux ! Dès lors que vous savez qu'il n'y a point de but, vous savez qu'il n'y pas de hasard... Quand donc aurons-nous dé-divinisé la nature ? Quand donc nous sera-t-il permis de nous naturaliser, nous autres, hommes ? »
>
> F. Nietzsche, 1887, *Le Gai Savoir*.

1. LA REPRODUCTION DES ORGANISMES

Les organismes vivants n'existent que dans un temps limité connaissant une échéance finale. Inéluctablement, une déchéance régulière des fonctions vitales dès après la maturité va entraîner la mort. Ainsi « *Le vivant est ce qui résiste à la mort* » (Bichat). En effet, les individus possèdent ce que Chapman (1969) appelle un *potentiel biotique*, c'est-à-dire une propriété inhérente à se multiplier. Avant sa mort, l'organisme va laisser une part essentielle de lui-même qui permettra de perpétuer la vie : c'est l'acte de reproduction. Mais la reproduction reste une activité extraordinairement complexe qui, au moins, chez les animaux supérieurs, nécessite la mise en place d'un système favorisant la rencontre des partenaires, la fécondation, la ponte, voire même le développement embryonnaire. Un tel système implique l'ensemble de l'équipement sensoriel et la disposition d'organes spécialisés aussi bien pour la production de cellules germinatives que pour faciliter la fécondation et l'embryogenèse. Cette reproduction qui consiste à *produire du vivant* est une des caractéristiques essentielles de l'organisme.

Non seulement l'organisme ne survit que pendant une durée limitée, mais les conditions de vie peuvent changer, se modifier d'une génération à l'autre. Une des réponses évolutives à ces variations des contraintes du milieu a été la mise en place d'un phénomène particulier : la *sexualité*. Par la rencontre de deux êtres singuliers, la sexualité consiste *à produire du différent*.

Chez certains organismes, comme les Protistes, reproduction et sexualité se manifestent indépendamment : les Paramécies se multiplient par scissiparité, une cellule mère engendrant plusieurs cellules filles par simple division cellulaire. En revanche, lors de la conjugaison sexuelle, l'échange de matériel génétique entre deux individus n'entraîne pas de reproduction mais simplement un renouvellement du patrimoine chromosomique (Puytorac et al. 1987). Cependant, la plupart des espèces animales adoptent un mode de reproduction associant la sexualité. L'échange et la fécondation des gamètes entre mâles et femelles conduit à la formation d'une progéniture d'individus singuliers.

À chaque fois, l'organisme nouveau s'édifie à partir d'un fragment isolé de l'organisme parent. Dans la reproduction asexuée, le germe est un ensemble de cellules blastogénétiques qui élaborera un *blastozoïde* tandis que la reproduction sexuée différencie des cellules reproductrices initiales gamétogénétiques qui donneront naissance à un *oozoïde*. Bien que d'une origine distincte, ces cellules germinales ne sont pas permanentes et peuvent apparaître plus ou moins tardivement. Cependant, blastozoïdes et oozoïdes sont également représentatifs de leur espèce et détiennent tout autant le patrimoine héréditaire constitutif. On pourrait ainsi reconnaître une hérédité somatique, à partir du blastozoïde, aussi bien qu'une hérédité germinale (Brien 1966). En général, il est de nombreuses espèces, même chez les Métazoaires les plus primitifs qui disposent de plus d'un procédé de dissémination. Mais, les pouvoirs de transmission héréditaire ne sont toutefois pas similaires. Seule, la sexualité introduit régulièrement une variation des caractères et elle devient, au cours de la phylogenèse, une des modalités les plus retenues par les processus évolutifs.

2. LA SEXUALITÉ ET L'ÉVOLUTION

Néanmoins, la modélisation mathématique montre que la sexualité reste un mode de reproduction relativement inefficace à cause du grand nombre de descendants mâles. Dans la majorité des espèces, la femelle fournit l'énergie et l'alimentation à sa progéniture tandis que la contribution des mâles se restreint à l'apport de spermatozoïdes. Un seul mâle peut féconder de nombreuses femelles car la production des spermatozoïdes excède de beaucoup celle des ovules fécondables. De plus, l'existence des mâles parasite l'énergie des femelles en augmentant la compétition pour les ressources, notamment durant leur croissance. Si les femelles prédominaient dans les populations animales, elles pourraient concentrer leur investissement sur leur descendance. Pourtant, le sex-ratio des populations (la proportion des deux sexes), demeure le plus souvent équilibré. Pourquoi donc un phénomène si inefficace peut-il être maintenu au cours de l'évolution ?

La théorie de la roue à rochet (Kondrashov 1982) expose que, grâce à la recombinaison génétique, le nombre de mutations délétères se réduit d'une génération à l'autre, réduisant ainsi le fardeau génétique (*Muller's ratchet,* Muller 1950). En effet, une reproduction asexuée transposerait dans la population la totalité des mutations accumulées. Au contraire, un grand nombre de gamètes produits dans la reproduction sexuée est éliminé et les descendants ne possèdent au plus que la moitié du patrimoine génétique diminuant le nombre de gènes mutants dans la population totale.

Mais, quoi qu'il en soit, l'importance de la sexualité dans l'évolution des espèces se manifeste sous au moins trois angles :

1. La sexualité induit la **recombinaison génétique** des patrimoines de chaque partenaire sexuel qui constitue une extraordinaire source de diversité. La variabilité des génomes diversifie considérablement les caractères phénotypiques et à son tour entraîne une différence dans les capacités de survie. Cette variation introduit par conséquent un potentiel adaptatif considérable comme réplique à la sélection naturelle. « *Tiré du règne du pur hasard, le vivant entre dans celui de la nécessité* » (Monod 1970). Sommairement, les contraintes naturelles vont sélectionner tel ou tel phénotype au sein d'un ensemble polymorphique, c'est ce qu'on appelle la **sélection naturelle**.

2. Non seulement les individus les plus aptes à survivre, ceux qui ont résisté à l'élimination due aux pressions sélectives seront les seuls à se reproduire. Mais, la capacité de reproduction et la fécondité diffèrent selon les individus. Certains laisseront plus de gènes dans les populations que d'autres. Cette aptitude différentielle à la procréation correspond à ce qu'on appelle la **valeur sélective** des individus et cette reproduction différentielle constitue une autre face de la sélection naturelle. La valeur sélective se traduit par la compétence à engendrer une progéniture à son tour capable de se reproduire. Ainsi, la répartition des gènes dans la population se modifie progressivement d'une génération à l'autre selon la contribution reproductrice des différents individus.

3. Les modalités de la sexualité peuvent varier d'un individu à l'autre entraînant un choix préférentiel, certains individus privilégient l'accouplement avec certains autres. Cette prédilection des individus pour un partenaire précis entraîne également une différence dans la distribution des gènes dans la population et constitue ce qu'on appelle la **sélection sexuelle**. Les choix sexuels contribuent à la différence, mais fondent aussi la divergence entre phénotypes. Ces divergences peuvent ensuite s'établir comme une barrière reproductive plus ou moins forte, introduisant peu à peu un isolement reproducteur, source de spéciation. C'est précisément cet **isolement reproducteur** qui caractérise chaque espèce puisque, comme le dit Mayr (1963), une espèce est un ensemble de populations potentiellement inter-reproductives entre elles. Ces mécanismes d'isolement interviennent au cours de différentes phases de la reproduction, empêchant la rencontre ou interdisant la copulation (isolement prézygotique) ou encore conduisant à la formation d'une descendance non viable ou stérile (isolement postzygotique).

3. REPRODUCTION ET SÉLECTION SEXUELLE

Dans son ouvrage *De l'origine des espèces* (1859), Darwin fournit une définition concise de la sélection sexuelle : « *This depends not on a struggle for existence, but on a struggle between males for possession of the females ; the result is not death to the unsuccessful competitor, but few or no offspring.*[1] » Aujourd'hui, cette notion évolutive, longtemps considérée comme accessoire, connaît un regain d'intérêt. Toutefois, la sélection sexuelle n'implique pas seulement la concurrence des mâles entre eux mais aussi la compétition entre femelles et le rôle du choix des femelles, Blaffer Hrdy (1984) soulignant ainsi l'importance des femelles dans les processus évolutifs.

En fait, plusieurs facteurs concourent à induire la sélection sexuelle. D'une part, les mâles peuvent être concurrents pour l'accession aux femelles mâtures et tout un complexe de caractères et d'interactions intervient pour favoriser la reproduction de certains individus au détriment des autres. D'autre part, la manifestation des caractères sexuels secondaires contribue à orienter le choix des femelles. Enfin, de nombreuses stratégies accessoires viennent encore compliquer le phénomène. Ainsi, la sélection sexuelle consiste à retenir les traits de l'histoire de vie des animaux qui vont accroître le succès reproducteur des individus en augmentant le nombre et la qualité des reproductions. La valeur sélective implique par conséquent à la fois les deux partenaires, déterminant une **stratégie de reproduction**.

En biologie, on appelle *stratégie* une réponse particulière choisie au sein d'une série d'alternatives possibles. Chaque individu, chaque population, chaque espèce va inscrire sa stratégie singulière comme réplique évolutive aux contraintes de son environnement. Les stratégies de reproduction des animaux sont le résultat d'une histoire évolutive, et l'espérance d'une persistance du vivant.

Le succès reproducteur des individus détermine à son tour la dynamique des populations auxquelles il appartient. En dernier ressort, le succès évolutif se mesure par la proportion de descendants survivants dans les générations suivantes. En fait, la reproduction sexuée gaspille une énergie considérable et nécessite une logistique complexe. L'avantage sélectif de la sexualité n'existe qu'à la condition de tirer bénéfice d'une grande variabilité de la descendance. Si l'environnement change et se modifie, la probabilité que certains descendants y prospèrent s'accroît avec la diversité de ses descendants. La reproduction sexuée est d'autant plus profitable que la valeur adaptative de la progéniture joue un rôle plus important que son abondance.

L'accroissement démographique favorisera la colonisation des milieux exploitables. Mais, les contraintes de l'environnement, c'est-à-dire de l'habitat et de ses accidents ainsi que la coexistence d'autres espèces prédatrices ou compétitrices, vont influencer la sélection de stratégies populationnelles. Ainsi, les populations naturelles vont développer des **stratégies démographiques** en réponse à telles ou telles exigences

---

1. « Il ne s'agit pas d'une lutte pour la survie, mais d'une lutte entre les mâles pour la possession des femelles. Pour le perdant, l'issue de la lutte n'est pas la mort, mais le risque d'avoir une descendance limitée ou pas de descendance du tout. »

de l'environnement, les populations d'une même espèce pouvant différer dans les caractéristiques de cette réplique. La diversité des traits de l'histoire de vie des animaux forme un ensemble plus ou moins cohérent et fonctionnel.

Le bilan des coûts et des bénéfices des stratégies de reproduction constitue une parfaite illustration de la variation du succès reproducteur, c'est-à-dire des différences de la valeur sélective retenues par l'évolution (Gibson et Langen 1996). Quand, où et comment se reproduire, quel effort y consacrer, comment limiter la rivalité ? La contribution reproductive (*Life-time Reproductive Success*) d'un individu dans une population détermine l'évolution génétique et phénotypique de cette population. Et, au-delà des performances individuelles, le phénomène, à son tour, participe aux mécanismes plus ou moins irréversibles de la formation d'espèces nouvelles ou **spéciation**.

L'étude des stratégies de reproduction démontre comment s'associent la diversité et la continuité pour perpétuer le mouvement fondamental de l'évolution biologique.

Jeunes hiboux Moyens-Ducs *Asio otus*

PARTIE **1**

LES MODES DE REPRODUCTION : DU BOURGEONNEMENT À LA GESTATION

Chapitre 1

La reproduction asexuée

La **reproduction asexuée** contribue à la propagation de l'espèce, d'une part, en accroissant les effectifs, d'autre part, en facilitant leur dispersion. La multiplication des descendants, à partir d'un individu souche, permet une colonisation rapide des habitats les plus favorables. Le procédé est avantageux dans des milieux présentant une grande stabilité parce qu'il perpétue le génotype immédiatement le mieux adapté. Mais la totalité de la colonie devient sensible si les conditions viennent à se modifier. L'absence d'une variabilité des phénotypes fragilise la pérennité des populations.

1.1 LE BOURGEONNEMENT

Chez certains organismes, la reproduction ne diffère pas fondamentalement des mécanismes de croissance. Comme lors du développement, certaines cellules se multiplient et se détachent de l'organisme mère pour former un individu autonome. La protubérance bourgeonne d'un **blastozoïde** par gemmiparité. Ainsi, la reproduction de l'Hydre d'eau douce, un Cnidaire, débute par un renflement latéral chez le polype parent qui s'allonge et développe ensuite des organes particuliers (Fig. 1.1). Il s'agit donc d'une reproduction purement végétative. L'Hydre dispose d'une cavité gastrique qui s'ouvre à l'extérieur par un entonnoir buccal entouré de tentacules. Une évagination de la cavité gastrique s'accroît latéralement, se prolonge puis forme une petite couronne de tentacules et une ouverture buccale. Ensuite, le bourgeon latéral va s'étrangler à sa base pour enfin se libérer de l'Hydre et mener une vie autonome en se fixant plus loin. La croissance continue de l'organisme parent provoque un glissement continuel du bourgeon d'une zone blastogénétique vers un point basal d'où se détachera le Polype (Brien 1966).

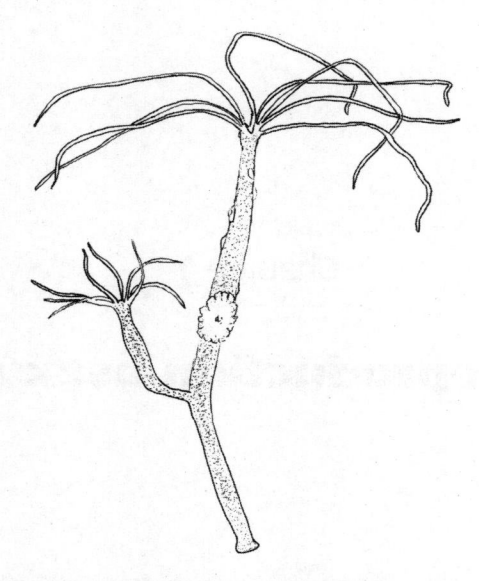

Figure 1.1 Développement d'une Hydre d'eau douce *Hydra fusca* par bourgeonnement (l'ampoule sexuelle est visible au-dessus du nœud de bourgeonnement).

Les Ectoproctes (ou Bryozoaires) sont des organismes aquatiques microscopiques composant des colonies très homogènes. Toute la colonie provient du bourgeonnement d'un oozoïde fondateur et chaque individu est appelé **zoécie**. Chaque zoécie est en fait constituée d'un animal, le **polypide**, abrité dans une logette de quelques millimètres ou **cystide**. Le bourgeonnement d'accroissement s'élabore sur la face ventrale de la cystide, édifiant une nouvelle cystide qui bourgeonnera par prolifération de sa paroi, formant le polypide lui-même (Lutaud 1957).

Les bourgeonnements se rencontrent couramment chez les Spongiaires, les Cnidaires, les Ectoproctes et les Urochordés, notamment au stade embryonnaire. Le bourgeonnement induit alors la formation de colonies. La **stolonisation** constitue un procédé de reproduction assez similaire au bourgeonnement (Fig. 1.2). Il s'élabore à partir de prolongements de l'organisme mère, les stolons. Chez les Cnidaires coloniaux, les polypes sont connectés entre eux par un stolon qui peut bourgeonner de nouveaux polypes. Ainsi, les différents individus des colonies de Siphonophores (Hydrozoaires), se répartissent le long d'un stolon suspendu à un flotteur gazeux, le pneumatophore. Certains individus forment des cloches gazeuses sans manubrium, d'autres assurent un rôle trophique (**gastrozoïdes**) et les derniers développent la fonction reproductrice (**gonozoïdes**). La stolonisation existe aussi chez les Annélides Polychètes (Durchon 1959).

La reproduction asexuée joue un rôle essentiel dans la multiplication des Urochordés coloniaux qui souvent s'organisent en une unité commune protégée par la tunique. Les Pyrosomes sont des Tuniciers marins (Urochordés) qui forment des stolons internes. Ces stolons se strobilisent pour générer quatre blastozoïdes, les

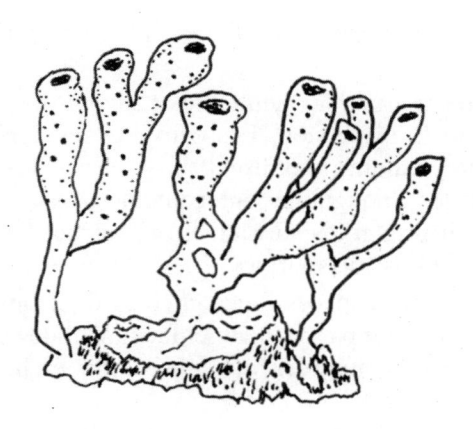

Figure 1.2 Stolonisation chez une Éponge.

Tétrazoïdes ou strobiles qui engendreront par bourgeonnement la nouvelle colonie (Brien 1966). Chez les Dolioles, autres Thaliacées pélagiques des mers chaudes, l'oozoïde présente une forme de tonnelet, muni d'un stolon ventral. Une évolution régressive fait disparaître la cavité digestive et les branchies, en bourgeonnant de strobiles qui vont s'étrangler en une vingtaine de blastozoïdes. Certains de ces blastozoïdes asexués auront un rôle trophique (**gastrozoïdes**) tandis que les autres (**phorozoïdes**) produiront les blastozoïdes sexués de troisième génération (**gonozoïdes**).

Les cellules ou les tissus bourgeonnants peuvent différer selon les groupes zoologiques mais la région de l'animal où se prépare le bourgeon s'avère toujours nettement localisée. Et, bien que le bourgeon soit composé de tissus ou cellules parentales, ces cellules subissent au préalable une préparation cytologique et histologique : la **blastogenèse**. Cette préparation leur procure la **potentialité de l'ontogenèse**, la cellule retrouvant en quelque sorte un potentiel embryonnaire de multiplication

1.2 LA SPORULATION

La formation des gemmules constitue un bourgeonnement de dissémination ou **sporulation**. Chez les Spongiaires, la reproduction dépend de cellules qui migrent simultanément hors de l'organisme parent en s'incorporant dans une enveloppe calcaire, ce sont les **gemmules** (Leveaux 1939, Rasmont 1956).

Les gemmules consistent en des amas d'**archæocytes** ou cellules à caractère embryonnaire auxquelles viennent s'associer des cellules nourricières ou **trophocytes**. Ces dernières sont phagocytées par les archæocytes et incluent des enclaves nourricières (glycoprotéines) dans leur cytoplasme. Enfin, des spongioblastes vont sécréter l'enveloppe de protection. Les archæocytes engagent une première division mais la gemmule arrête son développement en diapause jusqu'à ce que les conditions extérieures deviennent favorables et permettent l'élaboration d'une nouvelle éponge. Les gemmules sont donc des agrégats cellulaires maintenant leur potentialité biotique et aptes à réédifier les divers types cellulaires selon une procédure équivalente au bourgeonnement.

Chez les Spongiaires marins, les gemmules peuvent mener une brève existence planctonique favorisant la dispersion. Les eaux douces exposées à des variations contrastées de la température interdisent une survie hivernale prolongée des Éponges. Aussi, chez les Spongiaires dulçaquicoles, les gemmules survivent aux parents pour germer au printemps suivant. En revanche, les espèces tropicales de Spongiaires ne produisent pas de sporules.

De même, chez certaines espèces dulçaquicoles d'Ectoproctes comme **Paludicella**, les colonies ne survivent pas à l'hiver et façonnent des bourgeons protégés par une épaisse cuticule, les **hibernacules**, qui subsisteront en hiver pour se développer au printemps.

La sporulation constitue donc un bourgeonnement dont le blastocyste peut mener une courte existence indépendante.

1.3 LA SCISSIPARITÉ

La scissiparité consiste en la scission transversale ou longitudinale d'un individu. Les organismes nouveaux régénèrent leurs organes. C'est le mode de multiplication habituel des Protistes qui, dans leur cas, s'assimile à une simple division cellulaire (Puytorac *et al.* 1987). La division binaire de l'individu comporte une mitose simple qui diffère de la mitose des Métazoaires par la fragmentation des nucléoles et le maintien de la membrane nucléaire. Chez les Flagellés (Phylum VI, *Mastigophora*), la division cellulaire est longitudinale (Fig. 1.3) alors qu'elle est transversale chez les Ciliés (Phylum XXII, *Ciliophora*) et induit la néoformation des organites manquants, cytopharynx, vacuoles contractiles. La **caryocinèse** (division du ou des

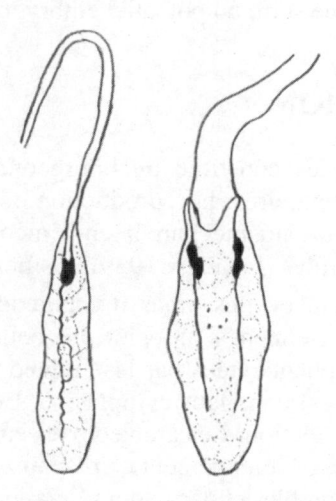

Figure 1.3 Division longitudinale d'un Flagellé.

noyaux) précède la **plastotomie** par étranglement du cytoplasme. Chez de nombreuses formes parasites comme les Sporozoaires, la division cellulaire multiplie les mitoses, c'est la **schyzogonie**. L'individu se fragmente après une division multiple du noyau.

L'Hydre d'eau douce (Cnidaires) peut aussi exploiter ce mode de reproduction. La division longitudinale est précédée d'une formation de la cavité et des tentacules (Brien 1966). Chez les Plathelminthes Turbellariés ou chez les Annélides Polychètes et Oligochètes, la division transversale détermine la formation d'un ou plusieurs individus qui régénèrent ensuite les organes absents (Cresp 1964, Brien 1966). De nouvelles cellules des épithéliums ou du mésenchyme, rééditent les zones manquantes selon des modalités assez semblables à la cicatrisation. Cependant, cette aptitude à la compensation diminue avec l'âge. En fait, le secteur de scissiparité correspond à une zone de prolifération cellulaire favorisant la formation de nouveaux tissus. Chez de nombreux Annélides Polychètes, la croissance de l'extrémité pygidiale (postérieure) induit la scissiparité. On peut distinguer :

- une scissiparité simple ou **architomie**, lorsque la scission du corps s'effectue sans néoformation préalable ;
- des scissiparités successives ou **paratomies**, quand la division n'intervient qu'après une régénération des organes (Fig. 1.4) ;

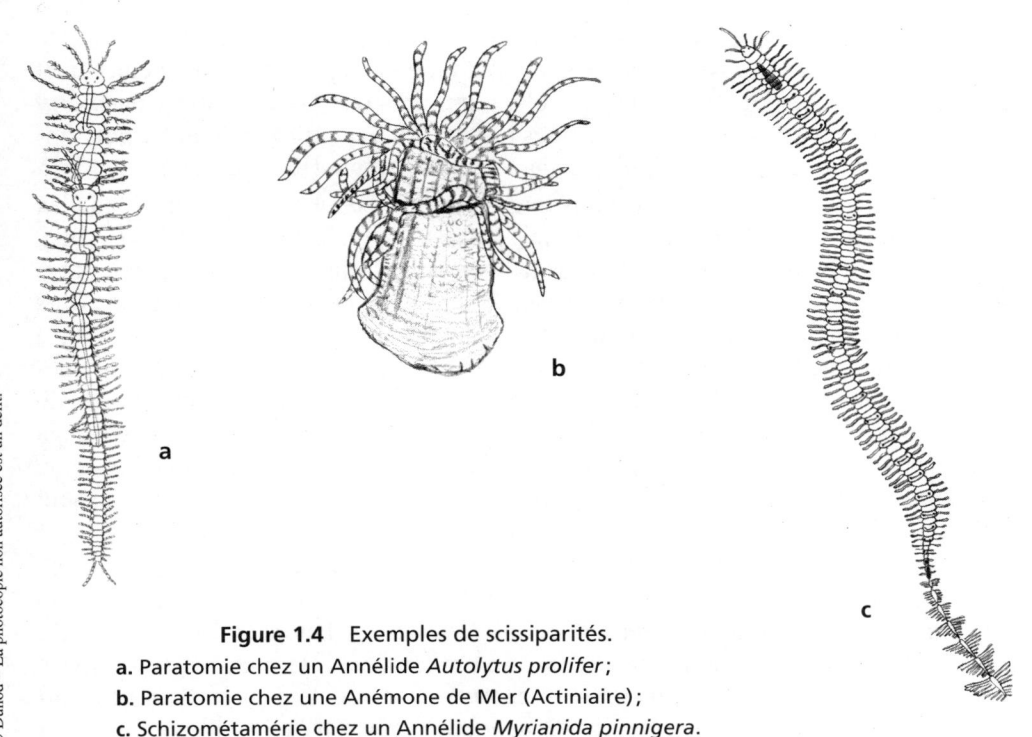

Figure 1.4 Exemples de scissiparités.
a. Paratomie chez un Annélide *Autolytus prolifer* ;
b. Paratomie chez une Anémone de Mer (Actiniaire) ;
c. Schizométamérie chez un Annélide *Myrianida pinnigera*.

– ou enfin une fragmentation ou **schizométamérie** dissociant l'organisme parent en de nombreux morceaux qui ont préalablement reformé leur extrémité antérieure (Polychètes) avant même la segmentation du parent.

Les aptitudes à la régénération partielle dont témoignent les Échinodermes, Étoiles de mer notamment, peuvent être rattachées à la scissiparité. La régénération des individus s'effectue à partir d'une zone blastogénétique. Dans la zone de prolifération, les cellules somatiques retrouvent un potentiel embryonnaire ontogénétique devenant indépendant de la coordination générale. En fait, les cellules de remplacement de tous les animaux, blastocystes qui permettent de compenser l'usure des tissus, gardent un caractère quasi embryonnaire. Les cellules somatiques possèdent donc une capacité de régénération et ne diffèrent des cellules germinales que par la réduction méiotique que ces dernières élaborent lors de la gamétogenèse.

1.4 LA POLYEMBRYONIE

La multiplication des zygotes peut se manifester au cours du stade embryonnaire. Une reproduction non sexuée s'associe alors à la reproduction sexuée. La **gémellité** chez l'espèce humaine correspond ainsi à un dédoublement de l'œuf fécondé conduisant à la formation de jumeaux vrais univitellins. Ce phénomène de polyembryonie reste accidentel dans la plupart des espèces mais il est des cas où la polyembryonie peut constituer le cas ordinaire.

Chez les Ectoproctes, un individu fondateur, l'oozoïde est à l'origine de toute la colonie fixée sur les fonds rocheux des milieux marins, la polyembryonie entraînant la formation de plus de 100 embryons clonaux. Mais, les zoécies (individus coloniaux) sont stériles et seuls les gonozoïdes participent à la reproduction. La polyembryonie permet l'installation rapide d'une nouvelle colonie (Ryland 1996).

La femelle des Hyménoptères parasitoïdes comme *Encyrtus fuscicollis* plante sa tarière et pond son œuf dans une chenille qu'elle a capturée (Marchal 1904). Ainsi, la larve se développera dans les tissus de la chenille parasitée. L'embryon va se fragmenter en une centaine d'embryons supplémentaires qui vont envahir tout le corps de la Chenille et en consommeront progressivement les organes. La Chenille mourra pendant son stade nymphal en même temps que naîtront les descendants de l'Hyménoptère engendrés par un œuf unique. Chez *Platygaster hyemalis,* parasitoïde de Diptères (*Phytophaga*), l'œuf embryonné ne développera que deux imagos mais *Macrocentrus homonae* ou l'Hyménoptère *Litomastix truncutellus* parasitoïde de Lépidoptères (*Plusia*) peuvent produire plus de 1 000 descendants à partir d'un seul œuf polyembryonnaire.

Chez les Xénarthres du genre *Dasypus*, des Tatous fouisseurs qui vivent depuis la pampa argentine jusqu'en Amérique du Nord, la polyembryonie durant la gestation constitue le mode habituel de reproduction (Newman et Paterson 1910, Fig. 1.5). Dès qu'apparaissent les premières annexes embryonnaires, le blastocyste se divise après une gestation différée. Ainsi, l'œuf fécondé se segmente dans les trompes pour former quatre (*D. novemcictus*) ou sept (*D. hybridus*) embryons univitellins à l'intérieur

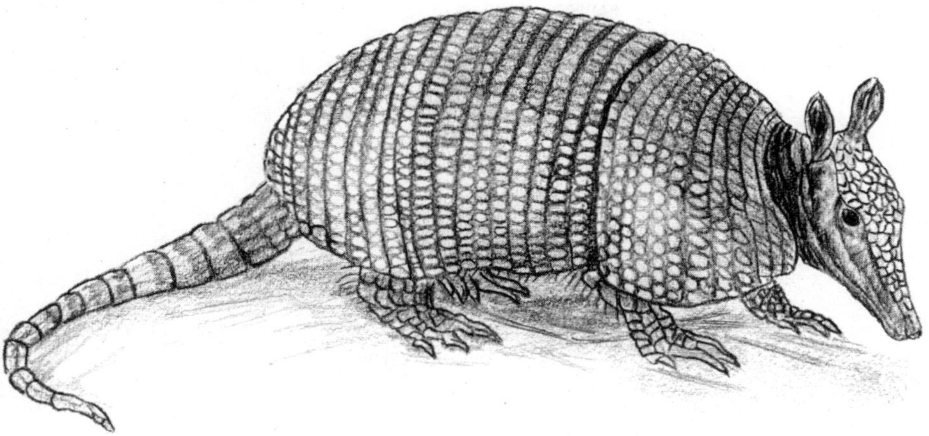

Figure 1.5 Une espèce à polyembryonie régulière, le Tatou *(Dasypus novemcictus)*.

d'une cavité amniotique commune. La polyembryonie des Tatous favorise la dynamique de leur population mais n'est évidemment pas sans conséquences sur la génétique de leur population réduisant leur diversité génétique.

Associant la reproduction sexuée et asexuée, la polyembryonie donne l'impression d'une hésitation évolutive. La polyembryonie paraît paradoxale puisque la colonisation de nouveaux habitats exigerait théoriquement une diversification des caractères plutôt liée à une reproduction sexuelle (Williams 1975). La production de clones pourrait cependant constituer un avantage qui compenserait le petit nombre d'œufs fécondés notamment dans le cas d'animaux vivant en petits groupes mais présentant une faible abondance en général (Ryland 1996). L'étroite parenté des individus coloniaux fait que même si un seul se reproduit, incorporant le demi-génome d'un individu extérieur, il introduit une certaine variabilité des caractères.

Chapitre 2

La reproduction sexuée non gonochorique

La reproduction gonochorique correspond à la séparation *définitive* des sexes propre à deux individus qui produisent *exclusivement* des gamètes mâles ou des gamètes femelles. Mais cette situation n'est pas toujours aussi clarifiée et de nombreux organismes manifestent seulement un gonochorisme apparent ou labile.

2.1 LA CONJUGAISON DES PROTISTES ET L'AUTOGAMIE

Le règne des Protistes regroupe un ensemble d'organismes unicellulaires hétérogènes qu'on a souvent tenté de partager en Protophytes, autotrophes à tendance végétale et Protozoaires hétérotrophes dont la biologie animale rendait compte. Plus d'une vingtaine de phylums ont été décrits et ces organismes présentent des modalités de reproduction particulière (Puytorac *et al.* 1987). Les Protistes se multiplient le plus souvent par voie asexuée bien que des phases de reproduction sexuée puissent alterner de manière régulière chez certaines espèces.

La sexualité ou **Gamogonie** se manifeste sous des modalités diverses sans entraîner nécessairement une reproduction. La sexualité des Protistes se caractérise par la fusion de deux cellules haploïdes après une méiose et l'on peut distinguer :
– des cycles haplobiontiques lorsque les Protistes sont des cellules haploïdes comme c'est le cas chez les Sporozoaires ;
– des cycles diplobiontiques dans lesquels une méiose intervient pour produire deux cellules haploïdes qui réaliseront ensuite leur fusion ou **conjugaison** (Fig. 2.1). Ainsi, chez les Ciliés, la conjugaison se déroule après une réduction chromatique

du micronucléus qui engendre dans un premier temps quatre noyaux dont trois vont dégénérer. Dans un second temps, le quatrième produira deux nouveaux pronucléus dont l'un va passer dans le cytoplasme du partenaire conjuguant pour fusionner avec le pronucléus statique en un syncaryon diploïde. En revanche, le macronucléus dégénère au cours du processus et sera remplacé lors d'endomitoses successives du syncaryon ;
- des cycles haplodiplobiontiques dans lesquels alternent des phases haploïdes et diploïdes au cours desquelles des multiplications mitotiques interviennent comme chez les Foraminifères (Phylum II, *Rhizopoda*).

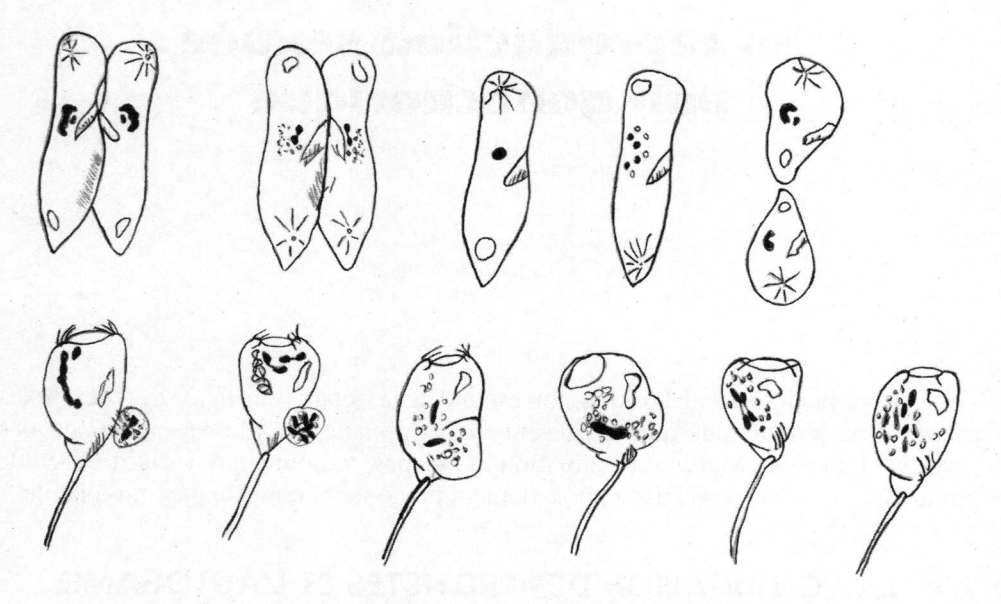

Figure 2.1 Conjugaison de Protistes : au-dessus Paramécie, au-dessous conjugaison inégale chez la Vorticelle.

De gauche à droite, rapprochement, dégénérescence du macronucléus et échanges des micronoyaux, séparation, division du micronoyau, formation du macronucléus et division cellulaire.

Lors des phases sexuelles, c'est donc l'individu dans son entier qui joue le rôle de cellule germinale ou **gamonte**. Néanmoins, les conjuguants peuvent présenter d'importantes modifications morphologiques comme c'est le cas dans la conjugaison inégale des Vorticelles (Phylum XXII, *Ciliophora*) où des petits conjuguants mobiles, les microgamontes, s'associent à des individus ordinaires fixés, les macrogamontes, pour échanger les **pronucléi**.

L'**autogamie** est une forme particulière de manifestation d'une sexualité quasi parthénogénétique chez les Protistes. Chez l'Heliozoaire *Actinophrys sol* (Phylum IV, *Actinopoda*), le phénomène se déroule comme celui du premier temps d'une conjugaison normale, réalisant la réduction chromatique. Mais il n'y a pas d'échanges de pronucléi avec un autre individu et les pronucléi vont fusionner à l'intérieur d'une même cellule.

Ainsi, la sexualité se manifeste généralement *indépendamment* de la reproduction chez les Protistes et pour répondre à des conditions différentes de l'environnement. Quand le milieu est favorable, présentant une certaine stabilité physico-chimique et de bonnes disponibilités trophiques, la multiplication asexuée prédomine et les populations s'accroissent très rapidement. Dès que l'environnement s'appauvrit, parce que la prolifération des organismes s'est exagérée par rapport aux potentialités du milieu et que les déchets s'accumulent, les manifestations de la sexualité des Protistes apparaissent. Enfin, que les conditions se dégradent encore et les formes de résistance se produisent. Par conséquent, la sexualité consiste en une réplique à des conditions instables et défavorables du milieu.

2.2 L'HERMAPHRODISME

Le mode de vie particulier de certaines espèces fouisseuses ou disposant d'une mobilité extrêmement restreinte diminue considérablement les probabilités de la rencontre d'un partenaire du sexe opposé. Ici l'hermaphrodisme constitue un avantage reproductif puisque chaque individu dispose à la fois des organes mâles et femelles. Le mot provient de la contraction du nom des dieux grecs Hermes et Aphrodite On peut distinguer un **hermaphrodisme simultané** lorsque le même individu produit des gamètes mâles et femelles durant toute sa vie et un **hermaphrodisme successif** quand l'animal alterne des phases mâles avec des phases femelles (Ghiselin 1969).

2.2.1 L'hermaphrodisme simultané

Dans l'**hermaphrodisme simultané**, l'animal peut détenir en même temps les deux types de gonades, testicules et ovaires généralement localisés dans des régions différentes du corps (Heath 1977). C'est le cas chez les Plathelminthes ou encore chez les Annélides Achètes ou Oligochètes (Avel 1929) ou même les Mollusques Gastéropodes (Brien 1966). L'hermaphrodisme simultané permet souvent l'autofécondation comme chez les Cirripèdes, Sacculines par exemple (Delage 1884). L'organisme peut ne détenir qu'une seule glande indifférenciée, un **ovotestis** fonctionnant alternativement comme un testicule ou comme un ovaire. C'est le cas chez certaines espèces de Mollusques. De nombreux hermaphrodites doivent néanmoins s'accoupler après avoir effectué une parade relativement complexe comme chez les Annélides Oligochètes ou chez certains Mollusques Gastéropodes, les Escargots par exemple.

Le Trématode parasite *Diplozoon paradoxum* (Plathelminthes), étudié par Zeller, est une espèce à fécondation croisée qui se caractérise par une stratégie unique dans le monde animal. L'espèce vit en parasite sur les branchies des Cyprinidés. Un accouplement précoce se réalise entre deux jeunes individus qui s'accrochent par une ventouse médio-ventrale (Fig. 2.2). Les deux animaux pivotent alors autour de ce point de fusion où s'opère une véritable greffe des tissus, les gonades d'un individu aboutissant près des conduits génitaux de l'autre. L'accouplement devient ainsi permanent assurant une fécondation croisée (Lambert *et al.* 1987). Les Chætognathes sont des organismes deutérostomiens planctoniques encore mal connus mais *Sagitta* dispose de gonades mâles et femelles fonctionnelles et exhibe un hermaphrodisme simultané (Witschi 1939).

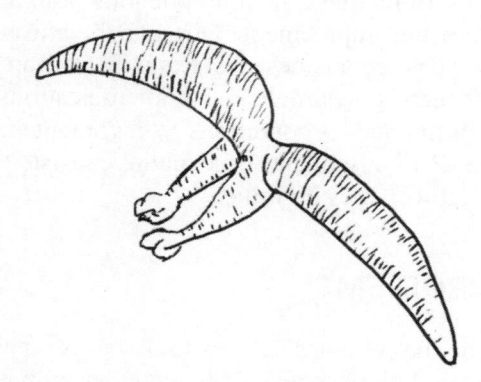

Figure 2.2 Fusion de deux individus reproducteurs de *Diplozoon paradoxum*.

Chez le Poisson Ostéichthyen *Serranellus subligarius*, la fécondation est externe et pour limiter les risques d'autofécondation, l'animal exhibe un comportement particulier, l'échange d'ovules. Deux animaux vont parader ensemble mais l'un seulement se comporte en femelle émettant partiellement ses ovules. Dans une seconde phase, les poissons intervertissent les rôles et on peut observer jusqu'à 9 phases successives. La parade est immédiatement arrêtée si un individu tente de féconder les ovules sans en avoir émis. Cette interruption contribue ainsi au maintien de l'hermaphrodisme puisque les animaux au comportement uniquement mâle restreignent rapidement le nombre de leurs descendants. Néanmoins, cet hermaphrodisme simultané rend une autofécondation possible (Clark 1959).

2.2.2 L'hermaphrodisme successif

Mais, les deux fonctions sexuelles sont rarement synchrones et l'animal se comporte d'abord soit comme mâle, c'est la **protoandrie**, soit plutôt comme femelle, c'est la **protogynie**. L'animal passe successivement par deux états physiologiques correspondant à des activités sexuelles distinctes. L'hermaphrodisme successif dépend le plus souvent de l'âge de l'animal et correspond à une inversion sexuelle. La fonction sexuelle est par conséquent indépendante d'un facteur génétique. Les individus sont protogynes ou protoandres lorsqu'ils sont jeunes.

Les Cestodes disposent dans chaque proglottis à la fois des appareils génitaux mâle et femelle, permettant une autofécondation, mais leur maturité est successive, les spermatozoïdes s'accumulant d'abord jusqu'à la maturation de l'appareil femelle.

L'hermaphrodisme s'avère ainsi fonctionnellement protoandrique. Chez les Lombrics Annélides Oligochètes, l'accouplement préalable des mâles protoandres (hermaphrodites protéandriques) organise un échange de matière séminale. La maturité des spermatozoïdes intervenant avant celle des ovules, l'autofécondation n'est pas possible. Les animaux s'unissent tête bêche rapprochant leurs orifices séminaux en face du clitellum de l'autre partenaire et les spermatozoïdes migrent le long d'une gouttière séminale pour atteindre la spermathèque où ils seront conservés. Plus tard, lors de la maturité ovarienne, le **clitellum** sécrète un manchon muqueux où l'animal déposera ses propres ovules, puis les fécondera en libérant le sperme de son partenaire stocké dans sa spermathèque. Le manchon muqueux se ferme alors constituant un cocon de ponte.

De nombreux Mollusques Lamellibranches révèlent un hermaphrodisme successif comme les Huîtres (*Ostrea edulis, Gryphea sp.*), les Tarets (*Teredo navalis*) ou les Coquilles Saint-Jacques (*Chlamys varia, Pecten maximus*). Les alternances sexuelles peuvent se répéter passant d'une phase mâle à une phase femelle plusieurs fois au cours de leur existence (Coe 1948, Lucas 1965). Les Crépidules *Crepidula fornicata*, Mollusques Gastéropodes, sont devenues très communes sur nos côtes. Les individus vivent empilés les uns sur les autres, les jeunes individus du sommet étant mâles (protoandrie, Fig. 2.3) et devenant femelles au fur et à mesure de leur croissance (Orten 1909). Les animaux intermédiaires montrent la substitution de leur gonade mâle vers une gonade femelle. Les jeunes individus au sommet de la superposition fécondent les femelles plus âgées de la base, la durée de la phase mâle s'allonge si les individus sont en présence de femelles. L'individu de base s'inverse rapidement en femelle si un ou plusieurs mâles s'empilent sur lui ou sur les autres (Coe 1948).

Figure 2.3 Empilement des individus chez *Crepidula fornicata*.

Les Dorades *Sparus auratus* présentent un hermaphrodisme protoandre. L'activité spermatique débute dès la fin de la première année tandis que la zone ovarienne se maintient au repos jusqu'à la troisième année durant laquelle l'activité testiculaire s'arrête. L'inversion sexuelle se construit à partir du développement de la bandelette centrale initiant une formation ovarienne (Zohar *et al.* 1978).

Au contraire, les Astéries *Asterina pancerii* (Échinodermes) montrent un hermaphrodisme protogyne. Les ovules sont délivrés dans le milieu et la spermatogenèse succède à une dégénérescence par histolyse des gonades femelles. Les variations de la pratique sexuelle des Astéries comme *Asterina gibbosa* mettent même en évidence l'existence de races sexuelles divergentes selon la répartition géographique des organismes, traduisant probablement un polymorphisme génétique (Delavault 1963).

Certaines espèces de Poissons comme les Serrans *Serranus sp.* (Fig. 2.4) ou les Labres *Labroides dimidiatus, Labrus merula Coris julis*, sont également protogynes. L'âge et la taille déterminent le changement de sexe, les animaux les plus vieux devenant les seuls mâles d'un harem. À la mort de cet individu, la femelle la plus grosse généralement la plus âgée va se transformer en moins d'une semaine en un mâle susceptible de produire des spermatozoïdes. L'inversion sexuelle est donc sous la dépendance d'un contrôle social (Roberston 1977, Shapiro 1979). Ainsi, le sex-ratio est dominé par les femelles, les mâles ne constituant qu'une très faible proportion de la population (Bacci et Razauti 1958, Sordi 1962). Les Poissons hermaphrodites sont capables de synthétiser à partir d'un même précurseur (l'androsténedione) aussi bien des œstrogènes que de la testostérone mais la présence d'un mâle agit comme un inhibiteur et l'élaboration de la testostérone ne peut s'effectuer qu'en l'absence d'un rival.

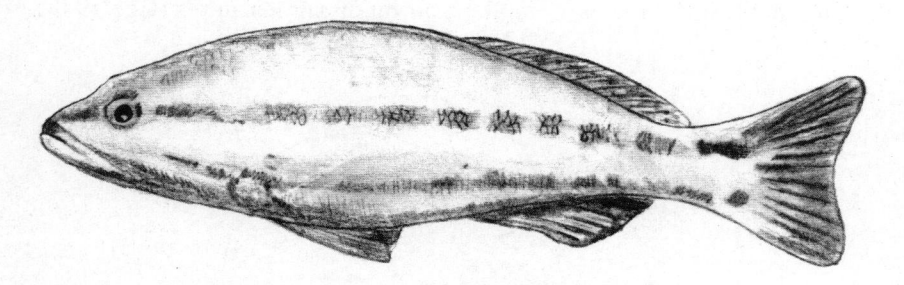

Figure 2.4 Une espèce hermaphrodite *Serranus cabrilla*.

Dans certains cas, les gonades disposent de deux régions peu différenciées pouvant entraîner la formation d'un type de gonade ou d'un autre (Godwin 1994). Ainsi, chez les Poissons-clowns *Amphiprion frenatus* ou *A. melanopus*, associés aux Anémones de mer, la région ventrale des gonades élabore des spermatogonies tandis que la région dorsale conduit au développement d'ovogonies. L'individu le plus âgé devient aussitôt femelle.

La protogynie constitue un avantage évolutif tant que les animaux n'ont pas la taille requise pour évincer un mâle, le succès reproducteur d'un petit mâle restant très faible chez toutes les espèces. Par conséquent, la protogynie apparaît plus fréquemment que la protoandrie notamment chez des Poissons polygynes. Chez la Girelle (*Thalassoma bifasciatum*, Labridae), l'hermaphrodisme secondaire coexiste avec la présence de 20 % de mâles primaires gardant ce sexe toute leur vie (Warner *et al.* 1975). Mais ces mâles, tout autant que les femelles, ont une faible probabilité d'atteindre la forte taille nécessaire à la reproduction et les mâles dominants ne représentent qu'environ 3 % de la population. Pourtant, les petits mâles primaires participent aussi à la reproduction en réussissant à féconder à plusieurs une femelle qu'ils incitent à pondre avant qu'elle ne soit prise en charge par le dominant. Bien que chacun ne réalise qu'une fécondation partielle, le faible nombre de mâles autorise la coexistence.

La vie parasitaire est grandement facilitée par une stratégie d'hermaphrodisme simultané qu'on peut retrouver chez les Trématodes et les Cestodes. Cependant, la stratégie hermaphrodite est pénalisée à long terme car elle augmente les risques de consanguinité et de dégénérescence vitale (Charnov 1979). L'hermaphrodisme fonctionnel caractérise aussi des formes endogées comme les Annélides Oligochètes ou encore peu mobiles comme les Mollusques et correspond à une adaptation à des conditions particulières qui permet la manifestation de la bivalence sexuelle des êtres vivants (Hoffman *et al.* 1985).

2.3 LA PARTHÉNOGENÈSE

Les femelles de quelques êtres vivants sexués sont naturellement susceptibles de développer des embryons à partir des seuls gamètes femelles et sans intervention spermatique. Cette **parthénogenèse** naturelle (du grec *parthenos* = virginal), découverte chez les Pucerons par Ch. Bonnet en 1740, conduit à la formation d'individus haploïdes dont les cellules ne subiront pas de méiose lors de la gamétogenèse. Une parthénogenèse expérimentale peut être provoquée par l'action d'agents chimiques ou traumatiques sur des ovules vierges comme l'ont réalisée Loeb et Delage en 1901. De la même manière, l'irradiation au radium d'un spermatozoïde détruisant la chromatine, n'interdit pas la pénétration du gamète mâle privé de noyau dans l'ovule qui peut alors activer la formation d'un embryon haploïde, c'est la **gynogenèse**. Enfin, chez certaines espèces unisexuées, le développement de l'embryon nécessite l'accouplement mais sans fécondation, parfois avec des espèces différentes, c'est la **gynécogenèse**.

2.3.1 La parthénogenèse obligatoire

Dans le milieu naturel, la reproduction parthénogénétique est associée à des populations colonisatrices connaissant des conditions de vie marginales. L'absence de partenaires sexuels est palliée par la parthénogenèse et favorise le maintien d'une population. La raréfaction de la nourriture disponible lors des phases de surpopulation stimule l'apparition de descendants mâles permettent un accouplement mâle dans les stratégies de parthénogenèse facultative.

Une parthénogenèse obligatoire se rencontre chez les Rotifères, les Crustacés, les Insectes Phasmidioptères, des Orthoptères, des Hémiptères et des Lépidoptères (Suomalainen *et al.* 1976, Bell 1982). Cette parthénogenèse constante existe sous une forme **améiotique** sans aucune recombinaison génétique, les œufs provenant d'une mitose simple (Crustacés *Coelebs*) ou sous une forme **méiotique**. La réduction chromatique est alors annulée soit parce que le noyau haploïde fusionne (Crustacés euryhalins *Artemia*) soit que les quatre noyaux de segmentation fusionnent en deux noyaux zygotiques (Lépidoptères *Solenobia*). Les Rotifères nageurs Bdelloïdes, microscopiques animaux dulçaquicoles, sont exclusivement des femelles virginipares nanties de deux ovaires et la reproduction correspond à une parthénogenèse obligatoire et infinie. Cette reproduction parthénogénétique sur plusieurs générations s'appelle parthénogenèse **thélytoque**. Les Artémia *Artemia sp.* sont des petits Crustacés primitifs communs en eau saumâtre. La ponte est portée dans une chambre incubatrice de la femelle et certaines espèces ne comportent que des femelles parthénogénétiques. Chez les Homoptères (Aphidés, Pucerons), les femelles engendrent par parthénogenèse à la fois des individus mâles et femelles lors du ralentissement de croissance de la végétation (Blackman 1981, Moran 1992a). Ces individus produiront des œufs fécondés qui passeront l'hiver dans une coque, mais certaines espèces comme *Myzus dianthicola* ne montrent pas de phases sexuées (Blackman 1981). Une femelle parthénogénétique quittera cet œuf d'hiver au printemps suivant. Lors des hivers rigoureux, seules les lignées sexuées produisent des descendants et la parthénogenèse des Pucerons semble ne subsister que pour résister au froid. Les femelles parthénogénétiques sont donc sexupares puisqu'elles engendrent des individus des deux sexes, c'est la parthénogenèse **deutérotoque**. Lorsque seuls des mâles sont produits par des œufs parthénogénétiques comme c'est le cas des Hyménoptères sociaux, abeilles par exemple, on parle de parthénogenèse **arrhénotoque**.

Les populations des Poissons amazones Mollys (*Poecilia formosa*) des eaux saumâtres du Mexique ne comportent que des femelles mais le développement des œufs est provoqué par une copulation sans fécondation avec le mâle d'une espèce étrangère (*Poecilia sphenops* ou *P. latipinna*). Le mâle étranger dirige ses spermatozoïdes dans l'orifice génital de la femelle et cette action déclenche le développement embryonnaire (Schartl *et al.* 1995). Chez les Vertébrés, la parthénogenèse se complique car la méiose est le plus souvent suivie d'un doublement du patrimoine chromosomique qui aboutit à une diploïdie de l'ovule. Ainsi, chez les Mollys, les populations unisexuées de femelles se reproduisent par parthénogenèse et concurrencent des populations sympatriques sexuées. Néanmoins, les populations unisexuées n'excèdent pas les populations sexuées. Pourquoi ? En fait, les populations parthénogénétiques ne peuvent développer leurs ovules qu'à la condition d'être stimulées par la présence des spermatozoïdes. Mais, bien que le spermatozoïde soit momentanément intégré au zygote, il n'y a pas recombinaison génétique. Cette « parthénogenèse » particulière avec intervention spermatique non fécondante constitue une **gynécogenèse** ou **gynogenèse**.

Chez les Lézards de milieu semi-aride du genre *Cnemidophorus*, les mâles n'existent pas. La reproduction parthénogénétique est donc obligatoire (Fig. 2.5). Après la méiose, les œufs subissent une duplication chromosomique restituant un génome diploïde. Certaines femelles vont simuler un comportement de parade virile puis vont effectuer un accouplement avec une femelle conservant son comportement de femelle. Les rôles peuvent être échangés plusieurs fois durant la saison de reproduction, toutes les deux ou trois semaines, les femelles se comportant tour à tour comme mâles puis femelles. En fait, ce comportement pseudo-sexuel de femelles parthénogénétiques est directement lié au cycle de sécrétion hormonale (Fig. 2.6). L'individu se comporte comme une femelle durant la période d'augmentation des œstrogènes avant l'ovulation mais tend à développer un comportement mâle après

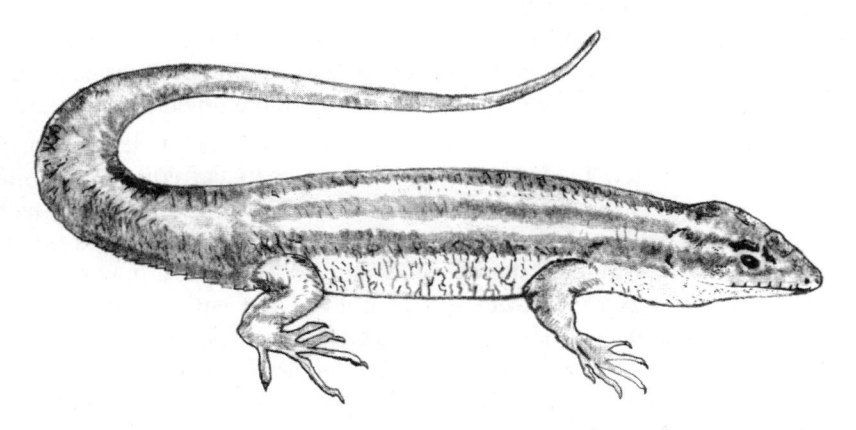

Figure 2.5   Un Lézard parthénogénétique, *Cnemidophorus uniparens*.

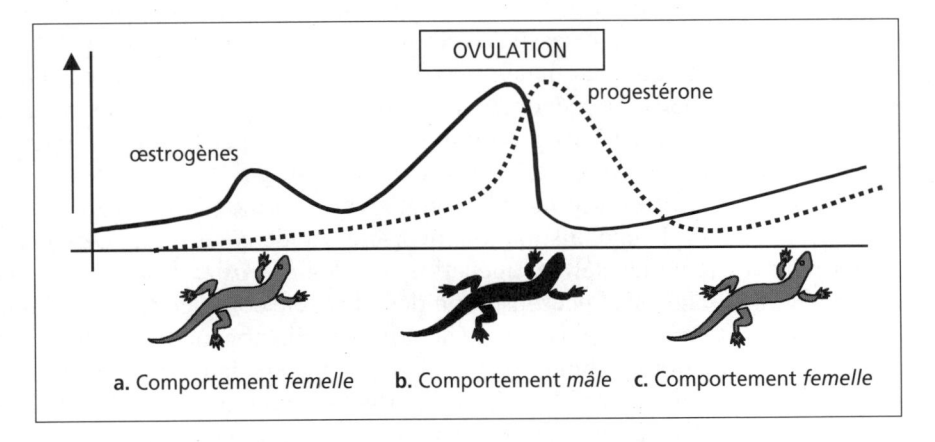

Figure 2.6   Influence hormonale et modifications comportementales chez le Lézard parthénogénétique *Cnemidophorus uniparens*.
a. Comportement *femelle*; **b.** Comportement *mâle*; **c.** Comportement *femelle*.

l'ovulation quand le taux d'œstrogènes diminue et que s'accroît la sécrétion de progestérones. De plus, l'ovulation elle-même est favorisée par l'imitation du rituel de parade. La comparaison biochimique de ces Lézards révèle que les lignées unisexuées sont issues de l'hybridation de deux espèces sexuées (Crews 1988, Sites *et al.* 1990). D'autres espèces de Gekkonidae, comme le Lézard australien *Heteronotia binoei* présentent une reproduction parthénogénétique (Moritz 1983). Des distorsions de répartition alléliques ou intragénomiques du même type que les *pressions méiotiques* pourraient s'exercer contre le génome Y et influencer l'apparition de ce système de reproduction clonale (Schmidt 1996, voir 10.3).

2.3.2 La parthénogenèse facultative et l'hétérogonie

La parthénogenèse est dite facultative si elle alterne avec des phases sexuées, c'est l'**hétérogonie**. Cette parthénogenèse cyclique facilite un développement très rapide sans perdre l'avantage de la recombinaison génétique que permet la recombinaison sexuée. Ainsi, la parthénogenèse cyclique reste une source de changement évolutif.

Chez le Nématode *Strongyloides papillosus*, parasite du mouton, le cycle parthénogénétique persiste en alternance avec un cycle sexué, mais la fréquence des mâles, à peine 5 %, reste toujours très inférieure à celle des femelles. Chez le *Phylloxera*, les individus aptères femelles pondent en induisant la formation de galles qui donneront naissance ou à des animaux parthénogénétiques se fixant à nouveau dans des galles ou à des animaux radicicoles qui se nourrissent sur les racines. Ceux-ci engendreront des femelles parthénogénétiques capables de pondre des œufs de taille différente femelles et mâles. La parthénogenèse facultative peut aussi jouer un rôle très important dans l'organisation sociale des Hyménoptères. La reine d'*Apis* émet des œufs fécondés à partir du sperme mis en réserve dans le réceptacle séminal, qui se développent soit en femelles diploïdes stériles, les ouvrières, ou fertiles, les reines. Les œufs non fécondés produisent des mâles haploïdes, les faux-bourdons. Ainsi, une reine âgée qui a épuisé sa réserve de spermatozoïdes obtenue lors du vol nuptial ne peut plus engendrer que des mâles faux-bourdons, on dit qu'elle est bourdonneuse. Chez les Cynipidés (Hyménoptères), les œufs logés dans les galles de la face inférieure des feuilles de Chênes produisent des femelles parthénogénétiques qui pondront dans les bourgeons de l'arbre les œufs d'où surgiront les formes sexuées mâles et femelles. La différence morphologique entre forme parthénogénétique et sexuelle avait conduit à une distinction inexacte en deux espèces *Dryophanta scutellaris* pour les femelles parthénogénétiques et *Spathegaster tashenbergii* pour les animaux sexués. Chez les Pucerons (Aphidés), le cycle complet de vie inclut une phase sexuée durant l'hiver et plusieurs générations parthénogénétiques en été mais chez certaines populations comme *Myzus persicae* vivant dans les régions tropicales, le cycle ne connaît que des phases parthénogénétiques (Blackman 1981, Moran 1992a). Les lignées parthénogénétiques d'Insectes comme le Charançon *Otiorrhynchus scaber* peuvent exprimer d'importantes variations géographiques révélant leur aptitude à évoluer dans des environnements différents (Suomalainen *et al.* 1976).

Les lignées parthénogénétiques constituent des ensembles auxquels il est difficile d'attribuer un rang d'espèce puisque les croisements reproducteurs en sont à l'origine ou restent encore nécessaires. Souvent, les lignées parthénogénétiques dérivent de formes sexuées ou hybrides (Suomalainen *et al.* 1976, Moran 1992a). En fait, l'exemple de la parthénogenèse permet de souligner combien le comportement sexuel des individus dépend de la sécrétion des hormones plutôt que n'est dicté par le sexe génétique. La stratégie parthénogénétique paraît beaucoup plus avantageuse en nombre de descendants ou de gènes transmis que ne l'est la sexualité (Maynard-Smith 1978, Lloyd 1980). Ainsi, si chaque femelle n'engendrait que deux descendants, les femelles parthénogénétiques produiraient $2^{10} = 1\ 024$ femelles néonates tandis que les femelles sexuées n'en produiraient encore au mieux que deux. L'avantage sélectif apparent de la parthénogenèse est encore plus flagrant si l'on considère les coûts des parades sexuelles, des rivalités entre mâles et la vulnérabilité des néonates et des femelles exposés aux mâles.

Hamilton *et al.* (1990) ont émis l'hypothèse que les femelles parthénogénétiques seraient trop souvent soumises à l'envahissement de parasites pour que cette stratégie soit très efficace. Les populations asexuées de Poissons de marigots mexicains présentent en effet un plus fort taux de parasitisme. Hamilton et Zuk (1982) proposent de généraliser l'hypothèse de la résistance, la sexualité doterait les animaux d'une meilleure résistance aux infections ou infestations parasitaires. Ici se trouveraient l'origine et le succès de la reproduction sexuée. Néanmoins, la reproduction sexuée peut rester associée à de la parthénogenèse et des mécanismes très variés en favorisent le maintien. La variabilité génétique suffit pour expliquer l'avantage sélectif de mécanismes réduisant le clonage dans la sexualité (Schmidt 1996). La parthénogenèse ne peut constituer une réplique numérique satisfaisante que lorsque les conditions du milieu varient peu.

2.4 LA PARTHÉNOGONIE DES TRÉMATODES

L'existence parasite des Trématodes Digènes (Plathelminthes) est facilitée par une propagation qui se rapproche de la parthénogenèse, la **parthénogonie** (Brien 1966). Le cycle biologique des Trématodes nécessite au moins deux hôtes, souvent un Invertébré puis un Vertébré. Chez la douve *Fasciola hepatica*, un endoparasite de la Limnée puis des ruminants, la larve ciliée ou **miracidium** pénètre une Planorbe ou une Limnée et se transforme en **sporocyste** non cilié. Les cellules reproductrices de ce sporocyste vont se transformer en un troisième organisme, la **rédie** qui va se répandre dans l'hépatopancréas des Mollusques. Plusieurs générations successives de Rédies vont infecter l'hépatopancréas puis engendrer, avant la mort de l'organisme, des larves reproductrices, les **cercaires** qui vont se disperser activement dans le milieu extérieur. Les cercaires s'enkystent sur des plantes, réalisant un stade métacercaires de vie ralentie jusqu'à ce qu'elles soient ingérées par des moutons. Installé dans les vaisseaux sanguins du second hôte, le Trématode va devenir adulte, pondre des œufs qui se répandront dans les déjections de l'hôte pour donner à nouveau des miracidiums. La reproduction n'est pas très différente chez les Dicyémides *Dicyema truncatum*, parasites du rein des Céphalopodes mais se simplifie par la suppression des stades rédie et métacercaire chez les *Schistosoma*, agent de la bilharziose. En fait, il ne s'agit pas d'une vraie parthénogenèse puisque la propagation s'effectue à partir d'une cellule reproductrice n'ayant pas présenté de différenciation et donc similaire à une blastogenèse. Ni la gamétogenèse, ni la fécondation n'interviennent ici bien que chaque cellule soit capable d'ontogenèse favorisant la dispersion du parasite.

Chapitre 3

La reproduction gonochorique et la fécondation

La reproduction asexuée n'est pas dépourvue d'une certaine fluctuation, mais le changement reste confus, désordonné. Les mutations peuvent se cumuler ou se répartir lors des mitoses, entraînant parfois l'accumulation de mutations délétères. Dans la sexualité, l'alternance halpoïdie-diploïdie de la méiose et la recombinaison engagent une variabilité unique, nouvelle, en même temps que, par la précision du processus, l'assortiment génétique reste finalement très conservateur. L'hétérozygotie masque certaines variations, l'homozygotie les manifeste.

3.1 LA DUALITÉ SEXUELLE

Sur plusieurs millions d'espèces, au moins 95 % sont sexuées et contrairement à une supposition initiale, la plupart des espèces totalement asexuées sont des espèces qui ont perdu l'usage d'une reproduction sexuelle. Chez la plupart des nombreuses espèces animales, la dualité sexuelle est *définitivement* établie et les gonades de sexe différent appartiennent à des individus distincts mâles et femelles qui produisent *exclusivement* des gamètes mâles ou femelles. L'espèce est **dioïque**, les sexes sont séparés et les animaux sont nommés **gonochoriques**. Le mot sexe exprime précisément l'idée que l'espèce est sectionnée en deux. À l'exception des gonocytes des Spongiaires qui proviennent des amœbocytes de la mésoglée sans former de vraies gonades, les cellules germinales haploïdes des animaux ou **gamètes** sont toujours élaborées par des organes spécialisés, les gonades, testicules et ovaires. L'orientation sexuelle se manifeste le plus souvent tardivement durant l'ontogenèse et est induite par des sécrétions hormonales.

3.1.1 La spermatogenèse

Les gamètes dérivent d'une lignée germinale très précoce de cellules diploïdes qui au cours de la différenciation embryonnaire migrent dans les ébauches gonadiques (Fig. 3.1).

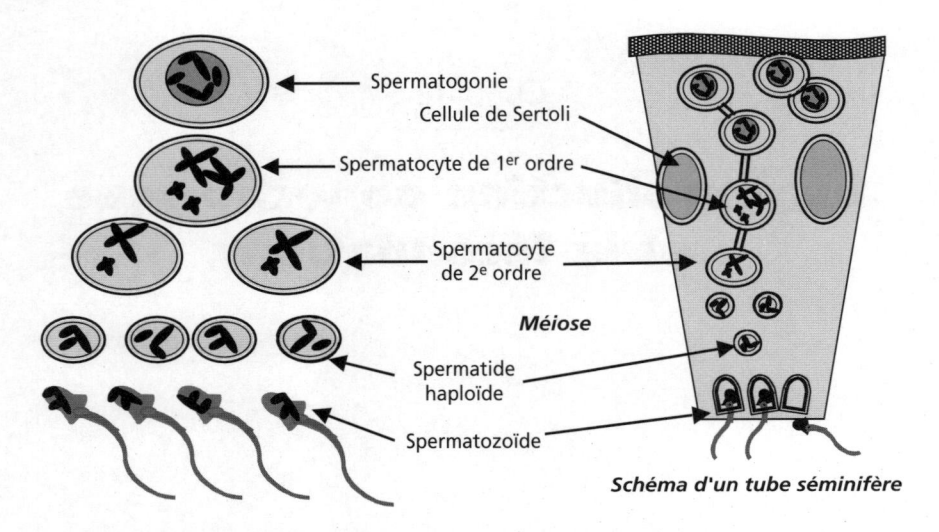

Figure 3.1 Schématisation de la spermatogenèse d'un Mammifère.

Ce déplacement constitue une **migration interstitielle** chez les Poissons, Amphibiens, Reptiles Chéloniens et Mammifères grâce à la proximité des ébauches gonadiques, mais la migration est **vasculaire** chez la plupart des Reptiles Squamates et des Oiseaux dont les cellules germinales sont éloignées des ébauches gonadiques (Gallien 1976).

La prolifération mitotique (6 mitoses chez le Taureau, 5 chez la Souris et 3 chez l'Homme) de ces cellules primordiales à l'intérieur des tubes séminifères des testicules va engendrer les **spermatogonies** qui s'accumulent près de la paroi externe des tubules séminifères. En phase finale, ces spermatogonies augmentent de taille et une première mitose produit des **spermatocytes primaires diploïdes**. Ces spermatocytes primaires vont subir une première division méiotique réductionnelle qui formera des **spermatocytes secondaires haploïdes** mais dont les cellules restent reliées par des *ponts cytoplasmiques*. Une seconde division méiotique équationnelle aboutit à la production de quatre **spermatides haploïdes**.

Le spermatide va présenter une cyto-différenciation, qui occasionne une diminution de la quantité de cytoplasme, un rassemblement des mitochondries dans la partie basale apportant l'ATP, et souvent la formation d'un flagelle et de l'acrosome. Cette cyto-différenciation entraîne l'édification d'un ensemble spécialisé, le **spermatozoïde** qui s'associe à une cellule de nutriment, la cellule de Sertoli. L'acrosome est une vésicule membraneuse qui renferme des enzymes lysantes ou protéases,

La reproduction gonochorique et la fécondation • **Chapitre 3**

acrosine et **hyaluronidase**. Emmené progressivement vers le centre du tubule séminifère, le spermatozoïde se détache de la cellule de Sertoli puis migre vers l'épididyme. Il devient alors capable de mobilité et sera entraîné par le flux de liquide séminal lors de l'éjaculation. La mobilité des spermatozoïdes peut être conservée plusieurs jours chez les animaux à fécondation interne facilitée par un apport d'ATP du tractus génital femelle. Au contraire, elle n'est que de quelques minutes chez les animaux à fécondation externe, le dispositif s'affaiblissant dans l'eau de mer ou dans l'eau douce (Bromage et Robert 1995)

La morphologie finale des spermatozoïdes diffère considérablement selon l'espèce considérée et certains peuvent montrer une grande taille, près de 1,8 mm chez la Drosophile (Diptères) par exemple. Les spermatozoïdes évacués par les spermiductes peuvent aussi être agglomérés en spermatophore comme chez les Arthropodes, par la sécrétion de glandes accessoires, comme la prostate.

3.1.2 L'ovogenèse

Au cours de l'ovogenèse, les **ovogonies** diploïdes issues de la multiplication mitotique des cellules germinales de l'embryon vont se développer en **ovocytes primaires diploïdes** de grande dimension (Fig. 3.2).

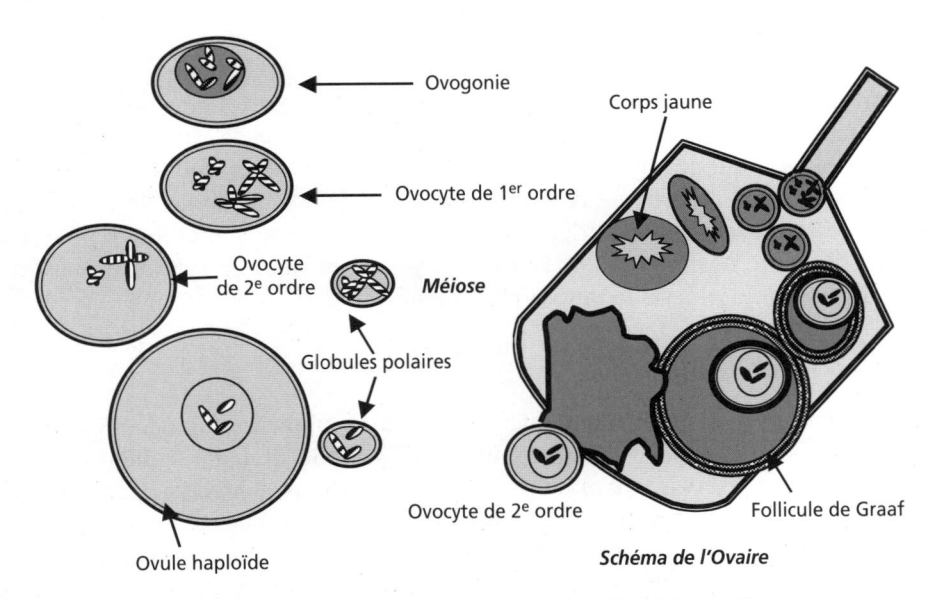

Figure 3.2 Schématisation de l'ovogenèse d'un Mammifère.

Après cette première phase d'accroissement, la première division méiotique réductionnelle conduit à la formation d'un **ovocyte secondaire haploïde** d'une taille considérable. En effet, la cytocinèse est inégale et concentre presque tout le cytoplasme dans un seul gros ovocyte primaire au dépens de l'autre produit appelé premier globule polaire. La méiose connaît alors une pause en fin de prophase généralement.

Au cours de cette pause très longue, de nombreux ovocytes vont dégénérer, suite à l'absence de stimulation hypothalamo-hypophysaire. Les ovocytes sont entourés d'une couche de cellules aplaties formant un follicule primordial qui subit la même involution ou **atrésie folliculaire**. La première division méiotique de l'ovocyte se produira lors de la maturation sexuelle, au fur et à mesure que les cellules folliculaires se rangent en strates concentriques constituant la **granulosa** du follicule plein. L'ensemble sécrète le liquide folliculaire qui s'accumule dans des follicules cavitaires. L'ovocyte se trouve alors environné d'une mince couche, la **zone pellucide** qui le disjoint de la granulosa. L'ovocyte a atteint le stade terminal de son évolution formant un **follicule de Graaf**.

Lors de la rupture de la paroi folliculaire, l'ovocyte termine sa première mitose et entreprend la seconde division méiotique. La division se bloque en métaphase et les seconds globules polaires sont produits au nombre de trois. C'est l'élaboration de l'ovotide haploïde. Le plus souvent, l'ovotide dégénère si aucune fécondation ne se produit. Chez l'humain, c'est la pénétration de la zone pellucide par le spermatozoïde qui détermine la fin de la méiose aboutissant à un ovule, tandis que, chez les Arthropodes, la fécondation de l'ovule lors de son passage devant le canal de la spermathèque déclenche l'achèvement de la méiose.

3.2 LA FÉCONDATION

La reproduction sexuée favorise la recombinaison du matériel génétique du zygote. Mais il faut soit que les gamètes puissent être transportés et fécondés dans le milieu extérieur ou soit que les individus soient assez mobiles pour faciliter l'échange. La reproduction sexuée implique par conséquent que les mécanismes de synchronisation ou de coopération seront déterminants dans la croissance démographique des espèces. Il existe néanmoins un *coût de la méiose* puisque le mécanisme est deux fois plus long que celui de la mitose (Williams 1975).

3.2.1 La fécondation externe

Chez les espèces sédentaires aquatiques comme de nombreux Échinodermes, la reproduction peut s'effectuer sans contact physique. Une telle stratégie requiert des conditions favorables préservant l'œuf du risque de dessiccation et concerne par conséquent davantage des espèces marines ou dulçaquicoles. Les spermatozoïdes nagent directement jusqu'aux ovules libérés dans le milieu extérieur. La **fécondation** est dite **externe**, mais la rencontre des gamètes nécessite une coïncidence temporelle de leur émission. La simultanéité de la libération des ovules mûrs et des spermatozoïdes par tous les membres d'une même population est influencée par des variations des facteurs abiotiques, température ou photopériode. Cependant, des phéromones sont parfois sécrétées par les gamètes favorisant la synchronisation de l'émission. Ainsi, les Polychètes Néréidiformes *Eunice viridis* se reproduisent dans les récifs de corail des îles Samoa au cours d'une seule et même nuit. L'une des phases de la Lune déclenche la montée des individus à la surface et la libération des gamètes.

Les espèces aquatiques mobiles comme les Poissons Ostéichtyens résolvent le problème de la rencontre des gamètes par la mise en œuvre de modifications éthologiques (Breder et Rosen 1966). Lors du passage d'un congénère femelle, le mâle déploie une séquence comportementale caractéristique, la **parade,** exhibant ses caractères sexuels secondaires. Cette parade nuptiale déclenche la ponte de la femelle mature que le mâle pourra féconder au fur et à mesure de la libération des gamètes. Chez des Amphibiens Urodèles considérés comme primitifs, les Hynobiidés, qui vivent en Asie centrale, les femelles collent leurs ovules enrobés de mucus sur des pierres immergées. Après une courte parade, les mâles viennent alors effleurer de leur cloaque le paquet d'ovules et l'arrosent de sperme. Ainsi, l'émission synchrone des gamètes est précédée d'un rapprochement des individus des deux sexes, **l'appariement**, lui-même initié par des stimulants éthologiques.

Pendant la période de reproduction, les modifications comportementales peuvent inciter les congénères à des contacts physiques plus étroits facilitant la fécondation externe. Le mâle chevauche et enlace la femelle dans un **accouplement**. La proximité des orifices génitaux pendant l'accouplement favorise la fécondation de la plus grande partie des ovules libérés.

Chez les Anoures, cet accouplement sans copulation est dénommé **amplexus**. On peut distinguer, selon la position du mâle, un **amplexus axillaire** comme chez le Crapaud commun *Bufo bufo* ou chez la Rainette verte *Hyla arborea* (Fig. 3.3),

Figure 3.3   Amplexus axillaire chez la Rainette verte *Hyla arborea*.

le mâle enlaçant la femelle au-dessous des aisselles ou un **amplexus lombaire** comme chez *Pelodytes punctatus* ou les Discoglossidés, le mâle se maintenant autour de la région postérieure de la femelle. L'amplexus lombaire advient plus couramment chez les espèces les plus primitives. Généralement, les amplexus se déroulent dans le milieu aquatique qui facilite la dispersion des œufs, mais certaines espèces comme *Alytes obstetricans* ou *Phyllomedusa hypchondrialis* s'accouplent sur la terre ferme. L'accouplement maximalise la stratégie reproductrice et le choix du partenaire peut se faire de manière relativement sélective.

3.2.2 La fécondation interne indirecte

Les gamètes femelles sont fécondés à l'intérieur des conduits génitaux de la femelle mais les spermatozoïdes ne sont pas transmis directement.

Ainsi, le mâle de l'Annélide Polychète *Mégalops* détient ses spermatozoïdes dans des appendices extérieurs dont la femelle s'empare et qu'elle ingère. Les spermatozoïdes féconderont les gamètes femelles directement dans le cœlome. Mais souvent, les gamètes mâles séjournent pendant une certaine durée dans des enveloppes superposées d'un mucus produit par la prostate et la glande muqueuse, le **spermatophore** (Fig. 3.4).

Chez les Mollusques Céphalopodes, l'enveloppe du spermatophore se compose de deux tuniques séparées par un liquide hypertonique par rapport à l'eau de mer et surmontée d'un capuchon équipé d'un filament en spirale. Quand l'eau de mer pénètre entre les deux couches, la pression exercée repousse le bouchon muqueux et délivre le sperme qui rejoint les tissus de la femelle.

De nombreux Arthropodes disposent également de spermatophore aggloméré par l'activité des glandes accessoires. Les femelles qui s'en saisissent conserveront les spermatozoïdes vivants dans un réceptacle séminal, la **spermathèque** généralement située à proximité de l'atrium génital. La réserve ainsi accumulée permet la fécondation au fur et à mesure des cycles successifs de production d'ovocytes. Après un court comportement de reconnaissance, les mâles d'Arachnides Scorpionidés abandonnent leur spermatophore sur le sol puis vont agripper les pinces de la femelle. Le mâle entraîne alors la femelle jusqu'à ce qu'elle soit située au-dessus du spermatophore et puisse le récupérer en le saisissant. Chez les Insectes Collemboles, les gouttes de sperme sont simplement accrochées à un filament que la femelle attrape ou bien le mâle va enduire ses pièces buccales de liquide séminal et les introduire dans la vulve de la femelle. Enfin, certains Vertébrés peuvent aussi avoir recours à ce mode d'insémination. Chez les Amphibiens Urodèles, les mâles après la parade nuptiale déposent un spermatophore et incitent les femelles à venir le reconnaître et l'absorber à l'aide de leurs lèvres cloacales.

Le mode de fécondation interne indirecte ne se réalise qu'après un rapprochement des partenaires organisé à travers la mise en œuvre de l'ensemble des canaux sensoriels. De plus, il a été montré chez le Criquet que l'importance de l'investissement du mâle pour confectionner du spermatophore accroît la fécondité de la femelle (Butlin *et al.* 1987). Toutefois, malgré sa résistance, le spermatophore ne peut être exposé

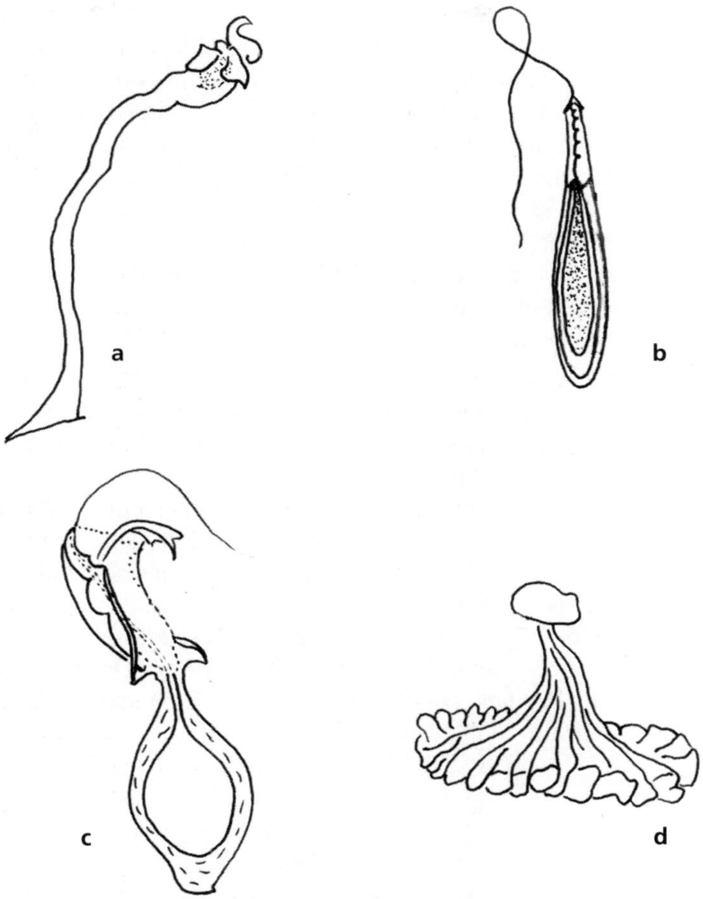

La reproduction gonochorique et la fécondation • **Chapitre 3**

Figure 3.4 Schéma de différents types de spermatophores.
a. *Chelifer*; b. *Loligo*; c. *Gryllus*; d. *Triturus*

trop longtemps sans un important risque de dessiccation. Aussi, les partenaires doivent mettre en œuvre de nombreuses modifications comportementales favorisant une certaine synchronisation.

3.2.3 La fécondation interne directe

La fécondation interne nécessite une étroite collaboration entre les congénères et le développement de systèmes reproducteurs assez complexes. Le mâle va déposer les spermatozoïdes directement dans le corps de la femelle. Les Collemboles mâles enduisent leurs pièces buccales de sperme et les introduisent dans l'atrium génital des femelles. Chez les Oiseaux, les spermatozoïdes sont éjaculés directement par une expulsion du cloaque du mâle au contact du cloaque de la femelle.

Dans certains cas, le mâle introduit son sperme par effraction réalisant une **insémination traumatique**. Certains Plathelminthes Turbellariés (Planaires) implantent directement un spermatophore dans une région quelconque du corps de leur congénère. Les Tardigrades sont des animaux gonochoriques qui présentent une fécondation interne, le sperme étant introduit sous la cuticule des femelles. De même, les Annélides Achètes introduisent leur spermatophore directement à travers l'épiderme de leur congénère et une sécrétion occasionnée par la lésion entraînera la lyse de la gaine. Chez les Hétéroptères Cimicidae (Punaise des lits), le mâle dépose son sperme entre les quatrième et cinquième sternites abdominaux (organe de Ribaga). Les spermatozoïdes gagnent l'hémocœle puis la spermathèque mais certains sont phagocytés puis utilisés pour la vitellogenèse.

Mais, la fécondation directe interne peut s'effectuer par intromission ou **coït,** les animaux disposant alors d'organes spécialisés pour faciliter la transmission du sperme. De nombreux Insectes possèdent un appendice copulateur situé au niveau du premier, du deuxième ou du troisième segment abdominal. Des Céphalopodes comme les pieuvres du genre *Octopus* possèdent un tentacule copulateur, creusé d'une gouttière, l'**hectocotyle** qui envahit la cavité palléale de la femelle (Fig. 3.5). Le bras hectocotyle est le troisième chez *Octopus* et le quatrième chez *Loligo*. En période nuptiale, ce bras se transforme en organe copulateur, avec atrophie des ventouses et formation de la gouttière. Des contractions successives poussent le spermatophore jusqu'à l'orifice génital de la femelle (Latil 1986). Dans certains cas, chez *Argonauta* par exemple, l'organe copulateur s'autotomise pendant la fécondation.

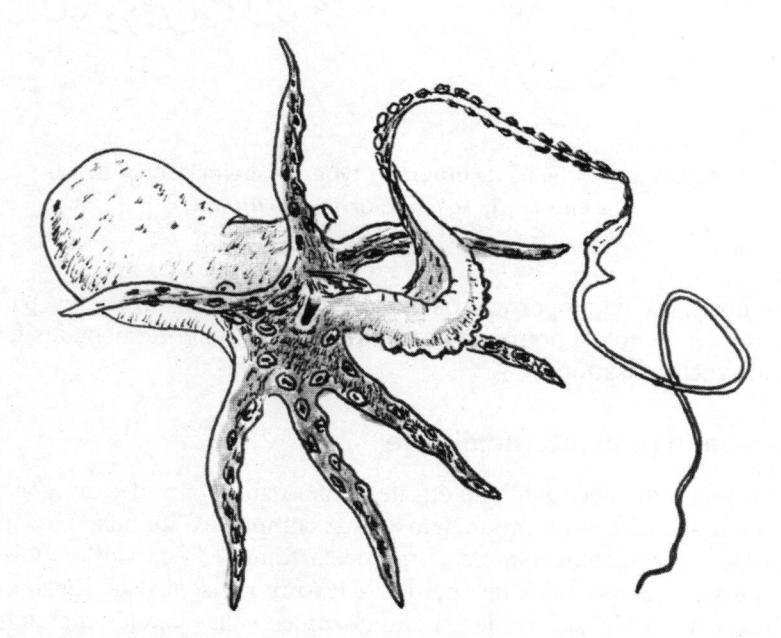

Figure 3.5 Bras de copulation ou hectocotyle chez un Céphalopode (*Octopus sp.*).

Chez les Céphalopodes primitifs Tétrabranchiaux comme *Nautilus*, la poche de Needham constitue un ensemble volumineux contenant les spermatophores qui sont envoyés par l'intermédiaire de quatre tentacules réunis, le **spandix**.

Les Poissons Chondrichthyens mâles disposent d'une paire de pièces squelettiques de grande taille soutenant des gouttières spermatiques cutanées qui constituent des appendices copulateurs généralement rattachés aux nageoires pelviennes, les **ptérygopodes** (Fig. 3.6). Les Ostéichthyens Pœciliidae possèdent une nageoire anale modifiée en **gonopode**. Chez les Reptiles Squamates, les organes mâles sont des annexes du cloaque nommées **hémipénis** et logées dans des évaginations ventrales. Chaque hémipénis se dévagine à la manière d'un doigt de gant présentant un appendice épineux. Chez les Chéloniens, l'organe copulateur est impair, c'est le **pénis** formé d'un tissu caverneux érectile. Enfin, chez les Mammifères, le canal déférent du mâle débouche également dans un pénis érectile, parfois soutenu par une baguette osseuse, le *baculum*.

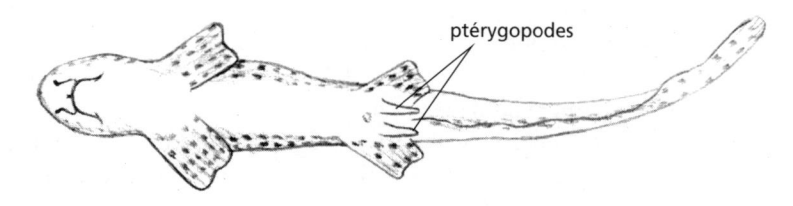

Figure 3.6 Organes sexuels (ptérygopodes) chez le mâle de la Roussette.

La transmission directe des spermatozoïdes dans les voies génitales de la femelle maximalise la fécondation des ovules. De plus, le processus accroît l'indépendance de l'organisme par rapport aux fluctuations du milieu extérieur et la fécondation peut se dérouler à terre. La nécessité d'un contact physique rend déterminante les modifications éthologiques favorisant la tolérance. L'acceptation des femelles disposées peut s'exercer de manière plus sélective. Les comportements défectueux ne produiront pas de descendants et seront éliminés directement par la sélection naturelle. Ainsi, chez certaines Araignées (Arachnides Aranéides), la femelle dévore le mâle qui n'émettrait pas des déclencheurs sexuels en s'approchant d'elle.

3.2.4 Les mécanismes de la fécondation

Dès que les spermatozoïdes sont évacués dans l'eau de mer ou mis en présence des sécrétions des conduits génitaux femelles, leur activité augmente, entretenue par un chimiotropisme de l'ovule. Chez les Mammifères, les spermatozoïdes ne sont fécondants qu'après un processus d'affaiblissement des membranes de protection, la **capacitation**. Il s'agit de modifications des protéines membranaires déposées lors du séjour dans l'épididyme et au cours de l'éjaculation pour faciliter la survie de la cellule dans le tractus génital femelle. Les molécules inhibitrices disparaissent de la membrane du spermatozoïde déstabilisant la membrane et facilitant la réaction acrosomiale. L'acrosome libère par exocytose des hydrolases qui traversent le revêtement pellucide de l'ovule et permet la **réaction acrosomiale** sous la dépendance d'une enzyme produite par l'ovule. Le tube acrosomial produit par polymérisation de l'**actine** est recouvert d'une protéine particulière, la **bindine** qui adhère spécifiquement à des glycoprotéines réceptrices de la membrane vitelline. Cette reconnaissance moléculaire entraîne une inhibition de la réaction pour tous les autres spermatozoïdes, la fécondation demeurant généralement monospermique. La membrane plasmique fusionne provoquant une modification du potentiel électrique de la membrane et produit, en moins d'une seconde, un blocage de la polyspermie (Gallien 1976).

Bien que la zone de pénétration la plus favorable paraisse se situer au voisinage du pôle végétatif chez les Urochordés ou au pôle postérieur au croissant gris chez les Anoures, l'effraction du spermatozoïde s'effectue généralement de manière aléatoire chez la plupart des espèces. Le noyau du spermatozoïde pénètre alors le cytoplasme de l'ovocyte dont d'autres enzymes produisent une polymérisation moléculaire formant une membrane de fécondation durcie. Cette modification de la surface de l'ovocyte prend alors le relais du blocage de la polyspermie, permettant au potentiel de la membrane de revenir à la normale. L'ovocyte est alors activé (modification du pH cytoplasmique de 6,8 à 7,3 et fin de la méiose) et tandis que son métabolisme s'accélère, la réplication de l'ADN débute entraînant la recombinaison génétique et la première division cellulaire du zygote. La fécondation s'est réalisée.

3.3 LA FÉCONDITÉ POTENTIELLE COMPARÉE

La **fécondité** des espèces, c'est-à-dire la production effective d'un certain nombre de descendants (différent du *succès reproducteur* qui concerne les descendants arrivant à maturité) reste très diversifiée et dépend de tout un ensemble de caractéristiques propres à l'espèce. Ainsi, des Plathelminthes du genre *Toenia*, produisent 4 millions d'œufs par an, des Mollusques comme la *Mytilus* environ 15 millions, les Insectes comme la reine des Termites jusqu'à 100 millions. Chez des Vertébrés, la Carpe ou la Morue produisent annuellement 4 millions d'œufs, mais la Roussette n'en pond que quelques dizaines, les Amphibiens peuvent en pondre plusieurs milliers. Chez les Oiseaux et les Mammifères, la fécondité réelle est relativement faible, l'Éléphant *Loxodonta* a une descendance maximale d'environ 15 petits, mais un Campagnol peut avoir 20 descendants par an et la prolificité des Lapins est manifeste puisqu'à partir des trois couples relâchés en Australie, on a estimé à près de 10 millions leurs descendants au bout de 3 ans.

Néanmoins, on peut distinguer une **fécondité potentielle** qui correspond au nombre de descendants qu'une espèce pourrait engendrer et une **fécondité réelle** déterminée par tous les facteurs qui vont influencer la reproduction et les premiers stades de développement embryonnaire.

3.3.1 La production d'ovocytes

Le nombre d'ovocytes (ou oocytes ou ovules) qu'une femelle est susceptible de produire reste limité mais peut atteindre un nombre considérable. Ainsi, la femelle du Criquet migrateur peut produire plus de 10 000 ovocytes et la femme plus de 400 000 ovocytes primaires susceptibles de donner 400 000 follicules de Graaf.

Néanmoins, cette **fécondité potentielle absolue** est grandement affectée par le fonctionnement ovarien et la durée du cycle reproducteur. Ainsi, dans des conditions optimales, le fonctionnement des ovaires entre la puberté et la ménopause n'entraîne la maturation que d'environ 450 ovules chez la femme, c'est la **fécondité potentielle relative**. Enfin, la gestation elle-même entraîne un blocage du cycle œstrien qui dure chez la femme jusqu'à la fin de la lactation. Aussi, ne peut-on estimer à plus de trente enfants par femme la **fécondité potentielle réalisable**.

Il existe ainsi une réelle disproportion entre la fécondité absolue et la fécondité réalisable (3/40 000e). Enfin, cette fécondité potentiellement réalisable est très rarement atteinte, plus de quinze naissances constituent déjà un chiffre très élevé pour la femme et la natalité moyenne exprime la fécondité réelle (Tableau 3.1). Chez le Criquet, on estime que la **fécondité réelle** atteint 1/10e de la fécondité potentielle absolue soit environ 1 000 ovocytes. Chez la Drosophile, bien que l'ensemble des ovarioles ne laisse prévoir que la formation de 300 œufs, les gonies continuent à se diviser pendant la vie reproductive de la femelle lui permettant de pondre jusqu'à 1 000 œufs. L'examen des ovaires ne suffit donc pas à prévoir ce que sera la fécondité réelle.

TABLEAU 3.1 FÉCONDITÉ COMPARÉE DES ESPÈCES.

Espèces	Descendance par période de reproduction
Homarus americanus	8 500
Helix pomatia	200
Anguilla rostrata	15 000 000
Rana « esculenta »	10 000
Alligator mississippiensis	70
Anas platyrhyncos	8
Aquila chrysaetos	2
Accipiter nisus	5
Falco tinnunculus	6
Mus musculus	40
Mustela putorius	4
Orcinus orca	1 (tous les 3 ans)

3.3.2 Le rôle de l'accouplement

Chez les espèces gonochoriques, la durée de l'accouplement peut être un facteur décisif sur la fécondation. Ainsi, un accouplement qui se prolonge durant 7 minutes chez la Bruche (*Acanthoscelides obtectus*, Fig. 3.7), étudiée par Huignard, entraîne une ponte de 94 œufs sur une douzaine de jours. Mais, un accouplement de 4 minutes ne permet plus que le dépôt de 53 œufs en 10 jours et lorsque l'accouplement est réduit à 3 minutes, un retard de deux jours dans le dépôt des œufs réduit à 26 leur nombre bien que la ponte s'étale encore sur 10 jours. La diminution de fécondité est liée à l'augmentation du délai de ponte et cette différence est due au volume du liquide spermatique plus qu'au nombre de spermatozoïdes.

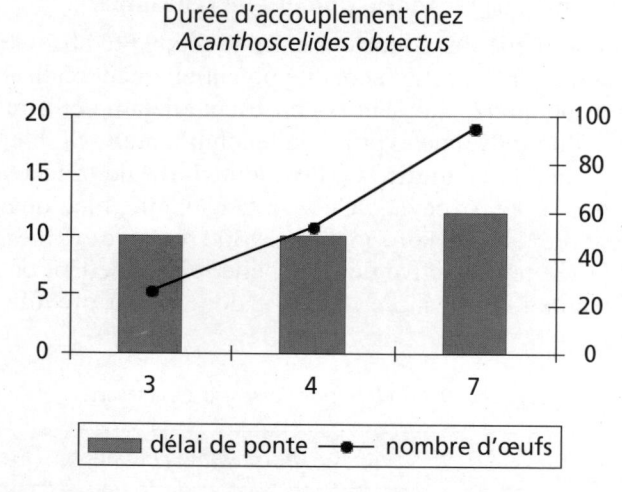

Figure 3.7 Effet de la durée de l'accouplement chez la Bruche *Acanthoscelides obtectus*.

De plus, le nombre de copulations peut être décisif pour la fécondité, probablement en apportant un volume suffisant de liquide spermatique et une plus grande quantité de spermatozoïdes. Chez la Drosophile (*Drosophila melanogaster*), une copulation apporte un stock d'environ 4 000 spermatozoïdes qui s'épuise en 4-8 jours. Chez le Hanneton (*Melolontha melolontha*), l'accroissement du nombre d'accouplements augmente la fécondité. De la même manière, chez les Mammifères, la probabilité de fécondation augmente avec le nombre d'accouplements. Chez certaines espèces, comme la plupart des Mustélidés, Belette *Mustela nivalis* ou Putois *Mustela putorius*, la ténacité du mâle à l'accouplement est déterminante puisque l'ovulation est déclenchée par la copulation.

La fécondité varie nettement avec l'âge de la femelle. Elle augmente pendant la première partie de la taille reproductive puis décroît régulièrement par la suite. Ce ralentissement résulterait des processus de sénescence chez les Mammifères (Packer *et al.* 1998). La femelle de Sanglier (*Sus scrofa*) primipare donne naissance à trois ou quatre marcassins tandis qu'une femelle dans sa pleine maturité a des portées d'une quinzaine de jeunes. Chez le Charançon *Oryzaephilus surinamensis* (Le Berre 1976), les femelles les plus fécondes sont également celles qui se sont accouplées le plus précocement et la fécondité peut diminuer lorsque les accouplements ont été tardifs dans la vie de la femelle (Tableau 3.2).

TABLEAU 3.2 VARIATIONS DE LA FÉCONDITÉ AVEC L'ÂGE CHEZ LE CHARANÇON

	Date du premier accouplement			
	7 jours	20 jours	140 jours	400 jours
Nombre d'ovocytes	282	427	371	140
Durée ponte	106	125	113	63
% éclosions	85 %	90 %	90 %	85 %

Il peut exister une relation ente la masse des œufs et leur aptitude à se développer. Ainsi, chez *Lymantria dispar* un Lépidoptère, 98,3 % des œufs éclosent lorsque les œufs pèsent 85 mg en moyenne tandis qu'il n'y a plus que 70 % d'éclosions lorsque leur poids moyen est de 56 mg. Enfin, l'intensité de l'activité spermatique peut varier avec l'âge du mâle.

3.4 L'ORIGINE DU SEXE

La majorité des espèces animales manifestent une sexualité duelle. En fait, les espèces asexuées sont à la fois peu nombreuses et l'absence de reproduction sexuelle résulte le plus souvent d'une dégénérescence secondaire (Michod et Levin 1988). Bien que la dualité sexuelle soit clairement établie chez la plupart des espèces animales, l'origine de la sexualisation est encore assez énigmatique.

3.4.1 Le problème de la recombinaison

Depuis Darwin (1859), il est généralement admis que la cause finale de la sexualité (*the final cause of sex*) est de conserver la variation des caractères dans une certaine limite, engageant la *sélection naturelle*. Introduisant et fixant la variété, la recombinaison génétique ne produit pas que des combinaisons favorables. Dans des environnements stables, la recombinaison génétique peut devenir invalidante (Michod et Levin 1988). Les environnements stables et prévisibles peuvent par conséquent influencer une réduction de la sexualité, ou même favoriser l'apparition de mécanismes non sexuels, comme la parthénogenèse. En revanche, l'accumulation de mutations délétères ou fardeau génétique (Muller 1950) peut être évitée par la recombinaison selon la *théorie de la roue à rochet* (Kondrachov 1982). En effet, par la diploïdie, les mutations néfastes ne s'expriment dans le phénotype qu'à l'état homozygote. L'élimination sélective des homozygotes ne nuit pas à la transmission du patrimoine par les hétérozygotes. La sexualité et la recombinaison maintiennent ainsi la survie dans des environnements changeants et imprévisibles.

3.4.2 Le rôle réparateur de la méiose

L'hypothèse la plus régulièrement admise suggère que, dans les débuts de l'évolution, le fragile ADN pouvait s'altérer sous l'impact des rayonnements. Ces agressions sont aussi peut-être à l'origine de la formation du noyau cellulaire chez les Eucaryotes, limitant les risques de détérioration génétique. Les mécanismes de méiose et la recombinaison ont pu apparaître comme des processus réparateurs de l'ADN corrigeant les erreurs du génome et assurant la pérennité des espèces (Williams 1966a, 1966b). La méiose et l'association des brins d'ADN à ceux d'un partenaire de la même espèce facilitent la régénération et la préservation du patrimoine spécifique. La *théorie de la méiose réparatrice* (Williams 1966a, 1966b) souligne que la sexualité reste génétiquement très conservatrice dans des environnements donnés, chaque variation pouvant être masquée.

3.4.3 Le paradoxe de la variabilité

Le paradoxe de la sexualité est cependant de favoriser l'adaptation à des environnements variés et hétérogènes (Michod et Levin 1988). Ghiselin (1969, 1974) suggère que la diversité constitue un enjeu permanent dans un environnement saturé. Cette hypothèse que Bell nomme la *théorie du crédit désordonné* (*tangled bank theory*, Bell 1982) propose que la sexualité doit promouvoir la variation dans le temps et dans l'espace parce que la diversité accroît la disposition de l'environnement à développer de nouvelles niches. Empruntant son exemple dans la vie économique, Ghiselin énonce qu'un vendeur d'automobiles proposant plusieurs modèles multiplie les conduites différentes bien que répondant à un même besoin (aller d'un endroit à un autre).

En dépit de leur contradiction apparente, la recombinaison diversifiante et la méiose réparatrice ne constituent pas nécessairement des hypothèses opposées. La sexualité serait paradoxalement régénératrice, introduisant à la fois du différent et du semblable.

Chapitre **4**

La bivalence sexuelle

La reproduction sexuée en élaborant des combinaisons uniques de gènes accroît considérablement la variabilité des populations (Charnov 1982). L'existence d'une telle variabilité constitue un atout considérable dans des conditions variables. La diversité génétique s'avère une importante source de diversification de caractères phénotypiques qui favorisera l'adaptation des individus dans un environnement changeant.

4.1 HOMOGAMÈTES ET HÉTÉROGAMÈTES

La recombinaison génétique s'effectue lors de la fusion de cellules spécialisées, les **gamètes haploïdes** *(haploos = simple)* disposant d'un nombre réduit de chromosomes pour former un **zygote** diploïde (2n chromosomes *diploos = double*).

Chez de nombreux Protistes, notamment les Foraminifères, les gamètes sont morphologiquement identiques et l'on parle d'**isogamie** ce qui littéralement signifie union des semblables puisque c'est la fusion de deux gamètes indifférenciables qui produit le zygote. En revanche, l'**hétérogamie** ou **anisogamie** se caractérise par la formation de gamètes distincts aussi bien dans leur forme que dans leur structure, le gamète mâle ou spermatozoïde est généralement une petite cellule flagellée bien que souvent immobile chez les Arthropodes. Le gamète femelle ou ovule consiste en une importante cellule immobile. La cellule flagellée ou **spermatozoïde** se réduit à un véhicule du patrimoine génétique. Sa tête est recouverte d'un **acrosome** où se trouvent des enzymes. La spermatogenèse ou formation des spermatozoïdes est un processus très productif et généralement continu. Aussi, les spermatozoïdes sont-ils libérés en quantité extrêmement importante. Chez la Souris, un éjaculat représente environ 50 millions de spermatozoïdes, chez le Lapin 80 millions, chez l'homme jusqu'à 400 millions, chez le Chat 600 et jusqu'à 90 milliards chez le Porc (Vaissaire 1977). Au contraire, l'ovaire contient déjà tous les ovocytes de premier ordre quasiment dès la naissance de l'individu et leur nombre n'est plus renouvelé. En revanche, la cellule dispose d'une grande quantité de cytoplasme, après la dégénérescence des trois globules polaires qui en étaient quasiment privés et constituera l'essentiel des ressources énergétiques du futur embryon.

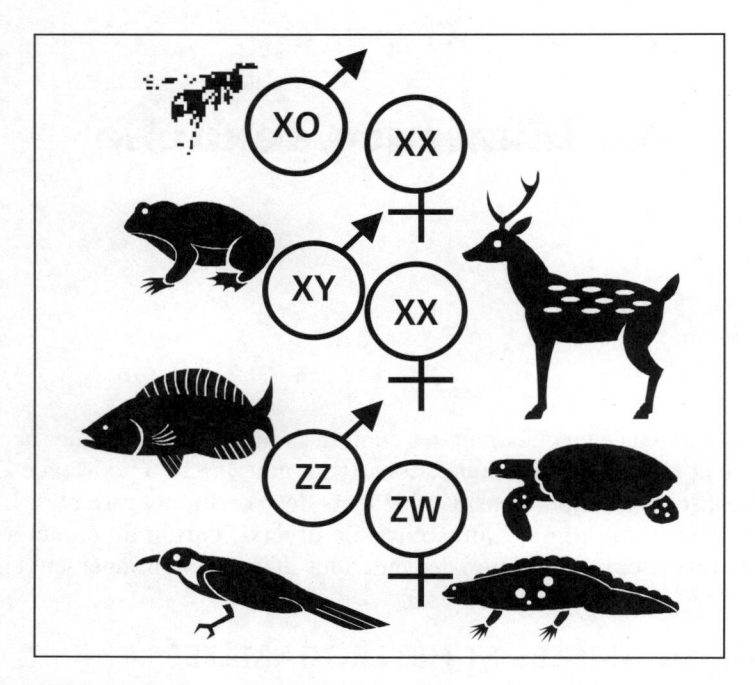

Figure 4.1 Garniture chromosomique en hétérochromosomes chez différents taxons

Dans les espèces gonochoriques, le mâle et la femelle ne disposent pas des mêmes garnitures chromosomiques (Fig. 4.1). Ainsi, chez les Insectes Hyménoptères, les mâles sont haploïdes tandis que les femelles diploïdes possèdent un double ensemble de chromosomes même lorsqu'elles sont stériles (ouvrières) (Trivers et Hare 1976). Par conséquent, les ovules fécondés donnent obligatoirement naissance à des femelles alors que les mâles naissent par parthénogenèse à partir d'ovules non fécondés. Ce mécanisme d'haploïdie-diploïdie implique une spermatogenèse particulière qui se déroule sans réduction chromosomique puisque les mâles sont haploïdes. Chez la Drosophile, Insecte Diptère, la femelle est diploïde et dispose d'un double jeu de chromosomes X (2nXX). En revanche, le mâle ne détient qu'un seul chromosome X (2nX0) bien qu'il ne possède qu'une garniture diploïde. Le sexe est ici déterminé par la proportion des autosomes par rapport au nombre de chromosomes X (Charlesworth 1978, Ohno 1979).

En fait, le plus souvent, l'un des sexes est **homogamétique**, homozygote quant au gène le déterminant (Thibault *et al.* 1998). C'est la femelle chez les Mammifères qui possède les chromosomes XX et la plupart des Amphibiens Anoures (tous les Ranidae sauf le *Xenopus*) mais c'est le mâle chez certains Poissons, les Oiseaux et les Lépidoptères. L'autre sexe **hétérogamétique** dispose d'un chromosome X et d'un chromosome Y plus petit comme chez le mâle des Mammifères ou des Ranidae (Amphibiens Anoures). Quand la femelle de l'espèce est hétérogamétique comme chez les Oiseaux ou les Urodèles (Amphibiens), les symboles ZW sont utilisés pour définir les hétérochromosomes et le symbole ZZ pour désigner la formule du mâle. À la méiose, le sexe hétérogamétique produira deux types de gamètes X et Y ou Z et W tandis que le sexe homogamétique n'expulsera que des gamètes du même type X ou Z. Les chromosomes sexuels s'élaborent à partir des chromosomes autosomes par délétion d'une part du matériel (Hale 1993). Après la fécondation, les embryons homogamétiques posséderont un double jeu de gènes XX ou ZZ contrairement aux embryons hétérogamétiques qui n'en possèdent qu'un seul (Gallien 1973). Toutefois, la quantité de gènes actifs reste la même chez les deux sexes car l'un des deux chromosomes doublés est inactivé dans les cellules embryonnaires, formant une masse de chromatine appelée *corpuscule de Barr* (Barr et Bertram 1949, Lyon 1994) chez les Mammifères.

Le signal primaire de l'inactivation de l'X appelé le X *inactive specific transcript* (Xist) est issu d'un centre situé sur ce chromosome qui constitue un bouton de commande du processus d'inactivation (Brockdorff 1994.). Par conséquent, la cellule est capable de réguler l'activation d'un gène Xist lorsqu'il est présent en deux exemplaires. Chez de nombreux Métathériens, l'inactivation du X se limite au chromosome paternel et certains individus viables chez les Marsupiaux ne disposent même que d'un unique chromosome X (système X0, Hampikian *et al.* 1994). Dans ce cas, les ovaires ne montrent pas leur plein développement. En revanche, un système ZO comparable ne semble pas exister.

La masculinisation est déclenchée par un fragment de l'Y le *Sex determining region (SRY)* situé sur le bras court du chromosome Y (Wolf *et al.* 1992, Gubbay et Lovell-Badge 1994). Le gène SRY est traduit en un facteur de détermination testiculaire *le Testis determining factor Tdf* (Page *et al.* 1987) qui induit la différenciation sexuelle en provoquant la sécrétion de testostérone qui, elle-même, se lie à des récepteurs intracellulaires des androgènes (complexe TR ou DR).

4.2 LA DIFFÉRENCIATION DES GONADES

4.2.1 La gonadogenèse

À l'exception des Spongiaires et de certains Némathelminthes, la différenciation des cellules germinales est extrêmement précoce et s'effectue définitivement dès les premiers stades de développement embryonnaire (MacKerns 1969, Gordon et Ruddle 1981, Beaumont et Cassier 1983, 1984, Thibault et Levasseur 1991, Ridet *et al.* 1992). Les lignées de cellules germinales gagnent au cours de l'organogenèse la localisation particulière où sera favorisée la gamétogenèse. Ces régions peuvent s'individualiser pour former des **gonades**, ensemble mixte résultant de la migration de cellules endoblastiques, à l'intérieur d'un ensemble nourricier formé à partir du mésoblaste. Mais, dans certains cas, comme chez les Annélides Polychètes, les gamètes dérivent de régions indifférenciées et se détachent des cloisons corporelles au cours de leur maturité pour emplir le cœlome.

Chez les Insectes, les cellules germinales sont situées dans des tissus d'origine mésodermique (Chapman 1969). Dès la première mue, des membranes conjonctives forment des **lobules** ou **follicules** qui se développent au fur et à mesure. La ségrégation sexuelle débute aussitôt après la seconde mue. Chaque follicule s'étire dans une formation qui constitue l'ébauche des canaux génitaux, **oviducte** ou **spermiducte**. Dans la région dilatée de chaque follicule, l'enveloppe mésodermique enfle au cours de l'intervalle des mues successives, développant les follicules en testicules ou ovaires. Les follicules testiculaires forment un tissu provisoire qui se résorbera dès le début de la spermatogenèse, au moment de la mue nymphéale. Au contraire, les follicules ovariens restent autonomes. À la dernière mue prénymphale, l'enveloppe ovarienne s'étire au fur et à mesure de l'ovogenèse des gonies.

Les gonades des Vertébrés s'élaborent à gauche et à droite du mésentère dorsal (Gordon et Ruddle 1981). Deux vésicules s'invaginent permettant aux cellules du mésenchyme d'occuper leur alvéole centrale. L'épithélium cortical déploie des cordons germinatifs diffus (Rongeurs) ou bourgeonnants (Carnivores, Primates) que les gonies parcourent. La formation des cordons se poursuit formant les tubes séminifères du futur testicule.

Le développement de l'ovaire effectue un élargissement des tissus périphériques mais garde encore une alvéole centrale au milieu de feuillets épaissis. Le tractus génital se différencie à partir de tissus mésodermiques, les canaux de Wolff et de Müller. Chez les mâles d'Amphibiens, le canal de Wolff garde une double fonction d'uro-spermiducte alors qu'il se développe en un canal déférent chez les mâles des Vertébrés Amniotes. Il ne reste plus que deux vestiges des canaux de Müller (hydatides de Morgagni). Chez les femelles, les canaux de Wolff disparaissent tandis que les canaux de Müller se différencient en trompes, oviducte et région utérine.

4.2.2 L'appareil génital hermaphrodite

Les gonades sont souvent séparées chez de nombreuses espèces hermaphrodites. Mais, certains animaux comme les Escargots (*Helix sp.* Gastéropodes) disposent d'une glande hermaphrodite ou **ovotestis** réunissant à la fois les fonctions de mâle et de femelle (Ridet *et al.* 1992). Cet organe est localisé à l'intérieur du lobe gauche de l'hépatopancréas. La glande hermaphrodite débouche dans un canal hermaphrodite jusqu'au canal de la glande de l'albumine. À ce niveau, un conduit muni de deux gouttières, le canal *godronné*, divisera les produits génitaux. La gouttière mâle ou spermiducte s'étend parallèlement à une gouttière femelle bosselée, l'oviducte. L'enveloppe d'albumine et la calcification des œufs s'élaborent à ce niveau. Les canaux génitaux se séparent ensuite aboutissant, d'une part, à un canal déférent muni d'un long flagelle mâle où les spermatozoïdes s'agglutinent en spermatophores, d'autre part, dans un vagin, dilatation de l'oviducte. Les sécrétions de deux glandes multifides s'amoncellent dans l'oviducte. Lors de la copulation croisée, les spermatozoïdes déposés dans le vagin seront entraînés dans une spermathèque, réceptacle séminal terminé par une poche copulatrice. À l'intérieur du vagin apparaît une cavité musculeuse renfermant une pointe calcaire, le **dard,** organe de copulation qui stimule l'accouplement. Le canal déférent est bombé dans sa région finale en un pénis disposant d'un muscle rétracteur et débouche au même endroit que le vagin, dans un orifice génital.

Chez les Annélides Oligochètes hermaphrodites successifs, les gonades mâles et femelles sont associées mais leur maturité n'est pas simultanée. Les deux paires de testicules des segments 10 et 11 sont cachées dans des dissépiments à l'intérieur de sacs testiculaires antérieurs et postérieurs. Ils sont prolongés par deux paires de vésicules latérales antérieures et une paire de vésicules postérieures où s'accumulent les spermatozoïdes. Au niveau des sacs testiculaires, les entonnoirs de collecte se poursuivent par des spermiductes (*vasa efferentia*) qui s'assemblent en un canal déférent ouvert dans le quinzième métamère. Les ovaires sont des organes piriformes situés au niveau des segments 13 et 14. Les oviductes sont dilatés en entonnoir et débouchent dans le métamère 14 au niveau de l'**ovisac** qui amasse les ovules avant de les délivrer dans le milieu extérieur. L'appareil génital femelle est complété d'un dispositif de collecte des spermatozoïdes, les deux paires de sacs de la spermathèque placées dans les métamères 9 et 10.

4.2.3 L'appareil génital gonochorique

La morphologie radiaire des Oursins et Étoiles de mer (Échinodermes) est caractérisée par l'organisation en cinq zones rayonnantes, dite pentamérique. Bien que les sexes soient séparés chez les Échinodermes, les appareils génitaux ne révèlent pas de variations morphologiques importantes. L'appareil génital comprend cinq gonades en position inter-radiale partagées en deux lobes. Les gonades sont en forme de grappes jaunes chez les mâles, orangées chez les femelles des Échinides et foliacées et rouges à maturité, chez les Étoiles de mer (Astérides). Les gamètes sont directement déversés à l'extérieur par un petit gonoducte. Une seule gonade ramifiée existe chez les Concombres de mer (Holothuries).

Chez les Crustacés Décapodes comme la Langoustine *Nephrops norvegicus*, les gonades primitivement paires ont fusionné en une masse lobée, cachée dans l'hépatopancréas (Carlisle 1960). On distingue deux lobes pairs supérieurs et un lobe impair inférieur qui résulte de leur convergence. Ils constituent de simples sacs qui se prolongent par un spermiducte dilaté à la base des péréiopodes 5 ou en un oviducte élargi qui débouche à la base du péréiopode 3. Des glandes cémentaires enduisent ensuite les œufs sur les soies des pléopodes de la femelle. De nombreux Myriapodes présentent également une fusion de leurs gonades primitivement paires.

Chez les Insectes, les testicules pairs sont parfois réunis en une masse unique (Lépidoptères, certains Orthoptères comme *Schistocerca gregaria*, *Locusta sp.*) dans les premiers segments abdominaux. Les testicules sont constitués de nombreux follicules testiculaires enveloppés dans une enveloppe conjonctive. L'extrémité distale de chaque follicule est en contact avec un long spermiducte qui parcourt ventralement l'ensemble. La portion terminale des spermiductes peut se dilater en un **épididyme** avant d'aboutir dans un canal éjaculateur où débouche un ensemble de glandes accessoires. Ces glandes élaborent des sécrétions agglutinant des spermatozoïdes en un **spermatophore**. C'est également à ce niveau du canal éjaculateur qu'intervient la vésicule séminale. Le canal éjaculateur débouche à son tour sur un atrium génital ou sac éjaculateur. Les gonades femelles ou ovaires généralement paires peuvent également fusionner en un ensemble unique (Lépidoptères, *Schistocerca gregaria*, *Locusta sp.*). Les ovaires comprennent un grand nombre d'ovarioles ou tubes ovigères suspendus par un filament terminal et comprenant une chambre ou germanium, une zone de croissance ou vitellarium et un pédicelle. Elles sont parcourues ventralement par un canal dilaté, l'oviducte. Les reines d'Isoptères peuvent disposer jusqu'à 2 400 ovarioles tandis que les Lépidoptères n'en possèdent que 4 (Grassé 1949). Les ovules sont déposés dans des oviductes pairs dilatés qui se rejoignent dans un oviducte impair. Il s'ouvre dans une chambre génitale où aboutit le canal de la spermathèque souvent associé à des ensembles glandulaires. De plus, des glandes annexes constituant généralement des expansions des oviductes élaborent des sécrétions agglutinantes qui englobent les œufs dans une enveloppe rigide et parfois adhésive, l'**oothèque**.

La reproduction des Vertébrés est exclusivement sexuée. Les gonades forment des ensembles généralement pairs à l'exception des Agnathes, des Chondrichthyens et des Oiseaux (MacKerns 1969, Thibault et Levasseur 1991, Thibault *et al.* 1998). Les testicules sont formés d'un ensemble d'ampoules cystiques temporaires chez les Chondrichthyens, Ostéichthyens et Amphibiens alors qu'ils sont constitués d'un ensemble de tubes séminifères permanents chez les Amniotes (Reptiles, Oiseaux, Mammifères). Chez les Vertébrés à l'exception des Mammifères, les testicules restent généralement à leur position initiale. Mais, chez la plupart des Mammifères, les testicules peuvent périodiquement ou définitivement quitter leur position intra-abdominale pour occuper des sacs scrotaux (**crémastériens** chez les Insectivores) ou **scrotum** favorisant une température plus basse que la température corporelle. Cette différence de température est nécessaire à la maturation des spermatozoïdes. La migration des testicules est sous la dépendance des androgènes. Les testicules des Oiseaux Passériformes peuvent gagner les sacs aériens où un refroidissement équivalent se déroule. Les produits séminaux sont collectés par un spermiducte (canal de Wolff), hypertrophié dans sa partie antérieure en un épididyme qui a un rôle important dans la maturation des spermatozoïdes. Chez les Agnathes et les Ostéichthyens, le spermiducte aboutit à une papille génitale impaire localisée entre l'anus et le méat urinaire. Les ensembles glandulaires, prostate, vésicules séminales, glandes bulbo-urétrales, élaborent des sécrétions originales qui entraînent et favorisent les spermatozoïdes et constituent le sperme. Au cours du processus de l'éjaculation, le sperme est expulsé par le canal déférent pour rejoindre le conduit uro-génital de l'urètre. Chez de nombreux Vertébrés, les voies digestives génitales et urinaires débouchent dans un même atrium, le **cloaque**. Enfin, dans la région terminale, des organes érectiles spécialisés (**ptérygopodes** des Chondrichthyens, **hémipénis** des Squamates et **pénis** impair des Chéloniens, Crocodiliens, Ratites et Mammifères) complètent le dispositif d'insémination.

Les ovaires sont fragmentés en plusieurs follicules ovariens et exposent une partie centrale alvéolée chez les Poissons, les Amphibiens, les Reptiles, les Oiseaux et les Prothériens tandis que la médulla est pleine chez les Métathériens et les Euthériens. Chez les Agnathes et de nombreux Poissons Ostéichthyens, la cavité centrale se prolonge en un oviducte qui s'ouvre dans la papille génitale de la même manière que chez les mâles. Chez les autres Vertébrés, le canal de Wolff va régresser (sauf chez les Chondrichthyens et Amphibiens où il persiste comme uretère) au profit des canaux de Müller qui débutent par une dilatation en forme d'entonnoir, le **pavillon** ou **trompe de Fallope** chez les Mammifères. L'oviducte aboutit dans un large ovisac musculeux, c'est l'**utérus**. Il peut exister une asymétrie de l'appareil génital femelle ou haploplasie de l'ovaire due à un arrêt du développement ovarien chez les Chondrichthyens élasmobranches, chez les Oiseaux et chez les Chiroptères. Associé aux adaptations favorisant le vol, les Oiseaux ne disposent que d'un seul oviducte fonctionnel, le gauche, même lorsque l'ovaire droit persiste comme chez les Falconiformes. C'est au niveau de l'utérus que se déposeront l'albumine et la coquille calcifiée. La plupart des Chiroptères possèdent un seul ovaire fonctionnel, le droit.

Chez les Protothériens, l'utérus n'est qu'une dilatation des deux oviductes indépendants qui s'ouvre dans deux vagins latéraux terminés par un atrium uro-génital ou cloaque. Chez les Métathériens, les utérus distincts aboutissent dans deux vagins latéraux qui s'associent en une structure impaire très brève, le vagin médian s'ouvrant dans le sinus uro-génital. Chez les Euthériens, les utérus peuvent être indépendants (**utérus duplex** des Lagomorphes et des Rongeurs) mais débouchent par deux cols utérins dans un vagin impair s'ouvrant sur une vulve. Les utérus peuvent s'associer dans leur partie terminale (**utérus biparti** du Porc) n'ouvrant plus que sur un seul col utérin ou même former un **utérus bicorne** (Artiodactyles, Périssodactyles, Carnivores et Cétacés). Enfin, les deux régions utérines peuvent fusionner en un **utérus simplex** comme chez les Primates et les Xénarthres. Leur partie terminale forme le vestibule, parfois clôturé par une fine membrane, l'hymen et délimité par deux replis successifs de tissu érectiles, les petites et les grandes lèvres. La fente uro-génitale constitue la vulve à proximité de laquelle le tubercule génital forme le **clitoris**.

4.3 L'INDÉTERMINATION SEXUELLE

4.3.1 La bivalence embryonnaire tardive

Même, en dépit d'une formule génétique duale, l'organisme animal présente longtemps une bivalence sexuelle. En fait, l'hermaphrodisme dévoile que l'activité sexuelle ambivalente peut se maintenir la vie durant. Les gonades peuvent même s'inverser dans le cas d'un hermaphrodisme successif où chaque sexe s'affirme alternativement. Le gonochorisme correspond à un cas particulier où l'un des deux sexes physiologiques prédomine sur l'autre pendant toute la vie de l'animal. Chez de nombreux groupes zoologiques cependant, la différenciation des cellules germinales reste tardive et peut même se modifier notamment chez les animaux montrant des possibilités de régénération somatique comme les Turbellariés ou encore les Ectoproctes. L'orientation vers un sexe ou l'autre s'élabore progressivement durant l'ontogenèse et peut être susceptible d'inversion sous l'action de facteurs hormonaux par exemple. Ainsi, la constitution génétique du zygote n'est pas exclusivement déterminante de la future sexualisation et les gonades embryonnaires restent souvent indéterminées ou encore les deux sexes se maintiennent dans le même organisme.

Chez les Myxines, Vertébrés Agnathes, l'indécision de la glande sexuelle impaire dure longtemps avant que la maturité détermine la formation de la région postérieure en testicule ou la région antérieure en ovaire. Les jeunes individus disposent à la fois de glandes mâles et femelles tout à fait distinctes histologiquement. Mais, lors de la maturité sexuelle, l'une de ces deux glandes régresse proportionnellement au développement de l'autre ne laissant qu'un vestige rudimentaire. Chez les Anguilles *Anguilla anguilla*, Poissons Ostéichtyens, les juvéniles de moins de 14 cm de long gardent une double potentialité sexuelle, il faut attendre trois à cinq ans pour que la féminisation se développe chez les animaux de 14 à 18 cm. Mais, les animaux redeviennent ensuite hermaphrodites puis se virilisent quand l'animal dépasse les 5 ans. C'est lors de la migration vers l'océan que la prépondérance d'une des gonades s'affirmera, élaborant la maturité sexuelle de l'individu.

Les Crapauds mâles *Bufo bufo* disposent en avant du testicule un ensemble particulier, l'**organe de Bidder**, qui possède une structure ovarienne vestigiale. L'organe ne montre pas de structure aboutie et les tissus sont fonctionnellement inhibés. Toutefois, cette inhibition peut être levée expérimentalement et induire une production d'ovocytes, le Crapaud mâle devenant femelle (Ponse 1925). De la même manière, le testicule gauche et l'ovaire droit embryonnaires de beaucoup d'Oiseaux conservent tardivement une bipotentialité (Gallien 1973). L'ébauche de la gonade reste également bivalente chez les embryons de Drosophiles, de Lampyres ou chez les Crustacés comme les Amphipodes. Les mâles des Perles, Insectes Plécoptères, possèdent dans la région antérieure des testicules des tubes ovariens contenant des ovocytes mais incapables de vitellogenèse, tandis que les femelles du Phasme *Carausius morosus* disposent d'une zone mâle dans leur appareil génital (Bergerard 1961). Les organes génitaux demeurent indifférenciés jusqu'à la huitième semaine chez les humains et c'est la production hormonale qui déclenchera la sexualisation. Chez l'Hyménoptère *Nasonia vitripennis*, les mâles haploïdes sont parfois issus d'un zygote normal mais pourvu d'un chromosome surnuméraire que Nur qualifie « *d'égoïste* » et dont l'expression détruit les chromosomes issus du père (Nur *et al.* 1988). L'impact d'un tel dispositif reste énigmatique, ce chromosome ravageur détruisant le matériel génétique mâle et empêchant la reproduction des femelles. On a observé des phénomènes d'intersexualité naturelle chez les faux-jumeaux de certains Bovidés. Lorsque les embryons qui se développent sont de sexe différent, la femelle peut produire un développement gonadique de type testiculaire et devenir intersexuée et stérile, c'est le phénomène de *free-martin* (Fig. 4.2, d'après Lillie

1917). En fait, l'intrication des placentas et les anastomoses artérielles provoquent une influence de la formation du mâle sur la femelle qui empêche la divergence sexuelle (Lillie 1917, Willier 1934). L'exposition à des concentrations hormonales dans l'utérus peut influencer le déterminisme du sexe dans les portées multiples des Rongeurs. Ainsi, les animaux femelles côtoyés dans l'environnement utérin par des mâles subissent l'effet des sécrétions de la testostérone et développent à la puberté une virilisation de leur morphologie et de leur caractère. L'effet inverse de féminisation des mâles peut aussi se produire.

Outre l'existence d'une indétermination sexuelle tardive, le vieillissement des organismes peut avoir une influence sur la sexualisation, c'est le phénomène d'**arrhénoïdie** (Taber 1964). Ainsi, les femelles âgées de poissons Ostéichthyens (*Xiphophorus, Colisa, Phoxinus*) ou d'Oiseaux *(Gallus)* peuvent accidentellement développer des caractéristiques mâles et même manifester une modification des glandes génitales en testicules quasi normaux.

Figure 4.2 Embryons intersexués chez les bovins (*free-martin*).

4.3.2 La détermination environnementale du sexe

Le développement des larves d'Hyménoptères est très dépendant des apports nourriciers. Les Stylops (Insectes Strepsiptères) qui parasitent les Hyménoptères peuvent induire une inversion des caractères sexuels de leur hôte en déterminant une réduction des apports trophiques des larves. Le mâle parasité est féminisé tandis que la femelle perd son instinct reproducteur. On peut rapprocher de cet effet la « *castration* » parasitaire induite par les Sacculines *Sacculina carcini* (Crustacés Rhizocéphales) qui infestent les Crabes comme *Carcinus maenas* ou *Liocarcinus holsatus,* détériorant de manière irréversible le système nerveux, et entraînant des altérations du fonctionnement neuro-endocrinien des testicules ou ovaires (Giard 1886). Les Sacculines sont des Crustacés Cirripèdes très régressés et parasites obligatoires dont le corps diffus se ramifie à l'intérieur de l'hôte et dont la seule partie visible est le sac reproducteur externe logé sous les segments abdominaux des Crabes. Les Crabes se transforment en femelles apparentes. Un autre Rhizocéphale *Peltogaster paguri* parasite les Pagures *Anapagurus chiroacanthus*.

Les Cloportes *Armadillidium vulgare* sont des Crustacés Isopodes dont le nombre de femelles excède celui des mâles dans les populations naturelles. Cette forte prépondérance des femelles est principalement due à l'existence de certains individus qui engendrent presque exclusivement et de façon héréditaire des femelles (Rousset *et al.* 1992, Juchault *et al.* 1992). En fait, c'est une contamination bactérienne (*Wolbachia*) (Martin *et al.* 1973, Rousset *et al.* 1992) des ovocytes qui induit la féminisation de ces individus génétiquement mâles (ZZ) en bloquant l'activité de la glande androgène. Comme les bactéries ne survivent pas à moins de 30 °C, les jeunes femelles de Cloportes exposées à cette température évoluent normalement en mâles, à quelques exceptions près. Car la situation se complique pour certains de ces individus qui auraient intégré dans leur génome l'information féminisante. La complexité de ces interactions interspécifiques n'est pas encore élucidée mais autorise l'hypothèse audacieuse d'une sexualisation originelle des Crustacés, primitivement hermaphrodites, à partir d'une endosymbiose féminisante.

Découverte par le professeur Charnier de l'université de Dakar chez le Lézard Arc-en-ciel, l'activation thermique du développement des gonades induit une réponse irréversible (Johnston *et al.* 1995).

Ainsi, la température peut perturber le déterminisme du sexe chez les Amphibiens. Chez les Urodèles, les mâles génotypiques ZZ de *Pleurodeles poireti* expriment significativement une inversion en femelles (ZO ou ZW) lorsque les œufs sont exposés à une température de 30-32 °C alors qu'une température inférieure à 24 °C induit un sex-ratio équilibré (Dournon *et al.* 1991, Chardard *et al.* 1996).

Les œufs du centre du nid incubés à 34 °C donneront des mâles tandis que des femelles émergeront des œufs périphériques incubés à 32 °C

Chez certains Reptiles Chéloniens et la plupart des Crocodiliens, le déterminisme sexuel des embryons est sous la dépendance de la température d'incubation des œufs (Bull 1980, Mrosovsky et Yntema 1980) (Tableau 4.1). Dans des conditions d'incubation à température normale, la ponte de la Tortue *Emys orbicularis* (système ZZ/ZO ou ZW) engendre exclusivement des mâles tandis qu'une élévation thermique de plus d'un degré supplémentaire induit la formation de 100 % de femelles (Pieau 1980). À l'inverse, les œufs d'Alligator *Alligator mississippiensis* incubés à moins de 32 °C ne donnent que des femelles tandis qu'une température supérieure à 34 °C provoque la naissance de 100 % de mâles (Fig. 4.3).

Les Alligators ne présentent pas de chromosomes morphologiquement différenciés (système XO/XX) ce qui favorise la labilité sexuelle sous l'influence d'enzymes thermosensibles (Johnston *et al.* 1995). En fait, la proportion des sexes est généralement équilibrée car la température d'incubation diffère entre le centre et la partie la plus externe du nid d'incubation (Fergusson et Joanen 1982). L'induction thermique du sexe paraît irréversible après l'éclosion et l'influence des hormones stéroïdes ne peut plus l'inverser. Le déterminisme thermique du sexe se retrouve aussi chez des lézards comme *Bassiana duperreyi* (Janzen 1996).

Figure 4.3 Femelle alligator *Alligator mississippiensis* surveillant le nid.

Ce déterminisme environnemental de la différenciation sexuelle souligne l'importance des processus physiologiques de la sexualisation. Les trois types de réponses mis en évidence chez les Vertébrés (Ewert et Nelson 1991, Johnson *et al.* 1995) seraient sous la dépendance d'un système enzymatique (aromatase) de conversion des androgènes en œstrogènes habituellement inhibé par le chromosome Y ou au contraire activé par le chromosome W selon la garniture considérée. En revanche, l'avantage évolutif procuré par un tel mécanisme, par rapport à une détermination génétique du sexe n'est pas très évident (Janzen 1996). Il se pourrait que dans certains cas la détermination thermique du sexe puisse participer sélectivement à un rééquilibrage local du sex-ratio.

TABLEAU 4.1 FACTEURS THERMIQUES DÉTERMINANT LE SEXE CHEZ LES REPTILES (D'APRÈS GUTZKE 1987).

Ordre	Sous-ordre	Famille	Détermination thermique du sexe
Crocodiliens		Alligatoridae	apparemment dans tous les cas
		Crocodylidae	apparemment dans tous les cas
Chéloniens		Chelidae	absente
		Chelonidae	apparemment dans tous les cas
		Chelydrae	apparemment dans tous les cas
		Dermochelyidae	apparemment dans tous les cas
		Emydidae	variable
		Kinosternidae	variable
		Trionychidae	absente
Squamates	Lacertiliens	Agamidae	une espèce
		Gekkonidae	une espèce
		Iguanidae	absente
		Lacertidae	absente
	Ophidiens	Toutes	absente

Même déterminée génétiquement, la sexualisation reste le résultat d'une succession organo-génétique qui exige des organes propres. L'hypothalamus joue un rôle majeur dans la sexualisation en produisant la *Gonadotropin Releasing Hormone* (GnRH). Selon Marx en 1988, il semble même que la puberté et la ménopause soient induites par des modifications du fonctionnement cérébral et non des gonades. La sexualisation répond à un état physiologique et apparaît donc plus épigénétique que strictement génétique.

4.4 LA NÉOTÉNIE ET LA PÆDOGENÈSE

À l'inverse de la bivalence sexuelle tardive, il existe des cas d'une maturité sexuelle extrêmement précoce. Ainsi, certains organismes sont capables de produire des gamètes fonctionnels et de se féconder encore à l'état larvaire bien avant d'avoir achevé leur croissance organique, c'est la **pédogenèse** ou **pædogenèse**, littéralement reproduction à un stade infantile. La pédogenèse est souvent associée à une prolongation plus ou moins tardive des caractéristiques juvéniles, la **néoténie** (ou syndrome de *Peter Pan*), mais la néoténie n'implique pas la possibilité d'une reproduction à un stade de développement précoce.

Les mâles de Rotifères peuvent émettre des spermatozoïdes bien avant d'atteindre leur organisation complète, ils possèdent des gonades fonctionnelles et peuvent féconder les femelles bien que leur système digestif ne soit pas encore formé. La larve pædogénétique de *Oligarces paradoxus* (Insecte Diptère) donne naissance à une larve fille indéterminée qui pourra se développer soit en larves mâles produisant l'imago ou soit en larves indéterminées fournissant à leur tour des imagos mâles (Ulrich 1934). Chez l'Insecte Coléoptère *Micromalthus debilis*, décomposeur xylophage décrit par Harker (Pringle 1938, Scott 1941), des larves pædogénétiques diploïdes donnent naissance à des larves susceptibles de se transformer en femelles sexuées ou en des mâles haploïdes également sexués.

L'acquisition de la maturité sexuelle en l'absence de métamorphose se rencontre chez de nombreux Amphibiens (Delsol 1954, Hourdry et Beaumont 1985). L'Axolotl, un Urodèle, qui vit dans les mares temporaires ou permanentes du Mexique constitue l'exemple le plus classique de pædogenèse (Fig. 4.4). Ce gros Triton *Ambystoma tigrinum* qui peut mesurer jusqu'à trente centimètres de long conserve sa nageoire caudale et des branchies externes propres à l'état larvaire des Urodèles (Sprules 1974). C'est à ce stade néoténique qu'il se reproduit le plus souvent avant l'assèchement des mares temporaires. Mais sa pædogenèse reste facultative car une métamorphose normale se déclenche si le milieu s'assèche trop rapidement. Certains Urodèles Perennibranches comme le Protée (Proteidae *Proteus anguinus*) ou le Necture (*Necturus sp.*) ne manifestent jamais de métamorphose et sont des organismes pædogénétiques obligatoires (Vandel et Durand 1970). Les Tritons palmés *Triturus helveticus* et alpestres *T. alpestris* montrent une néoténie facultative, notamment sur le Causse du Larzac et manifestent également une possibilité de pædogenèse (Gabrion *et al.* 1977, Breuil 1992).

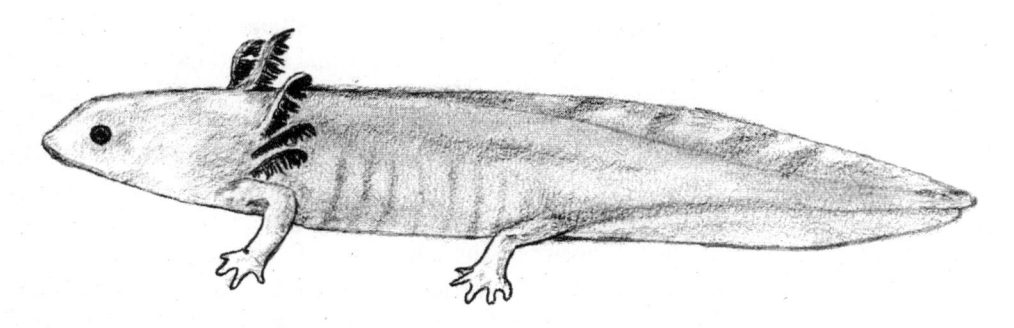

Figure 4.4 Forme pædogénétique de l'Axolotl *Ambystoma tigrinum*.

La **pædogenèse** constitue un avantage dans les milieux instables comme par exemple les mares temporaires. Néanmoins, elle peut apparaître dans les milieux stables comme les lacs oligotrophes d'altitude où les facteurs abiotiques (froid et luminosité) pourraient induire une inhibition des facteurs endocriniens impliqués dans la métamorphose. L'état néoténique augmente la variation phénotypique de la population en avantageant la phase aquatique des Amphibiens.

4.5 LA DIFFÉRENCIATION SEXUELLE

La reproduction nécessite la prise en compte de tout un ensemble de paramètres du milieu extérieur (photopériode, température…) par l'intermédiaire des centres nerveux et des récepteurs sensoriels mais la sexualisation des organismes fait également intervenir un **contrôle endocrinien**.

Ainsi, la maturité sexuelle est accompagnée d'une transformation morphologique profonde chez plusieurs espèces de Polychètes (*Nereidae, Syllidae, Areinicolidae, Nephtyidae, Phyllodoceidae*). L'animal passe d'une forme **atoque** ou agame juvénile à une forme mature **épitoque** ou épigame montrant des modifications des organes sensoriels (hypertrophie des ocelles), des adaptations des parapodes locomoteurs (soies à palette natatoire, expansions foliacées), une disparition du tube digestif et un comportement pélagique (Durchon 1956). L'épitoquie est stimulée par des sécrétions neuro-endocriniennes (Durchon 1978).

Chez les Mollusques Gastéropodes hermaphrodites protoandres comme *Crepidula fornicata*, la différenciation sexuelle résulte de l'action d'une neurohormone (Lubet et Streiff 1969) issue du ganglion pédieux. Néanmoins, l'induction sexuelle reste sociale, l'effet virilisant étant provoqué par les femelles situées au-dessous de l'accumulation des individus (*cf. infra*). Chez les Aplysies (Opisthobranches), la stimulation de neuropeptides détermine les activités reproductrices. Chez les Crustacés et notamment les Amphipodes, des amas glandulaires du spermiducte ou **glande androgène** induisent la différenciation du testicule et les hormones androgènes interviendraient dans la spermatogenèse (Blanchet et Charniaux-Cotton 1971). La glande androgène dont la fonction endocrine a été mise en évidence par

Charniaux-Cotton (1952) détermine la différenciation mâle tandis que la féminisation dépend de l'absence de cette sécrétion. Des sécrétions hormonales ovariennes provoquent ensuite l'apparition des caractères sexuels secondaires (oostégites, Charniaux-Cotton et Ginsberger-Vogel 1962). Le processus de différenciation sexuelle des Insectes paraît également sous contrôle endocrinien des gonades (Naisse 1966, Cassier *et al.* 1997). De plus, chez les Insectes, les neurosécrétions et l'hormone juvénile ont un rôle important dans l'activité gonadique et notamment dans l'émission des phéromones sexuelles. L'hormone juvénile inhibe l'activité des gonades.

La fonction endocrine des gonades des Vertébrés a été également reconnue par Laqueur (1943). Chez les Vertébrés, des hormones stéroïdes, les **androgènes** (et principalement la testostérone) induisent la formation des caractères sexuels mâles et exercent une influence secondaire sur la morphologie et le comportement (Gallien 1965, Gallien 1973, Vaissaire 1977, Bardin et Catterall 1981, Thibault *et al.* 1998).). Ainsi, la production d'androgènes détermine les activités de chant chez les Amphibiens et les Oiseaux (Witschi 1956) et augmente l'intolérance intrasexuelle. L'agressivité des mâles est étroitement dépendante des sécrétions de testostérone et joue un rôle primordial dans la rivalité de reproduction. Les hormones gonadotrophines adénohypophysaires (hormone lutéinisante LH et hormone folliculostimulante FSH) sous la dépendance de l'hypothalamus (gonadolibérine LHRH) régulent la sécrétion des hormones androgènes et la production de spermatozoïdes. **Œstrogène** et **progestérone** ont au contraire une influence féminisante sur l'organisme. Chez les femelles de Mammifères, l'ovulation est associée à un épaississement de la paroi de l'endomètre qui facilitera la nidation éventuelle. En l'absence de fécondation, l'endomètre peut se résorber (cycle œstral) ou est entraîné par une hémorragie cyclique (cycle menstruel des Primates). Le cycle débute par une phase folliculaire (croissance d'un follicule et dégénérescence des globules) durant laquelle l'adénohypophyse sécrète lentement les hormones (LH et FSH). Mais seule la FSH stimule la formation des follicules dont les cellules produiront des œstrogènes (les follicules ne disposent pas de récepteur pour la LH). Les quantités d'hormones adénohypophysaires restent modestes car de faibles concentrations d'œstrogènes en inhibent, par rétroaction, la production. Mais le développement terminal du follicule déclenche une forte sécrétion d'œstrogènes qui a un effet inverse stimulant la production de LHRH. La concentration de LH induit la maturation folliculaire et l'ovulation. Le tissu folliculaire va continuer sa transformation sous l'effet de la LH, développant une structure glandulaire, le corps jaune qui va sécréter des œstrogènes et de la progestérone. Les fortes concentrations de progestérone et d'œstrogènes empêchent la production des gonadotrophines (LH et FSH) et provoquent la dégénérescence du corps jaune et, par conséquent, de la sécrétion des œstrogènes et progestérone. L'hypothalamus n'est plus inhibé et stimule l'hypophyse déterminant la croissance d'un nouveau follicule. La coordination des cycles ovariens et utérins prépare l'organisme à la réception de l'embryon (Hunter 1995).

# Chapitre 5

Les modalités de la reproduction

Au cours de leur évolution biologique, les espèces ont mis en œuvre des systèmes de protection du zygote, émancipant peu à peu le développement des contraintes du milieu extérieur. Les modalités de reproduction ont retenu une grande diversité de moyens qui tous concourent au meilleur développement du futur organisme, assurant la pérennité de l'espèce.

5.1 LES FORMES DE CROISSANCE ET LES FORMES SEXUELLES

5.1.1 Les œufs

Le développement de l'embryon à partir du zygote va consommer des nutriments et de l'oxygène et produire des déchets métaboliques. Bien que les animaux ovipares laissent leurs descendants se développer dans l'environnement extérieur, l'œuf dispose d'éléments qui vont favoriser son embryogenèse. L'importante taille de l'ovule par rapport au spermatozoïde provient de l'abondance des substances nutritives ou **vitellus** qui est associé à la cellule. De plus, les œufs sont munis d'enveloppes de protection qui limitent la dessiccation tout en permettant les échanges d'oxygène et de gaz carbonique.

Chez les Insectes, les glandes accessoires des femelles fabriquent une protection résistante de protéines, le **chorion** qui dispose d'une couche interne cireuse élaborée par l'œuf. La sécrétion des glandes accessoires peut agglomérer plusieurs œufs en constituant une **oothèque** qui durcit au contact de l'air (scléroprotéine, souvent associée à des oxalates de calcium). Chez les Chondrichthyens, l'activité sécrétoire de la glande nidamentaire solidifie, par tannage quinonique, la paroi protéique externe de l'œuf, réalisant une oothèque (Fig. 5.1). Chez les Ostéichthyens ou les Agnathes ovipares, la thèque rigide est percée d'un ou de plusieurs orifices ou **micropyles** permettant le passage des spermatozoïdes. L'œuf des Amphibiens est protégé d'une gangue de polysaccharides qui se dilate au contact de l'eau en une masse gélatineuse associant les œufs en un même amas. Chez les animaux terrestres, l'enveloppe protéique externe de l'œuf est encore plus rigide, généralement kératinisée chez les Reptiles, voire même imprégnée de calcite comme dans le cas de la coquille des œufs d'Oiseaux. Enfin, les œufs peuvent disposer d'annexes particulières telles que les protubérances latérales qui permettent aux œufs des Scatophages (Diptères) de s'enfoncer dans le substrat de ponte (bouse).

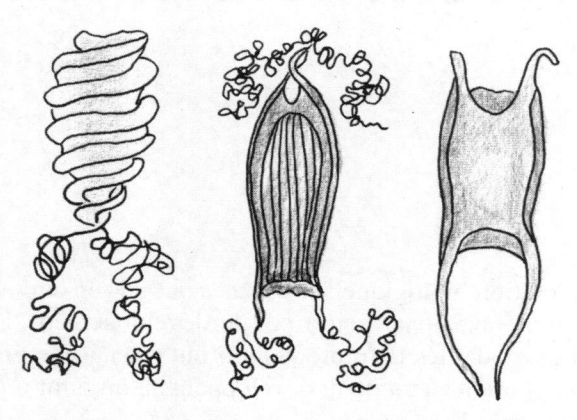

Figure 5.1 Oothèques de différents Chondrichthyens (Requin, Roussette *Scyliorhinus*, Raie *Raja*).

Les substances vitellines sont riches en protéines et comportent, de plus, des réserves de lipides et de glycogène. Selon que la charge en vitellus est dispersée irrégulièrement dans le cytoplasme et s'accumule au pôle inférieur de l'œuf, comme c'est le cas chez les Annélides, les Agnathes Céphalaspidomorphes (Lamproies), la plupart des Ostéichthyens et des Amphibiens, on parlera d'œufs **hétérolécithes** (Tableau 5.1). Au contraire, si le vitellus est très abondant, compartimenté et séparé du cytoplasme et refoulé en périphérie comme c'est le cas chez les Mollusques Céphalopodes, les Myxines (Agnathes Ptéraspidomorphes), les Chondrichthyens, les Téléostéens, les Reptiles, les Oiseaux et les Mammifères Protothériens comme l'Ornithorynque, l'œuf est dit **télolécithe**. Les Insectes élaborent généralement des œufs **centrolécithes**, dont la masse vitelline forme un ensemble dense au centre de l'œuf, tandis que de nombreux Invertébrés (Échinodermes) produisent des œufs pauvres en vitellus et également répartis, appelés **oligolécithe**. Enfin, l'œuf des Mammifères vivipares est **alécithe** c'est-à-dire qu'il est quasiment dépourvu de vitellus. L'évolution vers cette carence secondaire se serait réalisée à partir de l'œuf reptilien télolécithe.

TABLEAU 5.1 CARACTÉRISTIQUES DE LA STRUCTURE DE L'ŒUF.

Œuf à segmentation totale			Œuf à segmentation partielle	
oligolécithes	alécithes	hétérolécithes	centrolécithes	télolécithes
Vitellus uniformément réparti	Vitellus absent	Vitellus hétérogène (pôle végétatif)	Vitellus entourant le noyau central Cytoplasme périphérique	Vitellus abondant refoulant l'embryon en surface
Nombreux Invertébrés	Mammifères Métathériens et Euthériens	Annélides Gastéropodes Poissons Amphibiens	Arthropodes	Céphalopodes Poissons Reptiles Oiseaux Protothériens

5.1.2 Les formes de croissance larvaire

La plupart des organismes expriment trois phases vitales différentes, une **phase mature** ou adulte qui correspond à l'état organique optimal pour la reproduction, une **phase embryonnaire** durant laquelle s'élaborent l'organogenèse et une **phase de croissance** libre. Durant cette phase de croissance, la morphologie de l'individu peut sensiblement différer de celle de l'adulte et l'on parlera de forme *juvénile* mais, chez certains animaux, la morphologie de croissance s'avère extrêmement différente et l'on parlera de forme *larvaire* (du latin *larva* qui veut dire dissimuler, Bounhiol 1980). Le passage de la forme larvaire à la forme adulte appelée **imago** chez les Insectes, correspond alors à une véritable transformation, la **métamorphose** qui se réalise durant une phase transitoire, la phase *nymphéale* (Bounhiol 1980, Ridet *et al.* 1992).

Les Cnidaires se présentent généralement sous l'alternance de deux formes, le **polype** fixe, et la **méduse** libre, le Polype donnant naissance, par voie asexuée, à une méduse sexuée. Chez les Cnidaires coloniaux, les polypes polymorphes communiquent entre eux par un stolon et par une colonne gastrique qui peuvent bourgeonner en de nouveaux polypes. Les méduses pélagiques sont souvent gonochoriques et les spermatozoïdes et ovules sont directement libérés dans l'eau de mer ou dans la cavité sous-ombrellaire où se déroule la fécondation.

Chez les Annélides, la larve **trocophore** non segmentée a l'aspect d'une toupie biconique entourée de bandes ciliées ou troches et surmontée d'un toupet de flagelles sensoriels. Au fur et à mesure que la segmentation se construit et que les appendices se forment, la larve devient une **nectochète**, capable de se mouvoir dans le plancton, et se transformera en un adulte sexué.

Les Ectoproctes prolifèrent à partir des bourgeonnements d'un seul individu fondateur, l'**oozoïde** comprenant un polypide abrité dans une logette de protection, la cystide.

Rappelant l'étroite parenté phylogénétique des deux phylums, la larve **véligère** des Mollusques ne diffère des trocophores des Annélides que par l'existence d'une couronne ciliée locomotrice ou **velum** et la présence d'une petite coquille chitineuse.

Les Crustacés produisent plusieurs larves successives dont la plus petite planctonique est le **nauplius** qui dispose d'un œil impair dorsal et de trois paires d'appendices. Un stade **métanauplius** lui succède et la larve possède un telson pourvu d'une **furca**, organe en forme de fourche. Le stade **protozoé** montre le développement d'un céphalothorax et d'un abdomen individualisé mais c'est au stade **zoé** qu'apparaîtra la métamérie de l'abdomen (Fig. 5.2). Enfin, les appendices abdominaux se développeront au cours du stade **mysidoïde**. La plupart des Homards et des Crabes éclosent directement à l'état zoé ou mysidoïde (Vernet 1976).

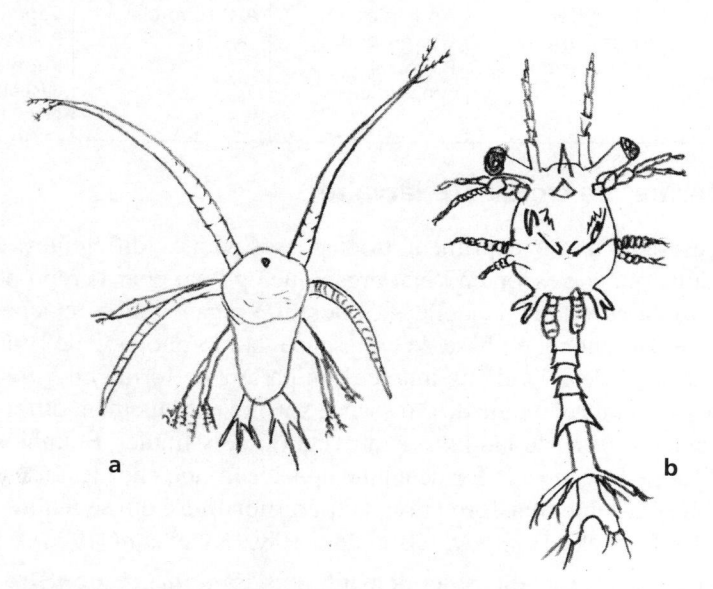

Figure 5.2 Stade métanauplius (**a**) et stade zoé (**b**) d'une crevette.

Chez les Insectes, la diversité des formes larvaires permet de reconnaître cinq types distincts : 1) **larves campodéiformes** des Trichoptères et des Coléoptères aquatiques pourvues d'une carapace rigide, de pièces buccales broyeuses et de trois paires d'appendices thoraciques, elles sont carnassières, 2) **Larves éruciformes** des Lépidoptères et Mécoptères communément appelées Chenilles, elles disposent de fausses pattes abdominales et sont phytophages, 3) **Larves mélolonthiformes** des Coléoptères et certains Hyménoptères caractérisées par un corps mou à petites pattes, elles sont phytophages et se déplacent peu, 4) **Larves cyclopiformes** des Hyménoptères et Diptères parasites et 5) **Larves vermiformes** des Diptères et

Hyménoptères caractérisées par la disparition des appendices et la réduction des pièces buccales, elles se répartissent en vermiformes *eucéphales* dont la tête est visible et porte des yeux, *hémicéphales* à la tête atrophiée et aux mandibules remplacées par des crochets et larves *acéphales*, aveugles dont le type est l'Asticot.

La formation du stade adulte **imago** s'effectue d'une manière simple et progressive ou métamorphose *hétérométabole paurométabole* (Fig. 5.3) quand larves et adultes ne diffèrent pas de manière radicale (Orthoptères et Dictyoptères), ou est de type *hétérométabole hémimétabole* quand le mode de vie larvaire est aquatique alors que les adultes sont aériens (Odonates). Lorsqu'après plusieurs stades larvaires, l'animal présente un stade nymphal immobile au cours duquel s'édifient les organes de l'imago, on parle de métamorphose holométabole (Lépidoptères). La nymphe des holométaboles peut apparaître sous forme de **nymphe à appendices libres** (Coléoptères) (Fig. 5.4), sous forme de nymphe à appendices enfermés dans un cocon ou

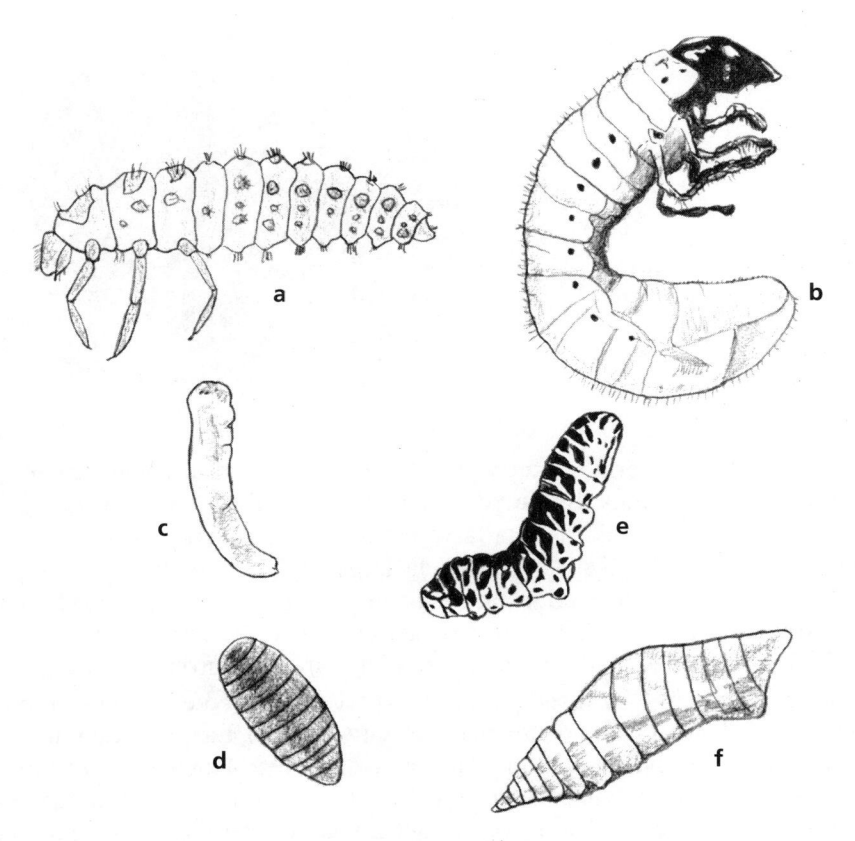

Figure 5.3 Larves d'insectes.

a. Larve campodéiforme de Coléoptère *Hippodamia hippodame*. **b.** Larve melolonthiforme (scarabeiforme) de Hanneton *Melolontha melolontha*. **c.** Larve vermiforme acéphale de Diptère, *Musca domestica* et **d.** sa pupe. **e.** Larve éruciforme de *Papilio machaon* et **f.** sa chrysalide.

chrysalide (Lépidoptère) ou sous forme de nymphe enfermée immobile dans la dernière exuvie ou **pupe** (Diptère). Le déterminisme de la métamorphose dépend de la dégradation de l'hormone juvénile JH (*Sesquiterpenes*) par des estérases (Luscher 1975, Hoffmann *et al.* 1986, Rembold 1986).

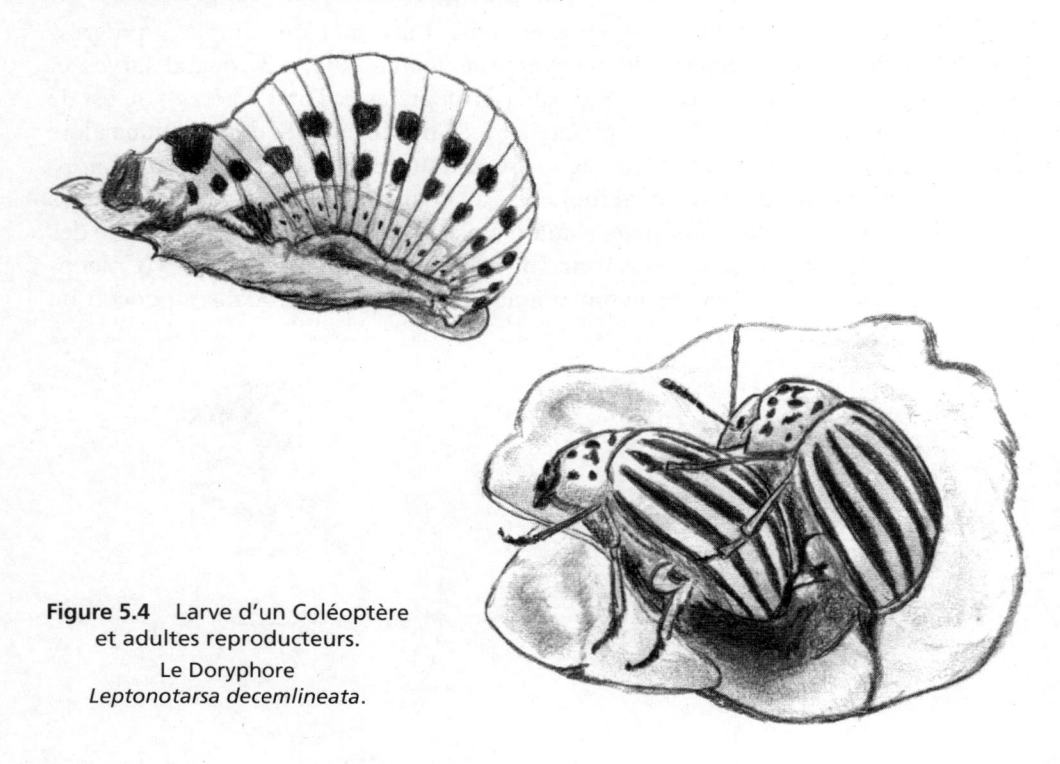

Figure 5.4 Larve d'un Coléoptère et adultes reproducteurs.
Le Doryphore
Leptonotarsa decemlineata.

Les larves d'Échinodermes, au corps ovoïde, disposent d'une lèvre ciliée entourant la bouche et sont dites **dipleurula**. Leur évolution diffère alors selon la classe concernée. Chez les Holothuries, la larve est dite **auricularia** et est délimitée par une bordure ciliée dont l'aspect évoque la lettre H. Les Oursins et les Ophiures montrent une larve **pluteus** tendue par des baguettes tandis que les Astérides ont une larve **bipinnaria** qui correspond à une complexification de la larve auricularia. La larve **vitellaria** des Crinoïdes ressemble à un tonnelet muni de couronnes ciliées.

La forme larvaire des Ascidies (Urochordés) est dite **têtard** évoquant l'importante disproportion de la région antérieure du corps (Grave 1936). La queue est munie d'une baguette élastique, la **chorde** et d'un tube nerveux qui se prolonge dans la région antérieure. Cette région dévoile une cavité digestive et un pharynx perforé de fentes branchiales (pharyngotrèmes). L'ensemble est soutenu par une paroi ou tunique, constituée d'un tissu particulier la **tunicine**. La larve pélagique se fixe par ses papilles adhésives antérieures et entame une métamorphose et une histolyse de sa région caudale.

La longue phase larvaire généralement fouisseuse des Lamproies (Vertébrés Agnathes) est appelée **ammocète**. La larve a l'aspect d'un long cylindre dont les spiracles branchiaux sont masqués dans un repli. Les formes larvaires des Poissons sont les **alevins** menant souvent une vie pélagique. Chez les Anguilliformes comme *Anguilla anguilla* la larve **leptocéphale** arbore une morphologie foliacée avec une tête et une bouche minuscule et un corps aplati latéralement avant de devenir une anguille juvénile ou **civelle**. Les larves pélagiques des Poissons plats Pleuronectiformes n'exhibent pas la déformation caractéristique des adultes. La symétrie bilatérale normale des Vertébrés ne sera altérée qu'au moment de la métamorphose lorsqu'un œil entreprendra sa migration latérale généralement dextre comme chez le Flet *Platichthys flesus*.

Les larves d'Amphibiens Anoures ou **têtards** exhibent une hypertrophie caractéristique de leur région antérieure (Fig. 5.5). Une sécrétion cutanée facilite le déplacement aquatique. La région caudale ne dispose pas de cavités cœlomiques mais la

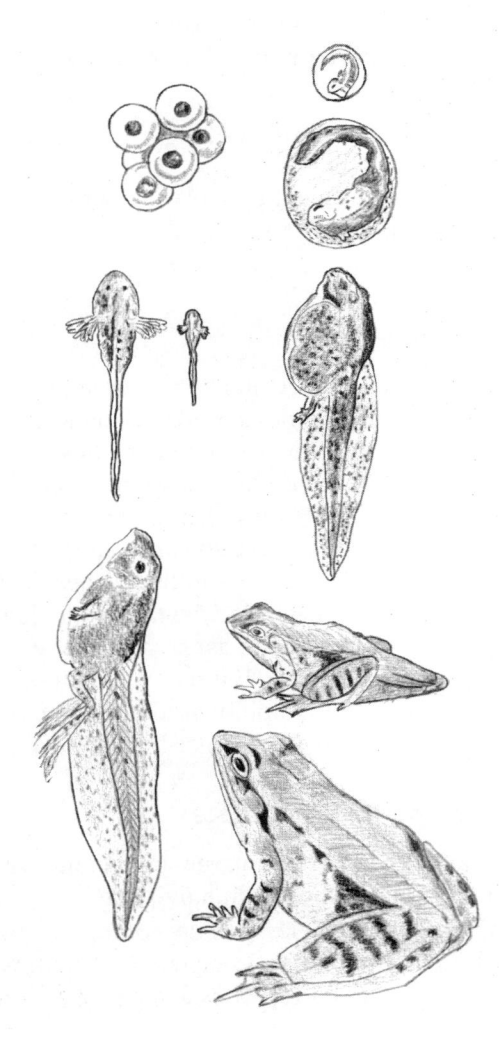

Figure 5.5 Développement larvaire chez les Anoures (*Rana temporaria*).

chorde et le tube nerveux s'y prolongent. L'encéphale reste rudimentaire et l'appareil digestif peu différencié. Peu après l'éclosion, l'animal dispose d'une ventouse buccale qui favorise sa fixation et de branchies externes. Mais ces organes vont dégénérer au profit d'une bouche pourvue de denticules cornés et de branchies enfermées dans une cavité branchiale ouverte par un unique orifice, le **spiracle**. Les larves d'Urodèles à branchies externes disposent déjà de mâchoires et d'ébauches de membres. La métamorphose est déterminée par les sécrétions des hormones thyroïdiennes (thyroxine), elles-mêmes sous la dépendance de l'hypophyse.

5.2 L'OVIPARITÉ

Il est d'usage d'opposer des modes de reproduction ovipare où l'organisme expulse les zygotes dans le milieu extérieur et le mode vivipare dans lequel l'embryogenèse est assurée de manière interne. Toutefois, l'évolution des cellules sexuelles s'inscrit assez mal dans une telle dichotomie et il plus aisé de distinguer cinq modes reproducteurs :
– l'ovuliparité ;
– l'oviparité immédiate ;
– l'oviparité avec rétention ou ovoviviparité ;
– la viviparité histotrophe ou apparente ;
– la viviparité vraie ou hémotrophe.

5.2.1 L'ovuliparité

Chez les organismes à fécondation externe, il n'y a pas à proprement parler d'expulsion de zygotes mais seulement libération de gamètes. Ainsi, lors des pseudo-accouplements (amplexus) des Amphibiens Anoures, les ovules émis à l'extérieur sont immédiatement arrosés de liquide spermatique par le mâle. De mêmes modalités de reproduction sont retrouvées chez de nombreux Poissons. La diffusion directe des ovules dans l'environnement constitue alors un mode de **reproduction ovulipare**. L'ovule est chargé de matière vitelline dispersée de manière hétérogène dans le cytoplasme, selon le type hétérolécithe tandis que le noyau ovulaire est excentré au pôle animal ou bien l'abondante charge vitelline reste séparée du cytoplasme (œuf télolécithe des Ostéichthyens). Enfin, des structures accessoires telles la gangue mucopolysaccharidique des Amphibiens ou la coque rigide percée de micropyles des œufs d'Ostéichthyens viennent protéger l'ensemble.

5.2.2 L'oviparité immédiate

Lorsque la fécondation est interne, le rejet du zygote dans le milieu extérieur correspond à un mode de reproduction **ovipare**.

L'oviparité est la règle chez de nombreux Insectes dont l'œuf centrolécithe est pourvu d'un vitellus dense. Les granules vitellins élaborés par l'ovocyte s'amassent sous forme de vacuoles réparties à la périphérie des ovocytes tandis que des cellules folliculaires forment deux membranes ovulaires, l'enveloppe vitelline et le **chorion**. Le chorion comporte souvent plusieurs couches de protéines, de saccharides et de lipides mais sa consistance varie en fonction de la biologie des Insectes. Il peut même ne pas exister chez les Blattes vivipares. Le chorion est formé avant la fécondation et dispose de perforations, les **micropyles**. Enfin, les sécrétions des glandes accessoires enduisent et agglutinent les œufs qui peuvent ainsi adhérer au substrat ou être réunis dans une oothèque.

Outre l'ensemble des structures accessoires, coque de kératine, coquille calcifiée, l'œuf télolécithe des Vertébrés ovipares est enveloppé de plusieurs couches de protéines. Ces annexes embryonnaires sont des organes provisoires qui assureront la nutrition de l'embryon. La masse vitelline reste homogène tandis que le disque germinatif constitue en se divisant un sac vitellin au cours de la gastrulation. Richement vascularisé, le sac vitellin assure la nutrition embryonnaire et constitue un organe respiratoire. Chez les Vertébrés terrestres (Reptiles, Oiseaux, Monotrèmes), l'embryon est immergé dans une cavité amniotique tandis que se développe une autre annexe insérée entre l'amnios et le chorion, l'**allantoïde** très vascularisée, qui assure l'absorption, la respiration et le stockage des produits d'excrétion. Le vitellus est enfermé dans un sac vitellin à deux feuillets qui régressera au fur et à mesure de l'ontogenèse (Fig. 5.6).

Figure 5.6 Position du poussin de poule à l'intérieur de l'œuf.

De nombreux Vertébrés sont ovipares (Chondrichthyens, Ostéichthyens, Amphibiens, Reptiles et Mammifères Protothériens) mais seule la classe zoologique des Oiseaux ne montre aucune exception au mode de reproduction ovipare.

Les œufs peuvent être pondus en grande quantité formant des amas de plusieurs milliers d'œufs (Baudroies, Anoures) ou bien déposés isolément sur des substrats divers (Urodèles, Carabidés, Cynips). Le pH peut affecter la fécondation et la survie embryonnaire chez les espèces aquatiques comme cela a été par exemple montré chez la Carpe commune *Cyprinus carpio* (Roubaud *et al.* 1984). Le substrat peut avoir un rôle dans l'incubation ou dans le nourrissage ultérieur de l'embryon (Scarabées,

Géotrupe, Coprophages, Nécrophages, Parasitoïdes). Ainsi, les Géotrupes pondent directement dans une boulette d'excrément et certaines larves de Diptères se nourrissent directement du cadavre où elles ont été pondues. Beaucoup d'Invertébrés accumulent leurs œufs en paquets, dans un cocon (Arachnides) ou dans une nacelle de ponte (Hydrophile). De nombreuses espèces d'Arthropodes transportent leurs d'œufs accrochés sous leur abdomen (Crustacés), parfois dans une corbeille incubatrice (Coléoptères, *Spercheus*) et peuvent disposer de sacs ovigères (Cyclops).

Chez les Oiseaux, l'incubation se déroule dans le nid et le comportement de couvaison est dépendant des sécrétions de prolactine (Thibault *et al.* 1998). De la même manière, pour assurer une meilleure protection de l'œuf, certains animaux les groupent dans des nids (Téléostéens, Reptiles, Oiseaux) qui favoriseront leur incubation. Ainsi, la Couleuvre d'Esculape *Elaphe longissima* protège sa ponte dans la litière d'humus (Naulleau 1992). Chez les Mammifères Monotrèmes Prothériens, le développement embryonnaire débute dans l'utérus mais l'œuf est pondu dans un nid chez l'Ornithorynque *Ornithorhynchus anatinus* tandis qu'il est déposé dans la poche incubatrice ou marsupium chez les différentes espèces d'Échidnés *Tachyglossus* sp. (Fig. 5.7).

Figure 5.7 Un Mammifère ovipare : l'Echidné *Tachyglossus aculeatus*.

5.3 L'OVOVIVIPARITÉ

Le mode de reproduction **vivipare** correspond à un développement embryonnaire à l'intérieur du corps du parent le plus souvent la femelle d'où le jeune émerge déjà formé. Néanmoins, plusieurs modalités distinctes peuvent être reconnues selon que l'organisme ne fait qu'accueillir le développement embryonnaire ou au contraire participe réellement à son approvisionnement.

Le mode de développement interne dans lequel la larve reçoit essentiellement ses nutriments de ses propres réserves vitellines est appelé **ovoviviparité**. Ce mode se caractérise par le rejet d'œufs juste avant ou après leur éclosion dans le milieu, donnant une apparence de viviparité. L'organisme parent n'assure pourtant que l'accueil du zygote et sa protection durant le développement embryonnaire, l'oviducte ou une autre partie du corps constituant une véritable chambre incubatrice. Il n'y a pas de relations trophiques entre la mère et le jeune. Dans ce cas, les annexes embryonnaires ne diffèrent pas fondamentalement des structures ovipares et l'on peut assimiler ce mode de reproduction à une **rétention** des œufs fécondés, prolongée presque jusqu'à leur terme. Bien qu'assurant toujours une protection de l'embryogenèse, cette rétention peut avoir lieu dans des régions du corps très différentes selon les espèces.

Plusieurs espèces de Littorines (*Littorina patula*, *L. rudis*, *L. neglecta* Mollusques Prosobranches) ou de Paludines (*Viviparus sp.*) présentent un développement direct des jeunes. Néanmoins, les juvéniles ne tirent probablement pas leur nutriment de l'organisme parent. L'ovoviviparité des Littorines qui vivent dans la zone intertidale, limite le risque de dessiccation des pontes exposées pendant toute la durée des marées basses. Chez les Blattes du genre *Blattella* ou *Diploptera* Insectes Dictyoptères, les œufs sont incubés dans une poche incubatrice jusqu'à l'éclosion des jeunes.

De nombreuses espèces d'Ostéichthyens comme *Cottus scorpius* ou *Galeichthys felis* pratiquent une incubation buccale qui dérive probablement des séquences comportementales de transport de la ponte. Durant toute la durée de l'incubation, les animaux porteurs ne s'alimentent plus. L'incubation buccale est aussi une stratégie efficace de protection des jeunes. Ainsi, les Cichlidés comme *Nimbochromis livingstonii* ou *Haplotoxon tricoti* récupèrent leurs jeunes dès qu'un danger menace.

L'Anoure australien *Rheobatrachus silus* pratique une incubation gastrique (Fig. 5.8).

L'animal avale ses œufs après leur fécondation (Corben *et al.* 1974). Les premiers œufs ingérés sont plus ou moins digérés mais déclenchent une inhibition de la sécrétion enzymatique de l'estomac et permettent aux autres œufs de se maintenir jusqu'au développement métamorphique. La digestion des premiers œufs libère de leur gangue une prostaglandine PGE2 qui inhibe les sécrétions gastriques. La grenouille ne se nourrit plus pendant toute la phase d'incubation, jusqu'à la métamorphose, durant près de trois semaines. L'animal « accouche » ses petits postmétamorphiques en régurgitant et en émettant un hoquet. Une incubation cutanée apparaît chez de nombreux Syngnathidae dont les œufs de la femelle adhèrent à la face ventrale du mâle s'insérant dans des replis alvéolaires parfois spécialisés. La protection des têtards peut s'organiser de façon très singulière chez les Amphibiens Rhinodermes. Les Rhinodermes *Rhinoderma darwinii* sont des Anoures dont les mâles sont pourvus de sacs vocaux volumineux. Les têtards à peine éclos mais pourvus d'un abondant sac vitellin sont avalés par les mâles (Fig. 5.9). Les têtards migrent alors vers les sacs vocaux du mâle où ils poursuivent leur développement à l'intérieur (Busse 1970). Les mâles de Crapauds australiens *Assa darlingtoni* des régions froides, incubent les œufs dans des poches latérales du corps

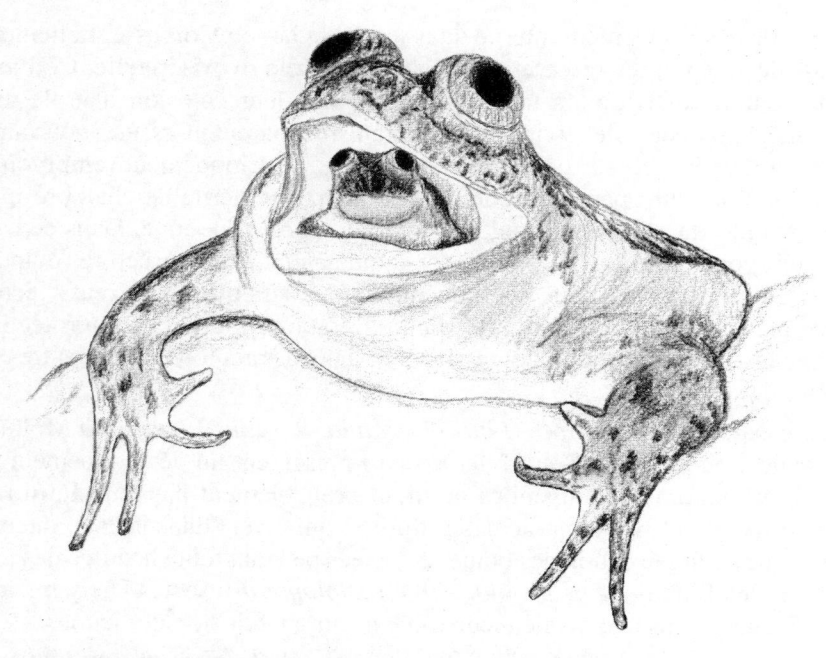

Figure 5.8 Incubation gastrique et régurgitation des postmétamorphiques chez *Rheobatrachus silus.*

Figure 5.9 Le Rhinoderme, *Rhinoderma darwinii* pratique l'incubation dans les sacs vocaux du mâle.

(Ingram *et al.* 1975). Chez les Crapauds américains *Pipa pipa* et *P. parva* le mâle récupère les œufs au fur et à mesure de leur fécondation puis les répand sur l'épiderme dorsal de la femelle. Ils vont s'insérer dans les replis de l'épiderme refermé par un opercule et y poursuivent leur incubation cutanée et leur développement (Rabb 1973, Hogarth 1976). Les têtards logés individuellement sur le dos de la femelle feront sauter l'opercule pour se libérer des compartiments de l'épiderme dorsal des femelles à leur métamorphose.

Mais certains animaux disposent d'organes spécialisés favorisant l'incubation de la ponte. Les Brachiopodes femelles, certains Crustacés (Crabes voleurs) et les mâles d'Hippocampes possèdent une ou plusieurs poches incubatrices où se déroule l'embryogenèse. Chez les Syngnathidae comme *Hyppocampus zosterae*, les replis cutanés constituent un *marsupium* ouvert sur un seul orifice formé par une couche dermique et deux couches épidermiques externe et interne. La poche incubatrice se referme et chaque œuf se développe dans une alvéole individuelle où des échanges osmotiques pourraient se dérouler (Breder et Rosen 1966). Ce mode d'incubation dérive clairement des phénomènes d'incubation cutanée qui existent chez les Anoures comme *Pipa* ou *Flectonotus*. Le Lézard vivipare *Lacerta vivipara* est **ovovivipare facultatif**, puisque seules les populations septentrionales engagent un développement larvaire intra-utérin, associé à une formation allantoïdienne rudimentaire (Panigel 1956, Bauwens et Thoen 1981). En fait, les œufs éclosent juste avant la ponte. Cette ovoviviparité constitue une forme primitive de viviparité. De même, chez l'Orvet *Anguis fragilis,* les jeunes se libèrent de leurs enveloppes au moment de leur naissance.

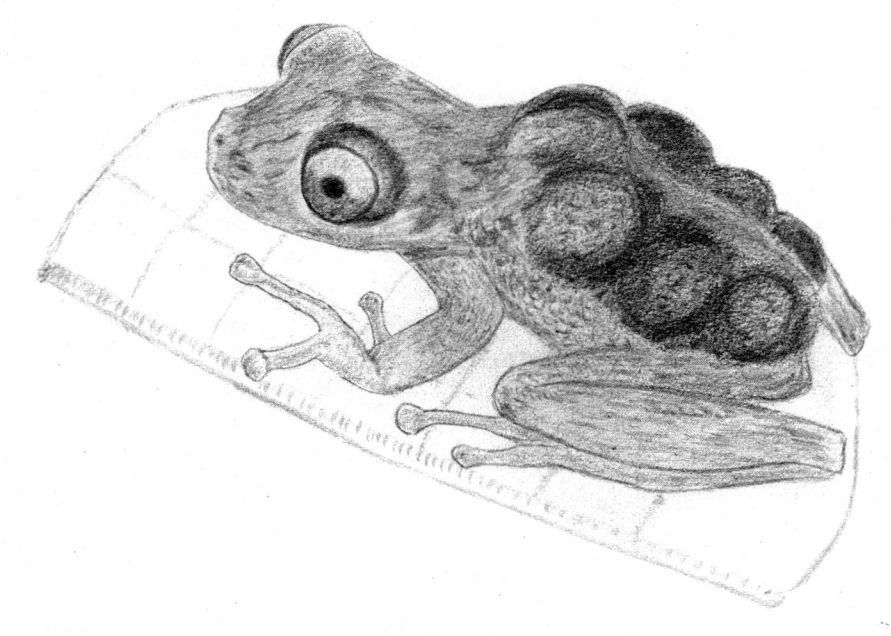

Figure 5.10 Incubation dermique chez la Rainette *Flectonotus pygmaeus*.

Les modes d'incubation impliquant la cavité bucco-pharyngienne ou l'épiderme des animaux relèvent probablement d'une extension des soins apportés à la ponte par les parents (Gross et Sargent 1985). En revanche, l'incubation et le développement des œufs dans l'oviducte correspondent davantage, chez les animaux à fécondation interne, à des mécanismes de retard de ponte et vont faciliter les possibilités d'échange direct entre les organismes maternels et fœtaux.

5.4 LA VIVIPARITÉ

5.4.1 La viviparité apparente ou histotrophe

Dans certains cas, l'embryogenèse est facilitée par un apport de nutriments et donne toute l'apparence d'une viviparité. Les embryons vont présenter des organes permettant d'absorber directement des nutriments provenant de l'organisme maternel. Ainsi, chez certains Sélaciens, chez les Crapauds africains *Nectophrynoides,* et chez quelques Vipéridés, les embryons se développent directement dans les gonoductes des femelles. En l'absence de placenta, l'apport de nutriments vitellins peut être alors complété par des dispositions diverses comme la desquamation de la muqueuse utérine, les larves se rassemblant près de zones trophiques de l'oviducte maternel. Dans ce cas, les substances produites par l'épithélium utérin ou même les ovules sont directement absorbées par l'embryon réalisant des échanges de type **histotrophe** et l'on peut qualifier ce mode de reproduction de **viviparité apparente**.

Chez les *Syllis vivipara* et *Nereis limnicola* Annélides Polychètes, il existe des échanges directs entre les embryons et les tissus maternels. Cette forme de viviparité pourrait pallier la vulnérabilité osmotique des larves dans les estuaires qu'elles fréquentent. Chez les Glossines *Glossina sp.* Insectes Diptères, un seul œuf est produit par l'ovaire et l'embryon accomplit son développement direct en se nourrissant de sécrétions glandulaires provenant de l'organisme maternel (Chapman 1969). Les Onychophores, proches parents des Arthropodes, produisent également des juvéniles vivants, les œufs se développant dans les oviductes divisés en autant de chambres incubatrices qu'il subsiste d'œufs. Les embryons se nourrissent de sécrétions utérines absorbées par l'intermédiaire d'un sac trophoblastique.

L'oviducte dilaté en utérus de certains Sélaciens (Élasmobranches) accueille le développement des embryons en fournissant la diffusion d'éléments nutritifs. Les embryons de *Isurus oxyrhynchus,* de *Lamna nasus* et de *Carcharias taurus* (Isuridae) peuvent même ingérer les œufs non embryonnés ou plus tardifs pour assurer leur propre embryogenèse, effectuant une **oophagie** (Springer 1948).

Les Salamandres sont des Urodèles peu exigeants du point de vue hydrique et semblent concrétiser presque tous les intermédiaires possibles. Tandis que *Mertensiella caucasica* accomplit une fécondation exclusivement externe, la Salamandre terrestre *Salamandra salamandra* (Fig. 5.11) manifeste une fécondation interne mais les larves ne se métamorphosent qu'après un développement aquatique (Tableau 5.2). Chez la sous-espèce *Salamandra s. fastuosa,* une métamorphose

Les modalités de la reproduction • **Chapitre 5**

TABLEAU 5.2 STRATÉGIES DE REPRODUCTION DES SALAMANDRES.

Ovipares strictes	Ovovivipares		Vivipares apparentes
fécondation externe	fécondation *in utero*		
ponte en eau vive	éclosion des larves à la naissance	métamorphose partielle *in utero*	métamorphose totale *in utero*
séjour larvaire aquatique	séjour larvaire aquatique	vie aquatique brève	vie terrestre dès la naissance
nutrition directe	nutrition directe	cannibalisme intra-utérin facultatif	cannibalisme intra-utérin obligatoire
Mertensiella caucasica *Chioglossa lusitanica*	*Salamandra s. terrestris* *S. s. almanzoris* *S. s. gallaica*	*S. s. fastuosa*	*S. s bernadezi* *Salamandra lanzai* *Salamandra atra* *Mertensiella luschani*

partielle se déroule dans l'oviducte. Enfin, chez la Salamandre terrestre des Pyrénées *Salamandra s. bernadezi* ou chez la Salamandre noire *Salamandra atra*, seules deux larves se métamorphosent totalement et l'animal met bas deux juvéniles parfaitement formés, un par oviducte. En fait, la métamorphose partielle ou totale n'est possible que grâce à un artifice particulier le **cannibalisme intra-utérin ou adelphophagie** (du grec *adelphos*, le frère), les larves les plus précoces se nourrissant au fur et à mesure des ovocytes (oophagie) ou directement des embryons les plus tardifs (Dopazo et Alberch 1994, Greven et Guex 1994, Joly *et al.* 1994). Ici, l'apparente viviparité est associée à une réduction numérique du nombre de juvéniles et correspond à une adaptation particulière à une disponibilité en eau extrêmement restreinte, liée au gel en altitude ou à l'assèchement de cours d'eau temporaires.

Le phénomène du cannibalisme intra-utérin se retrouve également chez certains Sélaciens (*Mustelus laevis*), mais sa signification reste encore discutée. On parle ici de **viviparité apparente ou aplacentaire** puisque l'embryogenèse se poursuit jusqu'à son terme dans le corps maternel bien qu'aucun organe spécialisé n'en assure la nutrition.

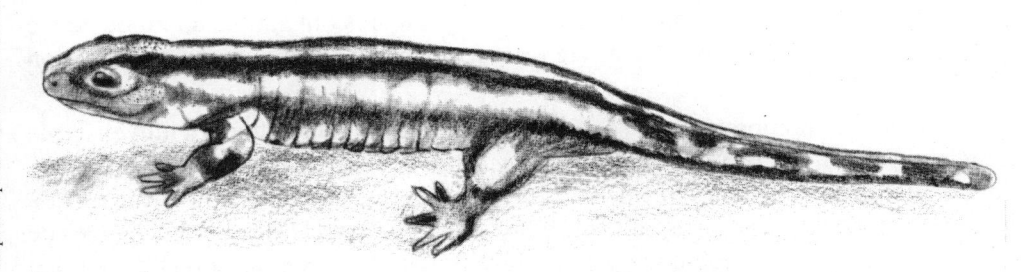

Figure 5.11 Une Salamandre vivipare histotrophe facultative *Salamandra salamandra fastuosa*.

Les Anoures révèlent également une acquisition progressive de développement direct émancipant les animaux d'une phase larvaire aquatique. Ainsi, chez *Leptodactylus fallax* Leptodactilidae des Antilles, les têtards éclosent dans leur nid d'écumes et se métamorphosent sans retourner à l'eau. Dans le genre primitif *Leiopelma* de Nouvelle-Zélande (Liopelmantidae), les larves éclosent en milieu terrestre et disposent déjà de leurs quatre membres et leur métamorphose se limite à la régression caudale. Chez les Crapauds africains *Nectophrynoïdes viviparus* (Bufonidae), la métamorphose est intra-ovulaire mais chez *Nectophrynoïdes occidentalis*, la larve est réellement nourrie par des sécrétions mucoprotéiques de l'oviducte (Lamotte et Xavier 1972). Les sécrétions du tractus génital dilaté sous l'effet de la progestérone favorisent la métamorphose dans les voies génitales et les juvéniles en sortent déjà formés. Cet apport nutritif constitue une viviparité apparente de type histotrophe. Enfin, les Rainettes « marsupiales » *(Gastrotheca sp.)* présentent une viviparité hémotrophe (*cf. supra*). Ces différents dispositifs qui permettent le développement direct des juvéniles constituent une réponse sélective au problème de la préservation de l'eau pour l'embryon et évitent une confrontation précoce aux prédateurs, mais aux dépens d'une reproduction d'un nombre moindre d'individus.

5.4.2 La viviparité vraie ou hémotrophe

La viviparité correspond donc à la naissance de juvéniles ayant accompli leur développement embryonnaire directement dans l'organisme maternel et pourvus d'organes particuliers d'absorption, paroi folliculaire vascularisée par exemple. L'apport de nutriments maternels est diffusé dans le sang fœtal réalisant un échange de **type hémotrophe** que l'on peut qualifier de **viviparité vraie**.

Le Dermaptère aberrant (Insecte) *Hemimerus talpoides*, ectoparasite du Rat géant de Gambie (*Cricetomys gambianus*) constitue un cas intéressant d'échanges entre organisme maternel et embryonnaire. Juste après la fécondation, l'épithélium folliculaire se développe tandis que la croissance de l'embryon est accompagnée de la production de membrane extra-embryonnaire en étroit contact avec l'épithélium folliculaire maternel, constituant un pseudo-placenta (Hagame 1951). Des structures pseudo-placentaires peuvent aussi se développer chez les Pucerons (Homoptères Aphidés). La plupart des Insectes vivipares ont adopté un mode de vie parasitaire qui exige la mise en œuvre de mécanismes particuliers de reproduction et de dispersion.

Il existe de nombreux poissons vivipares, aussi bien Chondrichthyens que Ostéichthyens. Chez le Sélacien *Mustelus canis* (Chondrichthyens Élasmobranches), le sac vitellin embryonnaire forme de multiples villosités qui adhèrent étroitement à la paroi utérine richement vascularisée constituant une grande surface d'échanges de type hémotrophe ou omphaloplacenta (placenta vitellin). Néanmoins, l'enveloppe de l'œuf et deux couches d'épithélium restent interposées entre les organismes embryonnaire et maternel (Budker 1957). Les embryons des Cyprinodontiformes du genre *Anableps* (ou Poisson-quatre-yeux, Ostéichthyens) sont pourvus d'organes d'échanges avec la mère favorisant le passage des éléments nutritifs à travers la paroi folliculaire (Amoroso 1960, Hogarth 1976).

Les *Siphonops* et *Typhlonectes* d'Amérique du Sud sont des Amphibiens Apodes au développement vivipare. Les larves éclosent dans les oviductes dilatés de la femelle et disposent de branchies externes foliacées qui permettraient l'absorption de substances nutritives (Delsol *et al.* 1986). Les branchies dégénèrent lors de la métamorphose et les juvéniles émergent du cloaque pour mener une vie normale. La femelle des Rainettes « marsupiales » *Gastrotheca ovifera* et *G. marsupiata* (Anoures Hylidé) d'Amérique du Sud développe au moment de la reproduction et sous l'influence de la progestérone folliculaire une poche incubatrice dorsale. Cette poche cutanée comporte des replis richement vascularisés où quatre à six têtards vont appuyer leurs branchies foliacées, réalisant ainsi de véritables échanges hémotrophes entre l'organisme femelle et les larves. Les larves se métamorphosent à l'intérieur de cette poche cutanée chez *Gastrotheca ovifera* et la femelle expulse quatre à six juvéniles entièrement formés. La structure des branchies externes des têtards et des replis de la poche incubatrice constituent un ensemble tout à fait original dans le monde animal et fait des *Gastrotheca* de réelles vivipares. Ce développement direct n'est cependant pas accompagné d'une différenciation placentaire (Lamotte et Lescure 1977, Del Pino 1983).

Figure 5.12 La Rainette « marsupiale » *Gastrotheca marsupiata* ; trois postmétamorphiques sont sortis de la poche incubatrice dorsale.

Bien que les Reptiles soient les premiers organismes, du point de vue évolutif, à inaugurer l'émancipation du milieu aquatique pour la reproduction, seules certaines espèces ont développé un mode vivipare. Chez les Scinques européens méridionaux *(Chalcides chalcides, C. bedriagai* et *C. ocellatus)*, ou chez le Scincidé vivipare placentotrophique *Pseudomoia pagenstecheri,* l'embryon est pourvu d'une annexe vitelline close accolée à l'épithélium utérin et capable d'en absorber les fluides et les gaz à travers un ensemble complexe d'invaginations facilitant les échanges avec les capillaires sanguins. Ce dispositif extraembryonnaire est assez semblable à l'omphalo-placenta des Sélaciens. Une dizaine de juvéniles parfaitement formés émergent ensuite du cloaque.

Chez tous les Mammifères Métathériens et Euthériens, l'embryogenèse s'effectue directement dans le corps maternel et l'apport de nutriments est assuré par la mère elle-même. L'œuf de très petite taille est dépourvu de vitellus et est nommé **alécithe**. L'embryon se développe dans une région spécialisée de l'appareil reproducteur femelle, l'utérus. Chez les Métathériens (Marsupiaux), seul un *omphaloplacenta* (vaisseaux vitellins) renforce les échanges et le petit naît à un stade très immature pour prolonger son développement dans la poche marsupiale ou Marsupium (Sharman 1970, Hampikian *et al.* 1994). Chez les Mammifères Euthériens, une annexe embryonnaire, le **placenta** *(allantoplacenta)* formé à la fois à partir de la paroi utérine (endomètre) et des membranes fœtales (chorion et allantoïde), permet l'échange des nutriments et l'élimination des déchets. Selon que l'épithélium utérin est détruit ou non lors de la placentation, on distingue des placentas *indécidués* (Mésaxoniens Périssodactyles) et des placentas *décidués* (Harrisson et Young 1966). Ces placentas décidués développent des villosités dans leur zone médiane (placenta zonaire des Carnivores) ou ces villosités sont groupées dans une zone circulaire (placenta discoïde des Chiroptères, Rongeurs et Primates).

Bien qu'une barrière placentaire, formée d'au moins deux couches épithéliales, isole toujours irréductiblement les circulations fœtale et maternelle, la juxtaposition des épithéliums renforce les échanges nutritifs. La relation entre la muqueuse utérine et les villosités choriales peut être un simple accolement, cas de l'omphalo-placenta des Marsupiaux et de l'allanto-placenta des Périssodactyles et des Paraxoniens Artiodactyles. Mais, les villosités choriales peuvent pénétrer l'épithélium utérin pour parvenir à proximité des capillaires (cas de l'allanto-placenta zonaire des Carnivores) ou même détruire la paroi des capillaires et former des lacunes sanguines (cas de l'allanto-placenta discoïde des Rongeurs et Primates). Cette viviparité vraie assure un développement complet du fœtus jusqu'à la naissance et, lors de la **parturition**, le placenta fœtal se décolle (Mammifères indécidués) ou bien entraîne la muqueuse utérine et l'expulse lors de la délivrance (Mammifères décidués).

Avec l'adoption d'un développement vivipare, l'embryon devient quasi indépendant des conditions de son environnement extérieur. Ce mode de développement correspond à une adaptation particulière à la survie en milieu terrestre lorsque l'eau peut manquer. Grâce à la cavitation amniotique, la viviparité constitue ainsi une étape évolutive ultime de la conquête des milieux terrestres par les Vertébrés, consacrant l'indépendance de la reproduction par rapport au monde aquatique.

En fait, la viviparité affranchit presque totalement l'organisme des contraintes extérieures. Ainsi, dans les milieux qui subissent de fortes variations de la quantité d'eau disponible ou de sa qualité physico-chimique ou encore d'importants écarts thermiques, de nombreuses espèces manifestent une tendance à l'ovoviviparité, à la viviparité histotrophe ou même à la viviparité vraie.

5.5 LA GESTATION DIFFÉRÉE

5.5.1 La fécondation retardée

De nombreux animaux comme les Annélides ou les Insectes peuvent étaler la fécondation en utilisant les spermatozoïdes contenus dans la spermathèque plusieurs jours, voire plusieurs mois après l'obtention du sperme comme c'est le cas chez les Reines Hyménoptères

Le mode de reproduction vivipare atteint aussi chez les Mammifères un haut degré de complexité. Bien que la phase de développement embryonnaire se déroule dans la matrice maternelle, certaines espèces semblent montrer une durée de gravidité exceptionnelle (Holm 1966). Normalement, la période nécessaire au développement embryonnaire est constante chez une espèce et dure d'autant plus longtemps que l'animal dispose d'une grande taille (19 jours chez la Souris, 65 jours chez le Chat, 9 mois chez la Femme et 22 mois chez l'Éléphant africain). Le degré de développement du néonate à la parturition intervient également. Ainsi, les jeunes Lapins naissent nus et aveugles après trente jours de gestation tandis que celle des petits Lièvres, couverts de poils et l'œil ouvert, se prolonge pendant 40 jours.

Mais, chez les Chiroptères des zones tempérées, alors que la copulation se déroule en automne, les parturitions des femelles n'interviennent qu'à la fin du printemps ou au début de l'été suivant, soit près de huit mois après. En fait, et en liaison avec les mécanismes de l'hibernation hivernale, les accouplements automnaux n'aboutissent pas à une ovulation. La femelle s'accouple alors qu'elle ne présente pas physiologiquement d'activité sexuelle. Les spermatozoïdes restent vivants dans les conduits génitaux de la femelle où le sperme coagule et il se forme un bouchon muqueux vaginal (Fenton 1984). De plus, chez les Vespertilionidés, une sécrétion continue des glandes utérines assure la viabilité des spermatozoïdes. Les femelles ne disposent que d'un seul ovaire fonctionnel, le droit. L'hibernation se déroule de décembre à mars (Lyman et Dave 1960, Brosset 1966), dans de profondes cavités naturelles comme le préfèrent les Rhinolophes *Rhinolophus sp.* ou d'étroites fissures pour les petits *Myotis*. L'ovulation intervient après la sortie d'hibernation, apparemment induite par l'allongement de la durée du nycthémère et la fécondation s'effectue alors. Chez les espèces européennes, le Minioptère de Schreibers *Miniopterus schreibersi* fait exception à cette règle puisque l'ovulation a bien lieu durant la copulation et seule l'implantation du zygote est différée. Chez les autres espèces, la gestation réelle se déroule pendant 53 à 75 jours. Les colonies de mise bas se rassemblent alors en juin-juillet dans des arbres creux (Noctules) ou dans les combles des bâtiments pour les espèces les plus anthropophiles comme les

Pipistrelles *Pipistrellus sp.*, les Oreillards *Plecotus sp.* ou les Sérotines *Eptesicus serotinus* (Fig. 5.13, Brosset 1966).

Figure 5.13 La Sérotine *Eptesicus serotinus*, une espèce anthropophile.

Ce phénomène de l'**ovulation différée** est sous la dépendance de l'hypophyse mais l'influence de facteurs exogènes *via* l'hypothalamus reste considérable. En effet, la quasi-totalité des espèces de Microchiroptères habitant la zone tempérée présente un mécanisme de fécondation retardée tandis que les Mégachiroptères et les Microchiroptères des zones tropicales ou méditerranéennes manifestent un mode de reproduction normal. Cette faculté de passer l'hiver en ralentissant le métabolisme a profondément modifié le cycle génital des Chiroptères. La **fécondation retardée** correspond par conséquent à une adaptation particulière aux conditions de froideur du climat chez ces animaux insectivores et est associée au mécanisme de l'hibernation prolongée.

5.5.2 Le délai d'implantation

Les mécanismes d'**ovo-implantation différée** correspondent à un autre type d'adaptation à la vie dans un climat froid chez les Mammifères. Après la fécondation, le zygote migre librement dans les conduits génitaux de la femelle pendant une durée assez courte, c'est la **progestation**. La **gestation** ne débute que lorsque l'œuf se fixe plus ou moins fortement dans la paroi utérine, c'est la **nidation** (Holm 1966). L'utérus ne constitue pas un milieu spécifique et indispensable pour l'ovo-implantation, c'est ce qui explique l'existence de gestation extra-utérine. Mais, au bout de 6 ou 7 jours, le blastocyste pénètre plus ou moins complètement dans l'endomètre utérin. Cette effraction favorisera la possibilité, vitale pour un œuf alécithe, de puiser dans le corps maternel les nutriments nécessaires au développement embryonnaire des vivipares. Mais un mécanisme de diapause embryonnaire peut déterminer un arrêt provisoire du développement de l'embryon en empêchant la nidation.

Les Marsupiaux Macropidae (Métathériens) provoquent une suspension de la nidation ou **ovo-implantation retardée** liée à une interférence entre la lactation et la gestation. La quiescence blastocytaire dure pendant l'élevage du précédent néonate et l'ovo-implantation est rendue possible dès que la lactation est suspendue par le sevrage (Sharmann 1955). Une nidation tardive étho-dépendante existe également chez plusieurs familles de Rongeurs (Cricetidae, Muridae, Zapodidae) dont la gestation peut augmenter d'une dizaine de jours lorsque les néonates d'une portée précédente continuent d'être allaités. En fait, l'ovulation et la fécondation sont possibles pendant toute la période de lactation.

Chez certaines espèces, comme l'Hermine *Mustela erminea* et la Fouine *Martes foina*, il se produit une diapause embryonnaire, c'est-à-dire que les blastocystes vont séjourner pendant plusieurs jours, environ 240 jours chez la Fouine et 260 jours chez l'Hermine, dans l'utérus avant de s'implanter, prolongeant ainsi la progestation. En fait, au cours de cette phase d'**ovo-implantation différée**, les blastocystes ont tout de même une faible activité d'échange métabolique avec leur environnement utérin. Mais il faut attendre la modification de l'endomètre et la charge de l'épithélium en glycogène pour voir se déclencher une ovo-implantation permettant la poursuite du développement embryonnaire. Le rôle régulateur du processus d'implantation est probablement lié aux variations des sécrétions hormonales; mais le cycle est directement dépendant de la durée de la photopériode, par l'intermédiaire d'hormones photo-dépendantes notamment la **prolactine** et l'on parle d'ovo-implantation différée éco-dépendante. Ainsi, chez les Mustélidés comme la Fouine et l'Hermine, la fécondation des femelles a lieu pendant la période de lactation (**œstrus post-partum**), l'ovulation étant induite par la copulation qui se déroule de la fin du printemps à l'été. Les femelles fécondées peuvent continuer à élever leur première portée. Le développement embryonnaire de la nouvelle portée ne commencera qu'après les rigueurs de l'hiver pour aboutir à une parturition estivale. Le rut et la mise bas surviennent ainsi au moment le plus propice. Chez le Blaireau *Meles meles*, la progestation et la gestation sont discontinues prolongeant la diapause pendant 10 mois (Canivenc 1966, Fig. 5.14). La taille du blastocyste augmente pendant la diapause et notamment durant les jours précédents l'ovo-implantation (Canivenc et Bonin 1979). Le Putois marbré *Vormela peregusna* manifeste aussi un délai d'implantation augmentant la gravidité jusqu'à 243-327 jours (Ben-David 1998). Le Vison d'Amérique *Mustela vison* présente le plus court délai d'implantation différée connu puisque les femelles mettent bas de quarante à soixante-seize jours après la copulation pour une gestation réelle de trente-trois jours environ. Le zygote reste à l'état quiescent plus ou moins longtemps selon que la copulation ait été plus ou moins précoce mais il advient aussi une tendance à l'allongement du délai d'implantation selon la latitude ou la région (49 jours en Alaska, 51,3 au Québec). Des Xénarthres et des Pinnipèdes peuvent également montrer des phénomènes de gravidité secrète. Le Chevreuil *Capreolus capreolus* est

Figure 5.14 Le Blaireau *Meles meles*, Mammifère à ovo-implantation différée.

l'unique Paraxonien Artiodactyle qui montre une ovo-implantation différée avec une ovulation en août tandis que la parturition se déroule en mai-juin. L'impulseur écologique exogène serait la photopériode (Short et Hay 1966).

Partie 2

LA BIOLOGIE DE LA REPRODUCTION : DE LA RECONNAISSANCE SPÉCIFIQUE À L'ISOLEMENT REPRODUCTEUR

Chapitre 6

Le rôle évolutif des mâles et des femelles

L'instauration de la dualité sexuelle a construit des rôles apparemment complémentaires entre les sexes. La sexualité débute avec les processus de leur reconnaissance et de leur assentiment réciproque. Néanmoins, leur intérêt reproductif n'est pas nécessairement similaire. Cette différence inscrit d'abord une divergence, et peut entraîner un *conflit des sexes* en dépit de leur rapprochement.

6.1 L'AVANTAGE ÉVOLUTIF DU SEXE

6.1.1 L'anisogamie

L'**anisogamie** ou hétérogamie, la différence de taille entre gamètes, est généralement associée au fait que la femelle a la charge de l'apport énergétique nécessaire à la production des descendants (Bell 1978). Alors que le mâle se contente de produire uniquement le matériel véhiculant son information génétique (l'essentiel de l'appareil, y compris les mitochondries, ne pénétrant pas l'ovule lors de la fécondation), le gamète femelle supporte tout le coût de la reproduction bien que ne reproduisant que la moitié de son patrimoine (Calow 1979). La recombinaison génétique instaure par conséquent pour les femelles reproductrices la charge de mâles parasites. Toutefois, la génération de millions de petits gamètes mobiles a favorisé la possibilité de s'affranchir du milieu liquide. Et la sexualité combine les avantages de la production d'une quantité réduite de grosses cellules à fortes potentialités énergétiques chez les femelles, à la production de multiples cellules perdues à 99 % mais ne véhiculant qu'un fragment des combinaisons génétiques chez le mâle (Williams 1975, Lloyd 1980).

L'isogamie fut probablement une des premières manifestations de la sexualité (Bell 1978). Néanmoins, dans le cours de l'évolution, c'est l'hétérogamie qui s'est imposée dans la reproduction sexuée. L'avantage sélectif consiste essentiellement dans l'apport énergétique que l'ovule fournit au zygote. Doté de ses réserves, l'ovule perd la capacité de se déplacer mécaniquement. En revanche, la mobilité du spermatozoïde contraint à réduire sa contribution à la seule diffusion de l'information génétique. Le bon fonctionnement du mécanisme impose par conséquent la simultanéité de la formation des deux gamètes complémentaires, répondant à une optimalisation face aux contraintes contradictoires de l'échange et de la disponibilité énergétique.

Les animaux gonochoriques présentent un dimorphisme sexuel primaire se traduisant par la différenciation des gonades, des gonoductes et des cellules sexuelles. Mais la nécessité d'une fécondation croisée avec un partenaire ne disposant que d'un type de gamètes, mâle ou femelle a entraîné un renforcement des signaux facilitant la reconnaissance sexuelle. De plus, la différence de l'investissement parental se manifeste par tout un ensemble de caractères associés favorisant une stratégie différente pour les deux sexes.

6.1.2 L'équilibre du sex-ratio

Le rôle dévolu aux deux sexes n'est donc pas équivalent. La contribution reproductive des mâles se réduit au simple apport de matériel génétique alors que les femelles semblent en supporter le plus grand coût (Birkhead et Moller 1998). La survie des mâles paraît donc s'effectuer au détriment des femelles dont ils concurrencent la survie tout en fournissant un très faible apport. Si l'existence des mâles constitue un parasitisme des femelles, comment peut-on expliquer que les sexes se maintiennent en proportion équilibrée ? Dans certains cas, comme pour la parthénogenèse des *Cnemidophorus*, la réponse évolutive est flagrante et les mâles sont éliminés de l'espèce. Mais il ne s'agit cependant que d'une réplique secondaire chez une espèce sexuée et le sex-ratio s'harmonise chez la plupart des espèces. Un sex-ratio équilibré paraît d'autant plus inefficace qu'un seul mâle peut féconder un grand nombre de femelles. De plus, la fixation du sex-ratio paraît extrêmement coûteuse chez les espèces polygames entraînant l'inutilité reproductive de nombreux mâles concurrencés.

Pourtant, en admettant que la sélection naturelle favorise un sex-ratio biaisé en faveur des femelles, organisant une population de un mâle pour quatre femelles, le mâle pourrait ainsi féconder quatre femelles à chaque saison de reproduction. Il en résulte que le mâle finirait par avoir en moyenne quatre fois plus de descendants que chacune des femelles, c'est-à-dire que ces gènes seraient quatre fois plus diffusés dans la population. Un tel succès reproducteur confirme l'intérêt de naître mâle conférant alors un avantage aux femelles qui produiraient le plus de mâles. Ainsi en très peu de temps, le sex-ratio atteindrait à nouveau l'équilibre d'une proportion de un mâle pour une femelle réduisant l'avantage d'être un mâle et imposant une fixation du sex-ratio. Par conséquent, les pressions évolutives conduisent à un sex-ratio équilibré et toute population retrouve rapidement un sex-ratio stable dès lors que l'ensemble des femelles et l'ensemble des mâles contribuent de manière égale en moyenne à la génération suivante. Les biais du sex-ratio ne peuvent se produire qu'à la condition que la mortalité diffère selon les sexes. Ainsi, chez des espèces proies polygynes, les jeunes mâles subissent en général une plus forte mortalité que les femelles (Krackow 1995).

6.2 LE DIMORPHISME SEXUEL

Le dimorphisme sexuel consiste en l'existence de **caractères sexuels secondaires** manifestes distinguant chacun des sexes concernés. Il apparaît sous la forme d'un **développement hypertélique** de constituants morphologiques qui peuvent être directement liés à la reconnaissance des sexes (hypertélie des organes sensoriels), à la compétition sexuelle (hypertrophie des mandibules, formation des bois) ou à l'acte de reproduction lui-même (pince caudale des Odonates, oviscapte ou tarière de nombreuses femelles). Mais le dimorphisme sexuel peut aussi se manifester par des différences de taille, de couleur et d'ornementation, immédiatement en rapport avec les mécanismes d'attraction et de choix du partenaire (Cox et Le Bœuf 1977, Birkhead et Moller 1998). Les sécrétions des testostérones sont déterminantes pour la manifestation du dimorphisme (Bardin et Catterall 1981). Généralement, le dimorphisme sexuel s'exprime pleinement lors de la maturité de l'individu (stade **imago** des Insectes par exemple) et témoigne de l'aptitude reproductrice des animaux concernés. Le plus souvent, l'ensemble des caractères est associé à des comportements de mise en évidence de ces particularités et participe ainsi de la synchronisation des comportements sexuels.

Le dimorphisme sexuel est chez de nombreux Invertébrés directement dépendant de la garniture chromosomique et notamment de la présence ou de l'absence des hétérochromosomes. Chez les Insectes, l'intervention des hormones de mue ecdystéroïdes (notamment 20-hydroxyecdysone, 26-hydroxyecdysone, 2-deoxyecdysone, ponasterone, makistrerone, ecdysone) et probablement des neurohormones exuviales pourrait stimuler le développement des caractères secondaires (Chapman 1969, Vernet 1976). Chez la plupart des Vertébrés, le dimorphisme sexuel est déterminé par la sécrétion des hormones gonadiques sous l'effet de l'action du gonostat hypothalamo-hypophysaire (hormones gonadotropes FSH, *folliculo-stimuline* hypophysaire et LH, *hormone* de *lutéinisation*). L'avènement de ces manifestations qui traduisent la maturité sexuelle est appelé **puberté**, du latin *pubes* = poil.

6.2.1 La coloration

De nombreux Oiseaux vont arborer un plumage coloré et voyant tandis que leurs femelles revêtent un plumage terne et discret. Le fait d'afficher des couleurs vives chez le mâle permet une rapide identification de son sexe aussi bien par les femelles que par les autres mâles et tend à la fois à réduire les risques de confusion aussi bien que les risques d'agression. La livrée du mâle constitue un stimulant pour les femelles. Mais, l'apparence séduisante du mâle appelle un revers puisqu'il facilite la détection de l'animal par ses prédateurs. En revanche, les femelles étant très vulnérables pendant la couvaison, puisqu'elles restent immobiles durant de nombreuses heures, le camouflage de leur tenue constitue un avantage non négligeable.

Nombre d'animaux exhibent des parures particulièrement voyantes durant la saison de reproduction. C'est notamment le cas chez les Insectes et les Vertébrés comme les Ostéichthyens, les Urodèles et les Oiseaux par exemple. Mais, le plus souvent, le mâle ne se contente pas de revêtir une livrée nuptiale, il en expose les caractéristiques à travers des postures ostentatoires. Ainsi, les Poissons et les Oiseaux exposent leur plumage coloré face à la femelle. L'attirance de la crête de plumes des Mésanges bleues *Parus caeruleus* est liée à sa brillance dans l'ultraviolet (Hunt *et al.* 1999).

6.2.2 Les organes sexuels secondaires

Chez de nombreuses espèces d'Insectes et de Mammifères (les Artiodactyles, les Proboscidiens), les mâles disposent d'organes hypertrophiés ou totalement nouveaux à caractère souvent agressif, c'est l'**hypertélie.** L'hypertrophie des organes en détourne généralement la fonction première. Il en est ainsi des gigantesques mandibules du Lucane, de la formation des défenses chez les Suidés ou chez les Proboscidiens. Souvent dépendant de la maturité et de l'expérience de l'animal, l'attribut confère au mâle un avantage indéniable contre ses rivaux. Les mandibules hypertrophiées des Lucanes *Lucanus cervus* agissent à la fois comme trait de séduction et comme outil de rivalité (Ebehard 1982 Fig. 6.1a). Chez le Narval *Monodon monoceros*, un Cétacé, seule la deuxième incisive gauche existe et atteint plus de 2 m chez le mâle, contre 20 cm chez la femelle (Fig. 6.1b). Cette dent unique sert aux joutes amoureuses que se livrent les mâles. Les cornes des Bouquetins *Capra ibex* sont également utilisées lors des rivalités amoureuses, les mâles s'affrontant en se précipitant l'un vers l'autre en un puissant choc frontal. De la même manière, la possession des bois s'observe le plus souvent chez les Cervidés mâles et constitue à la fois un ornement de séduction et une arme rituelle (Loison *et al.* 1999). Leur croissance débute dès la fin de l'hiver pour atteindre son plein épanouissement au moment du rut. Aussi, chaque année, si les conditions de croissance sont bonnes, l'animal dispose d'une plus grande ramure témoignant à la fois de son état physique et de sa maturité.

Dans certains cas, le dimorphisme sexuel peut être lié à l'augmentation des possibilités locomotrices chez les mâles dont la mobilité est un facteur important pour trouver les femelles. Ainsi, plusieurs espèces de Diptères présentent un dimorphisme sexuel touchant la musculature des ailes ou même leur atrophie. Dans les tourbières montagneuses de Suisse, les femelles de Tipule *Tipula subnodicornis* ne sont pas aptes au vol ce qui pourrait limiter le risque que la femelle soit emportée par le vent après la fécondation (Brunhes 1985).

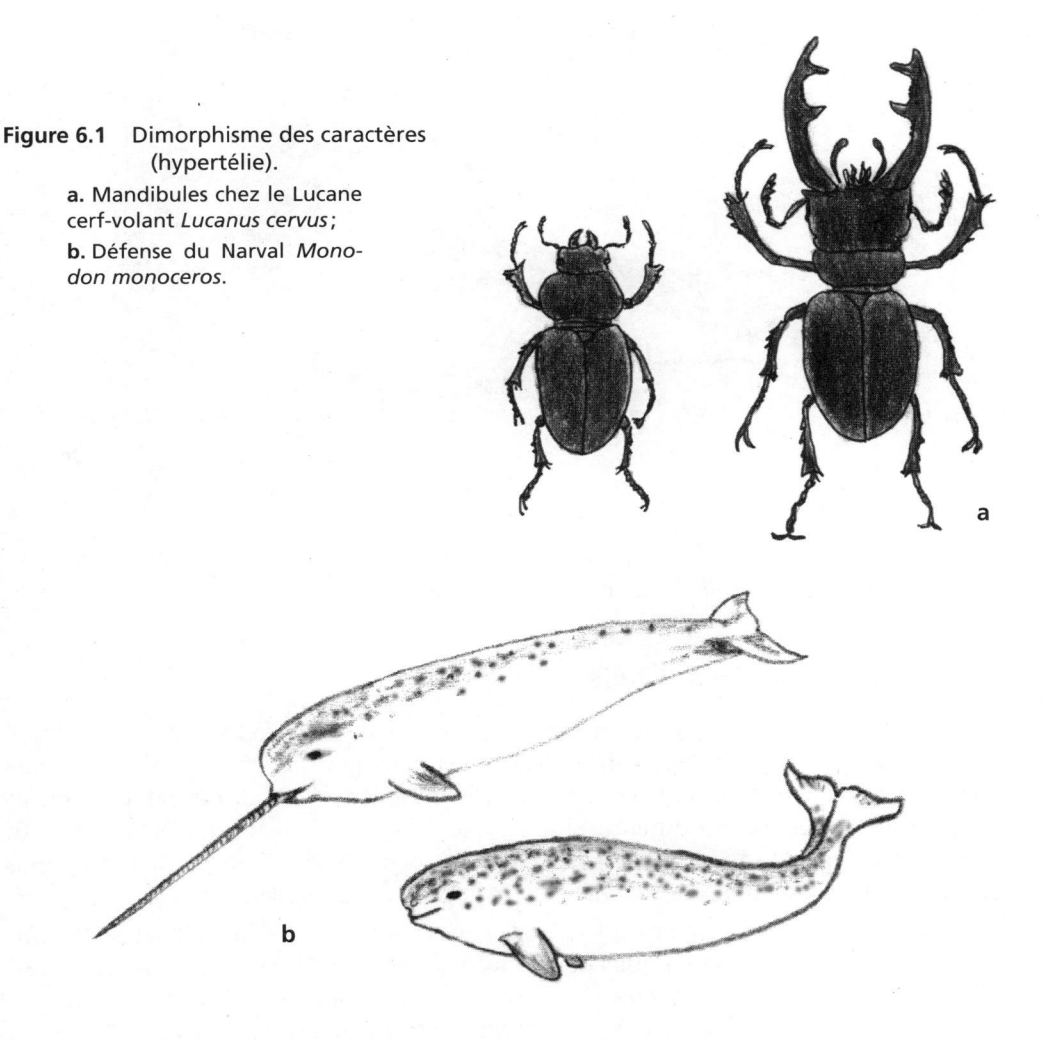

Figure 6.1 Dimorphisme des caractères (hypertélie).
a. Mandibules chez le Lucane cerf-volant *Lucanus cervus*;
b. Défense du Narval *Monodon monoceros*.

6.2.3 Les organes annexes facilitant la copulation

Les Amphipodes mâles maintiennent la femelle grâce à des appendices branchiaux transformés lors d'un accouplement qui peut durer plusieurs jours. Chez les Odonates et les Diptères, les cerques postérieurs constituent des pinces qui permettent aux animaux de rester accrochés ensemble plusieurs heures. Ainsi, les mâles d'Agrions (Odonates Zygoptères) s'attachent à la femelle et contrôlent chaque moment de la ponte (Fig. 6.2). Les mâles de Mouche-scorpion *Panorpa communis* disposent d'un organe sexuel singulier, le *gonopodium* qui bien qu'inoffensif leur a valu leur nom impressionnant. Les mâles d'Anoures possèdent une callosité particulière à la base du premier doigt antérieur qui facilite la préhension de la femelle lors de l'accouplement. Ce dispositif réduit également les risques que l'animal soit supplanté par un autre mâle.

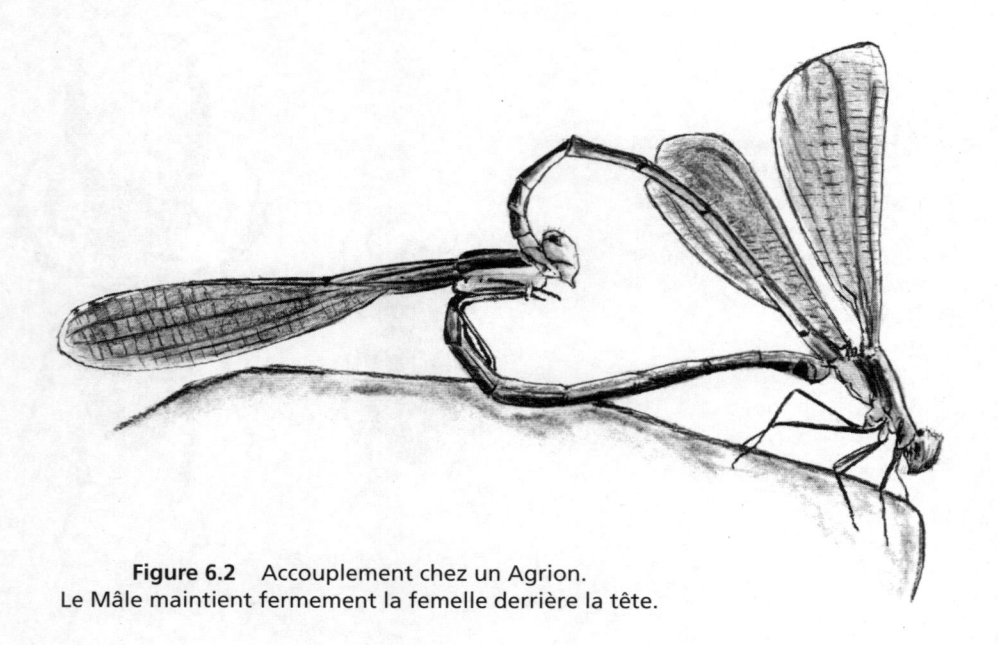

Figure 6.2 Accouplement chez un Agrion.
Le Mâle maintient fermement la femelle derrière la tête.

6.2.4 Les organes sensoriels

La détection du partenaire reste un facteur primordial de la reproduction. Une mobilité inégale persiste chez les deux partenaires, les femelles pouvant être alourdies par leurs œufs ou contrairement aux mâles garder une forme aptère. Aussi, le développement des organes sensoriels peut-il différer selon le sexe. Lorsque les mâles jouent le rôle actif dans la recherche du congénère, ils possèdent des organes sensoriels généralement plus performants, facilitant la découverte de la partenaire et l'évitement du prédateur.

Les antennes du Hanneton *Melolontha melolontha* et de la Tenthrède *Rhodogaster viridis* sont beaucoup plus développées chez les mâles que chez les femelles. Chez la plupart des Hétérocères (Papillons de nuit), comme le Bombyx des ronces *Macrothylacia rubi* ou le Grand paon de nuit *Saturnia pyri*, les mâles possèdent des antennes largement plumeuses ou ciliées qui fonctionnent comme des récepteurs olfactifs des phéromones femelles (Rouget et Viette 1978). Les yeux des mâles de Luciole *Phausis splendidula* comportent plus de 2 500 facettes contre 300 chez les femelles. Chez ce Coléoptère, les femelles sont pourvues d'une plaque luminescente qui s'allume et qui s'éteint de manière caractéristique. Les Polychètes Néréidés se transforment en une forme **épitoque** complexe caractérisée par une hypertrophie des organes sensoriels accompagnée d'une modification des organes locomoteurs lors de la maturité sexuelle.

6.2.5 La taille du corps

Chez de nombreuses espèces d'Arachnides, Insectes, Mollusques, Poissons, Amphibiens, Reptiles Chéloniens et Oiseaux Falconiformes, la taille de la femelle excède de beaucoup la taille du mâle (Selander 1966, Yom-Tov et Ollason 1976, Shine 1979, Berry et Shine 1980). La différence est inversée au profit des mâles chez des espèces de Reptiles Lacertiliens, chez quelques Oiseaux et de nombreux Mammifères (Ralls 1977). On a attribué à cette différence un rôle dans la réduction de la compétition alimentaire opposant les mâles et les femelles, les animaux les plus grands étant supposés consommer des aliments de taille supérieure notamment pour les prédateurs. C'est l'hypothèse de la réduction de compétition de niche.

En fait, la différence de taille résulte de pressions sélectives contradictoires. Chez de nombreux Falconiformes, le mâle plus petit participe au nourrissage de la femelle pendant la couvaison et contribue à l'élevage des jeunes. Sa taille moindre limite ses propres besoins tandis que la grande taille de la femelle favorise à la fois la ponte d'œufs bien pourvus en vitellin et son métabolisme plus lent limite les pertes énergétiques lors de la couvaison. Au contraire, chez les Mammifères Carnivores, plus particulièrement chez les Mustélidés solitaires, la quête des femelles exige une grande mobilité des mâles qui disposent de plus importantes réserves graisseuses. La mobilité de ces animaux peu spécialisés est importante et leur forte taille constitue un atout décourageant la concurrence face à des mâles moins imposants, notamment quand les animaux sont éloignés des zones familières. En revanche, les femelles plus petites réduisent leur besoin énergétique pendant l'élevage de la portée, diminuant la compétition alimentaire avec leurs propres jeunes. Ce sont donc des pressions sélectives contradictoires mais indépendantes qui ont agi séparément sur la taille des mâles et des femelles (Gadgil 1972, Ralls 1977, Raymond *et al.* 1984, Fairbairn 1997).

Chez les Hyènes tachetées *Crocuta crocuta*, non seulement la taille des femelles excède celle des mâles au contraire de ce qu'on trouve chez les Mammifères, mais la masculinisation se complète d'une hypertrophie clitoridienne tout à fait spectaculaire (Franck 1996). Le rôle des mâles se limite à la conception tandis que le clan des femelles organise la territorialité chez les Hyènes.

Le dimorphisme de taille peut être spectaculaire conduisant à l'existence de formes naines. Le **nanisme** des mâles correspond au cas extrême du parasitisme obligatoire des mâles par rapport aux femelles. Parmi les Échiurides, classe zoologique probablement liée aux Annélides, la *Bonellia* femelle montre un corps de 7 à 8 cm muni d'une trompe de près d'un mètre qu'elle étend à l'extérieur de l'anfractuosité où elle vit. Le mâle est un individu de moins de 2 mm qui réside soit sur la trompe dans l'œsophage ou dans l'unique néphridie (« chambre des mâles ») de la femelle dont il féconde les œufs. Ne disposant que d'un tube digestif atrophié, il se nourrit par osmose parasitant la femelle (Baltzer 1925). Chez les Crustacés isopodes, les Épicarides sont des parasites de Crustacés supérieurs. Les mâles sont minuscules, s'opposent à d'énormes femelles amputées de presque tous leurs appendices qui se transforment, après la fécondation, en un sac garni d'œufs. Enfin, le mâle des Ostéichthyens abyssaux comme *Edriolychnus* ou *Linophryne* se fixe en parasite sur le dos de la femelle reliant son système circulatoire à celle-ci. Le mâle soudé à la femelle pour toute sa vie en dépend totalement et n'assure que la production des gamètes. Le nanisme constitue un dispositif qui facilite la reproduction d'animaux vivant en très faible densité et limite la concurrence trophique dans un environnement hostile.

6.3 DIMORPHISME ET SÉLECTION SEXUELLE

6.3.1 La protection des femelles et la compétition des mâles

Darwin (1871) a défini la sélection sexuelle à la fois en tant que compétition entre les mâles et mécanismes de choix des femelles et a donné de nombreux exemples du dimorphisme sexuel chez les animaux. En fait, les contraintes évolutives exercent une pression distincte et même contraire sur les deux sexes. Aussi, le dimorphisme sexuel secondaire résulte-t-il d'un compromis évolutif. Le succès reproductif des femelles chez de nombreuses espèces gonochoriques dépend moins de leur faculté à trouver un partenaire que des soins qu'elles pourront apporter à leur progéniture. Les pressions évolutives ont le plus souvent favorisé une apparence discrète (plumage cryptique) et une petite taille diminuant les exigences métaboliques et la concurrence avec leurs propres descendants (Selander 1966, Lande 1980). Au contraire, la grande taille des femelles d'Oiseaux est liée à un métabolisme plus lent qui autorise les stations prolongées pendant l'incubation. La forte taille des mâles peut être favorisée par l'évolution chez les animaux qui ne participent pas à l'élevage des jeunes tandis qu'au contraire les mâles d'Oiseaux qui assurent un nourrissage constant présentent une plus petite taille.

Chez les mâles, le succès reproductif résulte surtout de l'aptitude à écarter les rivaux, soit directement par leur force propre, soit indirectement par le territoire (Greenwood 1980, Fairbairn 1997). Les mâles arborent souvent des ornements spectaculaires pour attirer la femelle. Mais ils peuvent disposer également d'armes particulières (mandibules hypertrophiées, bois des Cervidés) qui peuvent intimider les rivaux et entraîner le déroulement de joutes rituelles.

C'est plutôt l'opiniâtreté de l'individu plus que sa force immédiate qui déterminera son accès aux femelles. Et il est remarquable de constater que les ritualisations de la rivalité n'entraînent que très rarement la mort des concurrents, des mécanismes d'inhibition, comme par exemple les attitudes de soumission, limitant toujours l'usage des armes trop puissantes. Ainsi, les Antilopes sans cornes n'hésitent pas à frapper le flanc de leur adversaire ce que ne font jamais les espèces armées de cornes et les kobs victorieux ne poursuivent jamais leur avantage jusqu'à tuer le compétiteur (Walther 1961, Beuchner et Roth 1974).

Enfin, le dimorphisme est également lié au système sexuel des animaux et sera d'autant plus spectaculaire que l'association reproductrice durera moins de temps et que le nombre de partenaires sera important. Le dimorphisme est étroitement corrélé à la polygynie des espèces comme cela a été souligné chez les Ongulés (Loison *et al.* 1999). Ainsi, les couples d'Albatros monogames, de Manchots *Megadyptes antipodes*, de Paradisiers ou d'Inséparables ne manifestent que des différences très petites. Les animaux monogames révèlent souvent un réel monomorphisme. De même, la possession d'armes est rare chez les espèces qui n'ont qu'un seul partenaire pour toute la saison de reproduction.

Lié à la polygamie, le dimorphisme sexuel accompagne ou même résulte de l'anisogamie et traduit *de fait* l'intensité de la **sélection sexuelle**. Chez les espèces polygynes chez lesquelles un seul mâle peut potentiellement accéder à plusieurs femelles, la sélection a favorisé la formation d'instruments d'intimidation et de combat.

6.3.2 L'attirance des femelles

Le choix des femelles vers des mâles particuliers était une supposition théorique de Darwin mais elle a depuis été étayée par de nombreux exemples. Le développement hypertélique des organes ou l'existence d'une livrée extravagante livre une information de séduction aux femelles.

Les forces de sélection naturelle et de sélection sexuelle s'équilibreraient selon le **modèle du choix des femelles** développé par Fisher 1930. Fisher propose que les caractères extravagants sont liés à des traits sélectionnés au cours de l'histoire de vie des animaux. Ainsi, de nombreux caractères secondaires semblent montrer un coût important en terme de formation ou de survie. Par exemple, la constitution des bois chez les Cervidés requiert la mobilisation d'une grande quantité de sels minéraux que seuls les individus en bonne santé peuvent réaliser. De plus, certains ornements tels que la longue queue des Paradisiers ou des Paons peuvent constituer un inconvénient en entravant les déplacements dans les sous-bois et la livrée colorée de nombreux individus les désigne aux prédateurs (Fig. 6.3). De tels désavantages

Figure 6.3 Hypertélie de la queue du Paon bleu *Pavo cristatus*. La queue du mâle peut constituer un handicap dans les boisements où vit l'animal.

apparents ne peuvent par conséquent se maintenir dans une population qu'à la condition d'une reproduction préférentielle, c'est-à-dire d'un choix orienté des femelles. L'existence de ces parures doit, pour se maintenir durant l'évolution, apporter un avantage en terme de valeur reproductive. Les femelles doivent extérioriser un choix sélectif en faveur de ces mâles pourvus de telles fioritures. Cela entraîne un système de renforcement coévolutif des caractères (Fisher 1930, Médioni et Boesiger 1977). Les caractères extravagants dérivent ainsi de caractères avantageux en terme de reproduction et leur extravagance n'est limitée que lorsque ces caractères finissent par désavantager la survie. Un équilibre s'instaure entre le développement de ces propriétés et les inconvénients qu'ils déclenchent (Fisher 1930).

Si le trait extravagant est associé à des caractéristiques héréditaires de vigueur physique du mâle, le choix orienté des femelles vers ces mâles accroît également la probabilité de survie des néonates. Le choix des femelles des différentes espèces d'Oiseaux à berceau est fondé sur la structure du berceau et éprouve aussi la qualité des mâles constructeurs de cet apparat particulier (Borgia 1985). Les attributs des mâles deviennent ainsi l'indice d'une meilleure performance de leur progéniture. C'est le modèle dit des **caractéristiques indicatrices** développé par Andersson (1994). Dans la théorie des **bons gènes,** Kirkpatrick (1987) ajoute à ce modèle la supposition que des gènes favorables seraient ainsi sélectionnés. En fait, les vieux individus ayant survécu plus longtemps que les autres pourraient fournir des gènes supérieurs (Hansen et Price 1995). De même, Hamilton et Zuk (1982) soutiennent que la brillance du plumage des Oiseaux et autres fioritures constitueraient des indices d'une meilleure **résistance aux parasites.** Les gènes favorisant la résistance à l'infestation parasitaire restent discrets et ne peuvent facilement se perpétuer que par l'effet d'un choix sexuel sélectif. Les caractéristiques particulières des ornements auraient été sélectionnées en tant qu'*indice* de cette résistance aux parasites et la sélection sexuelle favoriserait leur diffusion (Hamilton et Zuk 1982, Combes 1998).

L'expérience que Moller (1992, 1994) a menée sur les Hirondelles rustiques *Hirundo rustica* étaye assez l'hypothèse d'Hamilton-Zuk. Les mâles d'Hirondelles à longues rectrices sont préférés par les femelles et leurs descendants étaient en moyenne moins infestés par les Acariens hématophages. Les taches blanches des rectrices sont un bon indicateur de la qualité phénotypique (Kose *et al.* 1999). En revanche, la brillance du plumage ne semble pas constituer un indice indéfectible d'une telle résistance mais plutôt dépendre de l'âge, soutenant d'une manière purement fortuite l'hypothèse d'Hamilton-Zuk (Thomas *et al.* 1995).

Néanmoins, la possession de ces ornements singuliers s'accompagne d'un risque supplémentaire face aux prédateurs. De ce fait, le désavantage de survie doit être compensé par l'avantage reproductif, entraînant la formation d'un compromis évolutif. Dans le modèle de Zahavi (1975) ou **principe du handicap**, les femelles choisiraient préférentiellement les mâles porteurs d'ornementations hypertéliques car leur présence apporterait la preuve de la grande résistance de l'individu. L'extravagance de l'ornement s'avère plus coûteuse en terme de survie pour un animal faible. La survie de l'animal, desservie par la parure, révèlerait ainsi l'ampleur de son expérience (Zahavi 1975, 1977). Mais la survivance de l'individu, en dépit de ses caractères handicapants, pourrait aussi constituer une indication de sa qualité génétique, dans un environnement donné (Zahavi 1977, Bakker 1993). Le principe du handicap est donc fondé sur l'héritabilité de la valeur reproductive de l'individu. Le choix des femelles correspondrait alors à une sélection avantageuse pour la descendance. Les ornements handicapants révèlent le coût des stratégies de séduction qui mettent en œuvre des signaux attractifs. Ainsi, les caractères extravagants évoluent à la fois sous l'effet de la sélection naturelle et de la sélection sexuelle et constituent des indices privilégiés de la *valeur sélective* des individus (Zahavi 1977).

Le développement des traits caractéristiques de séduction des femelles comme les bois ou la livrée n'est pas le seul élément qui apporte une information aux femelles. Depuis quelques années, les chercheurs se sont penchés sur la problématique de la **fluctuation asymétrique** (*fluctuating asymetry*) (Moller 1992, Watson et Thornhill 1994, Shettleworth 1999). En effet, les structures organiques bilatérales telles que les bois des Cervidés ou les mâchoires des Lucanes se développent rarement avec une parfaite symétrie. Ces variations dans l'asymétrie sont principalement déterminées par l'existence de contraintes environnementales qui pèsent sur l'expression phénotypique (Parson 1990, Watson et Thornhill 1994). Le stress lié aux facteurs de l'environnement influence le développement des caractères et affecte simultanément les aptitudes physiologiques de la reproduction. Ainsi, les fluctuations d'asymétrie fournissent une indication relativement fiable sur l'état qualitatif du partenaire en même temps qu'elles réduisent les risques de tromperie (Moller 1992). Chez l'Élan *Alces alces*, une corrélation négative existe entre l'asymétrie des bois et la masse corporelle (Solberg et Saether 1993).

6.4 LE POLYMORPHISME SEXUEL

Le plus souvent, tous les mâles adultes d'une espèce ou toutes les femelles vont révéler la même physionomie. Mais il existe parfois un polymorphisme sexuel se traduisant par la coexistence de plusieurs types de femelles ou **état pœcilogynique** ou de plusieurs types de mâles ou **état pœcilandrique**. Ainsi, les Musaraignes couronnées *Sorex coronatus* de l'ouest de la France manifestent deux phénotypes sympatriques (Butet et Leroux 1993).

La pœcilogynie des Lépidoptères comme le Souci européen *Colias croceus* fait coexister une femelle blanchâtre, l'ivoirine *helice* à côté de la femelle jaune commune et des femelles à fond intermédiaire dites *helicina*. Ce polymorphisme inégal intéresse environ 10 % des femelles. Chez le Dytique, *Dysticus marginalis,* un Coléoptère dulçaquicole, les femelles ordinaires présentent des élytres striés mais chez certaines femelles, les stries peuvent être absentes, laissant cohabiter les deux formes. Enfin, les Forficules *Forficula auricularia,* des Dermaptères manifestent une pœcilandrie qui permet de différencier des mâles présentant des cerques arrondies de forme *cyclolabia* et des mâles aux cerques allongées *macrolabia*.

Le polymorphisme de castes que dévoilent certains Hyménoptères et Isoptères peut être rattaché à ce phénomène bien qu'il fasse coexister des animaux reproducteurs et des animaux stériles. Enfin, des anomalies de répartition des hétérochromosomes peuvent produire des aberrations du développement embryonnaire conduisant à la formation d'individus gynandromorphes chez qui alternent les organes mâles et femelles dans différentes régions du corps. On parle de gynandromorphie bipartie lorsque l'altération affecte la moitié gauche ou droite du corps et de gynandromorphie mosaïque lorsque l'agencement est aléatoire.

Chapitre 7

Les cycles reproducteurs

Le développement des organismes exige que les meilleures conditions soient réunies à son achèvement. Les périodes de reproduction se succèdent à un rythme particulier dépendant des conditions de l'environnement et les animaux mettent en œuvre une stratégie de coïncidence spatio-temporelle des naissances et des ressources.

7.1 LES CYCLES ŒSTRIENS

L'aptitude à la prolifération chez de nombreux Rongeurs (Microtidés, Muridés), chez des Lagomorphes (Léporidés) et chez des Artiodactyles (Bovidés) est facilitée par la possibilité de **superfœtation**. La superfœtation consiste en un accouplement fertile avec fécondation de plusieurs ovules pendant le déroulement d'une gestation antérieure. Le phénomène de superfœtation permet ainsi que les portées se succèdent presque sans arrêt durant la vie de la femelle. Mais souvent les animaux mettent en œuvre un ensemble de stratégies de coïncidence spatio-temporelle pour optimaliser à la fois la rencontre des partenaires et le développement de la progéniture. Ainsi, l'activité de reproduction se déroule selon des cycles précis accompagnant le plus souvent les modifications prévisibles des conditions du milieu. La périodicité de la reproduction favorise l'économie des ressources et permet de se consacrer à l'élevage des jeunes seulement lorsque l'énergie nécessaire est la plus disponible. On peut par conséquent considérer que l'existence des cycles de reproduction correspond à une optimalisation des stratégies.

Ainsi, de nombreux Annélides Polychètes se caractérisent par une **selmeparité** ne montrant qu'une seule phase de reproduction tandis que les Oligochètes présentent une **itéroparité** correspondant à la répétition de la ponte plusieurs fois dans l'année.

Les théories actuelles d'histoire de vie prédisent que des tendances itéropares sont favorisées dans des environnements dont les variations sont peu prévisibles (Roff 1992).

Pour les Vertébrés, le cycle sexuel se manifeste extérieurement par un ensemble de modifications physiologiques et comportementales durant une période précise, c'est le **rut** ou **œstrus**. Sous le contrôle de l'hypothalamus, c'est la variation du taux hormonal qui déclenche l'œstrus, principalement les œstrogènes (notamment l'œstradiol entraînant l'œstrus et le début de la modification de la muqueuse utérine, phase folliculaire) et la progestérone (qui prépare la nidation, phase lutéinique). Il existe donc une variation saisonnière de l'activité des gonades (Martinet *et al.* 1984).

Dans les régions comme les zones tropicales, qui produisent de faibles modifications des conditions extérieures, température et lumière, la majorité des animaux conservent une activité sexuelle tout au long de l'année. Dans ce cas, le cycle des Mammifères vivipares est dit **polyœstral**. En revanche, dans les zones tempérées ou septentrionales, qui connaissent des écarts thermiques et des variations de la photopériode plus accentuées, de nombreux animaux ont adopté un rythme de reproduction qui coïncide avec les conditions les plus propices du milieu et qui se limite à l'élevage d'un nombre réduit de nichées ou de portées chez les espèces polyœstrales saisonnières comme nombre de Rongeurs (Ashby 1967), ou encore deux portées seulement chez les espèces **diœstrales** (Insectivores, *Sorex coronatus, S. minutus, Erinaceus europaeus*), et souvent même unique, chez les espèces **monoœstrales** (Chiroptères, Carnivores, Primates).

Chez de nombreux animaux à croissance continue, la période de reproduction n'intervient qu'après un long stade d'accumulation de l'énergie ou stade de croissance. Ainsi, de nombreux Lépidoptères (*Cecropia*) se nourrissent principalement au stade larvaire (chenilles) tandis que les adultes ne disposent que d'un système digestif réduit, et ne peuvent se nourrir que partiellement, ne subsistant que le temps nécessaire à l'accouplement et à la ponte. Parfois même, la reproduction met un terme à la vie des individus dont le stade mature peut être très bref comme chez les Éphémères ou encore chez les Cigales américaines *Tibicen septendum* dont les larves émergent simultanément après 17 ans de vie endogée pour effectuer leur métamorphose, s'accoupler, et pondre en quelques jours puis mourir (Fig. 7.1).

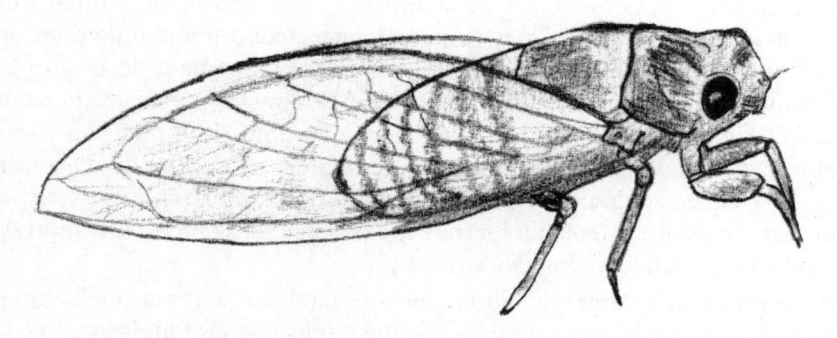

Figure 7.1 La Cigale dix-sept ans *Tibicen septendum*.

C'est également le cas des Saumons *Salmo salar* chez les Vertébrés dont les individus reproducteurs après avoir quitté l'océan ne se nourriront plus jusqu'à la zone de frai où ils mourront après s'être reproduits. Les animaux s'épuisent très rapidement aussitôt après la ponte et meurent ; les facteurs de dégénérescence biologique devenant inéluctables après la reproduction.

7.2 LES FACTEURS ABIOTIQUES ET ENVIRONNEMENTAUX

Les animaux ne peuvent se maintenir en vie qu'à la condition que les contraintes de l'environnement ne leur soient pas trop défavorables et chaque espèce possède une **valence écologique** qui correspond à sa tolérance aux limites minimales et maximales des conditions thermiques, d'humidité relative, de lumière que l'espèce peut supporter. Les limites de cette valence sont plus restreintes au moment de la reproduction et les animaux ne peuvent se reproduire qu'en disposant de conditions optimales d'environnement. Les conditions climatiques jouant le rôle de facteur limitant, il peut exister une synchronie entre la période de reproduction et les conditions climatiques.

Ainsi, les Plathelminthes dulçaquicoles ne se reproduisent qu'au moment où la température des milieux aquatiques s'accroît à la fin de l'hiver. Les variations thermiques de l'eau provoquent une synchronisation des phases reproductrices. Chez les Pucerons, une température trop faible en juin et juillet peut diminuer de beaucoup la possibilité de reproduction (Blackman 1981). Chez l'Omble de fontaine *Salvelinus fontinalis*, c'est la longueur de la photopériode qui déclenche la fraie en automne. Les Anoures adultes ne sortent de leur engourdissement hivernal pour gagner les sites de reproduction que lorsque la température nocturne et le taux d'humidité relative dépassent un certain seuil. Chez les Ranidés américains, *Rana sylvatica* pond dans une eau d'une température d'environ 10 °C, *Rana palustris* effectue sa ponte à 15 °C et *R. clamitans* demande au moins 25 °C (Fig. 7.2, Moore 1942).

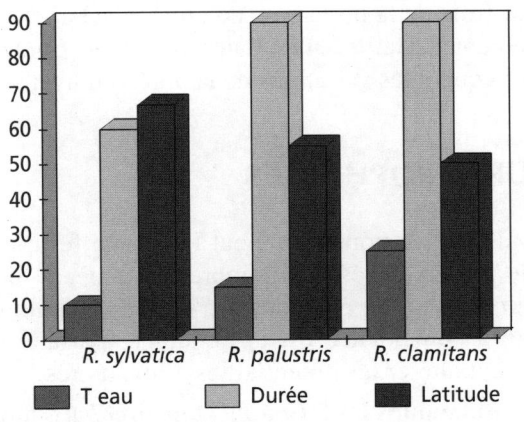

Figure 7.2 Reproduction chez *Rana* (d'après Moore, 1942, modifié).

De même, dans les zones tempérées, les cycles reproducteurs sont associés aux changements saisonniers généralement contrastés. Les Brebis ovulent au milieu d'un cycle reproducteur de 15 jours mais qui ne se produit qu'au début de l'hiver. Aussi, la mise bas des agneaux ne survient qu'au printemps. Les Campagnols *Microtus* ou *Clethrionomys* peuvent avoir plusieurs portées par an mais la reproduction est plus féconde du début du printemps à l'été qu'à d'autres saisons (Ashby 1967). Les naissances des Loutres *Lutra lutra* côtières sont plus précoces (octobre à décembre) que celles des Loutres de l'intérieur des terres (janvier à mars). Sur la côte, le pic des naissances est corrélé avec l'abondance des *Symphodus melops*, une proie migratrice tandis que la disponibilité des Anguilles influence la mise bas des autres Loutres (Beja 1996). Chez le Cerf élaphe *Cervus elaphus*, le poids des jeunes à la naissance est influencé par les variations climatiques (Albon *et al.* 1983). Le Thar de l'Himalaya (*Hemitragus jemlahicus*) fréquente les versants montagneux jusqu'à 3 000 mètres d'altitude et les parturitions se déroulent aussitôt après la mousson pour profiter du moment où l'herbe reverdit sur les hauts versants. La majorité des naissances se déroule durant les mois les plus pluvieux de la saison humide chez l'Hippopotame de rivière *Hippopotamus amphibus* (Laws et Clough 1966). À l'approche de la saison des pluies (janvier à mars), les Gnous *Connochaetes taurinus* quittent la savane boisée pour les plaines du Serengeti où se dérouleront la plupart des parturitions (janvier). La migration obéit surtout aux conditions atmosphériques, les troupeaux se dirigeant vers les régions où ils peuvent voir ou entendre tomber la pluie. Les animaux de l'Arctique se reproduisent durant les périodes favorables du bref été boréal. Le nombre de jeunes à l'envol diminue clairement du sud au nord chez le Chouette chevêche *Athene noctua* (Génot 1992). La protection que peut offrir l'environnement extérieur n'est pas sans influence. Ainsi, l'implantation des nids dépend de la hauteur de la végétation les dissimulant chez les Busards *Circus sp.* (Cormier 1984).

Le plus souvent, des facteurs abiotiques et notamment les changements de la **durée de la photopériode**, des températures et les précipitations, n'agissent qu'indirectement sur l'organisme dont les cycles reproducteurs sont déterminés par un ensemble des facteurs hormonaux (rôle de la prolactine notamment). Par exemple, les gonades des Mustélidés augmentent de taille entre l'automne et le printemps à travers un déterminisme subtil impliquant les variations de la durée du nycthémère.

7.3 LES FACTEURS TROPHIQUES

La réduction de disponibilité en nourriture peut limiter la fertilité des femelles ou diminuer le nombre de jeunes élevés. De nombreuses espèces animales vont faire coïncider le pic de leur activité de reproduction avec le maximum de production trophique. Néanmoins, la coïncidence est difficilement parfaite car de nombreux facteurs extérieurs peuvent altérer les potentialités alimentaires.

Les Copépodes de l'Atlantique Nord, *Calanus finmarchicus,* montrent un arrêt de leur croissance en hiver et descendent à des profondeurs de plus de 500 m, vivant sur leur importante réserve de lipides. Au printemps, dès que les eaux de surface commencent à se réchauffer et que le phytoplancton se développe, les larves montent vers la surface, se métamorphosent et se reproduisent donnant naissance à des nauplius au moment même où le phytoplancton devient lui-même abondant. Chez les Doryphores, *Leptinotarsa* (*cf.* Legay et Debouzie 1985) la maturité des femelles doit concorder avec l'âge du système foliaire des pommes de terre car la fécondité s'amoindrit lorsque la femelle ne peut se nourrir de feuilles trop âgées. La fécondité de la Truite *Salmo trutta* est directement influencée par la qualité de la nourriture (Bagenal 1969).

Le Lagopède d'Ecosse (*Lagopus lagopus*) présente un régime alimentaire dominé par l'ingestion de bruyère (*Calluna*). Mais seules les jeunes pousses sont suffisamment riches en calcium, phosphore et azote, indispensables pour permettre la ponte. Aussi, le succès de reproduction du Lagopède dépend-il de la croissance des nouvelles pousses de bruyère juste avant la période de ponte. La période de reproduction de la plupart des Oiseaux insectivores est synchronisée avec le début des pontes chez les Insectes proies. Ainsi, chez la Mésange bleue *Parus caeruleus*, cette synchronie favorise le nourrissage des oisillons (Blondel *et al.* 1999). Le territoire de reproduction et l'installation de la hutte du Castor d'Europe *Castor fiber* sur la Loire sont directement corrélés à la disponibilité des Salicacées, *Populus nigra* et *Salix sp* (Fustec *et al.* 2001). La dynamique du Lapin de garenne *Oryctolagus cuniculus* est caractérisée par une forte capacité de multiplication mais les migrations sont limitées parmi les populations. La fréquence des naissances est liée à la biomasse et à la qualité de la végétation et le pic des naissances coïncide avec le début de la production des dicotylédones (Wallage-Drees 1983). Enfin, la reproduction est directement corrélée aux disponibilités trophiques chez les Rongeurs des milieux subarides et arides (Reichman et Van De Graff 1975).

7.4 LES GROUPEMENTS ET LES DÉPLACEMENTS COORDONNÉS

Chez les animaux gonochoriques peu mobiles comme les Mollusques ou les Échinodermes, la synchronie de la libération des gamètes est généralement dépendante du regroupement des adultes reproducteurs. Le rassemblement spatio-temporel permanent des animaux favorise l'émission simultanée des produits sexuels.

Mais lorsque les animaux ne vivent pas en groupes, d'importants déplacements peuvent précéder la reproduction et ces mouvements sont souvent coordonnés. On nomme souvent **migrations** ces déplacements cycliques et coordonnés d'une zone de nourrissage vers une zone de reproduction. Ces migrations correspondent à une augmentation de la tolérance interindividuelle qui permet aux animaux de se rencontrer et de se soustraire aux mauvaises conditions de milieu. Les déplacements coordonnés facilitent en outre la protection individuelle au sein d'un regroupement. Les mouvements migratoires ne concernent pas toujours les mêmes individus lors du trajet aller et du trajet retour, et il reste bien difficile de donner une définition claire de ces périples.

7.4.1 Les Invertébrés

Ainsi, les Aplysies, Mollusques marins, se réunissent en foule au moment de la reproduction parmi les algues vertes des plages de vase pour déposer leurs œufs. Une fois l'an, les Calmars américains *Loligo opalescens* se concentrent près des plages d'Amérique du Nord en rassemblements considérables pour frayer et mourir. Au début de l'été, les Araignées de Mer *Maia squinando*, Crustacés à la carapace très dure, ne peuvent s'accoupler qu'aussitôt après la mue, au moment où la nouvelle cuticule reste encore molle. Lorsque les femelles sont sur le point de muer, elles se rassemblent par groupes sur la plage où leur odeur attire les mâles qui les rejoignent. L'accouplement se déroule immédiatement après la mue, après quoi les animaux retourneront dans l'océan, portant leurs œufs fécondés sous le pléon.

Dans les régions tempérées, les migrations saisonnières des Lépidoptères s'orientent vers le Nord au printemps ou en été et vers le sud en hiver, mais il s'agit en fait d'un aller sans retour (Price 1975). Ainsi, la Piéride de la rave *Pieris rapae*, la Piéride du Chou *Pieris brassicae* ou le Souci *Colias croceus* entament un déplacement vers le Nord au printemps et pondent leurs œufs en mai ou juin puis meurent. Leur progéniture au contraire effectuera un trajet vers le sud sud-est dès le mois d'août, en se déplaçant par rapport au mouvement apparent du soleil ou *azimut* (Backer 1968). Les populations européennes de Belle dame *Cynthia cardui* (Fig. 7.3) se reproduisent en hiver en Afrique du Nord et leurs descendants se disperseront en Europe atteignant même la Scandinavie (Baker 1968). La température et l'exposition des chrysalides au soleil seraient un des facteurs déterminant de ces migrations (Backer 1968).

Figure 7.3 Un Papillon migrateur, la Belle-Dame, *Cynthia cardui*.

Les migrations du Monarque *Danaus plexippus* en Amérique du Nord constituent probablement un des exemples les plus célèbres. Les deux tiers des populations de ce Lépidoptère américain qui vivent en été dans la région des grands lacs, effectuent dès le début de l'automne, une migration de plus de 2 000 km pour se rendre en Floride, au Texas ou au Mexique où ils s'accoupleront dès le mois de février. L'autre tiers demeure près des grands lacs pour hiverner. En mars, les animaux migrants s'envoleront vers le Nord en déposant leurs œufs au passage. La plupart mourront cependant avant d'arriver aux grands Lacs.

7.4.2 Les Vertébrés

Les animaux **anadromes** fraient et passent le début de leur vie en eau douce, puis séjournent plusieurs années en milieu marin. Ainsi, les Saumons européens *Salmo salar* (Ostéichthyens) nés en eau douce (stade, *alevin, parr,* et *tacon*) passent plusieurs années en mer (stade *smolt*) et ne reviennent dans les estuaires de Loire ou de Garonne que lorsqu'ils ont atteint leur maturité sexuelle (stade *kelt*) après cinq ans ou six ans de vie marine. L'animal se dirige à contre-courant vers les frayères très en amont en suivant la *signature olfactive* du cours d'eau (Schaffer et Elson 1975). Les Saumons américains comme *Oncorhynchus nerka* migrent aussi de l'océan vers les lacs intérieurs de Colombie britannique. La perception de l'odeur de la rivière de naissance et de différents repères visuels permet la remontée (Hasler 1960, Brown *et al.* 1960). Les jeunes nés dans le système lacustre vont retourner à la mer sans pouvoir suivre le mouvement du courant, et les déplacements sont facilités par un repérage par rapport au soleil (Hasler et Schwassmann 1960, Groot 1965).

La Lamproie fluviatile *Lampreta fluviatilis* (Agnathes, Cyclostomes) fraie et passe sa vie larvaire dans les eaux douces des rivières et ne gagnera la mer qu'une fois atteint le stade adulte. L'Esturgeon européen *Accipenser sturio* se nourrit en mer et ne pénètre les fleuves que pour frayer (Fig. 7.4).

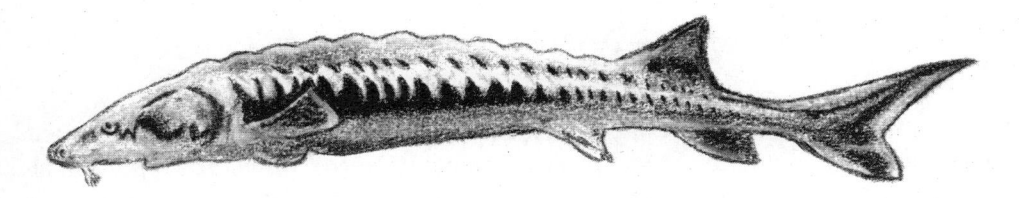

Figure 7.4 L'Esturgeon *Accipenser sturio*, un poisson migrateur anadrome.

Au contraire, les animaux **catadromes** se reproduisent en mer mais grandissent en eau douce. C'est le cas de l'Anguille *Anguilla anguilla, A. rostrata* (15 espèces, Ostéichthyens) qui restent plusieurs années dans les rivières et marais d'Europe ou d'Amérique du Nord. À l'âge de six ou sept ans, les Anguilles argentées quittent les mares et les ruisseaux, franchissant parfois à l'air libre les obstacles et sont prêtes à effectuer le voyage vers les zones de pontes au large des côtes de Floride, la mer des Sargasses, à 2 000 m de profondeur (Fig. 7.5). D'après J.-Y. Fontaine, il semble que la pression soit un facteur indispensable à la maturation sexuelle qui s'accompagne d'une hypertrophie des yeux. En effet, l'activité hormonale est 27 fois plus élevée lorsque des anguilles sont immergées à 2 000 mètres. Les larves *leptocéphales* européennes grandissent durant deux à trois ans en mer (1 an chez les larves américaines) pour atteindre une taille de 45 mm avant de devenir des *civelles* ou *pibales* pour entrer dans les estuaires. En arrivant dans l'estuaire de la Loire, 80 % des individus sont des mâles, à Nantes, il reste encore 70 % de mâles, à Ancenis, 45 % et enfin à Angers, il n'existe plus que 15 % de mâles chez les jeunes anguilles. Après un an en eau douce, elles se colorent et deviennent des Anguilles jaunes, menant une vie sédentaire en eau douce.

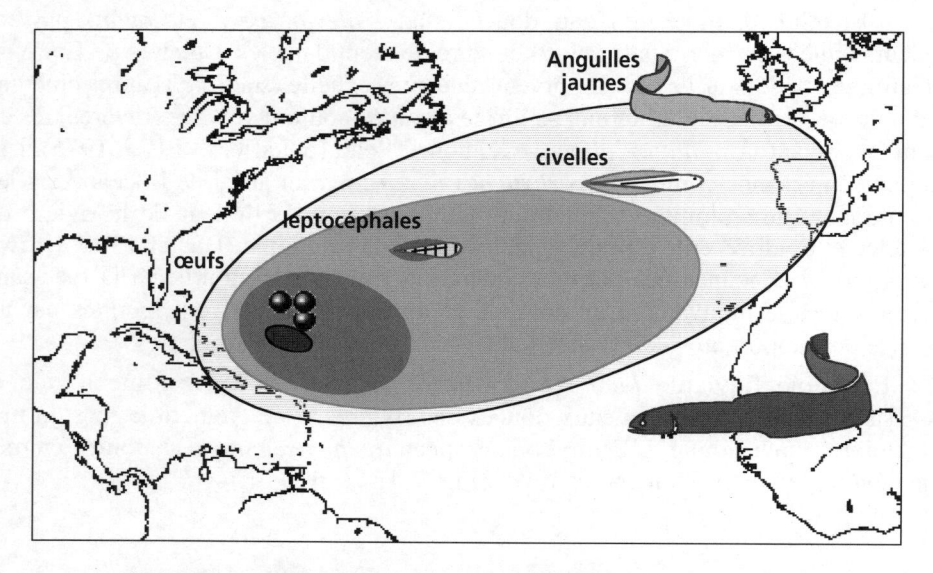

Figure 7.5 Migration catadrome des Anguilles *Anguilla anguilla*.

Enfin, des animaux resteront entièrement marins et effectueront des migrations **océanodromes** comme c'est le cas des Harengs *Clupea harengus, C. pallasi* ou encore des Morues *Gadus morhua* qui frayent sur les hauts fonds du plateau continental, à proximité des côtes mais vivent en haute mer.

Après l'hivernage, les Amphibiens effectuent régulièrement des déplacements vers les lieux de pontes, mares ou étangs, où ils se regroupent pour frayer (Sinsch 1990). La coordination des déplacements est liée à l'augmentation des températures mais les animaux montrent une fidélité au site qui les a vus naître. Chez le Crapaud commun *Bufo bufo* 98 % des mâles et 100 % des femelles y retournent pour la ponte (Reading *et al.* 1991). Chez les Salamandres (*Salamandra*), l'orientation serait facilitée grâce à la détection du champ magnétique terrestre.

Les cinq genres de Tortues marines réalisent d'étonnantes migrations vers les plages où elles se reproduiront. La Tortue verte (*Chelonia mydas*) atteint sa maturité vers 10 ans et gagne les plages de reproduction sur des îles tropicales, perdues en plein océan. Ainsi, l'île d'Ascension (large de l'Afrique) est située à plus de 2 000 km des zones de nourrissage habituel. La femelle s'accouple avec le mâle dans les eaux côtières puis dépose ses œufs dans un nid creusé dans le sable des plages découvertes (Papi 1995). Pour sa migration vers les côtes de Floride, la Tortue caouanne *Caretta caretta* utilise les variations du champ magnétique terrestre mais elle oriente aussi ses déplacements en fonction du mouvement des vagues (Lohman 1991).

De nombreux Oiseaux européens passent la mauvaise saison en Afrique et reviennent se reproduire au printemps. Les différentes populations de l'Hirondelle de cheminée *Hirundo rustica* qui séjournent en Afrique centrale traversent l'Égypte pour venir principalement pondre en Allemagne, les Hirondelles d'Afrique occidentale volent au-dessus du Sahara pour atteindre la France ou la Grande-Bretagne. Le Martinet alpin *Apus melba* se reproduit dans les régions montagneuses du centre et du sud de l'Europe mais prend ses quartiers d'hiver en Afrique centrale. Le Cygne sauvage *Cygnus cygnus* passe l'hiver entre la mer noire et l'Europe occidentale mais retourne sur les sites de ponte répartis de la Scandinavie à la Mandchourie. La Sterne arctique *Sterna paradisea* accomplit probablement la plus grande migration, sur près de 40 000 km, qui la conduit des régions les plus septentrionales (Groenland, Scandinavie, Sibérie, Amérique du Nord) pour la reproduction jusqu'aux zones d'hivernage au sud de l'Afrique, de la Terre de Feu ou des côtes australiennes. Ainsi, l'oiseau ne connaît pas la nuit arctique. Chez les Oiseaux, les périples sur de longues distances sont fondés sur une orientation stellaire et en mettant en jeu des récepteurs particuliers du champ magnétique terrestre (Sauer et Sauer 1960, Emlen 1970, Keeton 1971, Moore 1980). Mais même le petit Rouge-gorge *Erithacus rubecula* dévoile un comportement migratoire bien que ses déplacements restent très modestes et là encore l'itinéraire dépend du champ magnétique terrestre (Wiltschko et Wiltschko).

Les excursions des Chiroptères sont souvent peu spectaculaires, les animaux se déplaçant depuis les cavités d'hibernation (température moyenne constante autour de 6-10 °C pour de nombreuses espèces) vers les sites de reproduction (température parfois supérieure à 40 °C), (Brosset 1966). Néanmoins, certaines espèces comme la petite Pipistrelle de Nathusius *Pipistrellus nathusius* effectuent des trajets considérables, l'une d'elle ayant été marquée en Lituanie a été retrouvée près de l'estuaire de Loire, soit plus de 2 300 kilomètres. Les Pinnipèdes reviennent en des secteurs précis sur les côtes pour la reproduction. Les Caribous *Rangifer tarandus* entament au printemps une migration regroupant jusqu'à 100 000 individus pour entrer dans leur domaine estival de la toundra arctique (Bergerud 1971).

Chapitre 8

Les séquences reproductives

Le déroulement de la sexualité chez les espèces gonochoriques présente un certain nombre de phases comportementales fondamentales qui se déroulent successivement dès que l'individu est mature sexuellement (Beach 1965). On peut schématiquement distinguer une **phase précopulatoire**, une **phase d'accouplement** et une **phase postcopulatoire**. L'activité sexuelle commence par une recherche de contacts entre congénères. Les échanges d'informations sensorielles permettent alors l'identification du partenaire et de son état de réceptivité, c'est la phase précopulatoire. Les réponses provoquent le déroulement d'autres séquences comportementales qui vont induire les réactions posturales nécessaires à la fécondation, c'est l'accouplement. L'ensemble constitue la **parade** nuptiale. Enfin, les animaux peuvent mettre en œuvre des mécanismes particuliers pour s'assurer de la parenté et de la survie de leur descendance durant une phase postcopulatoire.

8.1 LA MATURITÉ ET LES DISPONIBILITÉS SEXUELLES

Tous les animaux d'une espèce n'ont pas immédiatement accès au statut reproducteur. Bien que l'échéance de la maturité sexuelle soit la conclusion d'une maturation organique, physiologique et comportementale qui a commencé dès les stades embryonnaires et s'est déroulée tout au cours de l'ontogenèse, l'aptitude à la reproduction proprement dite n'existe qu'à un moment tardif de la vie de l'individu. La maturité est donc une étape particulière au cours de laquelle se réalisent d'importantes transformations biologiques. L'animal qui n'a pas atteint ce stade est dit **juvénile** ou encore **impubère** ou **immature** et produit le plus souvent des organes sexuels non fonctionnels. En revanche, lorsque l'animal dispose d'organes sexuels fonctionnels mais que la maturation comportementale ou que la dynamique sociale lui interdit encore de se reproduire, on parlera d'animaux **subadultes**.

Chez certaines espèces, la forme de croissance ou *larvaire* diffère très clairement de la forme adulte. C'est par exemple le cas chez de nombreux Insectes chez qui la maturation sexuelle dépend de la métamorphose et de l'apparition de la forme adulte dite **imago**.

Chez les Vertébrés, le déclenchement de la puberté est sous la dépendance des hormones gonadotropes (hypothalamus, hypophyse) et des sécrétions d'androgènes et d'œstrogènes (corticosurrénale et gonades). Mais l'âge de la puberté peut être influencé par des facteurs alimentaires ou climatiques.

À cette *dimension physiologique* de la maturité sexuelle, il convient d'ajouter une *dimension comportementale*. Chez de nombreuses espèces, les comportements de parade et de monte sont l'objet d'un apprentissage et se répètent fréquemment de manière assez désordonnée durant l'ontogenèse. On a pu découvrir que chez le Hamster, les émissions d'odeurs corporelles par les femelles jouent un rôle important dans la performance copulatoire des mâles (Johnston 1986). La copulation des Oiseaux durant laquelle des mâles approchent leur cloaque de celui de la femelle se pratique dans une position très instable et de nombreux juvéniles exercent périodiquement des séquences peu coordonnées (Curio 1983). La position copulatoire du Macaque Rhésus *Macaca rhesus* pendant laquelle le mâle doit s'appuyer sur les jambes de la femelle (Hafez 1970) doit être apprise.

Enfin, l'exercice sexuel s'inscrit également dans une *dimension sociale*. Chez de nombreux Vertébrés sociaux, le statut reproducteur dépend de la position hiérarchique dans le groupe social elle-même très souvent liée à l'âge et l'expérience des animaux. L'organisation sociale peut aussi dépendre d'un système territorial (Greenwood 1980). L'animal n'obtiendra son statut reproducteur qu'à la condition de disposer d'un territoire trophique ou même d'une seule zone de parade. Ainsi, comportements de territorialité et de dominance sont des modalités d'expression de la maturité sexuelle dont l'enjeu est la reproduction d'une descendance.

8.2 LA RECONNAISSANCE DES CONGÉNÈRES

La recherche mutuelle des partenaires obéit à trois impératifs :

- Premièrement, l'animal doit s'assurer de l'*identification* d'un congénère spécifique.
- Deuxièmement, le *sexe* de ce congénère doit être reconnu rapidement afin d'échapper aux rivalités et de permettre la fécondation.
- Troisièmement, l'animal doit reconnaître l'état de *réceptivité* sexuelle afin de favoriser une reproduction optimale.

Le plus souvent, l'ensemble des canaux sensoriels est mis à contribution mais certains signaux vont présenter une valeur pertinente telle qu'on peut les considérer comme des **initiateurs** (Tableau 8.1).

Tableau 8.1 Caractéristiques des différents signaux initiateurs.

Caractéristiques	Olfactif	Sonore	Visuel	Tactile	Taxique
Portée	Courte et longue	Longue	Moyenne	Très courte	Courte
Dégradation du signal	Lente	Rapide	Moyenne	Très rapide	Très rapide
Coût énergétique	Faible	Elevé	Variable	Faible	Élevé
Période	Nuit/jour	Nuit/jour	Nuit ou jour	Nuit/jour	Jour
Sexe initiateur	Femelle et mâle	Svt mâle	Mâle ou femelle	Mâle et femelle	Svt mâle
Localisation émission	Variable	Faible	Élevée	Élevée	Élevée

8.2.1 Les signaux olfactifs

Les molécules odorantes peuvent être perçues à grande distance soit parce qu'elles diffusent dans l'atmosphère soit parce qu'elles sont abandonnées sur des supports remarquables (marquages). Aussi, jouent-elles un rôle extrêmement important dans la sexualité en facilitant une reconnaissance indirecte et lointaine du congénère et laissant l'individu éloigné d'une rencontre indésirable.

De nombreux Insectes et notamment les Papillons de nuit Hétérocères comme les femelles de Phalènes ou de Bombyx (Lépidoptères) émettent une phéromone le **bombycol** que les mâles peuvent percevoir grâce au développement particulier de leurs antennes sensorielles à plus de 4 000 mètres à une concentration de seulement 0,01 µg (Fig. 8.1). Les femelles de certains Diptères comme la Drosophile *Drosophila*

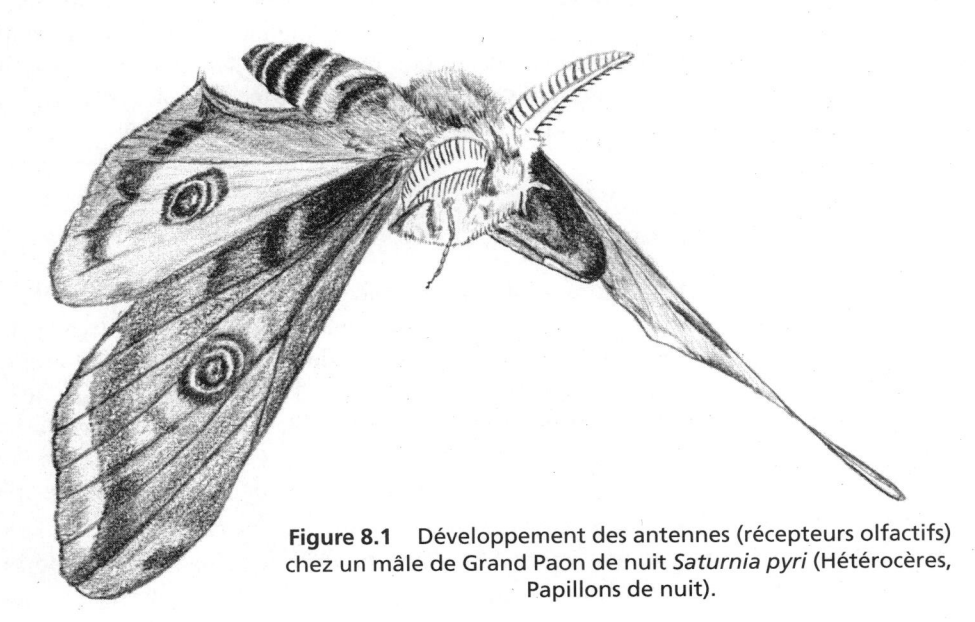

Figure 8.1 Développement des antennes (récepteurs olfactifs) chez un mâle de Grand Paon de nuit *Saturnia pyri* (Hétérocères, Papillons de nuit).

melanogaster, la Glossine (Mouche tsé-tsé) *Glossina morsitans* ou encore la Mouche domestique *Musca domestica* émettent des substances attractives pour les mâles (Muscalures, Hydrocarbures), peu volatiles, à des doses de 0,3 µg ou 2 µg qui sont perçues par les pattes du mâle (Carlson *et al.* 1978a, 1978b).

Les Amphibiens comme l'Euprocte des Pyrénées *Euproctus asper* utilisent aussi des critères de reconnaissance olfactive lors de leur activité sexuelle (Guillaume 1999). L'univers olfactif des Mammifères est également très riche puisqu'ils disposent de glandes cutanées odoriférantes (Parkes et Bruce 1961, Leroy 1987) Les glandes apocrines des Primates, mentonnières des Lagomorphes, interdigitales et suboculaires des Artiodactyles, préputiales de beaucoup de Mammifères produisent des phéromones (Charles-Dominique et Martin 1970, Charles-Dominique 1977). Ainsi, chez de nombreux Mustélidés, le dépôt des sécrétions de la glande abdominale augmente considérablement pendant la période de reproduction et on attribue à ces éléments olfactifs le rôle de signaux sexuels. Chez la Souris mâle, les phéromones des glandes préputiales agissent sur la fécondité des femelles. De la même manière, les femelles de Souris choisissent de préférence les mâles qui possèdent une protéine salivaire particulière, l'ABP et cette sélection intervient dans la divergence subspécifique (Laukaitis *et al.* 1997). Chez le Blaireau *Meles meles* comme chez le Furet *Mustela furo*, le système d'identification sexuelle est d'ordre olfactif (Gorman *et al.* 1984, Clapperton *et al.* 1988). Le marquage odorant de l'Hermine est principalement composé de thietanes (Crump et Moors 1985). Le Putois *Mustela putorius* dispose de nombreuses glandes odoriférantes qui jouent un rôle décisif dans les processus de reconnaissance sexuelle. La substance odorante de la glande anale du Putois, identifiée par chromatographie en phase gazeuse, est le cis-3,4 diméthyl-1,2 dithiolane mêlés à des composés hétérocycliques soufrés, et la fréquence de renouvellement des marquages olfactifs augmente nettement en période de reproduction (Lodé 1990). Les glandes à parfum du mâle Chevrotain porte-musc Moschus *moschiferus* contiennent une substance très volatile la **muscone**. Les sécrétions vaginales des femelles de Macaque *Macaca rhésus* contiennent des **copulines** qui déclenchent le comportement sexuel du mâle et la posture de copulation.

8.2.2 Les signaux sonores

Les signaux sonores peuvent agir à grande distance mais sont parfois difficiles à localiser. Les Orthoptères disposent d'organes stridulants. Chez les Grillons et les Sauterelles mâles, une formation de la face interne de l'aile supérieure, l'archet, frotte contre les nervures de la face externe de la seconde aile, la **corde**, associée à une membrane de résonance, le **miroir**. Chez les mâles de Criquets, la stridulation est obtenue par le frottement de l'aile sur les tubercules des fémurs postérieurs. La phonation des Homoptères comme la Cigale commune *Cicadetta tibialis* est assurée par la vibration amplifiée de membranes abdominales.

Les mâles d'Anoures gagnent généralement en premier les sites de reproduction d'où ils émettent des appels caractéristiques souvent amplifiés par des sacs vocaux situés à proximité des tympans ou sous la bouche. Chez les Oiseaux, l'émission des sons s'effectue par une organisation particulière de la paroi du tube respiratoire, le **syrinx**. Le chant s'organise en une mélodie relativement complexe. Les femelles des Rousserolles des joncs *Acrocephallus schoenobaelus* sont attirées plus précocement par les mâles qui ont un répertoire sonore plus riche et cette reproduction précoce tend à être plus féconde qu'une reproduction tardive (Catchpole 1980). De même, chez l'Étourneau sansonnet *Sturnus vulgaris*, la diversité du chant du mâle influence le choix des femelles (Gentner et Hulse 2000). Pendant le brame, le Cerf *Cervus elaphus* produit une vocalisation caractéristique le *raire*. On a pu démontrer que l'appel sonore déclenchait directement l'ovulation des biches (Clutton-Brock *et al.* 1982, Clutton-Brock 1988).

En fait, les signaux sonores étant plutôt l'apanage des mâles, on leur attribue souvent une fonction essentiellement territoriale. Néanmoins, il est probable qu'on sous-estime l'importance de l'écoute des femelles comme cela a pu être vérifié chez le Cerf élaphe *Cervus elaphus* (Clutton-Brock *et al.* 1982). De même, les femelles des Anoures comme *Alytes obstetricans* ou *Bufo americanus* s'accouplent préférentiellement avec les mâles dont la gamme sonore est la plus basse (Marquès 1995, Howard et Young 1998).

Enfin, il faut mentionner l'utilisation des fréquences sonores inaudibles à l'oreille humaine. De nombreux animaux, comme les Chiroptères ou les Cétacés, émettent des *ultrasons* (très hautes fréquences) qui favorisent la reconnaissance interindividuelle. Les Éléphants (Proboscidiens) propagent régulièrement des *infrasons* (très basses fréquences) perceptibles par d'autres éléphants à plusieurs kilomètres.

8.2.3 Les signaux visuels

L'attirance vers le congénère peut directement dépendre d'une stimulation visuelle. Chez la Luciole *Phausis splendidula* et le Lampyre *Lampyris noctiluca* (Coléoptères Polyphaga), les femelles exhibent, la nuit, des organes luminescents qui provoquent l'attraction des mâles. La superficie lumineuse est ici le déclencheur spécifique (Schaller et Schwalb 1961).

De nombreux Poissons ou Amphibiens (Urodèles) mâles revêtent une livrée particulière vivement colorée. Le Lézard mâle expose sa gorge bleutée en hochant la tête durant la parade nuptiale.

De nombreux Oiseaux exhibent les couleurs vives de leur plumage lors des manifestations de parade sexuelle comme c'est le cas pour le plastron du Rouge-gorge *Erithacus rubecula* ou encore de la queue du Paon. Les Frégates mâles (Pélécaniformes, *Fregata minor*) gonflent un sac gulaire rouge-vif durant la parade nuptiale (Fig. 8.2). Chez une espèce africaine, l'Ignicolor *Euplectes progne*, la longueur de la queue permet au mâle d'obtenir un meilleur succès reproducteur. Ces Oiseaux attirent la femelle par des parades spectaculaires bondissant au-dessus des herbes de la savane en exhibant la longueur de leur queue.

Figure 8.2 Mâle de Frégate *Fregata minor* gonflant son sac gulaire.

Chez les Mammifères, l'œstrus est souvent accompagné de manifestations physiques notamment de la congestion de la vulve chez certaines espèces de Primates ou de Carnivores (Bernstein 1976). Les mimiques faciales ou posturales sont également souvent utilisées pour exprimer ses intentions érotiques.

L'utilisation de ponctuations colorées peut aussi s'avérer frauduleuse. Les femelles des Poissons Cichlidés, manifestent un comportement d'incubation buccale, avalant leurs ovocytes dès leur émission. Chez les mâles de Cichlidés, cette tendance a favorisé l'apparition, au cours de leur évolution, de petites taches particulières sur la nageoire anale ou caudale, dont le dessin contrefait l'image des œufs. Ainsi les mâles comme *Ophtalmotilapia ventralis* produisent la laitance et exhibent ces ocelles mimétiques que la femelle tente alors de saisir, ingérant le flux de spermatozoïdes du mâle. La fécondation se fait dans la bouche de la femelle.

8.2.4 Les signaux tactiles

Chez les animaux qui présentent des mœurs endogées ou qui vivent dans des conditions particulières d'obscurité (animaux abyssaux ou cavernicoles), les signaux tactiles peuvent être particulièrement élaborés. Ces phases de contact corporel ont également une grande importance pour favoriser la synchronisation des comportements sexuels et font généralement partie des préliminaires à l'accouplement chez les Mustélidés ou chez les Primates. Chez la plupart des Artiodactyles, le mâle tapote de son membre antérieur le flanc de la femelle pour vérifier ou induire sa disposition à s'immobiliser.

Certains signaux tactiles peuvent être détectés à distance. Ainsi, le mâle d'Araignée *Zygiella* imprime à la toile de la femelle des vibrations d'une douzaine de hertz pour différencier son approche de celle de la capture d'une proie (une centaine de hertz) et éviter d'être attaqué par une femelle beaucoup plus grosse que lui.

8.2.5 Les signaux taxiques

Le plus souvent, les mouvements participent à l'exhibition d'un signal visuel ou tactile. Il s'agit de postures accentuées par un rythme saccadé de présentation. Les Crabes violonistes du genre *Uca* ou *Ocypoda* arborent une forte dissymétrie de leurs pinces (Fig. 8.3) et le succès reproducteur du mâle dépendra de la façon de la mouvoir. Les parades d'*Uca rhizophorae* ou de *Uca pugilator* diffèrent de celle d'*Uca signata* par des mouvements latéraux moins amples de la pince (Crane 1957, 1966).

Figure 8.3 Signaux taxiques de parade du Crabe violoniste *Uca lactea*.

Chez de nombreux Poissons, la nage saccadée du mâle déclenche l'intérêt de la femelle. Chez les Urodèles comme le Triton marbré *Triturus marmoratus*, le mâle fait onduler sa queue d'une manière caractéristique. Chez les Reptiles, les Agames mâles objectent des mouvements saccadés de la tête. Les Oiseaux montrent aussi une gestuelle très expressive pour favoriser l'appariement. Les Buses variables *Buteo buteo* effectuent une succession de vols ramés et de chutes aériennes.

8.3 LA SYNCHRONISATION DES COMPORTEMENTS

8.3.1 La parade sexuelle

La synchronisation comportementale est caractérisée par une série de séquences comportant diverses attitudes corporelles, la **parade sexuelle**, qui va stimuler l'attirance et l'accouplement. Les démonstrations les plus spectaculaires sont fortement ritualisées et gardent un caractère monospécifique (Beach 1965). L'ensemble des séquences est souvent initié par le mâle qui sollicite l'intérêt de la femelle. Chaque étape se déroule à la suite de la précédente lorsque les répliques comportementales sont conformes jusqu'à la phase d'accouplement final.

Toutefois, l'expression de chacune des séquences impliquées peut se maturer pendant une durée très longue. Bien avant d'atteindre la maturité sexuelle, la plupart des animaux manifestent, de manière plus ou moins désordonnée, les séquences comportementales de la parade sexuelle et c'est durant l'ontogenèse que la succession des séquences s'organise. Néanmoins, le plus souvent, lorsque le déroulement des séquences est ordonné et complet, il aboutit à un accouplement immédiat. Seules quelques espèces monogames vont prolonger pendant plusieurs années l'expression des postures sexuelles au cours de très longues fiançailles. Ainsi, chez les **Albatros**, *Diomedea* le couple se forme à l'âge de 12 ans après 3 à 4 années de fiançailles au cours desquelles s'élabore la synchronisation des comportements (Jouventin et Weinmerskirch 1984).

Schématiquement, la synchronisation des comportements consiste en :
1) une séquence de sollicitation généralement du mâle
2) une réplique du partenaire d'acceptation du contact corporel
3) l'accouplement proprement dit
4) une phase de repos ou de toilettage.

L'interruption de l'une des séquences est souvent marquée par une activité de substitution liée à un conflit de motivations contradictoires, menace ou parade.

La parade nuptiale du Lépidoptère *Danaus gilipus* débute par une poursuite du mâle qui stimule l'accouplement par l'intermédiaire d'une substance odorante. Les mâles de *Empis tesellata* (Diptères Brachycères) apportent à la femelle au cours de la parade nuptiale une proie enveloppée dans un paquet de soie élaboré dans une glande anale.

TABLEAU 8.2 ORGANISATION DES SÉQUENCES REPRODUCTRICES DE *MARTES FOINA*.

```
Sollicitation du mâle :
      ➥ Échec ?
      ➥ Réceptivité de la femelle
            ➥ cour active, excitation
            ➥ réplique de la femelle
            ➥ synchronie comportementale
            ➥ contact corporel      ➥ refus ?
                                    ➥ monte       ➥ femelle relève pelvis
                                                  ➥ intromission/accouplement
      ➥ Repos ou toilettage
```

Chez l'Épinoche à trois épines *Gasterosteus aculeatus*, le mâle par une nage en zigzag attire la femelle gravide vers son nid et lui touche la base de la queue pour déclencher la ponte (Tinbergen 1951). Le mâle de Triton alpestre *Triturus alpestris* coupe la route de la femelle puis agite la queue avant de déposer le spermatophore dont la femelle se saisira par l'intermédiaire de ses lèvres cloacales (Prechtl 1951, Fig. 8.4).

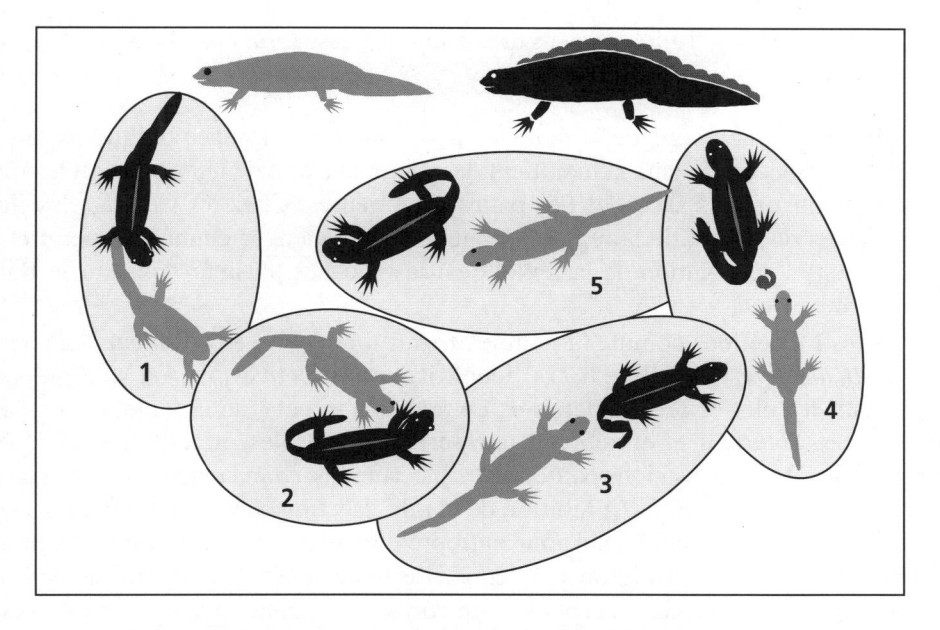

Figure 8.4 Parade nuptiale du Triton marbré *Triturus marmoratus*.
1. Reconnaissance (mâle en noir). 2. Arrêt de la femelle (en grisé). 3. Mouvements de la queue ; 4. Dépôt du spermatophore ; 5. Transfert du spermatophore.

La posture de parade du mâle de la Mouette rieuse *Larus ridibundus* débute par un abaissement amplifié de la tête, suivi d'une position d'arrêt brusque, avant d'enchaîner l'émission de cris, corps tendu puis penché en avant (Fig. 8.5, d'après Moynihan 1955). L'intérêt de la femelle est attiré par une dernière posture, postérieur relevé et bec en position basse (Moynihan 1955). La parade nuptiale du Canard colvert inclut des mouvements de queue, des hochements de tête et des présentations du corps. Le Héron cendré *Ardea cinerea* adopte une attitude d'accueil, le bec pointé en l'air puis hérisse ses plumes et effectue un claquement de bec favorisant la parade. Le mâle de la Linotte se contente d'agiter des ailes entrouvertes et se balance en chantant. Chez l'Albatros, les séquences nuptiales s'expriment partiellement les deux premières années avant d'amorcer le contact physique par des frappes du bec et des toilettages. La répétition des séquences successives est déterminante pour la cohésion du couple.

Figure 8.5 Parade sexuelle de la Mouette rieuse *Larus ridibundus*.

Le Rat mâle s'approche de la femelle en signalant son absence d'agressivité par des flairages successifs puis la maintient dorsalement avant de tenter un coït accompagné de mouvements saccadés des pattes postérieures. Chez les Caprins, les flairages répétés du cou et de la région ano-génitale facilitent le contact corporel et le mâle sollicite l'acceptation de la femelle en la touchant plusieurs fois sur le flanc avec sa patte avant.

Chez les Mustélidés comme la Fouine *Martes foina* (Fig. 8.6, Tableau 8.2) ou le Putois *Mustela putorius* (Fig. 8.7), l'identification olfactive joue un rôle prépondérant dans les phases précopulatoires. Le mâle s'approche de la femelle en levant son membre antérieur et entreprend une série de contrôles olfactifs de sa région ano-génitale. Des vocalisations particulières saccadées (« *caquètement* ») vont apaiser l'inquiétude des partenaires (inhibition de la pilo-érection caudale). Le mâle saisira alors la nuque de sa congénère pour entreprendre une copulation que la femelle accepte en remontant sa région pelvienne. Le mâle maintient très fermement sa prise sur le cou de la femelle et entoure son corps de ses pattes avant en arrondissant le dos. La fréquence des émissions sonores, les attouchements corporels et la prise à la nuque qui s'apparente au mode de transport des néonates sont déterminants pour induire l'acceptation de la femelle (Lodé 1990, 1991). La copulation se poursuit plusieurs dizaines de minutes et se répète très souvent, l'ovulation étant induite par le coït.

Figure 8.6 Sollicitation sexuelle du mâle et posture défensive de la femelle chez la Fouine, *Martes foina*.

Figure 8.7 Posture de coït chez le Putois *Mustela putorius*.

8.3.2 Le cadeau nuptial

La parade associe parfois une offrande, matériau de construction, un rameau pour le Héron cendré, de la végétation aquatique chez le Grèbe huppé, ou encore nourriture, morceau de fruit pour l'Ara Capitaine, poisson pour le Martin-pêcheur *Alcedo atthis* ou pour la Sterne pierregarin *Sterna hirundo* (Fig. 8.8), Insectes pour la Huppe faciès ou la Pie-Grièche, Campagnols pour le Faucon crécerelle ou le Busard Saint Martin. Ainsi, le mâle du Busard Saint Martin arrive sur le site choisi de reproduction avec une proie dans ses serres. Il entreprend d'attirer la femelle pour un vol commun durant lequel il posera la proie à terre et près de laquelle la femelle ira se poser. Le Jaseur boréal *Bombycilla garrulus* est un oiseau particulièrement coloré dont le mâle apporte une baie en cadeau à la femelle. Mais la baie est plusieurs fois échangée avant d'être avalée par la femelle signant ainsi l'accord de la femelle.

Le dépôt de la proie inhibe directement l'agressivité de la femelle qui accepte alors la copulation. Chez les prédateurs redoutables comme l'Araignée *Pisaura mirabilis*, l'offrande d'une proie permet également de distraire la femelle pendant l'accouplement. Les mâles de la Mouche-scorpion ou Panorpes tels *Hylobittacus apicalis* ou *Panorpa communis* portent des organes sexuels de grande taille ou **gonopodium** (Fig. 8.9). Les Mouche-scorpions capturent une proie, généralement un insecte, et la dépècent sur une brindille ou une feuille, attendant la femelle attirée par

Figure 8.8 Sterne pierregarin *Sterna hirundo* présentant un cadeau nuptial.

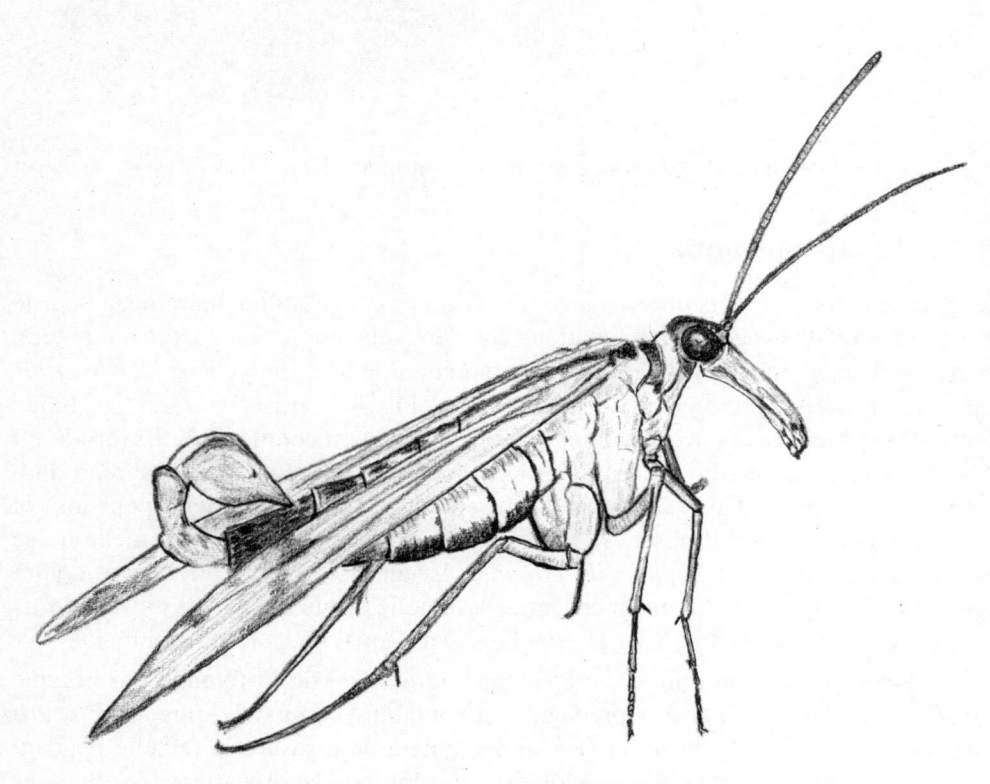

Figure 8.9 Le mâle de la Mouche-scorpion *Panorpa communis* exhibant son gonopodium.

une phéromone qu'il émet. La femelle examine puis consomme la proie à la condition qu'elle présente une taille convenable et le mâle peut s'accoupler. Mais ce dernier a l'initiative de la rupture. Après avoir distribué sa semence, il s'envole avec sa proie pour la terminer. Il laisse toutefois à la femelle des petites boules de salive riches en protides qui seront léchées par la femelle et jouent un rôle important dans la formation des œufs. Lorsque la chasse est difficile, l'animal n'hésite pas à dérober la proie d'un autre mâle en se faisant passer pour femelle lors de la présentation (Thornhill 1980, 1981). Les Drosophiles régurgitent de la nourriture pour séduire les femelles. Les Bousiers (*Scarabeus sacer, Gymnopleurus laevicollis*) sont des Coléoptères coprophages qui façonnent une boule d'excréments qu'il emmène dans une galerie aménagée. La boule constitue un précieux cadeau séduisant la femelle qui y dépose sa ponte.

Bien que l'offrande nuptiale puisse indiquer un début d'investissement parental du mâle dans la reproduction, sa fonction première paraît plus immédiate, correspondant à une tactique d'apaisement ou d'attirance de la femelle plus qu'une offre de réelle collaboration chez de nombreuses espèces.

Chapitre **9**

L'investissement parental

L'investissement des parents dans la reproduction résulte d'un compromis entre l'accroissement des chances de survie de sa descendance et la mise en péril de l'individu parent. Ainsi, la notion d'investissement doit être comprise en terme d'énergie dépensée dans toutes les formes successives de l'activité de reproduction, depuis la production des gamètes jusqu'à l'émancipation des jeunes (Trivers 1972, Ridley 1978, Clutton-Brock *et al.* 1985).

9.1 LE RÔLE RESPECTIF DES FEMELLES ET DES MÂLES

Chez de nombreuses espèces à fécondation externe (Cnidaires, Échinodermes), l'investissement parental est quasiment nul, les animaux se contentant de libérer leurs gamètes dans les meilleures conditions possibles. Mais, de même que les stratégies sexuelles divergent fortement chez de nombreuses espèces, l'investissement parental peut différer entre les mâles et les femelles (Bateman 1948). La capacité des femelles à émettre des gamètes reste relativement limitée par rapport aux mâles et, d'un point de vue évolutif, tend à diminuer. Aussi, le succès reproductif des femelles peut davantage dépendre de leur aptitude à élever une progéniture (Tableau 9.1). Dès lors, la femelle peut soit produire un grand nombre de juvéniles en multipliant ses reproductions. Mais elle doit alors limiter les soins qu'elle leur prodiguera en dépit du risque d'une forte mortalité. Soit la femelle peut diminuer sa descendance mais faire son possible pour lui assurer la meilleure aptitude à la survie. Le succès reproductif des mâles dépend de deux éléments contradictoires. D'une part, il peut être avantageux pour le mâle de féconder de nombreuses femelles, et par conséquent, de multiplier sa descendance mais en limitant son intérêt pour les jeunes. Ce faisant, il engendre des descendants potentiellement compétiteurs les uns par rapport aux autres. D'autre part, la contribution du mâle à l'élevage peut améliorer la survie de la descendance ou même pallier la défectuosité de la femelle.

TABLEAU 9.1 AVANTAGES REPRODUCTEURS ET INCONVÉNIENTS COMPARÉS POUR CHACUN DES SEXES.

Femelles (*n* ovules limités)	maximum de reproduction	peu de soins aux jeunes	forte mortalité
	peu de reproduction	soins intensifs aux jeunes	faible mortalité
Mâles (*n* éjaculats innombrables)	maximum de fécondation	peu de soins aux jeunes	dépend de la femelle
	peu de reproduction	soins importants	faible mortalité

Par conséquent, les avantages reproductifs des mâles et des femelles ne coïncident pas complètement bien qu'ils aient tous deux intérêt à obtenir un grand nombre de descendants viables. Le mâle doit veiller à ce que l'élevage de sa progéniture aboutisse mais a tout aussi intérêt à multiplier ses fécondations. Il aura donc tout avantage à ce que la femelle compense les soins qu'il ne donnerait pas. Les femelles au contraire doivent s'avérer très exigeantes dans la contribution du mâle à l'élevage puisqu'elles auront moins d'occasions de se reproduire. La différence individuelle de production des gamètes peut donc induire une certaine divergence d'intérêt et l'investissement parental exprimera ces tendances contradictoires. Toutefois, s'il est logique que les animaux doivent minimiser leur investissement pour augmenter leur reproduction, le mâle n'a intérêt à quitter la femelle pour augmenter les opportunités de copulation qu'à la condition que celle-ci parvienne à mener à bien l'élevage. De la même manière, la femelle peut préférer des mâles qui contribueraient davantage à l'élevage. Aussi, l'investissement parental s'inscrit dans l'interaction des deux sexes et c'est l'écologie de l'espèce qui détermine la stratégie adoptée par l'espèce. De plus, l'investissement dont leurs propres parents auront fait preuve n'est pas non plus sans retentissement sur la stratégie individuelle d'investissement parental des jeunes. Chez les Vertébrés, le mode de fertilisation a un rôle déterminant dans l'organisation du déterminisme de soins aux jeunes (Gross et Shine 1981).

En pratique, il peut être avantageux chez les **animaux à fécondation externe**, comme c'est le cas chez de nombreux Poissons, que l'investissement parental du mâle soit supérieur à celui de la femelle (Bulmer 1979, Gross *et al.* 1981). En délimitant et en défendant une zone de ponte, le nid, le mâle s'assure d'abord que nul autre mâle ne puisse féconder les œufs déposés. L'investissement parental est ici une extension du comportement territorial. Ainsi, chez certains Ostéichthyens comme l'Épinoche, des Cichlidés amazoniens comme *Apistgramma ramirezi*, chez les Protoptères *Protoperus dolloi* ou encore l'Hippocampe *Hippocampus hudsonius*, le mâle prend soin des alevins pendant plusieurs jours (Fig. 9.1). Chez certains Anoures comme les Alytes *Alytes obstetricans*, *A. cisternasii*, le mâle porte un intérêt très important au soin de la ponte jusqu'au stade têtard, s'assurant ainsi de la paternité de sa descendance.

Au contraire, chez les **animaux à fécondation interne**, la présence de la femelle est nécessaire plus longtemps. Aussi, l'investissement parental de la femelle reste généra-

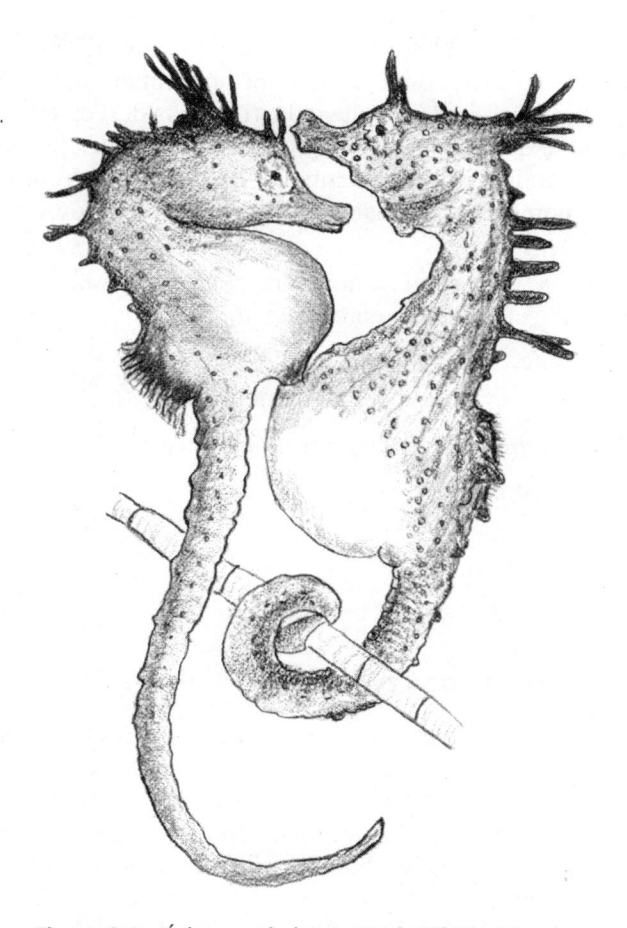

Figure 9.1 Échange de la ponte chez l'Hippocampe.

lement important chez de nombreux Arthropodes ou Vertébrés, que ce soit pour choisir le site de dépôt des œufs, la protection des jeunes ou assurer leur nourrissage. Chez nombre de Mammifères comme la Belette *Mustela nivalis* ou encore le Phoque moine *Monachus monachus*, c'est la femelle qui assure seule cette fonction. En revanche, chez la plupart des Oiseaux et certains Mammifères comme le Renard *Vulpes vulpes*, l'investissement parental du mâle est indirect participant à l'élaboration du nid et au ravitaillement de la femelle et des jeunes (Ridley 1978). Dans de nombreux cas comme chez le Tisserin, le mâle édifie lui-même le nid où viendra pondre la femelle.

9.2 LES SOINS PARENTAUX

L'intérêt des parents se limite souvent à la dissémination des gamètes ou des zygotes. Ainsi, le plancton marin est constitué de nombreuses larves d'animaux aquatiques abandonnées à elles-mêmes. Toutefois, le gaspillage énergétique est extrêmement important puisque sur les 6 millions d'ovules d'un Poisson comme la Morue, moins d'une demi-douzaine donneront un animal adulte. Aussi, les soins parentaux sont-ils souvent associés à une réduction de la descendance. D'un point de vue évolutif, il semble exister depuis les groupes zoologiques les plus anciens vers les plus récents une tendance à l'augmentation de la durée des soins prodigués et à une diminution du nombre de néonates (Ridley 1978, Clutton-Brock *et al.* 1985, Clutton-Brock 1991).

Les soins parentaux vont donc, d'une part, consister en la *prise en charge des zygotes* au cours du développement embryonnaire :
– protection de la ponte,
– dépôt des œufs à proximité des sources de nourriture ;

et d'autre part en des *soins directement portés aux juvéniles* :
– subvenir à leur nourriture,
– les défendre,
– leur fournir des soins corporels,
– pourvoir à leur éducation.

9.2.1 La prise en charge des zygotes

La protection de la ponte s'effectue d'abord en déposant les œufs dans des endroits propices à leur développement ou qui les abriteront des conditions extérieures. Ainsi, des Coléoptères déposent leurs œufs dans les crevasses de l'écorce des arbres (Cérambycidés) ou dans les anfractuosités de roche (Chrysomélidés) ou encore les incluent à l'intérieur de boulette d'excréments ou directement dans la bouse (Carabidés, Géotrupe). Chez de nombreuses espèces, les œufs sont agglutinés dans un mucus qui en séchant constitue une véritable gangue protectrice (oothèque ou nacelle de ponte). Les Forficules *Forficula auricularia* et *Labidura riparia* entretiennent leur ponte dans un nid souterrain (Tallamy 1984, Vancassel 1984, Fig. 9.2).

Figure 9.2   Soins à la ponte chez le Forficule.

L'usage de nid est très répandu chez les Poissons (Perrone et Zaret 1979, Blumer 1979, Gross et Sargent 1985). Chez le Poisson-Abeille *Brachygobius xanthozona*, un Gobiidé de Bornéo, les œufs sont déposés sous des pierres et très défendus par le mâle. Les Poissons Anabantidés asiatiques comme *Betta splendens*, le Combattant du Siam, constituent des nids de bulles emprisonnées dans du mucus adhésif parmi les plantes flottantes et protègent leur ponte. Chez les Callichthyiadés comme *Hoplosternum littorale*, la construction d'un nid flottant de bulles est stimulée par le mâle et ce comportement dériverait d'une adaptation à des eaux pauvres en oxygène (Gautier *et al.* 1988). Les petits Cichlidés comme *Lamprologus ocellarus* hébergent dans une coquille de Mollusque leur ponte ainsi que la femelle elle-même alors ravitaillée par le mâle. Les Rainettes sud-américaines du genre *Centrolenella* ou les *Phyllomedusa* déposent leur ponte sur les feuilles de végétaux au-dessus d'un point d'eau, de telle manière que le têtard éclos puisse chuter dans le point d'eau et y poursuivre sa croissance (Pyburn 1970, McDiarmid et Foster 1975). Les Grenouilles du genre *Leptodactylus* et les Rainettes du genre *Chiromantis* élaborent un nid d'écume qui protège les œufs contre la déshydratation (Lamotte et Perret 1963). Cette production peut être émise en commun réalisant ainsi un ensemble collectif de protection des zygotes. La plupart des Amphibiens terrestres effectuent de longs trajets pour frayer dans les mares qui les ont vus naître et qui disposent de caractéristiques propres à la survie des têtards (Haapanen 1974, Barigana 1990, Reading *et al.* 1991). Cette fidélité au site de ponte constitue un atout majeur, puisque les animaux savent que le site a permis leur propre développement. Le mâle de Crapaud accoucheur *Alytes obstetricans* emporte les œufs de la femelle (Fig. 9.3) et les humidifie régulièrement jusqu'à l'éclosion des têtards (Boulenger 1912).

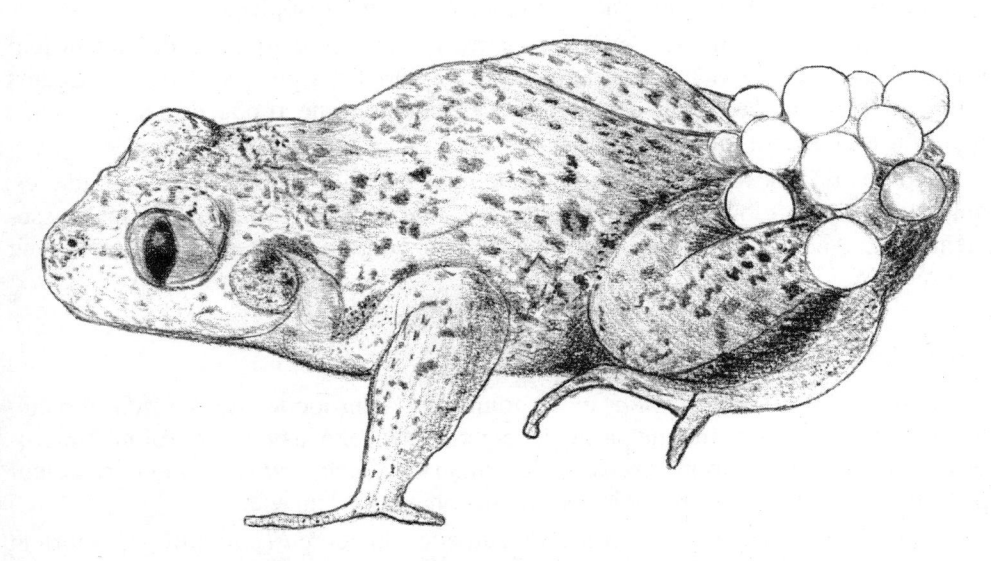

Figure 9.3 Mâle de Crapaud accoucheur, *Alytes obstetricans* transportant une ponte.

Chez de nombreux Vertébrés (Poissons, Reptiles, Oiseaux), la ponte est enterrée dans le sable ou dans un amas végétal favorisant l'incubation. Ainsi, chez les Crocodiliens et les Oiseaux Mégapodes, c'est la décomposition des végétaux, régulée par l'animal, qui assurera l'incubation de la ponte. Les différentes espèces de Mégapodidés amoncellent un tas de végétaux, le perforant chaque jour pour en assurer la fermentation. Chez le Mégapode ocellé *Leipoa ocellata*, cette tache peut durer quatre mois avant que la femelle ne vienne déposer une trentaine d'œufs qui seront soumis à cet incubateur artificiel durant près de trois mois encore.

Enfin, de nombreuses espèces gardent la ponte et même les larves à un stade avancé de leur développement embryonnaire dans une région particulière du corps maternel, comme nous l'avons vu dans les phénomènes d'ovoviviparité, poches incubatrices de l'Hippocampe (*Hippocampus hudsonius*), sacs vocaux des *Rhinoderma* et épiderme de *Pipa pipa*. Les Cloportes du genre *Porcellio* disposent d'appendices particuliers (oostégites) constituant un « aquarium » d'incubation facilitant le développement des larves indépendamment de l'humidité ambiante. Les Poissons *Tilapia* (Cichlidés mâles) pratiquent une incubation buccale protégeant leurs alevins à l'abri d'un prédateur (Fryer et Iles 1972, Blumer 1979). Les Scalaires *Pterophyllum scalare* assurent la garde de leur ponte déposée sur les plantes aquatiques, puis les parents attrapent les alevins dans la bouche pour les placer dans des anfractuosités aménagées dans le sol (Gross et Sargent 1985).

Un mode d'incubation et de protection des zygotes est particulièrement étonnant. La Grenouille australienne *Rheobatrachus silus* (Corben *et al.* 1974) avale sa ponte et entreprend une *incubation gastrique* jusqu'à la métamorphose des juvéniles. Bien que les premiers œufs soient digérés, leur gangue libère peu à peu une prostaglandine PGE2 qui inhibe les sécrétions gastriques. Après un jeûne de 3 semaines, la femelle expulse les juvéniles grâce à une dilatation de l'œsophage.

Les mâles de la Rainette *Centrolene,* armés d'une épine digitale, défendent leur ponte contre d'autres mâles. La plupart des Lépidoptères pondent sur les végétaux qui permettront la croissance des chenilles. Les Diptères nécrophages déposent leurs œufs sur les cadavres en décomposition.

La protection des œufs peut être également dévolue à des espèces symbiotes, ainsi, les Poisson-clown comme *Amphiprion seba* ou *A. ephippium* qui tous s'associent à des Anémones de mer, déposent-ils leur ponte parmi les tentacules de leur Actinie.

9.2.2 Les soins apportés aux jeunes

Certains Achètes (*Glossiphonia*) et de nombreux Arthropodes transportent directement leurs jeunes pendant une partie de leur croissance. Ainsi, les Scorpions *Heterometrus*, les Araignées-loups *Lycosa* et les Punaises *Brachypelta aterima* portent leur progéniture sur leur dos durant les premières phases de leur vie.

De nombreux Amphibiens comme les Rainettes du genre *Flectonotus* transportent leurs têtards sur le dos (Inger *et al.* 1986). Chez *Dendrobates pumilio,* Anoure de Costa-Rica, les mâles surveillent les œufs une douzaine de jours jusqu'à l'éclosion, puis les femelles transportent les têtards dans un réservoir d'eau collecté par une Broméliacée et les nourrissent régulièrement en déposant un œuf non fécondé qui servira de nourriture (oophagie) (Silverstone 1975). De nombreux Scarabées fournissent leurs jeunes en nourriture et peuvent même cultiver des champignons dans un terrier (Batra 1963). Les Arachnides peuvent également nourrir leurs jeunes (Kaston 1965).

L'investissement parental des Vertébrés permet de distinguer des espèces **nidifuges**, chez lesquelles les jeunes sont laissés aussitôt après la naissance ou dont les soins parentaux restent apparemment limités et des espèces **nidicoles** chez lesquelles les petits sont particulièrement soignés (Tableau 9.2).

TABLEAU 9.2   CARACTÉRISTIQUES DE L'INVESTISSEMENT PARENTAL.

	Type	Caractéristiques	Développement	Exemples
Nidifuges	Nidifuge complet	pas de couvaison ni soins	complet	Lacertiliens Crocodiliens
	Nidifuge primaire	couvaison, soins limités	duvet, moteur et sensoriel avancés	Galliformes Ansériformes
	Nidifuge secondaire	gestation, soins importants	jeunes naissent développés	Lagomorphes Artiodactyles
Nidicoles	Nidicole primaire	nichée sans défense	duvet, yeux ouverts, motricité	Falconiformes Ciconiiformes
	Nidicole secondaire	jeunes nus et aveugles	sans régul. therm., pas de motricité	Passériformes Strigiformes
			sensoriel pas fonctionnel	Rongeurs Carnivores Primates

Les néonates nidifuges naissent dans un état de développement suffisant pour leur assurer une certaine indépendance par rapport au milieu extérieur, disposent d'une bonne coordination motrice et sont capables d'une thermorégulation partielle. Les néonates nidicoles naissent au contraire à un stade de développement précoce souvent avant que la plupart des organes soient fonctionnels, disposent de capacités motrices très insuffisantes et sont incapables d'assurer leur propre thermorégulation.

Chez les **nidifuges**, l'investissement parental se traduit surtout par une protection des jeunes et leur éducation, à la recherche de nourriture et à l'intégration sociale (Ar et Yom-tov 1978). Ainsi, chez la plupart des Canards et des Râles, les jeunes apprennent par imitation à exploiter les sources de nourriture. Les Grèbes huppés *Podiceps cristatus* transportent leurs jeunes sur leur dos pour les mettre à l'abri et les réchauffer et les Jacanas les emportent à l'abri sous leurs ailes (Lack 1968). Parmi les Artiodactyles, les néonates de Chevreuil *Capreolus capreolus* et parmi les Lagomorphes, les néonates de Lièvres *Lepus capensis* sont dissimulés dans la végétation et la mère ne revient que pour les nourrir durant les premiers jours. Par la suite, ils accompagnent leur mère au gagnage. Les jeunes Gnous *Connochaetes taurinus*, comme la plupart des Antilopes, sont capables de s'enfuir à la course quelques dizaines de minutes après leur naissance.

L'investissement parental des **nidicoles** est beaucoup plus important car ils nécessitent des soins attentifs (Ar et Yom-tov 1978, Clutton-Brock *et al.* 1985). Après l'éclosion, les Rapaces diurnes ne sont couverts que d'un léger duvet et sont incapables de se déplacer. Aussi, les parents pourvoient-ils à leur nourrissage et même après leur envol, les parents leur apportent encore des proies plusieurs jours comme chez le Faucon crécerelle *Falco tinnunculus* ou le Milan noir *Milvus migrans*. Les Rapaces nocturnes sont également nidicoles (Fig. 9.4). Les néonates de Pics verts *Picus viridis* ou de Bruants des roseaux *Emberiza schoeniclus*, nus et aveugles, sont élevés au nid pendant plusieurs jours. La femelle de Calaos (genre *Bycanistes*) couve ses jeunes dans la cavité d'un arbre que le mâle a muré ne laissant qu'une étroite lucarne et durant tout le développement des jeunes, le mâle revient régulièrement les nourrir. Les néonates de Souris *Mus musculus* naissent nus et aveugles et les portées sont allaitées et réchauffées très régulièrement. Lors de leurs déplacements, les Crocidures musettes *(Crocidura russula)* emmènent leurs jeunes

Figure 9.4 Une espèce nidicole secondaire, la Chouette chevêche, *Athene noctua*.

en caravane, chacun tenant la base de la queue du précédent. La femelle de la Genette d'Europe *Genetta genetta* et celle du Putois d'Europe *Mustela putorius* incitent les jeunes à chasser en leur apportant des proies faibles, puis en leur retirant la proie pour induire le déclenchement d'une poursuite (Roeder et Pallaud 1980, Lodé 1989). L'entretien et l'éducation des jeunes sont très développés chez les Primates en général.

Les premiers nourrissages souvent décisifs pour la survie du néonate peuvent même être assurés par des préparations particulières, des régurgitations ou des sécrétions organiques. Ainsi, la Grive musicienne divise sa récolte de Lombrics ou de Mollusques pour sa nichée et la femelle du Busard Saint Martin dépèce et déchiquète en fins lambeaux le Campagnol, que le mâle lui a livré, pour offrir à ses jeunes (Cormier *Comm. pers.*). La Foulque macroule ou la Poule d'eau *Gallinula chloropus* triturent des végétaux pour les réduire en bouillie. Le Corbeau freux *Corvus frugilegus* malaxe les graines et les Insectes avant de les dégorger pour ses oisillons. Les juvéniles de Flamant rose *Phoenicopterus ruber* ou de Goéland argenté *Larus argentatus* tapent sur le bec de l'adulte pour provoquer la régurgitation et les jeunes de Pélican ou de Héron cendré enfoncent même profondément leur tête dans l'œsophage de leur parent. Chez le Rat-Taupe glabre *Heterocephalus glaber* comme chez le Lapin, les jeunes se familiarisent à la nourriture en consommant les cæcotrophes (Jarvis 1981). La plupart des Carnivores comme le Loup *Canis lupus* ou le Blaireau *Meles meles* transportent leurs proies dans l'estomac et les régurgitent près des jeunes.

Chez les Colombidés, des sécrétions holocrines du jabot (*caséum*), enrichies de graines prédigérées, le « lait » de Pigeon, sont régurgitées pour l'oisillon (Beams et Myer 1931). Le même phénomène de formation de sécrétion particulière se retrouve chez le Manchot (Prévost et Vilter 1963).

TABLEAU 9.3 COMPOSITION DES SÉCRÉTIONS LACTÉES CHEZ QUELQUES MAMMIFÈRES.

Espèce	% Eau	% Sels minéraux	% Lactose	% Lipides	% Protéines
Lapin	71,0	2,0	2,0	10,0	15,0
Vache	87,0	0,8	4,8	4,0	3,5
Vison	82,0	1,0	6,0	3,5	7,5
Femme	90,5	0,3	6,5	3,5	1,0

Tous les Mammifères femelles disposent, en outre, de glandes lactéales qu'on appelle mammaires qui sécrètent un mélange d'eau, de sels minéraux, de lactose, de lipides et de protéines (caséine, albumine, globuline), le lait (Ben Shaul 1962, Martinet et Houdebine 1993) (Tableau 9.3). Chaque mamelle réunit un nombre variable de glandes mammaires, 200 chez l'Ornithorynque, 20 chez les Kangourous ou chez la femme, 6 chez la Chatte, 2 chez la jument. C'est la prolactine hypophysaire qui déclenche l'activité de lactation mais la succion du mamelon stimule à son tour la production de prolactine. Les glandes mammaires comportent des séries d'alvéoles qui déversent dans un réseau lactifère. Chez les Monotrèmes, le réseau lactifère imprègne des poils de la région abdominale. Chez les autres Mammifères, le lait est stocké dans des sinus ou **tubules galactophores** qui débouchent au niveau des mamelons.

L'une des conséquences de la lactation est qu'elle espace les reproductions chez les mammifères, réduisant la disponibilité des femelles (Sadleir 1984). La lactation joue ainsi un rôle important dans la ségrégation des rôles parentaux et dans la compétition sexuelle chez les Mammifères.

9.2.3 L'absence d'activité galactophore chez les Mammifères mâles

Mais pourquoi les mâles ne produisent-ils pas de lait chez les Mammifères ? La formation de glandes mammaires fonctionnelles n'accompagne normalement le développement du corps que chez les femelles de Mammifères. Néanmoins, il ne suffit pas de se fonder sur une seule différence physiologique pour comprendre pourquoi les mâles ne présentent pas d'activité galactophore. Chez les femelles, la lactation mobilise l'ensemble du corps, puisant par exemple dans les réserves de calcium. Mais cette activité n'est pas permanente. L'élaboration du lait dépend d'un déclencheur lié à la gestation et d'un stimulant synchronisateur, la succion qui sont tous les deux inexistants chez les mâles bien qu'aucune impossibilité physiologique ou phylogénétique ne soit décisive.

L'absence de lactation chez les mâles témoigne probablement de la divergence de l'investissement parental fourni (Daly 1979). Les Mammifères monogames ou sociaux révèlent une évolution de l'investissement parental des mâles vers une tendance à nourrir la femelle puis les jeunes sevrés. Et on peut supposer que des pressions évolutives contradictoires réservent la lactation aux femelles et le nourrissage aux mâles, ces pressions s'inscrivant à leur tour dans l'ensemble des contraintes socio-écologiques déterminant la sélection sexuelle.

9.3 LA REPRODUCTION COMMUNAUTAIRE ET COOPÉRATIVE

Chez certaines espèces animales, l'élevage des néonates s'effectue en commun, les juvéniles étant regroupés en **nurseries** dont s'occupent indifféremment les femelles reproductrices. Ce rassemblement des jeunes diminue l'investissement du parent lui permettant de s'absenter pour se restaurer sans réduire notablement l'attention portée à la nichée. Chez les Manchots empereurs, les jeunes sont regroupés en nurseries en attendant le retour de leur parent respectif. La reconnaissance des parents et des jeunes s'effectue à travers un système complexe d'identification acoustique (Lengagne *et al.* 1997, Jouventin *et al.* 1999). Chez certains Rongeurs, notamment les Souris *Mus musculus*, les femelles peuvent associer leurs portées. Les petits bénéficient alors d'un allaitement communautaire (König 1994). Mais, chez certaines espèces de

Chiroptères grégaires (*Miniopterus schreibersi, Tadarida brasiliensis*), les femelles allaitent au hasard le néonate qu'elles rencontrent sans qu'il soit nécessairement de leur progéniture. L'élevage des jeunes est communautaire, les jeunes étant rassemblés en nurseries compactes (plusieurs milliers ou centaines de milliers) et le nourrissage dépend de la seule quémande alimentaire. En moyenne, chaque femelle allaite deux petits alors qu'elle ne met bas qu'un seul néonate (Brosset 1966). Ici, l'investissement parental tend à disparaître au profit d'un **investissement communautaire**, sans traduire un quelconque bénéfice génétique pour le géniteur, l'individu n'avantageant pas nécessairement sa propre portée. En revanche, le bénéfice collectif en terme de succès reproductif est réalisé pour l'ensemble de la population.

Des individus non reproducteurs peuvent aussi être associés au développement de la progéniture et ajouter leur investissement à l'investissement parental. Ces animaux n'ont pas accès au statut reproducteur soit parce qu'ils sont directement stériles ou soit parce qu'ils n'ont pas encore atteint leur maturité sexuelle. Le plus souvent, ces animaux sont parents des géniteurs (Emlen 1984).

Ainsi, les Hyménoptères (Abeilles genres *Apis, Bombus* et *Melitta,* Guêpes genre *Vespa,* Fig. 9.5 et Fourmis genres *Formica, Atta* champignonnistes, et *Messor* moissonneuses) et Isoptères (Termites *Bellicositermes, Calotermes, Reticulitermes* habitations) coloniaux rassemblent dans leurs colonies autour d'une ou plusieurs femelles reproductrices (*reine*) une progéniture stérile de sœurs qui prennent soin de leurs compagnes larvaires. Les différentes castes d'individus stériles jouent un rôle particulier dans l'entretien de l'ensemble du nid que ce soit pour explorer, rechercher la nourriture, défendre le nid, réguler les écarts thermiques, nettoyer les larves

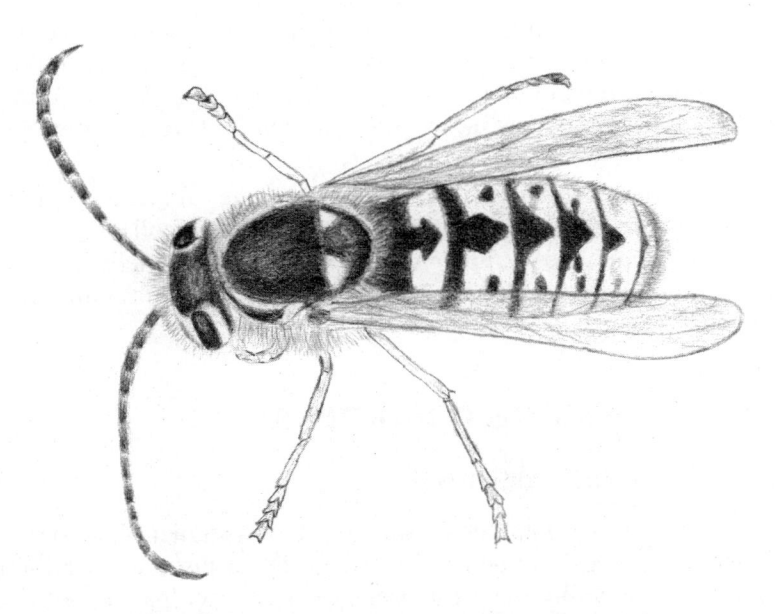

Figure 9.5   La Guêpe germanique *Vespa germanica*.

ou construire les loges. La présence des reines est essentielle à la conduite des ouvrières (Vienne *et al.* 1998). Le nid fonctionne comme l'unité de reproduction d'une seule colonie dite **monocalique**. Mais des colonies **polycaliques** peuvent associer plusieurs colonies formant une supercolonie.

Chez les Oiseaux, le Pic des Chênes *Melanerpes formicivorus* et le Moqueur vert *Phoeniculus purpureus* par exemple, un couple reproducteur est aidé pour la défense territoriale et le nourrissage des juvéniles par des Oiseaux non reproducteurs, généralement de la précédente couvée ; on parle alors de **reproduction coopérative**. Bien que le plus souvent les aides soient apparentés au couple reproducteur, il existe des stratégies d'adoption qui permettent le regroupement d'individus non apparentés au sein d'un groupe.

Les Rats-taupes glabres *Heterocephalus glaber* forment des groupes sociaux où seule une femelle dominante se reproduit avec quelques mâles, les autres membres de la colonie souterraine participant à l'élevage et la défense collective (Braude et Lacey 1992). Chez les Mangoustes naines *Helogale parvula*, le couple reproducteur dominant est aidé dans l'élevage des jeunes par les juvéniles des portées précédentes. Les parents empêchent une copulation fructueuse des subadultes qui se consacrent à toutes les tâches nécessaires à la survie du groupe. Ils participent ainsi à la recherche de nourriture, au transport et au soin des jeunes et à la protection du groupe en devenant guetteur. L'apprentissage et la structure du groupe permettront aux femelles d'obtenir par la suite une reproduction. En revanche, les mâles ont plus intérêt à quitter le groupe d'origine (Creel et Waser 1994). Chez les Loups *Canis lupus*, la reproduction coopérative est également fondée sur les relations hiérarchiques au sein de la meute, généralement composée des parents adultes et des jeunes des portées précédentes. Le mâle et la femelle dominants sont les seuls à se reproduire limitant l'expansion démographique des prédateurs. Les subadultes des précédentes portées collaborent aux chasses collectives mais seuls les reproducteurs seront nourris prioritairement. Ainsi, la survie des subordonnés du groupe dépend de la disponibilité des ressources. Mais leur contribution favorise l'élevage de plus grande portée (Emlen 1984).

Enfin, il faut mentionner la particularité de certaines femelles dominantes de Lycaons *Lycaon pictus* dont les groupes pratiquent la chasse collective (Frame *et al.* 1979). La femelle dominante s'empare des néonates d'une femelle subordonnée et lui interdit toutes relations avec les jeunes, la dominante assurant seule l'allaitement de tous les néonates.

9.4 LE PARASITISME REPRODUCTEUR

9.4.1 Les Fourmis « esclavagistes »

Les fourmis sont des Hyménoptères (Insectes à développement holométabole) qui s'accommodent d'une organisation *eusociale* regroupant jusqu'à un million d'individus. On appelle **eusocialité** une organisation caractérisée par deux traits essentiels : aide à la reproduction par une caste d'individus non reproducteurs et pouvoir despotique des individus reproducteurs (Crespi et Yanega 1995, Sherman *et al.* 1995, Vienne *et al.* 1998). La fourmilière se compose généralement de deux types d'individus, des ouvrières stériles et aptères élevant la progéniture d'une ou plusieurs reproductrices selon qu'on considère des colonies monogynes ou polygynes (Wilson 1971). Ces colonies polygynes peuvent associer jusqu'à 1 000 reines dont la vie peut durer une dizaine d'années. À son émergence, la reproductrice pourvue d'ailes entame un vol nuptial, collectant le sperme de 5 à 6 mâles ailés à vie très brève (5 semaines) et entrepose le liquide séminal dans sa spermathèque. La femelle y puisera toute sa vie les spermatozoïdes qui féconderont des œufs qu'elle produira. Le plus souvent, la reproductrice perd ses ailes après le vol nuptial et fonde une colonie en s'enfermant dans un nid souterrain, se nourrissant de quelques-uns de ses propres œufs en attendant que les plus précoces éclosent. Les phéromones jouent un rôle essentiel dans l'édification et le fonctionnement des fourmilières et les substances chimiques sont produites principalement par une paire de glandes mandibulaires, des glandes pharyngiennes et une glande abdominale, la glande de Dufour. Chez les Fourmis les plus sociales, la glande de Dufour, très développée, sécrète des substances complexes qui suscitent à la fois l'attraction des membres du groupe et la dispersion (substance d'alarme) des autres espèces (Howse 1975, Vienne *et al.* 1998, Mori *et al.* 2000). Les substances impliquées sont principalement des hydrocarbures.

De nombreuses espèces de Fourmis développent un **parasitisme reproducteur** (Dobrzanska 1978, Passera 1984, Franks 1989). Le parasitisme est facilité par l'émission de phéromones perturbant les mécanismes d'intolérance interspécifique (Bourke 1989). On peut distinguer deux types d'action selon que les individus reproducteurs se font adopter par une colonie étrangère en sécrétant des substances séductrices ou bien selon que l'ensemble des ouvrières d'une colonie entreprend une effraction du nid d'une espèce étrangère pour en soustraire la descendance. Ce second mécanisme dérive probablement des comportements amasseurs des fourmis coloniales tandis que la pénétration dans l'abri d'une autre espèce inclut des modifications éco-éthologiques de la reconnaissance spécifique. Les caractéristiques de l'organisation sociale peuvent être partagées en trois grandes catégories (Hölldobler et Wilson 1990). Le **parasitisme temporaire** ne concerne que la fondation de la colonie, la femelle parasite remplace et devient la reine de la colonie hôte. Le deuxième mode de parasitisme est l'**inquilinisme**, ici la reine parasite fait élever son couvain parasite par les ouvrières hôtes. Le parasitisme est donc obligatoire et souvent associé à l'absence de la caste ouvrière. Enfin, la troisième catégorie est l'esclavagisme ou **dulotisme** dans lequel les fourmis parasites dépendent entièrement de l'espèce parasitée pour leur propre survie. Le dulotisme peut être soit facultatif comme chez *Formica sanguinea* ou obligatoire comme chez *Polyergus rufescens*.

Chez la Fourmi rousse européenne du groupe *Formica rufa*, qui bâtit des dômes d'aiguilles de conifères, les reines monogynes pénètrent après la fécondation les fourmilières édifiées par une autre espèce, le plus souvent *Serviformica fusca* (Fig. 9.6). Elle attaque et tue les différentes femelles reproductrices et fait élever sa progéniture par les Fourmis esclaves qui lui montrent une étonnante tolérance. Peu à

Figure 9.6 Reine de Fourmi *Formica rufa* (espèce esclavagiste) attaquant une *Serviformica*.

peu, sa propre descendance prendra le relais de l'élevage au fur et à mesure que les ouvrières esclaves mourront de vieillesse. Chez une espèce d'Afrique du Nord *Formica wheeleriella*, la reine pénètre le nid d'une autre espèce *Monomorium salomonis*. Les ouvrières interviennent pour rejeter l'intrus mais leur comportement de défense est inhibé par les sécrétions particulières de l'usurpatrice. Totalement séduites par cette étrangère, les ouvrières vont même complètement délaisser leur propre reine et élever la progéniture de la *wheeleriella*. Les Fourmis *Anergates atratulus* n'engendrent jamais d'ouvrières et ne savent ni se nourrir ni élever leurs jeunes. Aussitôt après le vol nuptial, ces reproductrices se font accueillir par une colonie de *Tetramorium coespitum* qui vont arborer un comportement extrêmement favorable. Les ouvrières vont nourrir la reproductrice gloutonne dont la taille va rapidement augmenter. Les pontes se multiplient et les ouvrières de *Tetramorium* vont peu à peu négliger leur propre descendance au profit de l'*Anergates*. Les *Bothriomyrmex decapitans* dévoilent une stratégie beaucoup plus radicale. La reine s'introduit dans le nid de Fourmis du genre *Tapinoma* où elle passe inaperçue sécrétant des phéromones similaires. Elle atteint la chambre des reproductrices des *Tapinoma* et entreprend de leur cisailler la tête au niveau du pronotum. Après s'être débarrassée de toutes les reines présentes, la *Bothriomyrmex* se fait admettre par les ouvrières qui s'occuperont de sa postérité.

Au contraire de ces reines qui se font adopter, les *Raptiformica sanguinea* ou Fourmis sanguines envoient des ouvrières éclaireuses à la recherche de colonies de petites Fourmis telles *Serviformica glebarias, S. cinereas* ou *S. rufibarbis*. Elles entreprennent ensuite de pénétrer en groupe dans la fourmilière des *glebarias* qui répliquent en barricadant les orifices de leur nid. Mais, les Sanguines envahissent le nid et emportent les nymphes de *glebarias* vers leur propre nid. À leur naissance, les ouvrières vont adopter leurs ravisseurs formant une caste distincte de nourrices. L'adaptation de ces espèces serviles est facilitée puisque c'est à leur insu que leur adoption s'est faite. Mais, d'autres espèces comme les *Stongyonatus huberi* sont capables de capturer et d'utiliser des ouvrières adultes. La Fourmi amazone *Polyergus rufescens* est un parasite obligatoire. En fait, les ouvrières ressemblent assez peu aux autres Fourmis et possèdent des mandibules hypertrophiées qui constituent des armes redoutables et elles ne manifestent plus de séquences de soin aux jeunes. En outre, les *Polyergus* ne peuvent manger qu'en sollicitant la régurgitation de leur nourriture à la bouche des autres espèces. Les Amazones entreprennent des excursions relativement lointaines pour attaquer d'autres espèces et envahir leur nid. Après avoir tué la plupart des ouvrières, elles pillent le couvain et l'emmènent dans leur colonie. La fondation de la colonie constitue une étape critique et la reine ne peut usurper une place dans le nid des hôtes qu'en développant une neutralité chimique à partir de sa glande de Dufour (Mori *et al.* 1994, 2000). Le couvain entreposé développera une colonie de servantes sans cesse renouvelée qui prodiguera les soins nécessaires à la progéniture des amazones. En fait, les Amazones dépendent totalement de leurs servantes montrant le stade ultime du parasitisme reproducteur des fourmis. La jeune reine peut aussi profiter des raids pour s'installer dans le nid hôte (Mori *et al.* 1994).

9.4.2 La reproduction des parasitoïdes

On appelle **parasitoïde** un groupe d'Insectes dont la femelle dépose ses œufs sur une proie vivante parfois paralysée, le plus souvent une chenille (Fig. 9.7). Les parasitoïdes sont principalement des Hyménoptères mais incluent également quelques Diptères. Les animaux adultes se déplacent librement mais déposent leurs œufs à l'intérieur de leurs proies parfois simplement fixés sur la proie de telle manière que la larve se développe en se nourrissant des organes de son hôte, le plus souvent dans un ordre déterminé, tissu adipeux, musculaire, organe digestif et enfin ganglions nerveux. À la fin de leur développement nymphal, les imagos se libèrent en ouvrant un orifice dans la cuticule de leur hôte. Les parasitoïdes sont associés le plus souvent à une proie spécifique. Ils se nourrissent au détriment de celle-ci sans immédiatement entraîner sa mort comme les parasites, mais causent néanmoins à long terme la mort de la proie et la capturent comme le ferait un prédateur. De plus, la proie cible est attaquée à un stade précis de son développement, chenille ou chrysalide. Ce mode de reproduction garantit par conséquent le bon développement ultérieur des descendants du parasitoïde (Price 1973).

Ainsi, l'Ichneumon reclus (*Protichneumon isorius*) dépose ses œufs sur la cuticule des chenilles de Papillons de nuit qui survivent jusqu'à leur transformation en chrysalide. L'Ichneumon commun *(Ephialtes manifestes)* part à la recherche des larves de *Cerambyx*, longicornes xylophages. Elle creuse avec sa longue tarière un trou dans l'écorce pour atteindre la loge et pondre un seul œuf dans le corps du *Cerambyx*. Les Chenilles processionnaires du pin *Thaumetopoea pityocampa* sont des Lépidoptères qui subissent les parasitoïdes à plusieurs stades de reproduction.

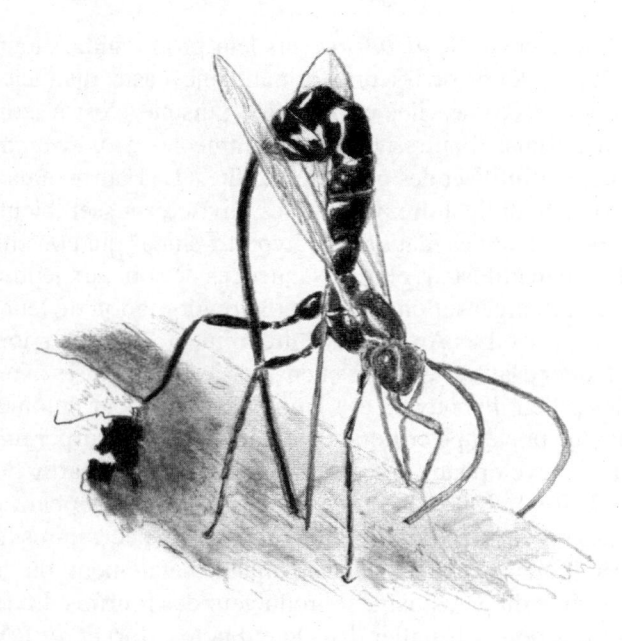

Figure 9.7 Un Hyménoptère parasitoïde des Sirex : l'Ichneumon Rhysse *Rhyssa persuasoria*.

Ainsi, un Diptère *Phryxe caudata* ou un Hyménoptère *Erigorgus femorator* parasitent la chenille tandis que *Ichneumon rudis* attaque le stade chrysalide.

Les parasitoïdes jouent un rôle très important pour réguler leurs espèces proies spécifiques et empêcher qu'elles prolifèrent anormalement. De nombreux Hyménoptères parasitoïdes produisent de plus un développement polyembryonnaire tel *Litomastix truncutellus* ou *Macrocentrus homonae* qui renforce leur action. L'inféodation des parasitoïdes à des proies particulières et leur mode de reproduction pourraient contribuer à leur utilisation comme auxiliaires de lutte biologique contre les Insectes indésirables bien que les mécanismes coévolutifs existant entre le parasitoïde et sa proie restent très complexes (Mangel 1990).

9.4.3 Les Oiseaux parasites

Au contraire de la plupart des Oiseaux qui manifestent un soin particulier à l'élevage des jeunes, certaines espèces ont adopté une *stratégie de parasitisme reproducteur* en confiant à d'autres espèces la charge de l'élevage (Payne 1977). Une telle stratégie développée par des phylums différents implique d'importantes modifications éco-éthologiques intégrant des mécanismes de coévolution de l'Oiseau parasite et de son hôte. De nombreux Oiseaux dont la concurrence est exacerbée pour l'obtention d'un site de nidification favorable peuvent s'emparer des nids d'autres espèces comme le fait le Moineau domestique *Passer domesticus* par rapport à l'Hirondelle *Hirundo rustica*. Mais, les tendances au parasitisme reproducteur incluent, en plus de la ponte dans un nid différent, le fait de confier l'élevage de la nichée. En fait, des

Oiseaux qui ont perdu accidentellement leur première couvée peuvent reporter leur investissement parental sur une nichée proche même d'une espèce différente. Ainsi, des Busards cendrés *Circus pygargus* ont nourri des petits de Busards des roseaux *Circus aeruginosus* après le pillage de leur propre couvée (Cormier, *comm. pers.*). De même, une observation mentionne le nourrissage d'une nichée de Mésanges charbonnière *Parus major* par un Grimpereau des jardins *Certhia brachydactyla* diversifiant ainsi le régime habituel des oisillons (larves de Lépidoptères) par un apport constant de Coléoptères (Drouiche 1994).

Un *parasitisme reproducteur occasionnel* peut se manifester chez la Buse variable *Buteo buteo* qui dépose l'un de ses œufs dans un autre nid de Rapace et plusieurs espèces d'Anatidés pondent dans le nid des congénères. Mais l'Erismature à tête noire *Heteronetta atricapilla,* un Canard d'Amérique du Sud produit un *parasitisme reproducteur obligatoire* confiant ses œufs à d'autres espèces de Canards notamment *Netta peposaka* mais également à des Cygnes, des Ibis ou encore des Foulques. Cette faible sélectivité induit probablement un échec reproducteur important.

L'ordre des Cuculiformes, proche des Strigiformes, comprend la sous-famille des Cuculinés dont plusieurs espèces, Coucou gris *Cuculus canoris*, Coucou geai européen *Clamator glandarius* (Fig. 9.8) ou africain *C. jacobinus*, Coucou métallique *Chrysococcys* ou encore le Koel *Eudynamis scolopacea* asiatique ou australien présentent des mœurs parasites. Le mâle est polygame et non territorial. La femelle surveille un couple de l'espèce à laquelle elle est inféodée car il lui faut trouver un nid recelant déjà quelques œufs mais dont la couvaison débute à peine. La femelle ne déposera qu'un seul de ses œufs dans le nid des espèces cibles sauf chez les genres *Chrysococcyx*, *Eudynamis* et *Clamator* où plusieurs œufs sont pondus. L'œuf constitue souvent un stimulus moins puissant que ne l'est un jeune et l'Oiseau qui suspecte un dérangement et craint pour sa survie n'hésite pas à abandonner sa couvée. Or, non seulement la femelle de Coucou pond un œuf qui arbore une coloration très ressemblante aux œufs de l'espèce cible mais elle soustrait l'un des œufs de l'hôte en le gobant ou en le rejetant du nid. Des pressions sélectives ont ici favorisé à la fois l'aspect éthologique, retirer un œuf et la pigmentation de la coquille du remplaçant. Mais, le choix de l'espèce cible est également déterminant puisqu'il

Figure 9.8 Le Coucou-geai *Clamator glandarius*, parasite des Corvidés.

faudra que les parents nourrissent de proies animales (Insectes) le jeune adopté. Le Coucou gris exploite 125 espèces d'Oiseaux mais un ensemble d'indices laisse supposer que chaque population de Coucous est inféodée à une espèce particulière. En fait, tous les hôtes n'acceptent pas sans riposte les œufs étrangers et le Gobemouche gris ou le Pinson des arbres en rejettent les deux tiers (Soler 1999) tandis que des populations ou des espèces jamais exposées au Coucou comme par exemple la Linotte ou le Verdier les acceptent.

Aussitôt après l'éclosion, le néonate de Coucou, encore nu et aveugle, va entreprendre d'expulser hors du nid les autres œufs ou les poussins déjà nés. La durée d'incubation très courte de moins de 13 jours facilite une éclosion précoce. Il va accueillir favorablement sans l'avoir jamais vu, le parent de l'espèce cible, le plus souvent la Rousserolle effarvatte (*Acrocephalus scirpaceus*), les Pipits (*Anthus sp*), l'Accenteur mouchet (*Prunella modularis*), les Fauvettes (*Sylvia sp.*), les Pouillots (*Phylloscopus sp*), le Rouge-gorge (*Erithacus rubecula*) ou le Troglodyte (*Troglodytes troglodytes*) et stimuler le nourrissage par une posture caractéristique associant piaillements et ouverture du bec. L'entreprise du Coucou se fonde principalement sur l'exploitation des signaux de quémande alimentaire envers ses parents adoptifs et en exagérant sa demande (Kilner *et al.* 1999). L'Oiseau dupé non seulement ne décèlera pas la ponte frauduleuse mais effectuera un nourrissage complet du juvénile emportant même le sac fécal que celui-ci rejette. Plusieurs facteurs rendent la stratégie du Coucou efficace : l'inféodation de chaque individu sur une espèce cible, une opération de ponte qui se fait en l'absence de l'hôte, la période de dépôt de l'œuf parasite (en général l'après-midi), et partiellement le mimétisme des œufs. De plus, l'aptitude du jeune Coucou à détruire la couvée initiale et à stimuler le parent nourricier d'une part et la division de la ponte du Coucou dans des nids différents d'autre part, réduisent les risques d'échec de sa reproduction (Payne 1974).

Le Coucou-geai *Clamator glandarius* parasite les couvées de Corvidés, Pie bavarde notamment, mais le jeune ne détruit pas la couvée de son hôte. Tandis que le Koel indien ne parasite que la Corneille *Corvus splendens*, les populations australiennes de Koel pondent dans les nids d'espèces très diverses, Paradisiers, Loriots.

Les Oiseaux indicateurs d'Afrique (Piciformes) comme par exemple *Prodotiscus insignis* ou *Indicator minor* ont également adopté un parasitisme reproducteur strict parasitant plutôt des espèces cavernicoles (Guêpier, Hirondelle, Huppe) laissant au Coucou africain les nids ouverts d'espèces différentes. Bien qu'il n'y ait pas d'adaptation mimétique apparente, leurs œufs sont facilement acceptés par les parents adoptifs. À l'éclosion, les jeunes indicateurs sont armés d'une structure en crochet à l'extrémité du bec (analogue au diamant) qui persiste environ deux semaines. Avec cette arme, le jeune va mordre et tuer les juvéniles de l'hôte pour demeurer le seul oisillon du nid.

Chez les Ploceidae, Combassous ou Veuves africaines (*Hypochera chalybata, Vidua macroura, V. raricola, Tetraenura regia, T. fischeri, Steganura paradisea, S. orientalis, S. obtusa, Anomalospiza imberbis*), l'inféodation sur l'espèce hôte et les convergences mimétiques se sont considérablement perfectionnées (Fig. 9.9). Ainsi, le chant et la parade de *Hypochera* ressemblent largement à ceux de son hôte, le Senegali *Lagonosticta senegala* comme l'a montré l'analyse au spectromètre (Nicolai 1964), hôte et

Figure 9.9 Une Veuve parasite *Steganura paradisea*.

parasite pouvant même se répondre pendant la parade. La Veuve du Sénégal *Vidua macroura* est spécialisée sur l'Amarante commun (*Lagonostica*) et est attirée par les mâles qui chantent précocement au cours de la saison de reproduction. Les Veuves déposent un seul œuf par nid et en prélèvent autant. Il n'apparaît pas de convergence chromatique. En revanche, les marques intrabuccales du jeune parasite exposent un dessin extrêmement ressemblant à celui de l'hôte. Ainsi, les poussins de la Veuve du Sénégal ont les mêmes taches dans la gorge que les poussins de l'Amarante commun et la Veuve Jambandu *Vidua raricola* expose un palais rose sur lequel apparaissent des tubercules rouges et bleues imitant les marques de l'Amarante à ventre noir *Lagonostica rara*. Cette spécificité rend très efficace la quémande alimentaire car l'oisillon n'expulse pas les jeunes mais s'intègre au contraire dans sa nichée d'adoption. Enfin, le plumage des juvéniles de la Veuve de Fisher *Tetraenura ficsheri* s'apparente au plumage de l'Astrid pourpre *Uraeginthus ianthinogaster* et le plumage de la Veuve à collier d'or *Steganura paradisea* ressemble à celui de son hôte. La tendance à se spécialiser résulte d'une coévolution parallèle renforçant la valeur sélective de cette ressemblance.

En Amérique où les Coucous possèdent une reproduction normale, toute la sous-famille des Agelainés (famille des Ictéridés) comme les Vachers *Molothrus ater* et *M. bonariensis* arbore une stratégie de parasitisme reproducteur occupant sa place biologique. Seul, le Molothre brésilien *M. badius*, bien que s'installant dans le nid d'autres Oiseaux qu'il expulse, élève lui-même sa nichée. Mais, un autre Molothre *M. rufoaxilaris* le parasite systématiquement. Les Vachers parasites ne sont pas spécialisés et *M. ater* exploite 206 espèces différentes de manière au moins accidentelle. Les hôtes les plus réguliers sont la Fauvette jaune (*Dendroica petechia*), couronnée (*Seimes aurocapilus*) et la fauvette masquée (*Geothlyois trichas*), le Vireo à œil rouge (*Vireo ilvaceus*) ou des Pinsons (*Melospiza melodia, Spizella passerina*) (Friedmann 1963). Le Vacher est territorial et peut parfois ébaucher la construction d'un nid. Mais, la femelle substitue l'un de ses œufs à la couvée de son hôte. La convergence chromatique n'est jamais très poussée mais les hôtes font preuve d'une grande tolérance. Une durée d'incubation très brève de 11 jours fait éclore un jeune Vacher qui ne montre pas d'hostilité pour le reste de la nichée mais accapare une grande partie de la nourriture. Néanmoins, les couvées parasitées peuvent se poursuivre jusqu'à leur terme. La différence avec le Coucou européen est donc importante, animal territorial, parfois ébauche de nid, pas de mimétisme de l'œuf et pas de destruction de la couvée adoptive.

Le parasitisme reproducteur concerne donc des espèces fort différentes (Tableau 9.4) et implique l'affaiblissement de la construction du nid et la régression de la territorialité. Le comportement apparaît comme extrêmement perfectionné car les stades intermédiaires sont immédiatement sanctionnés par les pressions évolutives (échec de la reproduction). Confrontés à la riposte de leur hôte, les parasites améliorent les convergences adaptatives et les stratagèmes éthologiques (similitude chromatique des œufs, chant, comportement) illustrant le modèle coévolutif de la **Reine rouge** (Van Valen 1973), chaque espèce exerçant une pression évolutive sur l'autre dans une fuite en

TABLEAU 9.4 CARACTÉRISTIQUES DU PARASITISME REPRODUCTEUR CHEZ LES OISEAUX.

Parasitisme reproducteur	Espèces	Nombre d'œufs	Substitution d'œufs	Convergence chromatique	Destruction de la couvée	Convergence morphologique	Sélection de l'hôte
Accidentel	Buse variable	Un	Non	Non	Non	Non	Faible
	Divers Anatidés	Un	Non	Non	Non	Non	Faible
Obligatoire	Erismature	Plusieurs	Ingestion	Non	Non	Non	Faible
	Coucou gris	Un	Ingestion	Oui	Oui	Non	Forte
	Coucou geai	Plusieurs	Ingestion	Oui	Non	Non	Très forte
	Koel	Plusieurs	Ingestion	Partielle	Non	Non	Variable
	Indicateur	Un	Destruction	Non	Oui	Non	Moyenne
	Veuve	Un	Destruction	Non	Non	Oui	Moyenne
	Vacher	Un	Ingestion	Partielle	Non	Non	Forte

avant insoluble à la manière de la course stationnaire de la Reine rouge et d'Alice dans de *De l'autre côté du miroir* de Lewis Caroll. La différence entre la stratégie d'éviction de la nichée adoptive ou, au contraire, d'intégration à celle-ci dépend de la taille relative de l'espèce hôte. Ainsi, les oisillons des Veuves ou du Coucou geai sont élevés par des espèces plus grandes et se substituent à un seul petit tandis que le comportement agressif des jeunes Coucous gris ou des Indicateurs est lié à la moindre taille de leur hôte qui doit les gaver d'Insectes et serait incapable d'élever simultanément sa couvée. L'influence du parasite sur la reproduction peut alors contribuer à raréfier ses hôtes et la moindre inféodation favorise le parasitisme alternatif sur une autre espèce contredisant ainsi une inféodation stricte au profit d'un compromis évolutif.

9.4.4 L'association de la Moule et de la Bouvière

La Bouvière *Rhodeus sericeus (Amarus)* est un Cyprinidae (Ostéichthyens Cypriniformes) répandu dans les eaux douces médio-européennes qui présente un degré extrêmement complexe de **commensalisme reproducteur** (Bresse 1950). La reproduction a lieu en avril-juin et le mâle s'accapare une région déterminée d'un cours d'eau où est fixée une Moule d'eau douce du genre *Anodonta* ou *Unio* (Fig. 9.10). Dès lors, il éloigne activement tous les rivaux potentiels de la Moule qu'il s'est appropriée.

Figure 9.10 Mâle et femelle de Bouvière *Rhodeus sericeus* devant leur Anodonte. L'oviscapte de la femelle est en érection.

Au début de la période de ponte, la femelle de la Bouvière ne dispose encore que d'un oviscapte réduit. Cet appareil particulier constitue une expansion de la papille uro-génitale formant, à sa base, un réceptacle musculeux (muscle longitudinal rétracteur et sphincter) prolongé par un tube de ponte de tissus conjonctifs dont les lacunes permettent une érection. L'augmentation des sécrétions hormonales induit un allongement progressif de l'oviscapte dont la longueur atteint plus de 40 millimètres dans la dernière quinzaine d'avril. Le mâle sollicite la femelle en frétillant de manière saccadée à côté d'elle et juste au-dessous de la Moule. L'excitation sexuelle de la Bouvière est stimulée par sa perception visuelle du Lamellibranche qui constitue le centre d'intérêt du Poisson. L'orientation chimiotaxique des animaux paraît être dépendante du courant d'évacuation d'eau de la Moule qui laisse entrouverte ses deux valves. L'oviscapte de la femelle développe alors une érection et la femelle l'introduit dans l'orifice exhalant du Mollusque qui est directement en contact de la cavité branchiale. Les ovules sont ainsi déposés à contre-courant mais une tentative de pénétration par l'orifice inhalant est impossible, les branchies formant un obstacle infranchissable dans ce sens. Les ovules sont projetés dans le tube de ponte par la contraction brusque du sphincter et la pression du mucus dans le réceptacle. Dès qu'une trentaine d'ovules ont été émis, la turgescence de l'oviscapte se réduit et la femelle se retire. Le mâle approche alors au contact de l'orifice inhalant de la Moule et expulse sa laitance à l'entrée du siphon respiratoire. Les spermatozoïdes aspirés par le courant inhalant vont atteindre les branchies et féconder les ovules qui se fixeront principalement entre les lamelles des branchies internes. La même opération se déroulera dans d'autres Moules disponibles.

Au fur et à mesure de leur développement, les embryons vont ménager des espaces entre les lamelles branchiales constituant des protections dans un milieu parfaitement oxygéné. Leur tête s'oriente en face du courant inhalant et ils vont profiter de leur hôte encore quelques jours après leur éclosion et même après la résorption de leur sac vitellin. À cet âge de trente à cinquante jours, ils aspirent les particules nutritives véhiculées dans le courant d'eau respiratoire. Le faible nombre d'embryons déposés dans les branchies ne paraît pas occasionner de gêne aux Anodontes ou Unios en dépit de ce léger parasitisme. Néanmoins, les Moules d'eau douce, loin de s'avérer des éléments accessoires de la reproduction des Bouvières, constituent des réceptacles obligatoires des embryons auxquels les Bouvières sont totalement inféodées. Tous les ovules expulsés en dehors des Moules d'eau douce sont immédiatement ingérés par les parents et la femelle résorbe ses ovules si elle n'est pas en présence des Mollusques. Enfin, le développement des embryons ne peut s'effectuer qu'à l'intérieur des Moules.

Mais cette situation extraordinaire ne s'arrête pas là car l'association est en partie réciproque. En effet, les Moules d'eau douce unisexuées comme *Unio* ou *Anodonta* sont ovovivipares. Les œufs sont incubés entre les lamelles branchiales et les larves ne naissent pas sous la forme véligère. Les larves éclosent sous une forme migrante ou *glochidium* qui dispose sur ses valves de deux crochets et d'un filament fortement adhésif ou **byssus**. La larve quitte l'organisme parent et ses appendices vont lui permettre de s'accrocher entre les écailles ou sur les branchies des Poissons

Cyprinidés, famille dont font aussi partie les Bouvières. Ce passage par un hôte Poisson est absolument nécessaire au cycle des Moules dulcicoles et en conditionne la présence dans un plan d'eau. Les Poissons réagissent à la fixation du glochidium en produisant une petite tumeur qui l'enveloppe jusqu'à ce que la larve acquière sa forme adulte et se détache du Poisson. Le Mollusque tombe alors sur le fond et entame sa vie fixée où il pourra à son tour être le réceptacle du développement larvaire d'une Bouvière.

Le commensalisme reproducteur diffère par conséquent d'un pur parasitisme puisqu'il ne génère ni entraves ni incommodités à la reproduction de l'hôte. L'association est d'autant plus exceptionnelle qu'elle concerne des organismes très éloignés du point de vue évolutif, Mollusques et Vertébrés, et met en œuvre des mécanismes très sophistiqués de reconnaissance interspécifique assez similaires aux processus de la **symbiose**.

Chapitre 10

L'isolement reproducteur et la spéciation

Buffon en 1749 avait proposé une définition de l'espèce :

« *On doit regarder comme la même espèce celles qui au moyen de la copulation se perpétuent et conservent leurs similitudes et comme espèces différentes celles qui par les mêmes moyens ne peuvent rien produire ensemble.* » (Histoire naturelle.)

De la même manière, le concept d'**espèce biologique**, tel qu'il est défini par Mayr (1963) comme « *ensemble de populations naturelles qui sont potentiellement interfécondes et sexuellement isolées des autres* » se fonde essentiellement sur l'importance biologique de la reproduction. Il n'est toutefois pas toujours aisé de définir ce qu'est une potentialité de reproduction entre des populations réellement très éloignées, allopatriques et qui par conséquent ne peuvent se reproduire effectivement.

Néanmoins, il est possible de vérifier l'existence de mécanismes isolant réellement les espèces les unes par rapport aux autres. La définition biologique de l'espèce souligne en outre que l'unité évolutive de base n'est pas l'individu mais la **population** à laquelle il appartient. Ainsi, la formation des espèces nouvelles va-t-elle réellement dépendre des processus susceptibles de faire obstacle à la reproduction entre individus de deux populations distinctes, c'est-à-dire que *la spéciation repose essentiellement sur les mécanismes d'isolement reproducteur*. L'isolement est souvent consécutif à une séparation géographique des populations ou **allopatrie**. Ainsi, le lac Victoria abrite plus de 500 espèces de Cichlidés qui dériveraient presque toutes de la même lignée à partir de 11 espèces ancestrales ayant colonisé le lac Tanganyika (Hori 1993, Meyer 1993). Le rythme de diversification a non seulement été très rapide, mais des spécialisations écologiques sont apparues plusieurs fois dans leur histoire évolutive. Il semble que des isolements réitérés liés à une alternance d'assèchements et de crues aient entraîné la spéciation (Meyer 1993, Goldschmidt 1996, Kornfield et Smith 2000). Mais les modifications du comportement reproducteur peuvent entraîner la diversification des espèces.

Dans la nature, divers mécanismes interviennent avant (*isolement prézygotique*) ou après (*isolement postzygotique*) la fécondation pour interdire toute interfécondité et isoler les populations allospécifiques.

10.1 L'ISOLEMENT PRÉZYGOTIQUE

Les mécanismes d'isolement prézygotique qui entravent la fécondation sont très communs dans la nature et agissent à des niveaux différents sans nécessairement s'exclure les uns des autres. Les mécanismes d'isolement prézygotique sont plus fréquemment développés que les mécanismes postzygotiques, probablement parce qu'ils garantissent une économie d'investissement dans une reproduction inadaptée ou désastreuse.

10.1.1 L'isolement temporel

Les cycles biologiques de deux espèces peuvent différer au point que les animaux produisent leurs gamètes à des périodes distinctes, saison, semaine ou même heure différentes. Ainsi, chez deux Grenouilles brunes sympatriques dans l'ouest de la France, la période de frai de *Rana temporaria* se déroule en décembre tandis que *Rana dalmatina* se reproduit en mars (Fig. 10.1). L'isolement temporel de certaines espèces de Fourmis dépend de l'heure précise où se déroule le vol nuptial, le délai temporel réduisant la probabilité de croisement. L'isolement temporel est relativement fréquent chez les espèces à fécondation externe.

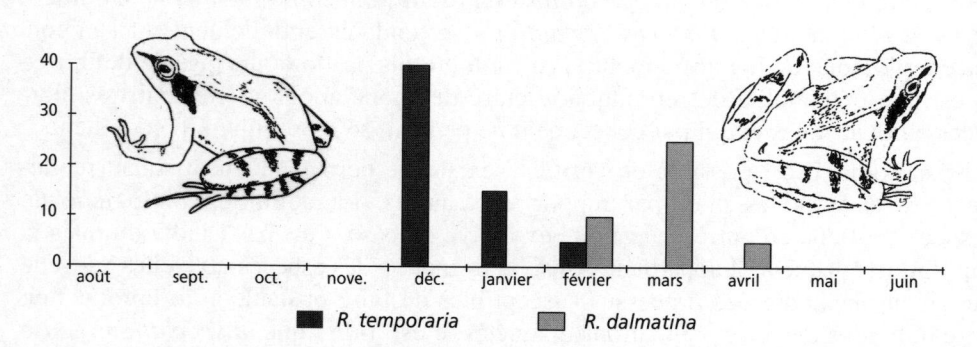

Figure 10.1 Périodes de reproduction chez les Grenouilles brunes.

10.1.2 L'isolement écologique

Les espèces peuvent exploiter des habitats différents quand bien même elles résident dans le même secteur géographique. Ainsi, le Campagnol agreste *Microtus agrestis* fréquente plutôt des zones herbeuses hautes tandis que le Campagnol des champs *Microtus arvalis* colonise les pelouses rases ou que le Campagnol souterrain *Microtus pyreanicus* possède des mœurs endogées. De même, les Busards Saint-Martin *Circus cyaneus* et Busards cendrés *Circus pygargus* ont des habitudes écologiques très semblables, mais utilisent des habitats de reproduction très différents, le Saint-Martin choisissant les sous-bois tandis que le cendré occupe les prairies ouvertes. Cette partition écologique n'existe que pour le site de reproduction et est déterminée principalement par la hauteur de la végétation (Cormier 1984). Les Cichlidés des lacs Victoria et Malawi dérivent de mêmes ancêtres, mais les espèces se sont spécialisées en se différenciant au point que certaines sont devenues des Poissons mangeurs d'écailles, s'approchant des autres Poissons et leur arrachant quelques écailles (Hori 1993). La morphologie buccale des différents phénotypes conduit même à une inféodation particulière, amenant les individus à être consommateurs d'écailles exclusivement du côté gauche ou du côté droit de leur victime. Cette spécialisation des niches alimentaires entraîne un isolement spécifique (Hori 1993).

10.1.3 L'isolement éthologique

Les mécanismes de reconnaissance du congénère constituent souvent un préalable essentiel à la reproduction. Aussi les mécanismes éthologiques jouent-ils un rôle très important dans l'isolement reproducteur des espèces. Les parades de différentes espèces de *Xiphos* empêchent toute confusion entre les espèces (Clark *et al.* 1954). De simples variations dans l'émission des signaux peuvent considérablement réduire la possibilité d'identifier un partenaire. Il en est ainsi du chant du Pouillot véloce *Phylloscopus collybita* qui se distingue clairement des émissions du Pouillot fitis (Fig. 10.2, réalisé avec le logiciel d'analyse des sons Avisoft SAS-Lab Specht R.).

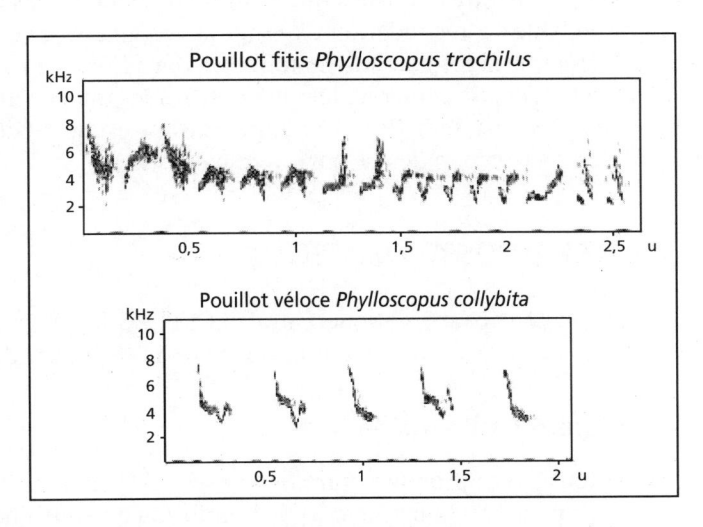

Figure 10.2 Comparaison des signaux sonores chez deux espèces de Pouillots. La note simple du Pouillot véloce diffère de la structure du chant du Pouillot fitis.

De la même manière, les sonorités graves de la Grenouille rousse diffèrent considérablement de l'appel timide de la Grenouille agile bien que ces deux Ranidés se ressemblent beaucoup morphologiquement. Les substances olfactives émises par les mâles de la Fouine laissent indifférentes les femelles d'un autre Mustélidé, le Putois *Mustela putorius*. Enfin, la succession des éclairs lumineux n'est pas similaire chez les diverses espèces de Lucioles. Le déroulement des séquences de la parade nuptiale peut différer dans l'intensité ou dans l'ordre d'apparition des différentes phases. Les mâles des Moustiques du genre *Culex* effectuent leur vol nuptial à des hauteurs différentes.

10.1.4 L'isolement mécanique

Les animaux qui disposent d'organes favorisant la fécondation interne présentent des morphologies parfois si différentes qu'elles rendent incompatibles les anatomies mâle et femelle de deux espèces. L'anatomie génitale des Insectes est si caractéristique qu'elle est souvent utilisée dans l'identification des espèces et si des mâles et des femelles appartiennent à des espèces différentes, la morphologie des organes génitaux rendra impossible l'accouplement. Ainsi, les organes reproducteurs des mâles de nombreux Insectes ou la morphologie des pénis des Mammifères peuvent considérablement différer d'une espèce à l'autre, interdisant l'interfécondation. Ainsi, l'anatomie des genitalia des différentes espèces d'Agrion-Demoiselles (Zygoptères, *Argia sp.*) est incompatible et interdit l'accouplement (Ebehard 1985).

10.1.5 L'isolement gamétique

Il s'agit en quelque sorte d'un prolongement de l'isolement mécanique car les enveloppes des ovules ne peuvent être franchies que par les spermatozoïdes d'une même espèce. Chez les organismes à fécondation externe, la reconnaissance moléculaire interdit la fécondation même si les gamètes sont libérés dans l'eau au même endroit. Chez les organismes à fécondation interne, les spermatozoïdes ont besoin de maturation dans les conduits génitaux femelles et la **capacitation** est souvent impossible entre deux espèces, les spermatozoïdes ne survivent pas.

10.2 L'ISOLEMENT POSTZYGOTIQUE

Les mécanismes d'isolement postzygotique entravent le développement embryonnaire du zygote hybride ou altèrent fortement la survie ou la fécondité de l'hybride.

10.2.1 La non-viabilité de l'hybride

Si une fécondation a réussi à se produire entre deux espèces distinctes, l'incompatibilité entre les génomes peut provoquer la mort de l'embryon ou empêcher son développement ultérieur. Cette situation résulte généralement d'une perturbation de la mitose. Les centromères ne se divisent pas et les cellules filles ne disposant pas d'un lot chromosomique complet ne peuvent survivre. L'embryon peut survivre un certain temps en accumulant les interactions anormales déterminées par les génomes paternels et maternels. Mais le développement se détériore inexorablement.

10.2.2 La stérilité des hybrides

Si les génomes sont suffisamment compatibles pour engendrer un descendant viable, il est fréquent que l'hybride demeure stérile. Les mécanismes de la méiose sont en effet encore plus réfractaires au déséquilibre des génomes que la mitose. La gamétogenèse peut dès lors s'avérer impossible et l'individu ne peut disposer de spermatozoïdes ou d'ovules fonctionnels. Il en est ainsi du Mulet hybride issu d'un Âne (62 chromosomes) et d'un Cheval ($n = 64$). À la fin du siècle dernier (De l'Isle 1862), on a découvert dans certains étangs de Mayenne, un Triton étrange qui cohabitait avec les populations de Tritons marbrés *Triturus marmoratus* communes dans l'ouest, et celles de Tritons crêtés *Triturus cristatus* plutôt orientales. Ce Triton nommé *Triturus blasii* est en fait l'hybride stérile des Tritons crêtés et marbrés dont les aires se superposent. L'hybridation est facilitée par le mécanisme de séduction des Tritons qui met en jeu l'agitation d'une région argentée de la queue assez semblable chez les deux animaux. L'hybride est infertile, mais l'hybridation est étonnante puisqu'elle concerne l'un des Tritons les plus aquatiques (*T. cristatus*) et l'un des Tritons les plus terrestres (*T. marmoratus*) de la faune occidentale. La formation de gonades anormales peut aussi se manifester.

10.2.3 La déchéance des hybrides

Lorsque les espèces sont si proches que la plupart des mécanismes d'isolement ont été déficients, les croisements interspécifiques peuvent produire à la première génération des individus hybrides à la fois viables et fertiles. Néanmoins, l'accouplement des hybrides entre eux, ou parfois avec une espèce parentale n'engendre qu'une progéniture stérile ou non viable. Le cas est très fréquent chez des espèces de genres distincts. L'évolution rapide des mâles hybrides pourrait jouer un rôle dominant dans la stérilité (Orr 1997).

10.3 L'HYBRIDATION ET L'HYBRIDOGENÈSE

Les populations qui ont évolué séparément se comportent le plus souvent comme des unités distinctes et les divergences accumulées interdisent que des nouveaux croisements s'opèrent. Néanmoins, dans certains cas, l'isolement reproducteur peut ne pas être strict ou exhiber des déficiences telles que certaines populations de deux espèces distinctes réussissent à se croiser. Le terme d'**hybridation**, dans son acception normale, concerne le croisement de deux espèces effectivement distinctes. Bien que le mécanisme d'hybridation soit plus fréquent chez les végétaux, il peut entraîner des divergences spécifiques chez les animaux et son rôle évolutif ne peut être négligé (Arnold 1997, Dowling et Secor 1997, Arnold *et al.* 1999).

Paterson (1993) a proposé que le concept d'espèce soit fondé sur le **système de reconnaissance spécifique**, la systématique s'appuyant ainsi sur les critères de reconnaissance entre congénères, c'est le *Specific Mating Recognition System (SMRS)*. Dans cette proposition, Paterson présume que les mécanismes prézygotiques seraient plus efficaces que les mécanismes postzygotiques pour isoler les espèces et restreindre l'hybridation. Néanmoins, loin d'être parfaitement efficace, le système de reconnaissance spécifique est souvent abusé dans la nature, et l'isolement dépend aussi souvent des critères postzygotiques, limitant la fécondation ou réduisant la valeur d'une hybridation. Ainsi, de nombreux amplexus allospécifiques se déroulent chez les Amphibiens (par exemple entre *Bufo bufo* et *Rana ridibunda*) et seule l'incompatibilité des génomes interdit l'hybridation de certaines espèces. La **règle de Haldane** (1922) ou règle de la stérilité unisexuelle, souligne que les individus du sexe hétérogamétique d'une lignée hybride s'avèrent souvent affaiblis, peu féconds et moins viables que le sexe homogamétique. Le sexe le plus touché par une dégradation d'aptitude est porteur des hétérochromosomes et cette perturbation pourrait résulter des interactions intragénomiques (Coyne 1994, Turelli et Orr 1995, Orr 1997).

Les modifications comportementales entraînées par les processus de domestication ou par les conditions de captivité favorisent les hybridations artificielles entre individus d'espèces différentes. C'est le cas déjà signalé du Mulet (Ane x Cheval) et l'on a même obtenu dans un zoo un *Ligron* par accouplement d'un Tigre et d'une Lionne. Le plus souvent, de telles hybridations concernent des espèces proches, c'est-à-dire disposant de génomes peu différents (le Chien et le Loup par exemple). Cette aptitude pourrait être utilisée pour définir le concept de genre (Dubois 1977).

10.3.1 L'hybridation naturelle

La formation d'hybrides entre deux populations naturelles dépend de l'établissement d'une **sympatrie secondaire**, c'est-à-dire d'un chevauchement partiel de leurs aires de répartition, après que les espèces aient été séparées une première fois. Ce recouvrement des deux aires naturelles s'appelle **zone hybride** (Barton et Hewitt 1985, Hewitt 1988, Harrisson 1993) comme c'est le cas de la Mayenne et de l'Anjou en ce qui concerne *Triturus blasii* (Vallée 1959). De même, le complexe des Grenouilles vertes forme plusieurs zones d'hybridation (Fig. 10.3, d'après Pagano *et al.* 2001). En fait, deux espèces relativement proches qui cohabitent en sympatrie ou dont la distribution est proximale élaborent généralement plusieurs mécanismes d'isolement reproducteur, souvent plus nombreux que les espèces allopatriques, qui résident sur des aires distantes. Il existe même un mécanisme particulier augmentant la divergence entre deux espèces sur leur zone de sympatrie, c'est le **déplacement de caractère**. Ainsi, les populations d'une espèce qui sont en contact sympatrique avec une autre espèce vont exhiber des traits reproductifs singuliers différents de ce que les autres populations montrent en l'absence (allopatrie) de l'autre espèce (Blondel 1986, Abrams 1987, Robinson et Wilson 1994). Le cas est particulièrement fréquent chez les Oiseaux et les Poissons (Robinson et Wilson 1994, Saetre *et al.* 1997).

L'isolement reproducteur et la spéciation • **Chapitre 10** 147

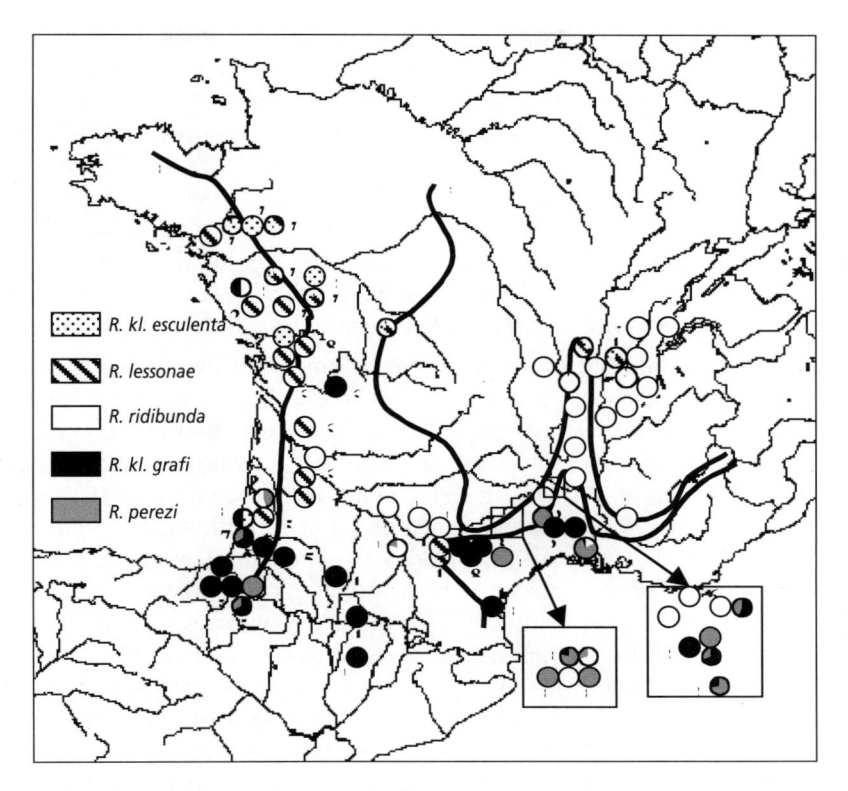

Figure 10.3 Zones hybrides dans le complexe hybridogénétique des Grenouilles vertes.

Mais, il arrive parfois que deux espèces partageant une ascendance commune et qui ont été séparées géographiquement durant une certaine période puissent à nouveau entrer en contact et soient alors susceptibles d'hybridation. Le phénomène ne concerne souvent qu'une minorité d'individus parfois marginaux mais les conséquences de la remise en commun des génomes peuvent être considérables voire même aboutir à la formation d'une nouvelle espèce.

Toutefois, l'hybridation naturelle entraîne rarement une spéciation dans le monde animal et l'hybridation ne semble améliorer la valeur sélective des individus que chez certaines espèces. Il y a alors formation de véritables populations hybrides (Arnold *et al.* 1999).

Ainsi, les Pinsons de Darwin (Grant et Grant 1994) qui vivent dans les Galápagos forment un complexe de trois espèces s'hybridant naturellement (*Geospiza fortis, G. scandens, G. Filiginosa*). Bien que les hybrides constituent moins de 5 % des populations, la variance génétique qu'elle entraîne semble favoriser l'adaptation à des contraintes évolutives changeantes. De la même manière, l'Échasse blanche *Himantopus himantopus*, petit limicole australien, nouvelle venue en Nouvelle-Zélande peut s'hybrider avec la très rare Échasse noire néo-zélandaise *Himantopus novaezealandiae*. Il semble que la concurrence entre les deux Oiseaux soit surtout profitable à l'Échasse blanche de plus grande taille. Mais l'hybride cumulant certains avantages semble encore plus opportuniste. À moyen terme, la probable disparition de l'Échasse noire ne sera compensée que par le maintien d'une partie de son génome chez la forme hybride si elle résiste. Toutefois, il y a de nombreux cas où les zones hybrides semblent rester totalement stables. Ainsi, les populations de Corneilles noires *Corvus corone* et de Corneilles mantelées *Corvus cornix* sont en grande partie allopatriques mais s'hybrident en bordure de leurs aires de répartition. Dans la zone hybride, les accouplements ne se déroulent pas au hasard et bien que les hybrides se maintiennent, l'homogamie reste le cas le plus fréquent (Saino et Villa 1992). Les hybrides stériles, dans la plupart des cas, n'influencent pas la cohabitation des deux populations.

Les espèces susceptibles de s'hybrider naturellement forment un **complexe spécifique** qui aboutit parfois à des individus fertiles soit les mâles, soit les femelles ou les deux sexes. Templeton (1989) a proposé de nommer **syngaméon** les complexes dont les hybrides sont interféconds bien que de nombreux auteurs ne leur reconnaissent qu'un statut subspécifique. Ainsi, l'interfécondité infinie entre *Mustela putorius*, le Putois d'Europe et *M. furo*, le Furet, correspond à la définition d'un syngaméon. La fécondité entre le Putois, le Putois des steppes *M. eversmanni*, et même avec le Vison d'Europe *M. lutreola* étaye encore cette appréciation. L'existence de ces superespèces est riche d'enseignements évolutifs car elle concerne souvent des groupes mal différenciés et dont l'évolution est visiblement en cours. Toutefois, les complexes spécifiques compliquent la systématique en sous-espèces (polytypie), vicespèces (intergradation), quasi-espèces (syngaméon ou introgression), pro-espèces (vicariantes) formant ensemble une super-espèce (zone hybride) ou même une ultra-espèce (espèces jumelles), selon les modalités de leur radiation allopatrique.

L'hybridation est souvent étroitement dépendante de l'altération ou de la non-efficacité du système de reconnaissance spécifique. Ainsi, chez de nombreux Amphibiens comme les Crapauds sonneurs, les caractéristiques du chant spécifique ne permettent pas l'isolement avant l'amplexus rendant l'hybridation possible entre le sonneur à ventre jaune et sonneur à ventre de feu (Sanderson 1992). Chez la plupart des Vertébrés, le mécanisme est souvent amplifié par la concurrence sexuelle ou par la rareté des congénères, entraînant dans l'un ou l'autre cas un déficit du nombre de partenaires potentiels. Les congénères deviennent alors moins sélectifs et s'apparient avec des animaux allospécifiques (Wirtz 1999).

10.3.2 L'introgression

Il arrive que certains hybrides puissent donc être partiellement féconds notamment lors de croisement avec l'une des deux espèces parentales. À la méiose, les gamètes haploïdes de cet individu intègrent alors une partie du génome de l'autre espèce. Ainsi, des allèles vont franchir les barrières spécifiques et s'installer dans le patrimoine génétique d'une autre espèce étroitement apparentée. Ce transfert interspécifique d'allèles s'appelle **introgression**.

Ainsi, les semi-espèces occidentales et orientales de Traquets *Œnanthe hispanica* (Fig. 10.4) et *O. pleschanka* s'hybrident dans leur zone de contact déterminant une

Figure 10.4 Le Traquet oreillard, *Œnanthe hispanica* (ici un mâle à gorge blanche).

introgression de caractères de *pleschanka* dans *hipanica* formant le taxon *O.* « *stapazina* » et inversement formant le taxon « *O. vittata* » (Haffer 1977, Blondel 1995). Dans la zone hybride, les deux formes coexistent. De plus, les mâles de Traquets oreillards manifestent deux morphes, à gorge claire et l'autre à gorge noire et il est probable que le choix homogamique des femelles intervienne dans le processus.

L'introgression peut se produire dès qu'une fraction des hybrides de première génération réussit à s'accoupler avec l'une des espèces parentales comme c'est le cas entre le Putois et le Furet en Grande-Bretagne (Birks et Kitchener 1999). Ce mécanisme particulier souvent occasionnel peut introduire une nouvelle variabilité dans les organismes sans pour cela former pour autant un groupe totalement nouveau. L'introgression correspond en quelque sorte à une forme naturelle de combinaison transgénique. Il peut être à l'origine de l'apparition de nouveaux caractères. Son importance évolutive est encore discutée.

10.3.3 L'hybridogenèse

Certaines populations mixtes comprenant à la fois des hybrides et des individus d'une seule des espèces parentales peuvent se maintenir naturellement pendant de très longues périodes. Cette coexistence mixte reste insolite puisque le maintien des hybrides peut s'effectuer en l'absence d'une des deux espèces parentes. Ce phénomène extraordinaire a été mentionné chez certains Poissons Ostéichthyens genres *Poeciliopsis* et *Phoxinus* (Schultz 1969, Vrijenhoek 1994) chez des Salamandres du genre *Ambystoma* et chez les Grenouilles vertes du genre *Rana* (sous-genre *Pelophyllax*) (Tunner 1974, Berger 1977). Comment donc de telles populations peuvent-elles se maintenir ? La persistance des lignées hybrides s'explique en fait par un mécanisme de reproduction particulier qui intervient pendant la méiose, l'**hybridogenèse**.

L'hybridogenèse implique plusieurs espèces dont la Grenouille rieuse *Rana ridibunda*, la Grenouille verte *R. lessonae*, et la Grenouille de Perez *R. perezi* et leurs hybrides *R. kl esculenta* et *R kl grafi* (Tunner 1974, Berger 1977, Dubois 1977, Graf *et al.* 1977). Les animaux hybrides produiront des gamètes haploïdes ne renfermant que le génome d'une des deux espèces dont ils sont issus précisément l'espèce parentale qui est absente dans les populations mixtes (Fig. 10.5). Le patrimoine génétique de l'autre parent est éliminé au cours des phases successives de la méiose. Ainsi, l'hybride se comporte *comme l'espèce parentale absente* et seuls des croisements récurrents avec la deuxième espèce parentale permettent le maintien des populations hybrides. L'hybride a donc besoin de la présence de ce second parent pour se reproduire à l'intérieur des populations mixtes. Ainsi, les Grenouilles vertes *Rana « esculenta »* ont en quelque sorte *volé* le génome de la Grenouille rieuse *Rana ridibunda* et utilisent à chaque reproduction le génome de l'autre parent, la Grenouille de Lesson *Rana lessonae*. Aussi a-t-on proposé d'attribuer le terme de *Klepton* pour qualifier systématiquement l'hybride, en référence à ce « vol de gènes », cette « *kleptomanie génétique* » (Dubois et Gunther 1982). Dans ce complexe Grenouille verte, les hybrides conservent intacte la moitié de leur génome. Mais, ils introduisent à chaque génération l'autre génome source de la variation puisque ce génome a subi de nouvelles recombinaisons durant la gamétogenèse normale du parent.

Rana ridibunda X *Rana lessonae*
RR LL

Rana « esculenta » X *Rana lessonae*
RL LL

Rana « esculenta »
RL

Rana ridibunda X *Rana perezi*
RR PP

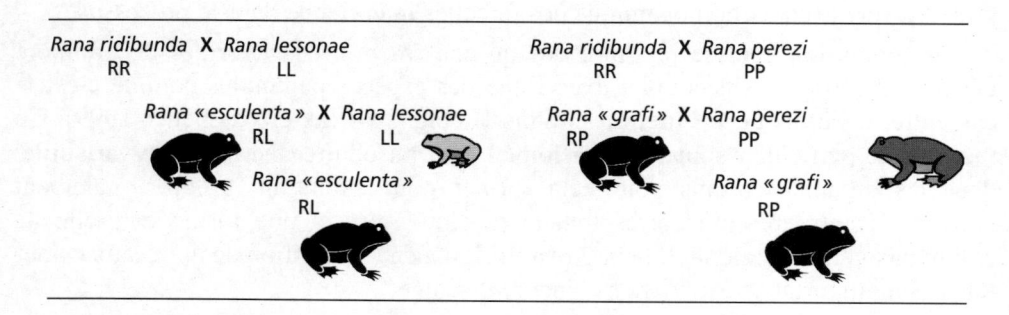

Rana « grafi » X *Rana perezi*
RP PP

Rana « grafi »
RP

Figure 10.5 Hybridogenèse dans le complexe Grenouille verte.

L'hybride dispose d'une plus grande valence écologique favorisant sa présence dans des habitats que *Rana ridibunda* aurait eu de la difficulté à coloniser (Pagano *et al.* 1997, Plénet *et al.* 1998, Plénet *et al.* 2000, Pagano *et al.* 2001). Si l'on comprend bien l'avantage que l'hybride requiert de la cohabitation avec l'une des espèces parentales, comment comprendre le maintien de l'autre espèce parente, celle qui se fait voler ses gènes et qui paraît ainsi subir une sorte de parasitisme génétique ? En fait, la survie de l'hybride dépend également de la réussite reproductrice des individus de l'espèce parentale entre eux. Seule cette reproduction intraspécifique accroît les combinaisons génétiques. Et si les parents ne se reproduisent pas, les populations péricliteront inéluctablement. L'hybridation est la conséquence d'une stimulation particulièrement intense d'une partie seulement des individus de l'espèce parentale, principalement ici les mâles. Dans le complexe « Grenouilles vertes », la plupart des mâles de l'espèce parentale sont plus attirés par les femelles hybrides plus grosses que par celles de leur propre espèce. Il suffit que quelques femelles de l'espèce parentale soient fécondées, puisqu'un mâle peut probablement féconder plusieurs femelles, pour assurer la pérennité de l'espèce. La variabilité des vocalisations individuelles favorise une faible discrimination entre les espèces de Grenouilles vertes (Lodé et Pagano 2000). De plus, les caractéristiques du chant des hybrides tendent à ressembler à l'espèce parentale, renforçant la tromperie entre espèces et facilitant ainsi le « vol de gènes » (Lodé 2001a).

Ces mécanismes se compliquent encore par l'existence de lignées d'individus hybrides **triploïdes**. Les cas d'espèces polyploïdes ne sont pas rares chez les Urodèles et les Anoures, mais on mesure encore mal leur devenir évolutif (Dubois 1977). Un complexe d'hybridation a été découvert aussi dans le groupe des *Rana pipiens* d'Amérique du Nord impliquant au moins quatre espèces dont *R. pipiens, R. utricularia, R. berlandieri* et *R. blairi* (Littlejohn et Oldham 1968, Pace 1974).

Les mécanismes de l'hybridogenèse posent à long terme la question de l'avantage sélectif des hybrides dans les habitats qu'ils colonisent, notamment dans le contexte général de la régression des espèces et du maintien de la biodiversité. Les Grenouilles hybridogénétiques illustrent l'hypothèse d'une **distorsion de ségrégation.** Normalement, les allèles se répartissent d'une manière *équitable* dans les gènes, mais des distorsions de répartition ou *pressions méiotiques* (*meiotic drive* dans le système *sd* des Drosophiles) peuvent modifier cette distribution dans les spermatozoïdes et entraîner un excédent d'un allèle particulier. De telles distorsions sont susceptibles d'apparaître chez les espèces parthénogénétiques. Chez les Grenouilles hybridogénétiques, le génome *ridibunda* généralement associé au chromosome X pourrait exercer une telle pression méiotique contre le génome de l'espèce parentale, favorisant la transmission clonale du génome de l'espèce « parasite » (Schmidt 1996). Ces conflits intragénomiques pourraient être un facteur essentiel du maintien de la bisexualité chez les Vertébrés (Schmidt 1996).

PARTIE 3

LES STRATÉGIES DE REPRODUCTION : DU SYSTÈME SEXUEL AU COMPROMIS ADAPTATIF

Chapitre 11

Les individus reproducteurs et la population

Dans la population, tous les individus n'ont pas immédiatement accès à un statut de reproducteur. La reproduction se déroule au sein d'un ensemble d'interactions intraspécifiques que les variations de l'environnement vont arbitrer.

11.1 LA DIMENSION SPATIO-TEMPORELLE

11.1.1 La répartition

Dans la nature, les espèces ne sont évidemment pas distribuées aléatoirement dans l'espace et ne sont pas non plus identiquement répandues. Les individus qui la composent ne se répartissent pas non plus de manière isolée ou uniforme mais constituent des ensembles plus ou moins cohérents pendant des périodes données. C'est cette situation particulière qui permet de reconnaître les **populations** à travers les discontinuités de la répartition de l'espèce. Ainsi, une population est formée de l'ensemble des individus d'une même espèce qui occupe un espace donné pendant une période déterminée. C'est un système ouvert inscrit dans une dimension spatio-temporelle.

Mais, ce rassemblement des individus n'est pas sans conséquences puisque leur proximité et leur présence simultanée rendent potentiellement possibles tous les croisements de manière aléatoire, c'est la **panmixie**. Aussi a-t-on associé à la définition de population l'idée qu'elle se composait d'individus partageant *théoriquement* un **capital génétique commun** (cf. Lodé 1998). Ainsi, la population est un ensemble biologique original qui possède une structure propre, un développement et même une stratégie. Néanmoins, les scientifiques n'ont souvent accès à la population réelle qu'au travers de la connaissance d'un simple échantillon. L'association de plusieurs populations d'individus d'espèces distinctes constitue un peuplement.

Une des caractéristiques essentielles de la population consiste dans l'abondance des individus qui la compose en un lieu donné, c'est la **densité**. Les populations qui présentent les plus fortes densités peuvent exercer de fortes contraintes sur les individus en augmentant la concurrence et perturber la reproduction des individus. Néanmoins, les faibles densités des populations ne favorisent pas nécessairement la reproduction individuelle parce quelles peuvent augmenter l'isolement par exemple. La densité des animaux peut différer considérablement d'un secteur à l'autre car les individus peuvent se rassembler dans les secteurs les plus avantageux. Le bilan des effets favorables et des effets défavorables de l'abondance montre que la meilleure croissance correspond plutôt à une densité moyenne selon le **principe d'Allee** (Allee 1938, Allee *et al.* 1950).

11.1.2 Les générations

L'abondance des populations sera bien entendu déterminée par la capacité de reproduction de ses membres. Le cycle biologique d'une espèce va entraîner d'importantes variations d'abondance d'une génération à l'autre. Aussi, la durée qu'une génération mettra à la reproduction de ses descendants entraînera une croissance plus ou moins importante de la population elle-même. La brièveté de chaque génération caractérise ainsi le taux de renouvellement des descendants. En effet, le nombre de zygotes produits détermine la raison de la progression géométrique tandis que la durée de génération détermine la puissance n à laquelle cette raison est élevée telle que $P = (F/2)^n$. De plus, le recouvrement des générations successives rend possible certains croisements consanguins par exemple et intervient aussi dans la génétique des populations.

11.2 LES ADULTES REPRODUCTEURS

11.2.1 La maturité

L'acquisition de l'aptitude à la reproduction dépend non seulement de tout un ensemble de maturations physiologiques et sera également déterminée par des facteurs propres à l'histoire de la vie des espèces (Roff 1992).

Le tableau 11.1 expose l'âge moyen de la maturité acquise chez quelques espèces de Vertébrés. L'activité sexuelle peut être plus tardive chez les mâles que chez les femelles ; à 1 mois chez le Lapin mâle contre 3/4 mois chez la femelle, à 4/5 ans chez le Macaque mâle, à 2 ans et demi pour la femelle. Chez les Insectes, la vie larvaire présente une durée extrêmement variable selon l'espèce ou les conditions du milieu (Price 1975). La vie imaginale reste très brève chez les Éphémères et les Lépidoptères par exemple.

TABLEAU 11.1   ÂGE MOYEN DE LA MATURITÉ CHEZ QUELQUES ESPÈCES DE VERTÉBRÉS.

Espèces	Âge de la maturité sexuelle	Périodes de reproduction
Anguilla rostrata	3 ans	1 par an
Rana « esculenta »	2 ans	1 par an
Natrix natrix	3 ans	1 par an
Larus ridibundus	2 ans	1 par an
Passer domesticus	1 an	2 par an
Bos taurus	1 an	1 par an
Mus musculus	2 mois	5 par an
Oryctolagus cuniculus	6 mois	5 par an
Loxodonta africana	15 ans	1 tous les 3 ans
Macaca rhesus	4 ans	1 par an
Orcinus orca	15 ans	1 tous les 3 ans

De plus, dans la population, l'individu n'accède au rang d'adulte reproducteur qu'à certaines conditions régies par la vie sociale de l'espèce. Chez les Singes Vervets *Cercopithecus aethiops*, l'aptitude à la reproduction dépend de l'âge et de l'expérience dans la hiérarchie du groupe (Fairbanks et MacGuire 1986, Fig. 11.1). Ainsi, de nombreux animaux peuvent exhiber les potentialités physiologiques de la reproduction (gamétogenèse) sans pour cela ne pouvoir entreprendre de se reproduire, ne disposant pas des prérogatives nécessaires à leur affirmation comportementale. Ces animaux matures mais non reproducteurs sont des subadultes.

11.2.2   Les variations du sex-ratio

À la fécondation, la répartition des sexes, le **sex-ratio primaire** reste équilibré, voisin de 1. En fait, les probabilités de fécondation ne sont pas rigoureusement équivalentes pour les gamètes Y ou W et pour les gamètes X ou Z parce qu'ils ne possèdent pas les mêmes propriétés de résistance voire même leur nombre peut différer. Néanmoins, cette variation ne paraît entraîner qu'une variance mineure dans la plupart des cas.

Mais une mortalité inégale des sexes fait différer leur représentation dans les populations. Aussi, le **sex-ratio secondaire**, après la naissance, est très rarement égal à 1. Dans les populations de Cerfs élaphes *Cervus elaphus* échantillonnées en 1957 (Lowe 1969, Tableau 11.2), les femelles étaient excédentaires parmi les juvéniles et les mâles prédominaient chez les animaux de plus de 5 ans.

Mais le phénomène le plus fréquent est au contraire un excès de la proportion de mâles parmi les individus les plus jeunes et, à l'inverse, des proportions de femelles

Figure 11.1 Femelle de Vervet *Cercopithecus aethiops* avec son jeune.

excédentaires chez les animaux plus âgés, comme c'est le cas des Chats dans la région lyonnaise (Legay et Pontier 1983). En fait, la longévité moyenne des mâles (âge moyen 3,13 ans) reste souvent inférieure à celle des femelles (4,19) chez le Chat. De la même manière chez le Campagnol roussâtre *Clethrionomys glareolus* (Ashby 1967), on remarque une inversion du sex-ratio qui varie d'un excès de mâles

TABLEAU 11.2   SEX-RATIO D'UNE POPULATION DE *CERVUS ELAPHUS* (D'APRÈS LOWE 1969, MODIFIÉ).

Âge en année	Nombre de mâles	Nombre de femelles	Sex-ratio
1 an	107	129	0,453
2 ans	75	113	0,398
3 ans	79	113	0,410
4 ans	70	81	0,460
5 ans	86	78	0,523
10 ans	11	9	0,565
15 ans	2	4	0,333

chez les animaux juvéniles vers une faible prédominance des femelles dans les populations adultes. Chez la Poule sauvage *Galus galus*, la proportion de mâles dépasse 60 % chez les poussins mais reste inférieure à 35 % chez les animaux de trois ans. Chez le Canard pilet *Anas acuta* et l'Étourneau *Sturnus vulgaris*, les proportions de mâles atteignaient respectivement 73 % et 68 %.

D'autre part, la fréquence des mâles dans la descendance est directement corrélée avec l'âge de la femelle. Chez les Acariens, il est d'environ 25 % pour les femelles de 10 jours et augmente jusqu'à dépasser 50 % chez les femelles de plus de 18 jours. Des espèces, comme la Fauvette des Seychelles *Acrocephalus sechellensis*, peuvent adapter le sex-ratio de leur couvée pour limiter la compétition intraspécifique et bénéficier d'aides à la reproduction (Komdeur *et al.* 1997, *cf.* 12.6). Cette disposition à corriger le sex-ratio est soupçonnée chez d'autres espèces qui ne montrent pas de reproduction coopérative, comme le Faucon crécerelle *Falco tinnunculus*, les couvées précoces recelant plus de mâles alors que les couvées tardives rassemblent plus de femelles (Dijkstra *et al.* 1990). Ces ajustements de sex-ratio seraient sous la dépendance des stéroïdes (Krackow 1995) mais le déterminisme de cette adaptation reste obscur.

11.3   LA TERRITORIALITÉ SEXUELLE ET LA DOMINANCE

La répartition des populations animales peut comprendre plusieurs habitats distincts favorables au développement de telle ou telle activité particulière. Ainsi, l'aire occupée pendant tout un cycle biologique correspond au domaine vital de l'animal qui peut être défendu ou partagé par rapport aux congénères. Mais les animaux peuvent s'accaparer la totalité ou une partie de l'aire d'activité que fréquente la population à leur usage exclusif en lui déterminant un caractère proprement sexuel. Cette définition d'un **territoire sexuel** s'effectue par la mise en œuvre de nombreux procédés informatifs, signaux sonores, visuels ou encore olfactifs. Ainsi, le chant des Bruants ou les bornes olfactives du Guépard délimitent un territoire sexuel d'où les rivaux sont évincés.

On peut distinguer des territoires de quatre types particuliers selon le contraste des usages des différentes zones qu'ils recouvrent (Nice 1941, Fig. 11.2). Les territoires de **type A** répandus chez les Oiseaux chanteurs associent un lieu de reproduction à la possession d'une zone de nourrissage comme c'est le cas du Rouge-gorge *Erithacus rubecula* ou de la Pie-Grièche *Lanius collurio* par exemple (Fig. 11.3). Dans ce cas, la détention d'un territoire garantit l'apport alimentaire nécessaire à l'élevage. Le succès de reproduction sera directement dépendant de l'abondance et de la qualité des disponibilités trophiques défendues par le propriétaire. Le territoire de **type B** inclut une aire de reproduction le plus souvent dans un habitat protégé, boisement ou zone de marais comme chez la Carouge à épaulette *Agelaius phoeniceus*. Le détenteur du territoire s'y reproduit mais se nourrit alentours. Dans ce cas, les caractéristiques du site de reproduction ont plus d'importance pour le succès reproducteur que l'apport alimentaire ultérieur. Le territoire de **type C** correspond à la défense de l'espace immédiatement nécessaire à l'élevage des jeunes comme c'est le cas chez la Mouette rieuse *Larus ridibundus* ou la Sterne pierregarin *Sterna hirundo*. Le rassemblement des individus dans un même secteur limite les risques de prédation. Enfin, les territoires de **type D** sont constitués d'une surface utilisée exclusivement comme lieu de ralliement pour la parade des mâles et l'accouplement. Ces zones particulières sont appelées **arènes** ou **leks** (Hartzler 1972). Il en est ainsi des zones de parade des Lagopèdes *Lagopus lagopus* ou des Tétras *Tetrao urogallus*.

Figure 11.2 Organisation territoriale.
Type A, territoire exclusif. Type B, territoire de reproduction et zone de nourrissage alentour. Type C, territoire limité au secteur du nid. Type D, zone de ralliement ou lek.

Figure 11.3 La Pie-grièche écorcheur *Lanius collurio*.

De même, des Ongulés comme les Kobs adultes *Kobus kob* ou *Kobus ellipsiprymnus* occupent ainsi un territoire de rut exclusivement réservé aux activités de reproduction. On peut leur assimiler le territoire du Papillon du céleri ou encore le lieu de frai des Crapauds. Le succès reproducteur dépend ici de la position centrale du territoire (Kirkpatrick et Ryan 1991). L'arène peut varier de taille selon les espèces et la surface du lek est étroitement dépendante de l'attirance des femelles pour les mâles de haut rang. Plus cette attraction est forte, plus les animaux peuvent disposer d'une arène de grande taille, tolérant leurs concurrents sur le lek. Au contraire, si la séduction est plus faible, les animaux réduisent la taille de l'arène pour en exclure les individus les plus subordonnés (Widemo et Owen 1999).

L'attribution d'un territoire de bonne qualité dépend moins de la force physique que de la pugnacité et de la précocité des individus à s'en saisir. Il reste néanmoins une autre manière de réduire les prétentions des rivaux notamment quand les animaux vivent en groupes sociaux permanents. L'établissement de **relations hiérarchiques** permet aux animaux dominants d'assurer un plus grand nombre d'accouplements que les subordonnés. L'âge des animaux détermine fréquemment leur position dans la hiérarchie, les animaux les plus vieux et les plus expérimentés détenant souvent la place dominante. Ainsi, chez le Loup, seul le couple alpha se reproduit, leurs subordonnés, généralement les descendants des précédentes générations, ne participant qu'à l'élevage des jeunes.

Chapitre 12

Systèmes sexuels et reproduction

La nature des relations entre les mâles et les femelles diffère beaucoup dans le monde animal et l'on peut élaborer une classification des systèmes sexuels en se basant sur trois critères : la **durée de la relation**, le **nombre de partenaires** et l'intensité de l'**investissement parental**. Crook *et al.* (1976) puis Gautier (1982) distinguent ainsi cinq grands types d'unités de reproduction : l'association brève, le harem temporaire, le harem permanent, le groupe communautaire et le couple monogame.

En fait, la stratégie adoptée dépend considérablement des exigences écologiques des espèces concernées. Orians (1969, 1980) a construit un modèle théorique faisant du succès reproducteur une fonction de l'hétérogénéité de l'environnement, les milieux les plus riches favorisant la polygamie. Orians (1969) insiste sur l'existence d'un **seuil limite** de polygynie, les femelles ayant intérêt à se tolérer mutuellement plutôt qu'à s'exclure si les disponibilités trophiques le permettent mais préférant une monogamie plus stricte dans un environnement plus pauvre. Ainsi, la différence de qualité entre deux habitats peut entraîner que la polygynie soit avantageuse pour une femelle non appariée. En fait, les systèmes polygynes sont d'abord limités par le nombre de femelles susceptibles de se rassembler ou de se montrer disponibles et la dispersion des ressources peut s'avérer déterminante (Wittenberger 1980, Clutton-Brock 1989).

De même, Emlen et Oring (1977) ont proposé un modèle prédictif général associant les différents systèmes sexuels et la synchronisation des œstrus à la distribution spatiale des ressources (Tableau 12.1). L'aptitude des mâles à contrôler l'exploitation des ressources et le degré plus ou moins prononcé de grégarisme des femelles déterminent la tendance générale des systèmes sexuels entre l'individualisme et la polygynie. Ainsi est reconnue l'importance des disponibilités des ressources dans l'élaboration évolutive des systèmes sexuels.

TABLEAU 12.1   CONTRAINTES ET ORGANISATION DES SYSTÈMES SEXUELS.

Disponibilité des ressources → Grégarisme des femelles → Synchronisation des œstrus →
↑   ↑   ↑   } Système sexuel
Contrôle des ressources par les mâles → Contrôle de l'accès aux femelles →

Pour Emlen et Oring, le contrôle du partenaire s'exprime en terme de coûts et de bénéfices reliant l'acquisition des ressources et le rassemblement des partenaires sexuels.

En dépit de la diversité des rassemblements reproducteurs, il est possible de retenir six classes originales de systèmes sexuels : l'*individualisme*, la *polygynie*, la *polyandrie*, la *polygynandrie*, la *monogamie* et la *coopération reproductive*.

12.1 L'INDIVIDUALISME

Les relations entre les partenaires sexuels peuvent se restreindre au seul déroulement de l'accouplement, le mâle ne participant pas à l'élevage des jeunes. Chez de nombreux Invertébrés, le lien sexuel se résume à une inter-attraction proximale liée à la diffusion spécifique de phéromones sexuelles (*chimiotaxie*). La relation des deux sexes reste brève, l'union ne dure pas plus que le temps nécessaire à l'élaboration des phases copulatoires.

De nombreux Mammifères, Monotrèmes, Marsupiaux, Insectivores, Lagomorphes et Rongeurs notamment développent également un type d'association sexuelle temporaire. Ces espèces souvent considérées comme *solitaires* ou asociales, peuvent être plutôt qualifiées d'**individualistes** car leur organisation sociale se fonde sur l'usage exclusif de petites zones très défendues ou de territoires temporaires. Ainsi, chez la Musaraigne couronnée *Sorex coronatus*, les liens ne persistent guère et l'accouplement semble aléatoire. La femelle ne tolère la présence du mâle que durant une brève période d'environ 18 heures au cours de laquelle s'effectue la copulation. Les relations se réduisent à de brèves rencontres et les animaux s'évitent le plus souvent. Les Paresseux à gorge brune *Bradypus varietagus* vivent seuls sur des domaines de 2 hectares et les accouplements se déroulent durant leurs rares rencontres. Les Pikas (*Ochotoma sp.*) vivent sur des territoires d'où ils évincent tous les rivaux pour accumuler le maximum d'herbes sèches avant l'hiver. Ils n'acceptent de croiser leurs congénères pour copuler que durant des périodes extrêmement courtes si la quantité de ressources accumulées leur permet de céder un peu de foin au partenaire. Une organisation similaire se retrouve chez l'Ours polaire *Thalarctos maritimus* et il existe même une réelle ségrégation sexuelle de l'usage de l'espace chez la plupart des Ursidés. Le Léopard *Panthera pardus* ou le Guépard *Acinonyx* *jubatus* évitent également de s'aventurer dans les zones fréquentées par les congénères même de l'autre sexe et, seuls, les animaux sexuellement disponibles acceptent de brèves rencontres sans conserver de relations durables. Chez l'Écureuil roux canadien *Tamiasciurus hudsonicus*, le comportement relativement agressif des individus détermine une définition territoriale assez stricte isolant même les mâles et les femelles (Ferron 1980) qui n'acceptent que de brefs contacts durant la période de reproduction. Les grands Rorquals pélagiques *Balaenoptera physalis*, *B. borealis* dont la Baleine bleue *B. musculus* ne maintiennent que des associations brèves entre sexes, le temps d'un accouplement.

12.2 LA POLYGYNIE

Les systèmes polygyniques (*polygyne* = plusieurs femelles) où un mâle féconde plusieurs femelles pendant la même saison de reproduction peuvent dévoiler des caractéristiques bien différentes selon le degré et la durée de l'association des femelles entre elles (Elliott 1975, Greenwood 1980). Le terme *polygamie* (= plusieurs unions) n'est pas synonyme de polygynie puisqu'il peut aussi bien s'appliquer aux relations polyandres (plusieurs mâles). La polygynie peut être de *proximité* ou de *promiscuité* lorsque l'organisation sociale est polygynandre, regroupant plusieurs mâles et femelles ensemble. Toutefois, reposant sur des interactions individuelles et des modifications de la tolérance, l'organisation sociale peut présenter une certaine souplesse favorisant d'autres associations ponctuelles entre les individus, des mâles pouvant par exemple s'accorder pour prendre possession d'un territoire.

12.2.1 La polygynie dispersée

L'association d'un mâle à plusieurs femelles individualistes correspond à une polygynie dispersée. Cette organisation dépend en général d'une définition territoriale ou d'un individualisme assez strict chez les femelles.

Ainsi, l'organisation des Mustélidés reste généralement basée sur un système de territorialité intrasexuelle, les mâles excluant les autres mâles, les femelles les autres femelles comme c'est le cas chez la Belette *Mustela nivalis* (Lockie 1966, Fig. 12.1) ou encore chez le Putois *Mustela putorius* (Lodé 2000). Néanmoins, le territoire du mâle englobe généralement celui de plusieurs femelles conférant un caractère polygyne au système sexuel. En fait, la territorialité n'est jamais très développée chez les mâles de Mustélidés et les mâles effectuent de nombreuses excursions extradomaniales pour découvrir des femelles disponibles. Aussi, la taille du domaine vital peut-elle être importante aussi bien chez le Putois ou l'Hermine *M. erminea* que chez le Vison d'Europe *M. lutreola* (plusieurs kilomètres) (Palazon et Ruiz-Olmo 1993, Robitaille et Raymond 1995, Lodé 1996a, 2000a). Toutefois, le caractère individualiste du Putois entraîne une exploitation assez exclusive de l'espace, le prédateur exploitant des secteurs de superficie très restreinte jusqu'à épuisement des proies disponibles (Lodé 2000a). Ce mode individualiste d'exploitation des ressources s'avère être particulièrement adaptatif dans le cas de ressources concentrées dans des petites zones elles-mêmes très dispersées dans l'espace, comme les mares à Crapauds et Grenouilles ou encore les terriers de Rats surmulots (Lodé 1996b, 2000a). La polygynie dispersée constitue alors une réponse obligatoire pour assurer à la fois la coexistence de proies et du prédateur et la cohabitation entre Putois de sexes opposés.

Figure 12.1 Une espèce à polygynie dispersée : la Belette *Mustela nivalis*.

Chez l'Accenteur mouchet *Prunella modularis*, l'organisation territoriale des femelles induit de même une polygynie des mâles dont le territoire chevauche celui de plusieurs femelles (Davies 1983). De la même manière, la Carouge à épaulettes *Agelaius phoeniceus* s'accouple avec plusieurs femelles successivement.

L'acquisition des ressources et leur défense s'effectuent d'un point de vue strictement individuel et la polygynie limite ici la compétition entre les mâles et les femelles, chaque mâle ne concurrençant que partiellement les femelles sur leur territoire. Chez l'Orang-outan *Pongo pygmaeus*, les mâles contrôlent également le territoire de plusieurs femelles mais celles-ci peuvent l'accompagner dans certains déplacements pour bénéficier de sa protection contre l'assaut de jeunes mâles célibataires et solitaires. Les animaux ne sont matures qu'à l'âge de 10 ans pour une longévité de près de 40 ans (Schwartz 1988). La polygynie dispersée de l'Orang-outan est ici à la limite de la formation d'une monogamie temporaire.

12.2.2 La polygynie temporaire

La polygynie se maintient typiquement quand les femelles disposent d'un intérêt particulier à cohabiter ensemble, défense contre les prédateurs ou consommation d'une ressource. En revanche, le lien entre les mâles et les femelles peut n'avoir qu'une durée restreinte à la période de l'accouplement, l'animal ne participant pas à l'élevage des jeunes.

Ainsi, chez le Cerf élaphe, *Cervus elaphus,* le mâle s'empare d'une place de brame où sont installés les groupes de femelles et en exclut tous les rivaux potentiels (Clutton-Brock *et al.* 1983). Le mâle interdit l'accès aux femelles en manifestant clairement ses intentions agressives par des raires ou des combats envers les autres mâles mais cette démonstration ne dure que quelques semaines pendant la période de disponibilité des biches. En dehors des périodes de reproduction, les mâles se rassemblent en groupe de célibataires et les femelles accompagnées de leurs jeunes en petits troupeaux séparés comme chez la plupart des Ongulés dont le groupe constitue une défense contre les prédateurs. On retrouve aussi cette organisation chez de nombreuses Antilopes. Chez le Bubale *Damaliscus sp*, c'est l'aptitude du mâle à défendre une zone particulière sur laquelle les femelles vont s'établir qui entraînera l'installation d'un harem temporaire. De la même manière, chez certains Pinnipèdes polygynes comme les Éléphants de mer *Mirounga leonina*, le regroupement des femelles sur les rivages rocheux s'effectue en priorité dans les zones défendues par un grand mâle dominant susceptible d'assurer sa protection lors des mises bas qui précèdent la période d'accouplement. Ainsi, 6 % des mâles assurent 88 % des copulations (Le Bœuf et Peterson 1969) tandis que les animaux installés sur des territoires mal protégés des prédateurs, bordure des plages par exemple, n'ont qu'une chance sur dix de s'accoupler. Chez l'Otarie à fourrure, le choix des meilleurs sites par les femelles ne constitue qu'un préalable, l'investissement des femelles dans les activités sera ensuite déterminant sur la survie des jeunes (Boyd et Mac Cann 1989).

Chez les Tetraonidés, comme le Grand tétras *Tetrao urogallus*, le mâle qui parade dans la zone centrale du lek séduira le plus grand nombre de femelles. Ainsi, chez la Gelinotte des sauges *Centrocercus urophasianus,* moins de 10 % des mâles totalisent 80 % des copulations, le choix des femelles se portant sur les mâles dont la parade est la plus active et la plus répétée (Hartzler 1972). Le mâle d'Autruche *Struthio camelus* (Sauer et Sauer 1966) groupe deux à trois femelles qui déposent leurs œufs dans le même nid que le mâle incubera par la suite de nuit tandis que la femelle dominante couvera de jour. Mâle et femelle élèveront ensuite les poussins pendant près de 10 mois. Les faisans sont également polygames. Les Nandous *Rhea americana* dévoilent une polygynie assez semblable, le mâle rivalisant pour obtenir un territoire où il regroupera deux à six femelles (Bruning 1974). La ponte a lieu dans le même nid mais c'est principalement le mâle qui assure la couvaison. Les femelles peuvent alors effectuer une autre ponte chez un autre mâle.

Le Rhinocéros blanc *Ceratotherium simun* manifeste un type tout à fait particulier de polygynie territoriale, les populations sont dispersées sur des vastes territoires de savane sèche et les femelles se déplacent par petits groupes de deux à six individus ne s'accouplant qu'à l'âge de 7 ans (Fig. 12.2). Le mâle doit attendre 10 ans pour prétendre à un statut reproducteur et s'empare d'un territoire disposant d'un point d'eau permanent où il pourra s'accoupler dès qu'une femelle réceptive s'en approchera.

Figure 12.2 Polygyne temporaire, le Rhinocéros Blanc *Ceratotherium simun*.

Chez les Cétacés fortement dimorphes comme les Grands Cachalots *Physeter macrocephalus*, les mâles adultes de grande taille vagabondent solitairement à la recherche d'un groupe de femelles matures et de juvéniles, s'attribuant un harem temporaire en évinçant les autres mâles. Les groupes alors constitués peuvent comporter de 15 à près d'une centaine d'individus. Les femelles forment au contraire des groupes stables et durables tandis que les mâles de moins de 20 ans se rassemblent en troupes de célibataires d'une même classe d'âge (Di Natale et Mangano 1985). Une forte concurrence physique persiste aussi chez les Ziphiidés comme la Baleine à bec de Cuvier *Ziphius cavirostris* ou chez les Orques *Orcinus orca*. Le groupe de base est constitué des descendants d'une même femelle que rejoint occasionnellement le mâle mature en période de reproduction (Andersen 1969).

Chez les Anoures, la stratégie territoriale des mâles d'*Alytes obstetricans* favorise une forme d'union polygynique, le mâle s'emparant d'un terrier pour y attirer plusieurs femelles dont ils garderont la ponte. De la même manière, les femelles de Chabots *Cotus gobio* ou d'Épinoches *Gasterosteus aculeatus* peuvent préférer des mâles disposant déjà d'une ponte (Ridley et Rechten 1981, Bisazza et Marconato 1988, Bakker 1993).

La polygynie temporaire est extrêmement répandue dans le monde animal et repose sur deux facteurs essentiels, soit le mâle interdit directement l'accès aux femelles à tout autre rival, c'est la **polygynie de dominance**; soit il s'arroge exclusivement une zone défendue où se dérouleront les copulations, c'est la **polygynie**

territoriale. Le grégarisme des femelles est souvent un caractère favorisant la polygynie. La dispersion inégale des ressources dans l'espace facilite la possibilité de s'approprier certaines zones par les mâles et en détermine l'attractivité pour les groupes de femelles. L'agrégation des ressources peut faciliter l'aptitude à les monopoliser et induire une polygynie territoriale comme c'est le cas chez de nombreuses Antilopes. Mais, la polygynie liée à la dominance peut s'avérer un choix intéressant quand le degré de dispersion des ressources en interdit la monopolisation.

12.2.3 La polygynie permanente ou quasi permanente

Les mâles peuvent maintenir leurs relations au groupe de femelles bien au-delà de la période de réceptivité de celles-ci formant pendant plusieurs mois des harems permanents. Le plus souvent, les liens que les femelles entretiennent ensemble restent forts et peuvent persister à la mort du mâle. Les mâles qui ne peuvent s'emparer d'un harem se regroupent en petites troupes de célibataires.

Les Chevaux sauvages *Equus przewalskii* vivent en petits troupeaux de juments accompagnées de leurs poulains. Un seul étalon est présent dans le troupeau et veille à évincer tous les rivaux potentiels contrôlant l'état de réceptivité sexuelle de leurs femelles. Les Vigognes *Vicugna vicugna* ou les Guanacos *Lama guanacoe* défendent des harems permanents de 5 à 6 individus sur un territoire marqué en commun par un tas d'excréments (Fig. 12.3).

Figure 12.3 Une espèce polygyne permanente, le Lama.

Chez beaucoup de Primates, la polygynie permanente peut être associée à une certaine participation des mâles aux activités d'élevage. L'unité sociale des Gorilles *Gorilla gorilla* consiste généralement en un groupe polygyne d'une dizaine de membres dominés par un mâle de plus de 18 ans (Schaller 1963, Harcourt *et al.* 1981). Les subadultes quittent le groupe à l'âge de 9 ans pour former des petites associations de célibataires ou vivre en solitaire tandis que les femelles, matures à 10 ans, restent dans le groupe (Harcourt 1978, Roeder et Andersson 1990, Robbins 1999). Les manifestations sexuelles sont peu spectaculaires et les animaux ne développent pas de mécanismes précopulatoires sophistiqués. De la même manière, la disponibilité sexuelle des femelles ne dure que trois jours et reste très discrète. Dans certains groupes, les Gorilles de montagne *Gorilla gorilla beringei* peuvent vivre en unités sociales intégrant plusieurs mâles reproducteurs, modifiant ainsi la structure traditionnellement polygyne. Néanmoins, le mâle dominant assure de 47 à 83 % des copulations bien que 78 % des femelles puissent également s'accoupler avec un autre mâle (Robbins 1999).

Le succès reproducteur des femelles de Gelada *Theropithecus gelada* dépend de leur rang social dans le groupe polygyne (Dunbar et Dunbar 1977). La constitution de harems permanents chez le Gelada n'empêche pas toujours l'élaboration de stratégies alternatives pour les mâles non intégrés dans le harem. Les célibataires peuvent s'associer pour tenter de supplanter le dominant. Mais, certains animaux adoptent une stratégie de coopération soit à l'égard des femelles ou soit directement du leader afin d'être admis au contact des femelles. Dans certains cas, chez le Babouin hamadryas *Papio hamadryas,* les célibataires peuvent édifier un harem en enlevant une ou plusieurs femelles juvéniles d'un groupe.

La polygynie permanente constitue une extension de la **polygynie de dominance**, le mâle monopolisant l'accès aux femelles durant toute leur période de réceptivité. Le système est coûteux puisque seul un mâle puissant peut s'attribuer cette dominance mais reste avantageux lorsque la disponibilité des femelles est à la fois courte et non synchronisée.

12.3 LA POLYANDRIE

L'appariement d'une seule femelle avec plusieurs mâles successifs correspond à un système polyandrique. La polyandrie stricte reste toutefois peu fréquente et est le plus souvent associée à des mécanismes de polygynie, les animaux vivant en groupe associant plusieurs mâles et plusieurs femelles.

La spermathèque autorise des relations polyandres chez de nombreux Insectes comme les Noctuelles (Lamunyon 1999). L'existence d'une paternité multiple a été mise en évidence chez la Grenouille rousse *Rana temporaria* par une analyse génétique (Laurima et Seppa 1998). Il est probable que les femelles de nombre d'Amphibiens se rassemblant en forte promiscuité sur les sites de pontes puissent être fécondées par plusieurs mâles différents, notamment chez les espèces acceptant le groupement des mâles en chœur comme chez les Grenouilles rousses, les Crapauds communs *Bufo bufo* ou les Sonneurs *Bombina sp*. Chez les Vipères péliades *Vipera berus*, les femelles peuvent s'accoupler avec huit mâles différents, en moyenne 3,7 mâles (Stille *et al.* 1986, Parker 1992).

La polyandrie est surtout connue chez certains Oiseaux. Chez le Jacana *Jacana spinosa*, un Charadriiforme (Fig. 12.4), Jacanidé des milieux palustres, les femelles abandonnent leur ponte de quatre œufs à deux ou trois partenaires sexuels successifs (en moyenne 2,2) qui en assurent seuls l'incubation et la défense (Jenni 1974, Betts et Jenni 1992). La territorialité est de type intrasexuel mais occasionnellement, les femelles peuvent aider un mâle à défendre son territoire.

Figure 12.4 Une espèce polyandre, le Jacana, *Jacana spinosa*.

Les Chevaliers grivelés *Actitis macularia*, des Scolopidés américains, manifestent une polyandrie régulière avec trois ou quatre mâles. Les femelles les plus âgées s'emparant des territoires les plus riches et montrant une forte fidélité au site, seules les jeunes femelles (environ 25 %) resteront monogames. Le mâle couve les œufs et s'occupe des jeunes, la femelle ne participe pas à l'incubation mais peut aider au nourrissage (Maxson et Oring 1980, Lank *et al.* 1985). La femelle défend un territoire de reproduction dans lequel les mâles viennent incuber les œufs et élever les poussins. Mais Oring et Lank (1982) et Oring *et al.* (1992) ont remarqué que la polyandrie est dépendante de la présence des prédateurs. Les zones bien abritées attirent un grand nombre de mâles et les femelles dépensent beaucoup de temps à l'affirmation territoriale. La stratégie polyandre leur est donc nécessaire. En revanche, les couples seront plus monogames sur les terrains plus vulnérables où de jeunes femelles s'installent. Ici, la territorialité des femelles détermine le système sexuel. Les Phalaropes de Wilson *Steganopus tricolor* montrent une forte tendance à la monogamie mais 10 à 20 % des femelles deviennent polyandres dès que le nombre de mâles augmente (Höhn 1967). On retrouve un comportement d'aide à la défense du territoire chez le Phalarope de Wilson. À chaque fois, le dimorphisme sexuel est plutôt prononcé en faveur des femelles (Hilden et Vuolanto 1972). Un mode de reproduction polyandrique a été observé également chez d'autres Phalaropes et la Buse des Galapagos *Buteo galapagoensis* principalement lié au déséquilibre du sex-ratio (Schamel et Tracy 1977, Faaborg et al. 1980). La polyandrie n'exclut pas l'existence de comportements coopératifs (Faaborg et Patterson 1981).

12.4 LES GROUPES MULTI-MÂLES, MULTI-FEMELLES

La formation de groupes communautaires permanents associant plusieurs mâles, plusieurs femelles et nombre de juvéniles ou **polygynandrie**, peut constituer un excellent moyen de défense contre les prédateurs. Mais la promiscuité entre les membres du groupe entraîne généralement une organisation assez hiérarchisée ou l'élaboration de codes de conduite lors des phases de reproduction. L'association des femelles constitue souvent l'élément stable du groupe que les mâles fréquentent plus ou moins longuement. En fait, les avantages de la coopération peuvent dépasser les inconvénients de la promiscuité quand l'environnement propose une certaine qualité.

12.4.1 Le grégarisme

La synchronisation de la réceptivité sexuelle des femelles peut provoquer la constitution de rassemblements reproducteurs comme c'est le cas chez les Anoures sur les lieux des pontes par exemple. Néanmoins, la concurrence reste particulièrement intense entre les mâles. Le développement de la tolérance des femelles contribue grandement à la constitution de troupeaux. De plus, chez de nombreuses espèces d'Ongulés comme les Gnous *Connochaetes taurinus*, la formation du groupe est directement liée à la synchronisation de la réceptivité sexuelle des femelles. Chez les Buffles *Syncerus caffer*, seul le mâle alpha du troupeau copule lorsqu'une seule femelle est en œstrus. Mais lorsque plusieurs femelles sont réceptives en même temps, les mâles non familiers peuvent également s'accoupler. Chez les Rennes *Rangifer tarandus*, les mâles tentent d'isoler des groupes de femelles réceptives avec lesquelles ils s'accouplent. Dans de nombreux cas de grégarisme, le regroupement des adultes reproducteurs correspond à une polygynie de dominance effective, les mâles ne cohabitant qu'à travers l'élaboration de relations hiérarchiques.

12.4.2 La socialité

Les Dauphins comme *Delphinus delphis* ou *Tursiops truncatus* présentent un faible dimorphisme sexuel. L'organisation sociale s'élabore autour de groupes d'une vingtaine de femelles d'une part et de petites unités de 2 à 3 mâles célibataires d'autre part. Lorsque les mâles découvrent une femelle disponible sexuellement, ils la harcèlent et peuvent la séquestrer jusqu'au moment où ils pourront assurer une fécondation, collaborant pour écarter tout autre mâle rival (Dos Santos et Harzen 1988, Leatherwood et Randall 1989).

Les Mangoustes naines *Helogale parvula* sont des petits prédateurs communs dans les savanes africaines. Le groupe est dominé par un couple dominant. La socialité des Mangoustes naines a évolué pour deux principales raisons. Leur régime alimentaire est basé sur la consommation d'insectes, une ressource courante et si fréquemment renouvelée qu'elle réduit la concurrence entre les membres du groupe. Secondement, les Mangoustes sont diurnes et très vulnérables aux prédateurs. Les subordonnés ont donc un rôle important dans la défense du groupe social bien que les mâles aient plus d'intérêt à migrer pour réussir une reproduction que de rester dans le groupe d'origine (Creel et Waser 1994).

Chez les Lions (*Panthera leo*), plusieurs mâles (2 à 4) peuvent se regrouper autour d'un clan de femelles adultes (5 à 10) et se partager le même territoire (Schaller 1972, Bertram 1975). L'association garantit à la fois la quiétude des femelles et la pérennité du maintien territorial face à des rivaux étrangers. Elle est facilitée par l'existence de liens étroits entre les femelles qui pratiquent un allaitement communautaire durant les premiers mois et protègent collectivement leurs petits. En fait, les périodes de chaleur sont synchronisées et on a pu découvrir que le regroupement des femelles favorisait la survie des jeunes et notamment leur protection face aux mâles étrangers (Bertram 1975, Packer et Pusey 1982). Les coalitions des lions mâles s'expliquent souvent plus par une coopération avantageuse que par une réelle parenté (Packer et Pusey 1982). La promiscuité entre mâles et femelles reste forte bien que les mâles ne participent pas à l'élevage des jeunes. Les relations de dominance ne sont pas intenses mais 20 % seulement des œstrus aboutissent à des naissances bien que la femelle accepte de nombreux accouplements avec tous les mâles adultes du groupe. Les mâles reproducteurs étalent donc une grande permissivité sexuelle à l'intérieur de la zone territoriale, ne se réservant pas l'exclusivité des copulations. Les Hyènes tachetées *Crocuta crocuta* forment des tribus matriarcales de 30 à 80 individus (Kruuk 1972), parfois temporaires sur des territoires exclusifs de quelques dizaines de kilomètres carrés. Mais, la concurrence reste très forte entre les individus. Le rôle des mâles nettement plus petits que les femelles semblent se limiter à la seule procréation. En revanche, chez les Lycaons *Lycaon pictus*, la participation des mâles à l'élevage est beaucoup plus affirmée (Fig. 12.5). Les jeunes peuvent rester sous la surveillance d'un adulte mâle ou femelle. Ces animaux vivent en bande de 5 à 30 individus et les animaux dominants se réservent le plus souvent les copulations (Frame *et al.* 1979, Malcolm et Marten 1982).

Les Atèles ou Singes-araignées (*Ateles belzebuth, A. fusciceps, A. geoffroyi*) sont des Primates américains exploitant la canopée des forêts tropicales humides (Symington 1988, Roeder et Anderson 1990). À cette hauteur, les animaux ne subissent l'attaque que de quelques prédateurs principalement les harpies, les jaguars et surtout les hommes. Les Atèles vivent en bande de 10 à 25 individus souvent subdivisée en petites unités familiales, ce que Symington (1988) nomme organisation de *fission-fusion*. Les femelles peuvent fréquemment visiter les groupes voisins mais la hiérarchie reste principalement fondée sur la présence d'un couple dominateur dont le mâle se réserve le plus grand nombre de copulations.

Figure 12.5 Une espèce sociale : le Lycaon, *Lycaon pictus.*

TABLEAU 12.2 COÛTS ET BÉNÉFICES DES STRATÉGIES D'ACCOUPLEMENTS CHEZ LES PRIMATES.

Type de stratégies	Bénéfices		Coûts	
	Mâles	Femelles	Mâles	Femelles
Dominance reproductive	Succès reproducteur selon hiérarchie	Protection	Variable selon hiérarchie	Pas de choix
Promiscuité reproductive	Succès reproducteur faible	Augmentation de ses avantages sociaux	Nul	Pas de choix
Éloignement reproductif	Succès reproducteur assuré	Choix du mâle	Risque d'agression et forte vigilance	

Les Primates peuvent exploiter des stratégies assez variées (Tableau 12.2). Chez les Babouins *Papio anubis* et *Papio cynocephalus,* il demeure une étroite relation entre la hiérarchie sociale et le nombre d'accouplements réalisés (Packer 1979, Hausfater 1975). Un mâle dominant peut par sa seule présence interdire des relations de mâles subordonnés avec des femelles. Chez la plupart des Primates comme le Macaque Rhésus ou le Vervet, les jeunes acquièrent leur rang en général à partir de celui de leur mère (Koford 1963, Horrocks et Hunte 1983).

Les Chimpanzés *Pan troglodytes* vivent en groupe mixte d'une quarantaine de membres aussi bien mâles que femelles (Tutin 1979, Waal 1984, Roeder et

Anderson 1990). La dominance est de type hiérarchie de subordination (Bernstein 1976, Waal 1984). La réceptivité des femelles se manifeste de manière spectaculaire par une tumescence de la région ano-génitale. Là encore, l'activité sexuelle des mâles dépendra beaucoup de l'attribution d'une position dominante dans la hiérarchie (Tutin 1979). Mais certains mâles peuvent s'associer pour améliorer leur position de dominance (Waal 1984). De plus, la longue durée de l'activité sexuelle des femelles facilite la possibilité d'engager plusieurs partenaires dans la reproduction. Enfin, les femelles s'engagent souvent dans des stratégies alternatives, s'accouplant avec des mâles étrangers sans prendre le risque d'un changement de communauté sociale (Gagneux *et al.* 1999). Cette tactique permet de favoriser les flux génétiques dans le groupe social, en dépit de la philopatrie des mâles.

La polyandrie et la polygynie associées entraînent une prise en charge de l'ensemble des individus, notamment des juvéniles, par le groupe ou, du moins, augmentent considérablement la tolérance. Le népotisme des Primates favorise la mise en place de coalitions ponctuelles comme c'est le cas chez les Macaques Rhésus *Macaca rhesus* (Meikle et Vessey 1981). Aussi, la corrélation entre la dominance et l'activité reproductrice n'est-elle pas rigide et se produit surtout lorsque peu de femelles sont en œstrus. En fait, deux autres types de stratégies alternatives peuvent se manifester à côté de la relation privilégiée établie par les individus de haut rang. D'une part, les mâles peuvent tolérer une forte promiscuité des femelles acceptant des relations avec la plupart des autres mâles. Leur faible succès reproducteur est compensé par le moindre coût de la copulation. D'autre part, le mâle peut s'isoler avec la femelle pour la copulation et se maintenir volontairement à l'écart du groupe offrant ainsi un pendant spatial à l'attitude de dominance. Ici, le succès reproducteur est assuré aux dépens d'un risque d'agression important et d'un coût de vigilance accrue.

De tous les Primates polygynandres, l'Homme *Homo sapiens* est probablement l'espèce dont la vie en couple est la mieux marquée. L'espèce humaine vit généralement en petits groupes sociaux d'une trentaine d'individus et dont le cercle d'amis tient place dans les grandes mégapoles actuelles (Morris 1968). L'organisation sociale reste cependant très variable. La formation du couple est activement recherchée par les individus mais le couple, en tant que cellule de base de la vie humaine, est aussi maintenue par tout un système de règles (Symons 1979). Ainsi, seulement 10 % des femmes françaises avouent avoir plus d'un partenaire au cours de l'année (Spira *et al.* 1994). Toutefois, la monogamie n'est pas absolue, et outre les sociétés à polygynie permanente, comme il en subsiste en Afrique ou en Australie par exemple, la polygynie successive reste un phénomène courant. L'homme au cours de sa vie peut ainsi alternativement avoir des descendants avec plusieurs femmes différentes. La polygynie est souvent associée au pouvoir, ainsi le roi du Bamoun pouvait – il afficher neuf cents épouses (Symons 1979, Ware 1979). La réciprocité polyandre est moins fréquente, probablement à cause des exigences physiologiques qui restreignent la période de reproduction de la femme. La polyandrie se manifeste chez les Inuits, chez les Nyinba du Tibet et au Sri Lanka (Birket-Smith 1955, Levin 1980, Kemper 1980). Depuis l'avènement de la société industrielle marchande, le groupe social s'est atomisé au profit du couple. Les périodes de fécondité restant discrètes, la reproduction n'est possible qu'en répétant les activités sexuelles (Morris 1968). Néanmoins, la sexualité dépasse de beaucoup la seule reproduction (Morris 1968), et le comportement sexuel est employé pour entretenir à long terme les liens entre sexes (Thornhill *et al.* 1995).

Le cas particulier que tient la sexualité dans la vie sociale des Bonobos *Pan paniscus* doit également être mentionné. Cette espèce de Singe, longtemps confondue avec le Chimpanzé, vit en groupe multi-mâles multi-femelles, formant des bandes d'une quarantaine d'individus dans la forêt (Waal 1988, Kano 1992, Waal 1995). Les communautés sont fortement égalitaires, les femelles tissant les liens les plus étroits. La promiscuité sexuelle favorise une forte parenté dans la bande et les individus sont susceptibles de se reproduire avec n'importe quel congénère. Les Bonobos ne s'en privent d'ailleurs pas et chaque rencontre semble une occasion de copuler, aussi bien entre mâle et femelle qu'entre partenaires du même sexe. L'union sexuelle des femelles qui pratiquent couramment le frottement de la région ano-génitale entraîne une certaine domination des femelles sur l'ensemble du groupe (Waal 1988). En fait, les Bonobos utilisent la sexualité comme une fonction *apaisante*, régulant les relations sociales. Dès qu'un conflit peut émerger, les individus se prêtent au jeu d'un attachement sexuel très bref, mais qui se répétera fréquemment dans la journée au rythme des interactions. Comme chez d'autres espèces, l'accouplement n'est pas réduit à une simple mission reproductrice, mais devient un événement de cohésion sociale, ici rapporté à l'ensemble des congénères du groupe d'appartenance. Les Bonobos apparaissent ainsi comme l'une des espèces les plus sexualisées de la planète.

12.4.3 Les relations homosexuelles

Les relations **homosexuelles** ne sont cependant pas rares chez beaucoup d'espèces grégaires ou même à socialité restreinte. L'interaction homosexuelle correspond le plus souvent à une affirmation de dominance ou une joute d'apaisement entre individus, souvent subadultes. Ainsi, les Bovidés par exemple expriment très souvent des manifestions dirigées vers le même sexe. L'homosexualité a été observée chez plusieurs espèces de Primates comme les Langurs *Presbytus entellus* ou les Macaques japonais *Macaca fuscata* (Mignault 1996, Vasey 1998). Les femelles Macaques organisent des coalitions sexuelles pendant plusieurs jours, pratiquant ensemble le toilettage et développant de nombreux attachements sexuels. Chez les subadultes, cette interaction a aussi une fonction d'apprentissage mais les relations homosexuelles ne sont pas réservées aux femelles immatures. Les femelles subordonnées peuvent changer de statut en déployant une association homosexuelle avec une dominante. Enfin, de nombreux animaux peuvent révéler des comportements sexuels en dehors des périodes de réceptivité des femelles.

12.5 LES COUPLES MONOGAMES

Les liens entre les deux partenaires sexuels peuvent parfois persister bien au-delà de la période d'accouplement, les individus formant des couples *monogames* (= une seule union). Mais la monogamie se restreint le plus souvent à la seule saison de reproduction et les stratégies adultérines peuvent en nuancer la forme. Néanmoins, certaines espèces montrent des liens durables qui peuvent perdurer pendant presque toute la vie de l'individu. En général, l'investissement parental est actif pour les deux partenaires (Kleiman 1977).

12.5.1 La monogamie isolée

L'exploitation des ressources et la protection des descendants déterminent souvent une monogamie de type *territorial* où les couples vivent éloignés les uns des autres à l'intérieur d'un domaine alimentaire (Bart et Tornes 1989). L'unité de reproduction associant un mâle et une femelle favorise la survie des descendants grâce à une collaboration étroite entre les deux individus. Aussi, les Oiseaux nidifuges manifestent-ils moins de tendance à la monogamie que les espèces nidicoles. L'organisation monogamique isolée est pratiquée par de nombreux Oiseaux dont le lien conjugal se relâche en hiver.

Chez la plupart des Passereaux, les mâles peuvent revenir dans le même territoire d'année en année tandis que les femelles sont plus irrégulières et changent de partenaires d'une saison à l'autre. La relation des congénères peut parfois se modifier entre une première et une seconde couvée, notamment lorsque seul le mâle continue à nourrir les jeunes après leur envol. Il en est souvent de même chez le Busard Saint-Martin *Circus cyanus* dont les couples se renouvellent d'année en année (Cormier 1985, 1987). Le couple de Frégates ne résiste pas plus d'une saison de reproduction. Au contraire, l'Aigle pêcheur d'Afrique *Haliaetus vocifer* forme des couples unis jusqu'à la mort d'un des partenaires. Chez les Albatros *Diomedea sp.* dont l'appariement dure près de 10 ans, l'union du couple reproducteur perdure plusieurs années probablement jusqu'à la mort. Cette monogamie exclusive existe apparemment chez les Pics ou le Fou de Bassan *Sula bassana*. Les Loups de mer *Anarhichas lupus* sont des Poissons marins consommateurs d'Échinodermes qui disposent également d'une organisation monogame de longue durée, le couple restant associé plusieurs années.

Le couple monogame durable est l'unité sociale de base chez les Castors *Castor fiber* et *C. canadensis* dont les liens conjugaux persistent la vie durant, même après la dispersion et l'émancipation des juvéniles (3 ans, Richard 1954, Doboszynska et Zurowski 1983). Les Souris sont le plus souvent polygynes, mais la Souris des Steppes *Mus spicilegus* possède des mœurs monogames. Certaines espèces de Musaraignes telles que la Crocidure musette *Crocidura russula* manifestent un comportement monogame et semi-social original puisque les mâles sont philopatriques tandis que les femelles se dispersent au contraire de la plupart des Mammifères (Balloux *et al.* 1998). Le Gibbon *Hylobate lar* de la forêt équatoriale de Bornéo vit en petits groupes familiaux regroupant un couple reproducteur et leur progéniture de moins de 7 ans. Les deux parents élèvent leurs jeunes sur un territoire d'un kilomètre carré vocalisant en permanence leur statut territorial.

Une organisation monogamique se révèle également chez des Carnivores comme le Renard roux *Vulpes vulpes,* le Renard polaire *Alopex lagopus*, le Fennec *Fenecus zerda*, le Chacal *Canis mesomelas* ou le Coyote *Canis latrans* ou encore chez des Antilopes comme le Dik-dik *Madoqua kirki* ou le Céphalophe *Cephalophus sp.* et même chez les Pinnipèdes comme le Phoque à capuchon *Cystophora cristata* ou le Phoque marbré *Phoca hispida* (Kleiman 1977).

12.5.2. La monogamie coloniale

La protection de la nichée au sein d'un rassemblement peut s'avérer une stratégie efficace même chez des animaux monogames (Krebs 1978, Gladstone 1979). L'organisation de base demeure le couple mais les Oiseaux vont augmenter leur tolérance réciproque au point d'accepter des nids à proximité des leurs alors que les zones de nourrissage en restent éloignées. Ainsi, les Tisserins ou les Républicains *Philetairus socius* construisent des nids clos qui peuvent s'agglomérer dans les mêmes arbres réunissant les colonies dans des collectivités où chacun dispose de sa loge individuelle. En revanche, l'aménagement de nids ouverts induit une certaine exclusion territoriale limitée à la portée du bec du voisin. C'est par exemple le cas chez les Sternes *Sterna sp.* ou les Mouettes et Goélands *(Larus sp. et Rissa tridactyla)*. La monogamie des Sternes *Sterna hirundo* est déterminée par la synchronisation des arrivées des deux membres du couple. Tout retard est rapidement sanctionné par un divorce, 20 % des animaux divorcés perdant alors leur statut reproducteur (Gonzalez-Solis *et al.* 1999).

Généralement la nidification coloniale s'accompagne d'un nourrissage grégaire (Wilson 1975, Andersson et Götmark 1980). Ainsi, le Héron Garde-Bœuf *Bubulcus ibis* niche en colonie et les individus se rassemblent sur les zones de nourrissage (Blaker 1969, Siegfried 1971). Les Corbeaux freux *Corvus frugilegus* très grégaires nichent en corbeautière et se nourrissent en bande. Certaines espèces territoriales comme le Skua *Stercorarius parasiticus,* peuvent montrer une organisation coloniale lorsqu'elles se ravitaillent en mer, zones peu défendables alors qu'elles resteront territoriales lorsqu'elles s'alimentent dans la toundra (Andersson et Götmark 1980). Mais, chez d'autres Oiseaux à reproduction coloniale comme le Héron cendré *Ardea cinerea*, les zones de nourrissage sont exploitées exclusivement déterminant un territoire alimentaire individuel (Marion 1984). Cette organisation territoriale constitue un mécanisme de dissuasion pour l'installation de nouveaux arrivants dans la colonie de reproduction dont les zones de chasse finiraient par être trop éloignées du nid. Les stratégies coloniale et territoriale étant considérées comme opposées (Fisher 1954, Krebs 1978), l'installation collective du Héron cendré associée à une territorialité alimentaire instaure un système très original dans l'organisation sociobiologique des Oiseaux (Marion 1984).

Chez les Manchots *Megadyptes antipodes*, l'accouplement s'effectue d'année en année avec le même partenaire dans 55 % des cas. Les Oiseaux se regroupent en colonie de reproduction où les œufs sont incubés et les jeunes élevés successivement par les mâles qui couvent durant 74 jours, puis les femelles (qui reviennent après l'éclosion). L'un après l'autre, chaque sexe rejoint les zones de chasse en groupe confiant le jeune au partenaire de l'autre sexe. Plusieurs jours après l'éclosion, les oisillons se rassemblent en nurseries sous la surveillance de quelques adultes mais seront nourris individuellement par chacun de leur parent. Le rassemblement des jeunes Manchots en nurseries permet ainsi de bénéficier d'une meilleure protection thermique et contre les prédateurs. Les adoptions de jeunes ne sont pas rares chez le Manchot empereur, le plus souvent associées à des comportements de rapt (53 %) (Jouventin *et al.* 1995). Les Flamants roses *Phoenicopterus ruber* réunissent des colonies de reproduction de plusieurs milliers d'individus et regroupent également leurs jeunes en nurseries. Le mécanisme de la reproduction coloniale est lié à une forte synchronie des naissances. Comme le rassemblement des nids induit indirectement la protection des nichées, une tendance vers des stratégies coopératives se manifeste déjà dans le regroupement des juvéniles en nurseries (Krebs 1978).

12.6 LA COOPÉRATION REPRODUCTIVE ET LES GROUPEMENTS EUSOCIAUX

La stabilité des couples monogames favorise l'investissement parental, soit en terme de soins directs aux descendants soit indirectement par un mécanisme territorial. Mais le maintien d'une relation entre des adultes reproducteurs et non reproducteurs peut persister pendant toute la période de reproduction et, dans certains cas, ces jeunes adultes peuvent participer à l'élevage d'une progéniture qui n'est pas la leur réalisant un investissement communautaire, c'est le mécanisme de la reproduction coopérative.

12.6.1 Les avantages de la reproduction coopérative

L'existence de liens sociaux tenaces entre adultes reproducteurs permet un regroupement protecteur des juvéniles en nurseries. Ainsi, le Blaireau européen *Meles meles* vit en clans familiaux qui partagent un ensemble de terriers mais continuent de se nourrir individuellement. Mais l'investissement communautaire se limite alors à une seule activité de vigilance, réduisant les risques de prédateur ou d'agression intraspécifique. Chaque parent continue de nourrir son propre jeune bien que des possibilités d'adoption aient été relevées chez le Manchot empereur notamment (Jouventin *et al.* 1995). En fait, les stratégies d'adoption ne sont pas exceptionnelles chez de nombreux Oiseaux monogames dont l'investissement parental reste très intense. La destruction accidentelle ou le pillage de sa couvée propre peut entraîner le report de l'activité d'élevage sur une nichée voisine. Ainsi, après la perte de la nichée, certains oiseaux peuvent participer au nourrissage des jeunes de la nichée d'un autre couple ravitaillant les oisillons en l'absence de leur propre parent. Une telle réorientation des comportements d'élevage peut même s'effectuer entre espèces différentes. Il en est ainsi du Busard cendré *Circus pygargus* susceptible d'alimenter des jeunes

Busards des roseaux *Circus aeruginosus* après le massacre de ses propres petits (Cormier 1985).

La reproduction communautaire se caractérise par une aide à l'élevage des jeunes effectuée par des adultes non reproducteurs qui maintiennent durablement des liens sociaux avec le couple reproducteur. Le système n'implique pas nécessairement une stricte monogamie bien que ce soit le cas le plus fréquent et certaines espèces polygynandres peuvent manifester une coopération reproductive. L'unité sociale de base se construit souvent à partir du groupe familial où les jeunes conservent durablement des liens avec leurs parents. Ceux-ci veillent strictement à être les seuls reproducteurs. Néanmoins, certains individus non reproducteurs extérieurs peuvent parfois être intégrés au groupe. Le statut reproducteur des aides ne leur est conféré que par la dispersion sur un autre territoire ou par la succession à la tête du groupe reproducteur.

Chez le Moqueur vert africain *Phoeniculus purpureus* (Ligon et Ligon 1990), le couple reproducteur monogame est aidé dans la reproduction par une bande de 2 à 15 aides qui participent à la fois au nourrissage des oisillons et à la défense territoriale. La rareté et la dispersion des sites favorables à la reproduction (cavités) constituent un facteur décisif à la mise en œuvre d'une stratégie de reproduction coopérative. Le lien familial entre parents a le rôle principal dans la cohésion du groupe. Mais l'adoption d'Oiseaux étrangers, augmentant les effectifs de la bande, indique que la parenté n'est pas un critère décisif sur le comportement coopératif. Le taux de reproduction est nettement amélioré par la participation des aides à la fois par l'augmentation de la superficie territoriale et par un accroissement du nourrissage. Les animaux passent la nuit dans des cavités où ils se rassemblent par groupes unisexués et l'appropriation de ces cavités détermine également la taille des groupes. L'obtention d'un nouveau territoire est difficile et s'effectue par l'émigration d'un aîné entraînant avec lui quelques aides plus jeunes.

Des Poissons Cichlidés comme *Lamprologus brichardi* pratiquent une défense territoriale de groupe et des assistants participent au soin à la ponte (Taborsky 1984). Mais les parents évincent rapidement les aides si les ressources viennent à chuter.

Chez le Pic des chênes américain *Melanerpes formicivorus* (Fig. 12.6), le noyau reproducteur polygynandre niche dans une cavité et est, dans les deux tiers des cas, soutenu dans la reproduction et la défense territoriale par moins d'une dizaine d'aides non reproducteurs (Brown 1987). Le noyau reproducteur associe jusqu'à 3 mâles et 3 femelles tandis qu'un tiers des Pics reste monogame. Les animaux accaparent des chênes forés de multiples trous dans lesquels ils conservent des glands, les greniers. Ces glands nécessaires à la survie hivernale déterminent la délimitation territoriale. Ici encore, les jeunes ne peuvent s'approprier un territoire que par une émigration hasardeuse ou un héritage. Mais l'une des caractéristiques de la reproduction coopérative, outre l'activité de stockage des glands, est la destruction des œufs de leur parente par les femelles qui partagent le même nid. Certaines femelles coreproductrices peuvent détruire jusqu'à la moitié de la couvée laissant subsister préférentiellement ses propres œufs (Koenig 1990). Ce comportement qui finalement bénéficie aux destructrices témoigne de l'importance de la concurrence même entre femelles apparentées. La reproduction coopérative existe également chez les Geais américains (*Aphelocoma coerulescens*), les Guêpiers (*Merops bullockoides*) et la Mésange à longue queue *Aegithalos caudatus* entre autres (Woolfenden et Fitzpatrick 1984, Emlen et Wrege 1989). Le Geai de Floride se fait assister par un nombre assez modeste d'assistants, 1,8 en moyenne, mais cette aide permet en général d'améliorer le succès reproducteur jusqu'à 44 %.

Le couple reproducteur de la Fauvette des Seychelles *Acrocephalus sechellensis* se fait assister par un maximum de deux aides car les animaux entreraient alors en compétition avec les adultes reproducteurs. Les aides sont principalement des femelles, les mâles adoptant plus souvent un comportement actif de dispersion. Aussi, lorsque deux aides participent déjà à l'élevage ou lorsque le couple reproducteur ne dispose que d'un territoire pauvre en ressource, le sex-ratio de la nichée sera déséquilibré augmentant le nombre de mâles, et donc d'individus qui se disperseront sans diminuer la contribution reproductrice des nicheurs (Komdeur *et al.* 1997). Le mécanisme de cette production d'un excès de mâles reste énigmatique mais favorise clairement le mécanisme coopératif.

Figure 12.6 Le Pic des chênes *Melanerpes formicivorus*.

Les Vampires américains *Desmodus rotundus* se nourrissent de sang prélevé sur les Bovins. Mais les animaux ne peuvent résister plus de 3 jours à jeun et les animaux repus d'un même groupe régurgitent un peu de ce qu'ils ont prélevé pour nourrir les plus affaiblis et participer à la reproduction (Wilkinson 1988).

Chez les Loups *Canis lupus*, des adultes non reproducteurs collaborent avec le couple dominant à la fois pour la défense du territoire et la chasse collective des proies. L'organisation hiérarchique de la meute implique que le couple dominant se réserve la meilleure part du butin pour l'élevage des jeunes et veille assez strictement à empêcher la reproduction des autres animaux. Le plus souvent, des liens persistent entre le couple monogame et les autres membres du groupe social qui n'accèdent au statut reproducteur que par héritage ou très rarement par migration. L'aide à la reproduction d'un couple dominant apparaît aussi chez le Chacal, et cette coopération améliore sensiblement la survie des néonates (Moehlman 1979). Chez de nombreuses espèces de Viverridés comme les Mangoustes naines *Helogale parvula* ou les Suricates *Suricata suricatta*, le clan familial d'une vingtaine d'individus aide à l'élevage et à la surveillance de la progéniture du couple monogame dominant. Le mâle adulte se réserve exclusivement les copulations et les subadultes quitteront le groupe vers l'âge de 3 ans pour fonder leur propre colonie. Toutefois, les individus subordonnés peuvent parfois réussir à se reproduire au sein du groupe comme cela a été révélé par les analyses génétiques chez les Mangoustes naines (Keane *et al.* 1994).

Enfin, les Rats-taupes africains *Heterocephalus glaber* (Fig. 12.7), exhibent une organisation sociale assez originale de type *eusociale*, assez proche des Hyménoptères coloniaux (Braude et Lacey 1992). Ce Rongeur souterrain occupe des galeries en une colonie de 50 à plusieurs centaines d'individus. La femelle dominante met bas de 3 à 5 portées d'une dizaine de petits qui sont alimentés après le sevrage par les individus non reproducteurs de la colonie, à partir de leur matière fécale pendant les premiers jours. Il persiste une réelle organisation structurée des activités; les animaux les plus jeunes construisant les galeries et amassant des provisions dans le nid central tandis que les individus les plus gros s'activent épisodiquement à la défense contre les intrus (prédateurs ou individus d'autres clans) (Jarvis 1981) et l'un (parfois deux) d'entre eux est en général le mâle reproducteur. Contrairement aux Hyménoptères, les mâles subordonnés sont socialement inhibés (*stress d'agression*) dans leur reproduction mais leur spermatogenèse est normale. En revanche, les femelles ne montrent pas de traces de développement des follicules ovariens.

Ainsi, la reproduction coopérative améliore sensiblement le succès reproducteur des parents en favorisant un meilleur accès aux ressources, par la superficie territoriale défendue et la quantité prélevée (Tableau 12.3). De plus, les stratégies coopératives peuvent constituer un avantage considérable en face des prédateurs. Les pressions de l'environnement extérieur ont ainsi favorisé le maintien des relations à partir d'un groupe familial de base le plus souvent mais le contrôle de l'activité sexuelle par quelques reproducteurs exclusifs constitue également un moyen avantageux d'ajuster la croissance de la population aux ressources disponibles. Pour les aides qui accèdent provisoirement au statut reproducteur, les bénéfices sont de deux ordres. D'une part, en acceptant les relations de dominance, ils peuvent se maintenir

Figure 12.7 Rat-taupe glabre *Heterocephalus glaber*.

Tableau 12.3   Coûts et bénéfices de la reproduction coopérative.

Bénéfices		Désavantages
Reproducteurs	Aides	
Succès reproducteur	Apprentissage de l'élevage	Pas de reproduction pour les aides
Obtention de nourriture		Concurrence alimentaire
Surveillance du groupe		Compétition sexuelle
Défense contre les prédateurs		

et défendre un territoire riche disposant de suffisamment de ressources pour le groupe qui leur assure à la fois protection contre les prédateurs et les étrangers. D'autre part, le soin apporté aux jeunes procure une expérience irremplaçable des modalités de reproduction. Différentes études ont pu révéler que le succès reproducteur des adultes était favorisé par leur expérience préalable d'aide. De plus, la détention d'un territoire est avantagée par le mécanisme de l'héritage. Mais l'intensité des liens qui persistent entre les aides facilite également l'appropriation d'un nouveau domaine lors d'une émigration. Cependant, les bénéfices diffèrent entre les aides mâles et femelles et l'origine du comportement coopératif n'est pas résolue (Cockburn 1998).

12.6.2 Les groupements d'Arthropodes et les Insectes eusociaux

Certaines espèces d'Arthropodes ont adopté des mœurs grégaires et se rassemblent en colonies caractéristiques dans lesquelles la plupart des individus collaborent à la reproduction.

Il survit une quinzaine d'espèces d'Araignées sociales regroupant parfois quelques milliers d'individus dont la cohésion des colonies est garantie par l'intervention de phénomènes vibratoires. Le plus souvent comme chez *Agelena consociata*, *Anelosimus eximius* ou encore *A. jucundus*, les femelles prédominent dans le groupe représentant jusqu'à 90 % des individus. Le faible nombre des mâles est probablement lié à un rôle limité à la seule fécondation. La division du travail est moins structurée que chez les Insectes sociaux et il semble que la plupart des femelles matures se reproduisent. Enfin, si les femelles d'*Agelena* se contentent d'abandonner certaines proies aux jeunes, les *Anelosimus* les nourrissent indifféremment par régurgitation au moins durant les premiers stades (Vollrath et Rhodearndt 1983, Krafft 1985). Chez *Stegodyfus dumicola*, le regroupement social semble seulement lié à l'exploitation trophique de proie de grande taille (Whitehouse et Lubin 1999). La structure coloniale reste donc peu différenciée chez les Araignées et semble correspondre à un stade primitif d'organisation reproductive.

Chez les Hyménoptères **eusociaux** (Vespoïdes ou Guêpes, Apides ou Abeilles ou Formicoïdes ou Fourmis), la colonie est fortement structurée et caractérisée par un **polyphénisme** de castes. L'organisation coloniale comporte typiquement une ou plusieurs femelles reproductrices, les reines et un certain nombre de descendants des femelles stériles, les ouvrières (Jaisson 1980, Jeanne 1980). Les colonies sont dites **polycaliques** lorsque plusieurs colonies s'assemblent pour former une super-colonie rassemblant plusieurs centaines de milliers d'individus, les colonies isolées sont **monocaliques**. L'analyse des hypervariants microsatellites montre que les colonies polycaliques sont génétiquement plus proches entre elles que les groupes extracoloniaux (Chapuisat *et al.* 1997). La sécrétion de phéromones par la reine induit le plus souvent une inhibition du développement sexuel de sa progéniture femelle. Le rôle des mâles se restreint souvent à la seule fécondation des femelles durant le vol nuptial mais la reine peut être fécondée plusieurs fois et ainsi emmagasiner le liquide séminal de mâles différents. Le système haplodiploïde des Hyménoptères influence considérablement les mécanismes de la socialité (Trivers et Hare 1976). Ainsi, toutes les ouvrières ne reçoivent pas exactement le même bagage génétique bien qu'elles exhibent une parenté étroite entre elles. La parenté génétique des femelles entre elles varie de 0,27 à 0,40 tandis que l'apparentement à un mâle haploïde est de 0,25 (Veuille 1987). Chez certaines espèces, les ouvrières sont polyvalentes mais le plus souvent une forte division des tâches intervient, les individus passant successivement d'une fonction à une autre ou présentant des adaptations morphologiques (polyphénisme) particulières comme les Fourmis bombonnes *Myrmecocystus mexicanus* ou les soldats *Militicida sp*. La reine se contente d'émettre des zygotes que les ouvrières vont élever, aménageant des loges, les nettoyant, nourrissant les larves et les déménageant parfois lorsque le besoin s'en fait sentir.

Chez les Isoptères (Termites comme *Bellicositermes* ou encore *Réticulitermes*), la cohésion de la colonie repose sur l'équilibre numérique des différentes castes polyphéniques. Un mâle et une femelle dominants, le couple royal, assurent le monopole de la reproduction (Grassé 1949). À maturité sexuelle, l'abdomen distendu des reines (**physogastrie**) leur fait atteindre des dimensions considérables jusqu'à 7 cm de long et produire jusqu'à 30 000 œufs par jour. L'élevage est effectué par leur propre progéniture aptère et stérile, les ouvriers. Ces animaux sexuellement inhibés assument la construction du nid, la collecte de nourriture et l'alimentation du couvain. La défense de la colonie est confiée à des individus à la tête prognathe et aux mandibules hypertrophiées, les soldats. Le polyphénisme des Termites est un phénomène post-embryonnaire conditionné par l'activité du système endocrine sous la dépendance de phéromone inhibitrice sécrétée par les autres individus. La parenté mutuelle est insuffisante pour expliquer la coopération, les mâles étant diploïdes, et l'eusocialité des Termites répondrait à l'importance des pressions sélectives (Thorne 1997).

L'organisation reproductrice des Insectes coloniaux est par conséquent caractérisée par l'inhibition sexuelle des aides le plus souvent apparentés au couple reproducteur. L'investissement de la progéniture dans le développement de la colonie n'aboutit cependant qu'à la formation de quelques nouveaux reproducteurs seulement.

Chapitre 13

Socioécologie de la reproduction

Chez de nombreuses espèces, les systèmes sexuels ne constituent pas des organisations rigides. L'ajustement des populations aux discontinuités spatio-temporelles de l'environnement s'effectue au travers de stratégies alternatives (Gautier *et al.* 1978, Dominey 1984, Gross 1996). Ainsi, lorsque le soin parental doit se prolonger longtemps, le choix de la période ou du système de reproduction peut être décisif. Une même espèce peut montrer une variation de ses stratégies de reproduction en fonction des facteurs qui l'influencent.

13.1 LA DIVERSITÉ INTRASPÉCIFIQUE

13.1.1 L'âge de se reproduire

Depuis le début des années soixante, la fréquentation des zones suburbaines et urbaines par le Renard roux *Vulpes vulpes* a été constatée notamment en Angleterre et en France. L'exploitation d'un habitat aussi marginal n'est cependant pas sans conséquence sur l'organisation des populations. Monogame en milieu rural, le Renard roux élève en général une portée annuelle de quatre individus. L'étude des populations urbaines prouve que la densité des animaux est beaucoup plus forte en ville (Harris 1981) et l'âge moyen de reproduction est plus précoce qu'à la campagne. En fait, une augmentation de la tolérance favorise la constitution de petits groupes reproducteurs tandis que les contraintes urbaines accroissent la mortalité. L'espèce présente ainsi une plasticité des modalités de la reproduction depuis la monogamie rurale jusqu'à la petite communauté urbaine. La Marmotte à ventre jaune *Marmota monax* vit en groupe polygyne sur les zones les plus riches de son habitat et les femelles participent à l'exclusion territoriale d'autres femelles sur des territoires périphériques. Exilées sur les zones les plus pauvres, celles-ci sont plutôt monogames et la mortalité des jeunes induit un succès reproducteur très bas (Armitage 1987). Toutefois, le succès reproducteur des femelles polygynes décroît rapidement avec la taille du harem et l'agressivité territoriale des femelles dominantes, généralement les plus âgées constitue une assurance contre un trop fort agrandissement du groupe polygyne suivant en cela la théorie d'Orians (seuil de polygynie). L'âge affecte également le succès reproducteur des Cerfs parce qu'il détermine la taille du harem qu'ils pourront conquérir (Clutton-Brock 1985). D'une part, leur aptitude à l'intimidation dépend de la taille de leur ramure et, d'autre part, leur capacité de combattre est influencée par leur masse. Leur pleine maturité est atteinte entre 8 et 11 ans mais diminue fortement après cet âge. En revanche, l'âge influence moins le succès reproducteur des biches. Même chez des Insectes comme la Bruche *Chryseida bennetti*, les femelles âgées de 2 à 3 jours effectuent plus d'accouplements multiples et sont beaucoup plus attractives que les plus jeunes ou les plus âgées (Perez-Lachaud et Campan 1994).

De la même manière, les nichées de l'Oie des neiges *Anser caerulescens* sont plus importantes chez les individus jeunes (5,1 oisons en moyenne) que chez les individus plus âgés (4 oisons seulement, Cooke et Rocwell 1988). Bien que la plupart des Oiseaux se reproduisent à l'âge de 3 ans, certains individus sont plus précoces et pondent dès la deuxième année tandis que d'autres sont plus tardifs. De plus, certains Oiseaux peuvent ne pas se reproduire chaque année et ce report est plus accentué chez les nicheurs précoces (45 %) que chez les nicheurs tardifs (16 %). Cette interruption de la reproduction favorise en fait la survie individuelle et permet aux animaux de ne s'investir que pendant les années favorables. L'âge des Oiseaux accroît en fait leur expérience (Curio 1983).

Chez les Amphibiens Anoures, les femelles sont plus souvent attirées par le chant nuptial dont la fréquence sonore est la plus basse (Gerhardt 1994, Màrquez et Bosch, 1997, Howard et Young, 1998). En fait, l'appareil vocal des Anoures se modifie avec l'âge, corrigeant le chant vers ces basses fréquences. Aussi le choix des femelles porte principalement vers les individus âgés, ceux qui précisément possèdent le plus d'expérience (Welch *et al.* 1998). Dans les populations montagnardes de Grenouilles rousses *Rana temporaria*, l'âge de la maturité sexuelle est plus tardif et l'activité sexuelle se réduit à une plus brève période (Miaud et Guyétant 1998, Miaud *et al.* 1999).

Les femelles d'Accenteurs mouchets *Prunella modularis* tentent de s'accaparer un domaine dont la superficie dépend de l'abondance des ressources (Fig. 13.1). Les femelles expérimentées peuvent s'approprier des domaines très riches de moins de 2 000 m^2 tandis que les plus jeunes devront exploiter de plus vastes superficies de plus de 4 000 m^2 parce qu'elles sont moins fournies en ressources trophiques. En revanche, les mâles cherchent à s'approprier le plus grand des territoires possibles quelle que soit leur richesse trophique. Toutefois, un mâle dominant ne peut guère défendre plus de 5 000 m^2 par ses vocalisations et en exclure les autres mâles. Aussi, les adultes expérimentés montrent-ils une organisation polygyne, puisqu'un mâle s'attribuera un territoire englobant normalement les petites mais

Socioécologie de la reproduction • **Chapitre 13**

Figure 13.1 Variations du système sexuel selon la disponibilité des ressources chez l'Accenteur.

Ressources faibles : monogyne

Ressources rares : polyandre

Ressources abondantes : polygyne

riches zones territoriales de plusieurs femelles adjacentes. Au contraire, les animaux les plus jeunes sont plutôt monogames en défendant un territoire presque aussi vaste que les dominants mais ne chevauchant que le grand territoire pauvre d'une seule femelle (Davies et Lundberg 1984, Davies 1983, 1985). Néanmoins, certains mâles s'associent et réussissent à contrôler des territoires de plus de 5 000 m² déterminant alors une organisation polyandre (Davies 1983).

L'Huitrier-pie *Haematopus ostralegus* peut occasionnellement s'avérer polygyne, la coopération entre femelles constitue alors un élément décisif pour l'élaboration de système alternatif à la monogamie habituelle (Heg et Treuren 1998). De la même manière, le système sexuel des Mésanges Bleues *Parus caeruleus* (Fig. 13.2) peut

Figure 13.2 Une espèce ajustant son système sexuel, la Mésange bleue *Parus caeruleus*.

varier d'une organisation monogame à une organisation polygyne selon la disponibilité de ressources et l'aptitude d'un mâle à définir un territoire (Dhondt 1987). En dépit de l'importance des flux migratoires et de la mobilité des Mésanges, la subdivision génétique des populations reste importante même à faible distance révélant l'influence déterminante des microhabitats dans les phénomènes évolutifs (Blondel *et al.* 1999).

La variabilité des systèmes est à chaque fois introduite par l'âge des individus reproducteurs. L'expérience préalable dont dispose l'individu détermine ainsi son futur succès reproducteur. Le dilemme évolutif se présente sous la forme de deux options divergentes : *se reproduire précocement* favorise la colonisation mais réduit l'espérance de vie, *différer la reproduction* accroît le succès reproducteur aux dépens d'un nombre réduit d'individus (Gadgil et Bossert 1970).

13.1.2 Le modèle source-puits

La plupart des espèces de Babouins *Papio sp.* vivent en groupes polygynandres sur des territoires que les mâles défendent dans la savane africaine. Pourtant, les troupes qui occupent des secteurs boisés plus riches en nourriture et pourvus en permanence d'eau comprennent moins de mâles en moyenne que les bandes qui fréquentent la savane. Comment peuvent-elles s'approprier des territoires riches alors que le groupe dispose de moins de mâles ? En fait, les groupes de Babouins qui résident dans les secteurs boisés sont composés d'une très forte proportion d'animaux adultes et les familles collaborent avec les mâles à une défense territoriale. De plus, les jeunes mâles non reproducteurs sont rapidement expulsés de la troupe. Le groupe fonctionne comme une source produisant un excédent démographique.

L'**hypothèse de Lack** (1966) suppose que le nombre d'œufs d'un Oiseau doit correspondre à l'aptitude des parents à élever un certain nombre d'oisillons. Néanmoins, une importante variabilité des compétences apparentes survient entre les individus. Ainsi, une étude réalisée par l'équipe de Blondel (1999) chez la Mésange bleue *Parus caeruleus*, montre que la date de ponte et la fécondité diffèrent considérablement selon la région fréquentée. L'Oiseau est en moyenne plus tardif et plus fécond en Europe moyenne que dans la région méditerranéenne. Il existe en fait une bonne corrélation entre la date de ponte de l'Oiseau et la période d'abondance des Chenilles de Lépidoptères qui constituent ses proies d'élection, de même que le nombre de jeunes à l'envol est corrélé avec la quantité des Chenilles. Les Oiseaux qui synchronisent au mieux leur date de ponte et leur fécondité à la périodicité et l'abondance des ressources ont eux-mêmes de bonnes probabilités de survie. Ensuite, les milieux caducifoliés sont plus riches que la garrigue de Chênes verts déterminant à la fois une reproduction plus tardive et une fécondité moindre dans les milieux méditerranéens. Mais chaque population offre la meilleure adaptation à son milieu particulier. Bien entendu, le déterminisme génétique de la date de ponte et de la fécondité s'exprime à travers une plasticité phénotypique et les adaptations régionales n'ont été rendues possibles que par l'isolement partiel des populations. En fait, les Mésanges sont assez sédentaires et les échanges de populations restent très limités. Mais l'habitat réel ne se présente pas comme un ensemble uniforme mais comme une mosaïque de milieux riches alternant avec des zones plus pauvres, et ce quelle que soit la région considérée. Aussi, les sous-populations qui occupent ces divers milieux diffèrent beaucoup dans leur succès reproducteur, déterminant des zones démographiquement excédentaires, les milieux riches et des zones déficitaires, les milieux pauvres (Blondel *et al.* 1999). C'est cette variabilité de la reproduction que Pulliam (1988) nomme le **modèle source puits** où un excédent démographique, la source, entretient un déficit démographique, le puits. Les animaux habitant ces milieux perpétuent ainsi une *déficience adaptative* qui reste permanente, les contraintes sélectives ne pouvant s'exercer que sur le milieu source qui seul produit assez de descendants.

Ce phénomène important en écologie des populations se manifeste aussi chez des espèces invasives et considérées comme proliférantes. Ainsi, le Ragondin *Moycastor coypus* est un Rongeur originaire d'Amérique du Sud qui a été introduit en Europe au début du siècle. L'espèce a rapidement colonisé l'ensemble des cours d'eau et sa prolifération n'est enrayée que par la rigueur des hivers successifs (Gosling 1981, Doncaster et Micol 1990, Jouventin *et al.* 1996). L'espèce peut avoir plusieurs reproductions par an (Dagault et Saboreau 1990). Pourtant, à Grand-Lieu, l'espèce ne parvient pas à s'installer durablement. Le lac de Grand-Lieu est un lac de plaine naturellement eutrophe dont la végétation se développe sur un sol très hydromorphe. Au printemps, le Ragondin ne réussit pas à coloniser les forêts flottantes ou les roselières inondées parce que le sol interdit la confection de terriers. Les tentatives précoces de reproduction échouent, les adultes et les néonates exposés à l'humidité se refroidissant très vite (Lodé et Marion 1997). La reproduction ne débute qu'après la décrue, en juin. Mais les animaux sont très vite délogés avec les crues d'automne. Aussi, la population « *puits* » de Grand-Lieu est-elle la résultante d'une colonisation permanente du site par les populations périphériques « *sources* » (Lodé et Marion 1997). En fait, le Ragondin, originaire des milieux plus chauds ignore l'aménagement de huttes d'hiver. Le comportement constructeur des Castors *Castor fiber* et Rats-musqués *Ondatra zibethicus* est au contraire très adapté pour résister à l'eau froide des milieux tempérés (Richard 1973).

13.2 LA DIVERSITÉ DES RASSEMBLEMENTS REPRODUCTEURS

La variabilité des rassemblements reproducteurs répond aux exigences écologiques des différentes espèces (Gautier *et al.* 1978).

13.2.1 Les facteurs morphologiques et éthologiques

Les Pinnipèdes ne manifestent de comportements sociaux que pendant la période de reproduction. Bien qu'ils se rassemblent le plus souvent hors d'atteinte des prédateurs et qu'ils ne s'alimentent pas à cette époque, ils dévoilent une grande variété de rassemblements reproducteurs que la disponibilité des ressources ne peut expliquer

(Tableau 13.1). En revanche, le dimorphisme sexuel est directement associé avec une stratégie polygyne.

TABLEAU 13.1   STRATÉGIES DE REPRODUCTION CHEZ LES PINNIPÈDES.

Zones de mise bas abritées des prédateurs		
Banquises morcelées ou îles subtropicales	Banquises instables	Banquises stables ou grandes côtes rocheuses
Dispersion des femelles	Petits groupes de femelles	Grands rassemblements de femelles
Population aquatique	Variable	Copulation terrestre
Monogyne	Polygyne Petit harem (un mâle pour 2 à 10 femelles)	Polygyne Grand harem (un mâle pour 20 à 100 femelles)
Phoque crabier Phoque marbré Phoque à capuchon	Phoque de Weddell Phoque gris Phoque veau marin Phoque du Groenland	Otarie à fourrure Éléphant de mer

Ainsi, les Éléphants de mer *Mirounga leonina* et *M. angustirostris* (Fig. 13.3) ou les Otaries à fourrure *Arctocephalus sp.* contrôlent des harems qui peuvent atteindre 100 femelles pour un mâle tandis que les Phoques crabiers *Lobodon carcinophagus*, Phoques marbrés *Phoca hispida* ou Phoques à capuchon *Cystophora cristata* dont les sexes sont de taille similaire sont plus strictement monogynes. L'accouplement est terrestre chez les espèces polygynes tandis qu'il se déroule en mer chez les espèces monogynes. Seul le Phoque de Weddell *Leptonychotes weddelli* peut aussi effectuer un accouplement aquatique (Cline *et al.* 1971). Les espèces moins grégaires comme les Phoques du Groenland *Phoca groenlandica*, les Phoques gris *Halichoerus grypus* ou Veau marins *Phoca vitulina* réalisent une structure polygyne beaucoup moins stricte comprenant de une seule à dix femelles. En fait, la structure sociale dépend de la dispersion ou du rassemblement des femelles reproductrices, ce rassemblement étant lié à la disposition de surfaces importantes, banquises stables ou *rockeries* ou au contraire, morcelées, banquises fracturées ou îles subtropicales. Une surface de reproduction intermédiaire, banquises instables, permet la constitution de petits groupes de femelles autorisant de petites formations polygynes chez des espèces comme le Phoque Weddell ou le Phoque gris.

Dans les grandes plaines américaines, le nombre d'individus composant les groupes de Coyotes *Canis latrans* (Bekoff *et al.* 1981) varie en fonction de l'abondance saisonnière de leur proie de 1,3 individus en hiver à 1,8 en été. Néanmoins, les chasses collectives n'aboutissent pas à la formation de meutes permanentes de plus d'une dizaine d'individus comme cela se manifeste chez le Loup *Canis lupus* ou chez le Lycaon *Lycaon pictus*, deux Canidés aux tailles intermédiaires. De la même manière, la structure de l'unité sociale du Chacal à chabraque *Canis mesomelas*

Figure 13.3 L'Éléphant de mer *Mirounga angustirostris*.

est constituée par le couple monogame alors que les Lions *Panthera leo* établissent des groupes polygynandres permanents. Enfin, l'organisation matriarcale des Hyènes *Crocuta crocuta* aboutit à la formation permanente de groupes stables tandis que Léopards *Panthera pardus* et Guépards *Acinonyx jubatus* restent souvent individualistes.

Il subsiste bien entendu une relation entre la taille du prédateur et la taille de ses proies, le Guépard ne pouvant capturer de Buffles. Mais on constate que la taille de l'unité de reproduction peut être clairement déterminée par les contraintes des systèmes. Le rassemblement des individus et l'établissement de liens sociaux favorisent la chasse collective et l'obtention de plus grosses proies. Confronté aux hardes de Rennes *Rangifer tarandus* ou aux petits groupes d'Élans *Alces alces*, le couple monogame des Loups, en tolérant la présence d'individus non reproducteurs élabore un compromis entre exploitation des ressources et concurrence interindividuelle.

Au contraire, le couple de Chacals doit s'approprier discrètement les jeunes Gazelles et la petite taille relative des proies disponibles pour le Coyote induit nécessairement une réduction des effectifs du groupe. Le mode chasse à l'affût du Léopard ou à la vitesse du Guépard implique que la proie soit soudainement débusquée alors que la présence de congénère pourrait l'alerter. La coopération de chasse chez les Lions n'augmente pas réellement le succès de capture. Mais la taille des groupes reproducteurs de Lions ou de Hyènes est déterminante pour conserver le bénéfice de la proie tuée que des compétiteurs pourraient facilement soustraire aux prédateurs (Tableau 13.2).

TABLEAU 13.2 COMPROMIS TAILLE DU PRÉDATEUR - ORGANISATION SOCIALE.

	Prédateur de petite taille	Prédateur de taille moyenne	Prédateur de grande taille
Petites proies	Individualiste ou couple monogame ou petit groupe		
Grandes proies	Groupe social complexe		

Ainsi, le mode de chasse ou la morphologie agissent comme des facteurs déterminants le nombre des individus dans les rassemblements reproducteurs. Mais d'autres facteurs, comme les hiérarchies ou les territorialités, en régulent la structure. Deux Loups seulement se reproduisent bien que la meute chasse collectivement. Un mode d'exploitation de proies de petite taille relativement au prédateur induit une stratégie individualiste ou monogame pour des prédateurs de petite taille ou même de taille moyenne tandis que la recherche de grosses proies entraîne la formation de groupes sociaux plus complexes. Néanmoins, le modèle reste très imparfait : comment ranger des animaux comme les Mangoustes, à la fois amateurs de petites proies et vivant en groupe structuré ?

13.2.2 Les facteurs de l'habitat

Pour les animaux herbivores, l'environnement trophique peut être extrêmement varié et Jarman (1974, 1983) a insisté sur l'importance de l'habitat et de la sélectivité alimentaire pour comprendre la structure sociale de 74 espèces d'Antilopes. Cinq grandes classes peuvent être reconnues en fonction de la sélectivité du mode alimentaire : les animaux de la classe A étant les plus sélectifs et ceux de la classe E peu sélectifs (Tableau 13.3).

TABLEAU 13.3 SÉLECTIVITÉ ALIMENTAIRE ET VIE SOCIALE DES ANTILOPES AFRICAINES.

Classes Espèces	Types et parties consommées	Items alimentaires	Consommation sélective sur :	
			l'espèce	la partie
A Dik-dik Néotrague, Céphalophe	Graines, fruits, feuilles	Parties très nutritives	Moyenne	Très sélective
B Ourebi, Généruk	Pousses, rameaux	Forte valeur nutritive	Faible	Très sélective
C Impala	Pousses, plantes herbacées	Variable selon saison	Forte	Moyenne
D Bubale, Gnou	Plantes herbacées	Peu nutritif	Faible	Très sélective
E Buffle	Plantes herbacées	Faiblement nutritif	Faible	Faible

En fait, les herbivores sélectifs des classes A et B vivent en système monogame ou en petits groupes tandis que les Antilopes des classes D et E se regroupent en vastes troupeaux. Ainsi, le Dik-dik *Madoqua kirki* ou le Céphalophe *Cephalophus monticola* sont des petites Antilopes monogames qui exploitent les sous-bois sur des territoires stables. De même, le Néotrague *Neotragus batesi* est le seul Bovidé folivore qui vit en individualiste sur des petits territoires. Cette organisation en petites unités sociales favorise la discrétion de ces petites espèces. Les Ourébis *Ourebia ourebi*, classe B ou les Généruks *Litocranius walleri* (Fig. 13.4) vivent en petits groupes familiaux dans les savanes à hautes herbes ou arbustives. L'Impala *Aepyceros melampus* est une Antilope moyenne fréquentant les savanes mixtes et qui vit en groupes polygynes territoriaux. Les Bubales *Alcelaphus buselaphus* ou les Gnous *Connochaetes taurinus* sont des grandes Antilopes qui exploitent les pelouses basses de la savane par une migration circulaire en fonction de la saison des pluies. Ces animaux se groupent en vastes troupeaux de centaines d'individus. Enfin, les Buffles

Figure 13.4 Le Généruk ou Gazelle de Waller *Litocranius walleri*.

Syncerus caffer utilisent divers habitats et notamment la savane boisée en troupeaux bisexués de taille moyenne.

Ainsi, les conditions d'habitat interagissent clairement avec la taille du groupe de reproduction. Les espèces de la classe A plutôt solitaires ou monogames sont également petites et exploitent des items riches dispersés dans les milieux boisés tandis que les Antilopes de la classe D et E sont plutôt grégaires de grande taille et se nourrissent collectivement sur des aliments moins riches dans des savanes basses. Les migrations sont possibles parce que l'alimentation peu sélective n'implique pas de défense des ressources et les reproductions peuvent être synchronisées pour favoriser l'effet protecteur du troupeau. Au contraire, les animaux de la classe A comptent sur leur discrétion et la dissimulation dans le sous-bois et nécessitent une organisation territoriale.

De la même manière, l'organisation polygynandre des Lions s'élabore directement dans la savane où le mode de chasse collective peut favoriser l'obtention de grosses proies tandis que le Léopard qui fréquente les couverts forestiers garde une stratégie individualiste de reproduction.

Les contraintes de l'habitat s'avèrent déterminantes pour l'organisation des systèmes sexuels chez de nombreux Oiseaux (Verner et Wilson 1966). L'organisation sexuelle des Paradisiers reste étroitement dépendante du régime alimentaire et de la disponibilité des ressources (Beehler 1983). Les Paradisiers sont des Oiseaux passériformes extrêmement colorés qui habitent les forêts tropicales d'Indonésie à la Papouasie. Au-delà de la ligne Wallace qui clôture la zone colonisée par les Mammifères arboricoles, les Oiseaux de paradis deviennent les seuls disperseurs de graines et leur rôle écologique reste fondamental pour l'écosystème forestier.

Les espèces les plus dimorphes vivent en groupes polygames tandis que les espèces monomorphes comme *Manucodia keraudrenii* sont plutôt monogames. La fructification imprévisible des figuiers dont se nourrissent presque exclusivement les Manucodes *Manucodia keraudrenii* implique un resserrement des liens du couple. Les deux parents doivent partager le nourrissage des oisillons à l'aide de figues peu nutritives et la monogamie devient une obligation pour la survie des nichées. Au contraire, les Paradisiers magnifiques *Cincinnurus magnificus* peuvent rester polygynes parce que l'obtention des ressources qu'ils exploitent est aisément prévisible. Bien que spécialisé dans le prélèvement de fruits complexes (Muscadier), l'oiseau dispose d'un régime mixte et riche incluant des Insectes. Les femelles peuvent nourrir leurs descendants seules et les mâles peuvent persister dans leur quête amoureuse. Le Paradisier de Raggi *Paradisea raggiana* dévoile encore une autre stratégie (Fig. 13.5). Les mâles effectuent des parades en bandes et non pas solitairement comme les autres Paradisiers polygynes. En fait, les femelles disposent d'un très vaste territoire et les mâles ont intérêt à se rassembler. Ils stationnent près des sites de nourrissage, Acajou à fruits complexes, qu'exploitent les femelles. La polygynie est donc favorisée par l'existence de fruits complexes énergétiquement riches dont l'obtention est prévisible alors que les espèces s'alimentant sur des fruits simples et peu riches doivent rester monogames par nécessité. L'organisation sexuelle s'affirme ici extrêmement dépendante des facteurs trophiques.

Figure 13.5 Parade du Paradisier de Raggi *Paradisea raggiana*.

La sévérité des conditions du milieu sur le Lac de Grand-Lieu entraîne également que le Ragondin *Myocastor coypus*, modifie son organisation sexuelle habituellement polygyne et montre une nette tendance monogame (Lodé et Marion 1997). En fait, les mâles reproducteurs sont des individus assez jeunes délogés des territoires favorables des rivières voisines qui s'installent sur un terrain austère aux caractéristiques hydromorphes. Ces animaux peu expérimentés s'avèrent incapables de s'approprier des territoires assez vastes pour détenir plusieurs femelles et la reproduction se limitant à un bref été, les animaux sont expulsés par les premières crues d'hiver sans réussir à se maintenir sur le site.

13.3 L'INFLUENCE DES INTERACTIONS SPÉCIFIQUES

13.3.1 La compétition

La présence simultanée d'espèces différentes dans le même milieu peut d'autant plus déterminer des phénomènes de concurrence que ces espèces manifestent des exigences écologiques similaires. En fait, deux types d'interactions compétitives peuvent être reconnus.

D'une part, la **compétition d'exploitation** correspond à l'utilisation concurrentielle d'une même ressource que les deux espèces doivent se disputer pour survivre. Ainsi, pour les Oiseaux cavernicoles nichant dans les milieux forestiers comme les Mésanges *Parus sp.*, la rareté des excavations naturelles peut constituer un facteur limitant. Les Oiseaux entrent en concurrence avec d'autres espèces pour nicher et on a pu découvrir que la pose de nichoirs artificiels contribue nettement à augmenter le succès reproducteur des Oiseaux. Au Kalahari, dans les populations isolées des Lézards *Typhlosaurus lineatus*, 66 % des femelles se reproduisent tandis que seules 31 % d'entre elles peuvent se reproduire lorsque les populations partagent le milieu avec une espèce voisine *T. gariepensis*. Les deux espèces entrent en compétition pour la consommation des Termites (Huey *et al.* 1974, Huey et Pianka 1977). La consommation compétitive de mêmes ressources constitue un facteur de restriction des disponibilités.

D'autre part, la **compétition d'interférence** consiste à interdire *indirectement* l'accès aux ressources d'une espèce. Les Grenouilles rousses *Rana temporaria* se reproduisent à la fin de l'hiver tandis que les Crapauds calamites *Bufo calamita* ont une reproduction plus tardive. Mais les deux espèces développent une compétition d'interférence par l'intermédiaire d'un agent d'inhibition. Ainsi, lorsque les pontes sont effectuées dans la même mare, les têtards de Grenouilles rousses induisent un déficit de croissance sur les têtards de Crapauds calamites par le truchement de la production d'une algue présente dans leurs fèces. L'algue *Prototheca* entraîne alors une pénurie trophique chez les Calamites qui retarde leur développement en modifiant leur comportement alimentaire (Banks et Beebee 1987, Beebee 1991, Griffiths 1991).

La concurrence peut entraîner une distribution singulière des espèces. Ainsi, huit espèces de Poissons Cyprinodontes du Gabon (genres *Epiplatis*, *Aphyosemion*, *Radaella*, *Diapteron*, *Hylopanchax*) coexistent dans des mares temporaires associées à des inondations périodiques (Brosset 1982, Brosset et Lachaise 1995). En fait la survie des différentes espèces met en jeu l'association entre Éléphants et Cyprinodontes. Les cours d'eau temporaires s'étendent durant les crues et s'assèchent en été. Pendant l'inondation, le passage des Éléphants crée des cavités qui resteront en eau durant l'étiage du cours temporaire. La première espèce qui atteint accidentellement une mare, occasionnée par le passage d'un Éléphant pendant l'inondation, inhibe la reproduction de nouveaux venus par l'émission de phéromones. Les autres espèces colonisent les autres mares temporaires délimitées par l'activité d'autres Éléphants. Le maintien des huit espèces est lié à la fréquence des perturbations aléatoires déterminant une probabilité de survie équivalente (Brosset 1982, Brosset et Lachaise 1995).

13.3.2 La prédation

L'importance de la prédation peut influencer directement les stratégies de reproduction des espèces proies. Ainsi, les bandes de Cerfs de Virginie *Odocoilus virgineus* qui habitent sur les zones frontières entre deux meutes de Loups *Canis lupus* présentent un succès reproducteur meilleur que les groupes qui fréquentent le territoire d'une seule des deux meutes. Les Cerfs qui résident sur un seul territoire de loups subissent une prédation régulière à laquelle ils ne peuvent se soustraire (Fig. 13.6). Au contraire, l'exclusion territoriale entre les Loups de chaque secteur réduit la fréquence de leur chasse en bordure de leur domaine et les Cerfs trouvent refuge de part et d'autre des territoires voisins. Les zones centrales du territoire des loups soumises à une plus forte pression de chasse sont ainsi moins propices à la reproduction des Cerfs que les zones frontières entre deux territoires (Mech 1977). Cette meilleure reproduction sur les zones frontières réalimentera à son tour les populations qui vivent à l'intérieur des territoires des loups selon le modèle « source-puits ».

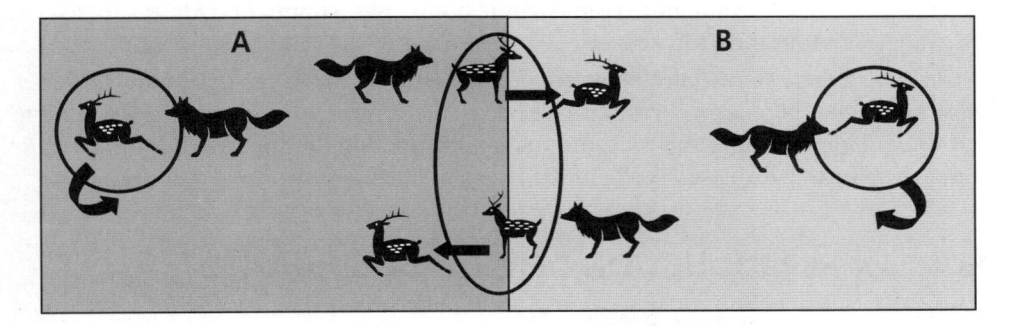

Figure 13.6 Utilisation des zones refuges par les Cervidés.
Quand les loups A attaquent les Cerfs du centre, ceux-ci s'échappent dans le territoire des loups B et réciproquement, tandis que les Cerfs des zones périphériques ne peuvent se soustraire aux prédateurs.

Il se manifeste également une liaison entre les systèmes sexuels des Antilopes et leur manière de répondre aux prédateurs. Les petites Antilopes habitant les milieux forestiers sont solitaires ou monogames et tout dans leur comportement reproducteur vise à augmenter la discrétion de leurs mœurs. Au contraire, le rassemblement en vastes troupeaux des Antilopes des plaines favorise une certaine protection des juvéniles. De la même manière, la synchronisation des naissances chez les Gnous *Connochaetes taurinus* possède une signification antiprédatrice. L'essentiel des mises bas a lieu simultanément dans un délai de 3 semaines entre 8 heures et 10 heures du matin après que les prédateurs nocturnes soient repus. La valeur adaptative antiprédatrice de la synchronisation de la reproduction sous l'effet d'un stimulus social a aussi été soulignée chez les Oiseaux (Darling 1938, Gautier 1982).

Chez les Crustacés Cladocères du genre *Bosmina*, la taille des œufs produits par les femelles est petite en été mais grande en hiver engendrant des cohortes de petits animaux ou de grands animaux en alternance (Kerfoot 1974). En fait, la taille des œufs constitue une réplique directe à la pression de prédation exercée par des Poissons en été qui s'alimentent aux dépens des plus gros Crustacés et de divers Invertébrés en hiver qui consomment au contraire les plus petits.

13.3.3 Le parasitisme

Des parasites peuvent modifier profondément la biologie de leur hôte. L'infestation par des parasites des sites de reproduction peut considérablement affecter le développement ou même la survie des jeunes. La pression évolutive des parasites constitue un acteur essentiel de l'évolution de leurs hôtes (Combes 1998). Les poux du Pigeon se transmettent principalement lors des contacts sexuels (Combes 1998). Ainsi, chez la Mésange charbonnière *Parus major* ou chez l'Hirondelle de cheminée *Hirundo rustica*, l'infestation parasitaire des nids par les puces ou les mallophages peut provoquer un abandon de la nichée ou réduire le taux d'éclosion (Moller 1993, 1994, Oppliger *et al.* 1994). Les femelles de nombreuses espèces peuvent aussi se montrer exigeantes, évaluant le risque d'infestation parasitaire du mâle et repoussant les avances de tout individu suspect.

Enfin, la charge parasitaire peut être décisive sur la croissance des jeunes. Chez la Mésange bleue, la charge parasitaire de larves des *Protocalliphora* est indépendante de l'époque de reproduction mais augmente en fonction du nombre d'oisillons dans la nichée (Hurtrez-Boussès *et al.* 1999).

13.4 LA REPRODUCTION DENSITÉ-DÉPENDANTE

13.4.1 Le stress de surdensité

Les modalités de la reproduction peuvent être considérablement affectées par le surpeuplement qui désorganise l'ensemble des interactions populationnelles. Pour tester la croissance d'une population de Rats Surmulots *Rattus norvegicus*, Calhoun (1962) avait mis au point un dispositif expérimental en logeant 20 mâles et 20 femelles dans un enclos de 1 000 m^2 disposant en abondance d'eau, de nourriture et d'abris (Fig. 13.7). Les effets de la surpopulation sont étudiés dans quatre enclos adjacents disposant de passerelles étroites les reliant entre eux. Une reproduction normale aurait dû permettre au groupe d'atteindre un effectif de 5 000 individus au bout de 2 ans. Néanmoins, la population se stabilise bien en deçà aux alentours de 300 animaux.

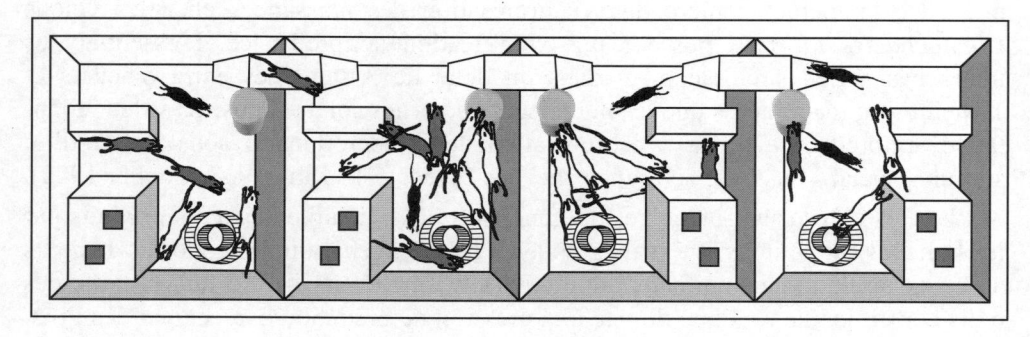

Figure 13.7 Le dispositif d'élevage en surdensité de Calhoun. D'importantes altérations comportementales réduisent la reproduction dans les 2 enclos du centre.

Dans les enclos des deux extrémités, une organisation hiérarchique fait régner un mâle dominant qui expulse ses subordonnés vers les enclos du milieu. Mais les enclos du milieu développent vite une surdensité de mâles et une augmentation considérable de l'agressivité. Le comportement maternel se dégrade lui aussi, les femelles ne construisant plus de nids et abandonnant souvent leur portée suite aux harcèlements sexuels des mâles. La mortalité infantile atteint 96 % et près de 60 % des interactions sont agressives. Le nombre d'interactions agressives entre les individus plus que la densité en elle-même occasionne une perturbation du fonctionnement des glandes endocrines. Les augmentations de densité sont accompagnées de sécrétion accrue des corticostéroïdes. La mise en contact de deux Souris (Christian 1950) durant une période d'une minute, huit fois par jour détermine un taux plasmatique de corticostéroïdes qui s'élève de 67 %.

Plus que le problème de l'alimentation qui est longtemps apparu comme un facteur limitant, les expériences de Cahloun et Christian ont mis en évidence l'existence de réactions hormonales à la pression sociale. L'intensification des interactions négatives crée un effet de groupe qui déclenche une suractivité des glandes surrénales. Pour Ropartz (1968), plus que les relations agressives, c'est la sursaturation des stimulations olfactives qui engendre le phénomène. Chez les animaux territoriaux comme les Lagopèdes d'Écosse *Lagopus lagopus* ou la Pie d'Australie *Gymnorhina tibicen*, des phénomènes de stress liés à la densité peuvent empêcher certains individus de se définir une zone de reproduction ou les restreindre dans les secteurs les moins favorables (Carrik 1963, Jenkins *et al.* 1963). De tels effets de surpopulation, diminuant la reproduction et augmentant la mortalité, ont également été relevés chez les Hyménoptères *Nasonia*.

13.4.2 La grégari-aptitude

Certains Acridiens montrent une **grégari-aptitude** c'est-à-dire la capacité de passer d'une forme de vie solitaire à une forme de vie extrêmement grégaire (Albrecht 1963, Fig. 13.8).

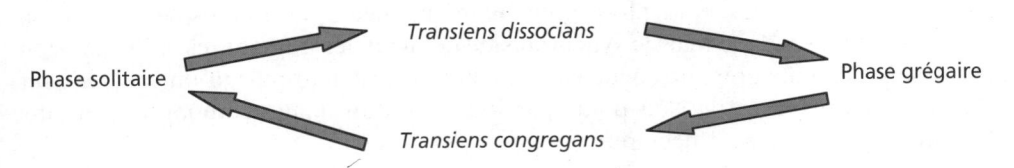

Figure 13.8 Schématisation de la Grégari-aptitude.

Les Criquets comme *Locusta migratoria, Schistocerca americana* ou *Schistocerca gregaria* ont en effet la possibilité de réguler leur sécrétion hormonale en fonction de la densité de leurs congénères déclenchant une transformation morphologique appelée *polymorphisme phasaire* (Fig. 13.9). Les individus grégaires ont tendance à se grouper en essaims cohérents de plusieurs millions d'individus. L'effet de groupe a un rôle décisif sur le phénomène de grégarisation.

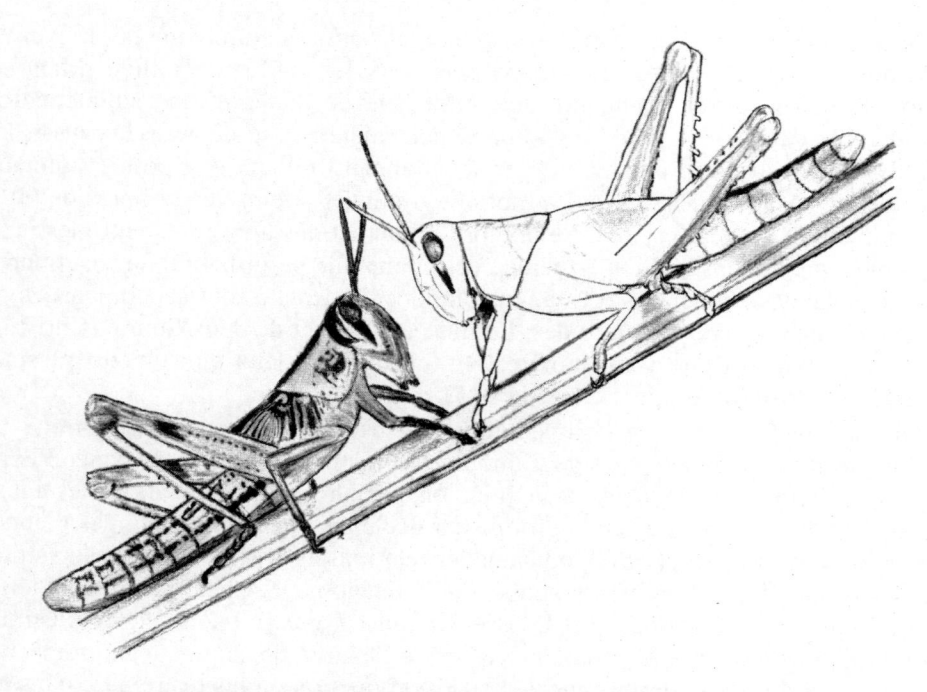

Figure 13.9   Polymorphisme phasaire chez un Acridien, le Criquet.

Une densité de 5 à 20 Criquets au 100 m² enclenche le processus. La promiscuité entraîne une phase transitoire *transiens congregans* qui, si les conditions écologiques sont favorables, font évoluer les générations suivantes en phase grégaire associée à de nombreux changements morpho-physiologiques. Que les conditions écologiques se modifient défavorablement et les animaux entrent dans une phase intermédiaire *transiens dissocians* pour revenir après quelques générations à un état solitaire.

La forme solitaire est homochrome, produit un dimorphisme sexuel accentué et une fécondité assez élevée. La phase grégaire montre peu de dimorphisme sexuel et sa fécondité est plus réduite mais le synchronisme des activités migratoires et l'expansion des rassemblements grégaires peut avoir un effet dévastateur puisqu'un seul Criquet dévore au moins une fois son poids par jour et qu'un nuage comporte au moins 2 millions d'individus à l'hectare.

Chapitre 14

Les stratégies sexuelles

Tous les congénères ne sont pas susceptibles de devenir de bons partenaires. Les mécanismes de choix préférentiels ou **sélection sexuelle** existent parce que chaque sexe ou chaque individu ne possède pas les mêmes intérêts immédiats dans la reproduction (Médioni et Boesiger 1977). Chaque individu va entreprendre de mesurer l'intérêt d'une reproduction avec tel ou tel partenaire.

14.1 LES ACCOUPLEMENTS NON ALÉATOIRES

Les animaux des populations naturelles ne s'accouplent pas de façon aléatoire car de nombreux facteurs favorisent une reconnaissance particulière et une augmentation de la tolérance interindividuelle. Ainsi, dans les grandes populations d'individus peu mobiles, les animaux qui vivent à proximité les uns des autres tendent à être plus étroitement apparentés. Les accouplements sont facilités à l'intérieur des mêmes sous-unités populationnelles et l'on parle d'**endogamie**. L'accouplement préférentiel entre individus voisins va peu à peu diminuer la fréquence des génotypes hétérozygotes tandis que les génotypes homozygotes peuvent s'accroître à chaque génération. Cette modification des fréquences génotypiques peut augmenter de manière importante l'apparition de phénotypes récessifs puisque les allèles récessifs seront moins masqués par la plus faible proportion des individus hétérozygotes. Ainsi, la proximité spatiale peut limiter le brassage génétique notamment dans les environnements hétérogènes. Ainsi, si la dispersion des jeunes mâles de Belettes s'effectue sur de longues distances à cause d'une très forte intolérance des adultes, les jeunes femelles s'installent plus souvent à proximité du domaine parental. L'occupation de domaines adjacents par des femelles de Belettes *Mustela nivalis* induit ainsi une certaine *endogamie indirecte* puisque le mâle polygyne fécondera en priorité des femelles ayant une parenté importante. Un effet familial peut aussi affecter les animaux qui vivent en colonies ou en groupes sociaux comme les Loups, les Mangoustes ou les Blaireaux *Meles meles* (Evans *et al.* 1989, Kennedy *et al.* 1991, Forbes et Boyd 1996, Vuuren et Robinson 1997). Le système sexuel détermine d'une manière importante le mode de dispersion des animaux (Greenwood 1980). La dispersion concerne plus les mâles chez les Mammifères alors que, chez les Oiseaux, les mâles montrent une certaine philopatrie (Greenwood 1980). En fait, le mode de dispersion des animaux influence leur parenté et cette parenté à son tour, en augmentant la tolérance entre les individus, peut favoriser l'élaboration de groupes sociaux (Trivers 1985, Gadgil 1971). Ainsi, la parenté facilite l'association des congénères chez les Coatis *Nasua narica* (Gompper *et al.* 1997).

L'**homogamie** constitue une forme particulière d'accouplement non aléatoire qui consiste à s'accoupler préférentiellement avec des congénères présentant des caractéristiques communes. Il n'y a pas nécessairement parenté entre les individus et, dans le cas de morphe localisé ou peu abondant, l'homogamie tend à accroître fortement le degré de parenté (*cf.* Lodé 1998, Moran 1992b). Les accouplements homogamiques peuvent avoir un rôle important dans les habitats complexes en favorisant la divergence des unités sous-populationnelles. Dans le cas de caractéristiques phénotypiques directement adaptatives, l'homogamie peut introduire des mécanismes de spéciation en établissant une forme active d'isolat reproducteur. L'homogamie est assez fréquente dans les populations animales. Ainsi, des Coléoptères *Lytta magister* qui vivent au Mexique dévoilent une préférence homogamique en s'accouplant entre individus de la même taille. La fécondité des Planaires Turbellariés comme *Dugesia gonocephala* dépend de la taille et le transfert de sperme s'effectue entre individus de même taille (Vreys et Michiels 1997). Chez les Littorines comme *Littorina saxatillis*, le choix homogame des mâles porte aussi sur la taille de la femelle (Hull 1998) mais une sélection homogamique persiste également pour les morphes organisant la distribution différenciée de cette espèce dans des zones particulières de l'estran (Johannesson *et al.*1995). Ces mécanismes d'assortiment de reproduction déterminant une différenciation des Littorines pourraient s'avérer décisifs pour engager un procès de spéciation (Pickles et Grahame 1999). Chez le Poisson de récif *Acanthochromis polyacanthus*, la couleur du morphe constitue un critère décisif pour accepter l'accouplement (Planes et Doherty 1997). Plusieurs espèces d'Oiseaux présentent des choix homogamiques pour un phénotype singulier (Brenann et Dyke 1980).

Dans la nature coexistent deux phénotypes de Putois *Mustela putorius*, des animaux petits et sombres (phénotype *dark*) et des animaux au masque typique (Fig. 14.1). Le déterminisme de cette coloration est lié à l'expression d'allèles codant une tyrosinase. Le maintien de ces deux formes est subordonné à l'existence d'une reproduction préférentielle homogamique ou *assortative mating* (Lodé 2001b). Les femelles de Putois qui exhibent un phénotype sombre ou, au contraire, les femelles de la forme typique, reconnaissent préférentiellement les mâles de leur propre phénotype. Cette sélection est adaptative puisque les animaux *dark* exploitent plutôt

Figure 14.1 Le Putois d'Europe *Mustela putorius*, phénotype noir et phénotype typique.

les ruisseaux forestiers tandis que les autres restent plus éclectiques dans le choix de l'habitat, les femelles choisissent ainsi le phénotype le plus adapté à l'environnement qu'elles fréquentent (Lodé 2001b). Le choix des femelles vers des mâles d'un phénotype particulier existe aussi chez les Otaries à fourrure (Goldsworthy *et al.* 1999). Chez les Scarabées, les mâles augmentent leur succès reproducteur en choisissant les femelles de grande taille (Harari *et al.* 1999). Il semble également que la taille de l'homme puisse constituer un critère important du choix du partenaire sexuel chez l'être humain *Homo sapiens*.

Il survient au contraire des phénomènes d'**exogamie** qui consistent dans des accouplements préférentiels avec des congénères qui ne leur sont pas directement apparentés. Une étude menée sur les Rhinocéros indiens *Rhinoceros unicornis* laisse supposer l'existence d'un tel phénomène. En effet, la variation génétique d'une population reconstituée à partir de 40 animaux a montré une diversité surprenante et probablement dépendante de croisements avec des individus qui ne leur étaient pas étroitement apparentés. Les Chiens de prairies sont des écureuils terrestres américains qui vivent en unités sociales de plusieurs dizaines d'individus. En dépit d'un mécanisme de dispersion à faible distance et de la formation de groupes apparentés, les Chiens de prairie évitent les accouplements consanguins mettant en œuvre des dispositifs d'appariement exogamiques qui favorisent le maintien de la diversité (Hoogland 1982). De la même manière, les études menées sur les Primates suggèrent l'existence de stratégies d'évitement des relations sexuelles entre proches parents dites *incestueuses* (Deputte 1987). En fait, l'importance de l'intolérance entre la mère et sa progéniture mâle induit une dispersion précoce de ses juvéniles et, de la même manière, les jeunes femelles matures sont rapidement repoussées par leur propre mère. La dynamique de dispersion des jeunes constitue ainsi, chez la plupart des familles de Primates, un processus particulièrement efficace pour empêcher les relations incestueuses entre parents et enfants (Deputte 1987).

Le principe de la dispersion active des mâles à grande distance et de la philopatrie des femelles ne rend cependant que très imparfaitement compte de la complexité des phénomènes. Les mâles peuvent montrer des stratégies alternatives à la dispersion à distance et à l'installation dans un nouveau domaine. Ainsi, les mâles résidants de Mustélidés comme l'Hermine *Mustela erminea* ou le Putois *M. putorius* développent une *stratégie d'excursion brève de reproduction* dans les domaines contigus des femelles (Sandell 1986, Lodé 2001c). Ces déplacements de brève durée peuvent affecter la diversité génétique des populations favorisant la consanguinité. Ici, les stratégies « alternatives » apparaissent majoritairement chez les animaux dominants. Ces stratégies facilitant une certaine promiscuité ne permettent pas d'éviter les copulations incestueuses père-fille chez les Ours noirs *Ursus americanus* (Shenk et Kovacs 1995). Bien entendu, les éléments qui viennent freiner ou perturber les modalités de la dispersion des animaux ou de leurs déplacements de reproduction peuvent avoir des conséquences dramatiques sur la survie des populations d'espèces sensibles (Soulé 1986, Slatkin 1987).

Ainsi, les infrastructures linéaires comme les autoroutes peuvent entraîner une très forte mortalité lors des migrations de reproduction ou d'hivernage des Amphibiens notamment et même toucher des espèces rares ou en danger comme l'Alytes, la Loutre d'Europe, le petit Rhinolophe ou la Gorge-Bleue (Gelder 1973, Mader 1984, Andrews 1990, Forman et Alexander 1998, Bonnet *et al.* 1999, Lesbarrères et Lodé 2000, Lodé 2000b). De plus, la fragmentation et le morcellement des populations affectent particulièrement les échanges reproducteurs, augmentant la consanguinité à l'intérieur des unités de populations (*cf.* Farhig et Merriam 1994, Slatkin 1987, Lodé 1998). Les échanges reproducteurs entre populations peuvent s'effectuer selon deux modalités principales, le transfert à long terme d'un individu changeant de population ou l'excursion à court terme d'un reproducteur pour établir des relations passagères avec un congénère d'un autre groupe. Ce dernier cas est très fréquent chez les espèces polygynes dispersées. Les espèces très rares et menacées comme le Vison d'Europe *Mustela lutreola* (Schröpfer et Paliocha 1989, Maizeret *et al.* 1998) sont particulièrement sensibles à la perturbation de ces échanges reproducteurs. Déjà, l'analyse de la diversité génétique de la population occidentale de Visons a révélé les altérations des échanges reproducteurs et l'importance des coefficients de consanguinité (Lodé 1999).

14.2 LA SÉLECTION SEXUELLE

S'appuyant sur la divergence biologique entre les mâles et les femelles, la théorie de la sélection sexuelle déjà formulée par Darwin en 1871, reconnaît l'importance des mécanismes de choix des partenaires dans les processus évolutifs (Reichholf 1992).

La sélection sexuelle constitue ainsi l'un des modes d'accouplements non aléatoires les plus communs. En termes généraux, la rivalité entre les mâles entraîne la sélection des plus forts alors que le choix des femelles se fonde sur l'aptitude à choisir soit un mâle vigoureux, soit un mâle protecteur tandis que le succès reproducteur des mâles dépendra du nombre de leurs séductions, il peut être avantageux pour la femelle qui a moins d'occasions de se reproduire d'être plus exigeante sur le choix de son partenaire. En quelque sorte, les mâles privilégient la **quantité** tandis que les femelles préfèrent la **qualité** (Charnov 1982, Daly et Wilson 1983)). En fait, les mécanismes complexes de sélection du partenaire vont retentir non seulement sur le succès reproducteur mais aussi sur la diversité génétique de la population. Andersson et Iwasa (1996) proposent une classification des différents mécanismes de sélection sexuelle :

– la *contestation*, les caractères qui améliorent le succès de rivalité sont favorisés, les plus médiocres compétiteurs élaborent des stratégies alternatives ;
– la *rivalité d'endurance*, ou capacité à conserver longtemps une activité sexuelle ;
– le *choix d'accouplement*, facilité par l'existence de caractères séduisants qui stimulent l'accouplement ;
– la *coercition*, ou développement de comportements coercitifs ou de copulation forcée (Clutton-Brock et Parker 1995) ;
– l'*infanticide*, favorisant une nouvelle réceptivité des femelles ;
– la *compétition spermatique*, le dernier éjaculat étant le plus fécond (Parker 1970) ;
– l'*empressement* ou recherche précoce et localisation des partenaires.

14.2.1 Le choix du partenaire par les femelles

Pour produire une progéniture de qualité, les femelles doivent s'assurer à la fois d'une fécondation réussie avec un partenaire de qualité et d'un environnement favorable (Kelves 1986, Gibson et Langen 1996). Il ne suffit pas toujours que le partenaire soit de qualité pour que la copulation soit réussie puisque certains mâles polygynes même très attractifs peuvent être temporairement épuisés et échouer dans la copulation selon le problème de la rivalité d'endurance. Les choix ne peuvent être déterminés de manière rigide mais doivent s'ajuster à des conditions particulières. Mais il semble que les femelles sachent apprécier la réussite de la copulation comme on a pu le mettre en évidence aussi bien chez la Mouche domestique que chez le Lion de mer. Pour une femelle, la qualité du mâle dépendra directement de l'aptitude de celui-ci à lui fournir un environnement favorable. Cette qualité de l'environnement consiste essentiellement en deux facteurs : la *protection* et la *disponibilité alimentaire*. Les mâles peuvent garantir une certaine quiétude et la disponibilité des ressources alimentaires soit en proposant de protéger l'incubation et de participer à l'élevage des jeunes, c'est le cas du nid de l'Épinoche ou des Passereaux (Ridley et Rechten 1981), soit par l'intermédiaire de leur statut hiérarchique ou territorial qui limitera les harcèlements et assurera l'accès aux ressources comme chez le Cerf élaphe ou l'Éléphant de mer.

En pratique, le choix des femelles peut s'exercer de manière **passive**. Les femelles peuvent tirer bénéfice de la rivalité des mâles puisque les vainqueurs des conflits sont plus souvent les individus actifs, robustes et sains. De plus, le mâle vainqueur peut plus facilement revendiquer un accès ultérieur à la nourriture et décourager d'éventuels opposants. Néanmoins, les femelles tombent alors sous la coupe d'un mâle qui peut s'avérer tyrannique pour contrôler la réceptivité des femelles. Ainsi, chez le Cerf élaphe, le maître de place qui prend possession de la zone de brame après avoir évincé les autres mâles est souvent le plus robuste mais revendique pour lui seul la totalité des femelles. Les femelles de Lion de mer ou Otarie de Californie *Zalophus californiacus* (Fig. 14.2) s'installent sur le territoire le mieux pourvu d'un accès à la mer et de site de mise bas. Chez les Otaries à fourrure du Nord *Callorhinus californicus*, le mâle dominant n'hésite pas à blesser les femelles qui s'écarteraient de son territoire. De telles blessures sont fréquentes chez les Pinnipèdes et

Figure 14.2 Lion de Mer *Zalophus californicus*.

peuvent même s'avérer létales chez les Éléphants de mer *Mirounga angustirostris* quand les mâles décident de rosser des femelles volages (Le Bœuf 1972, Le Bœuf et Mesnik 1990). Néanmoins, la présence d'un mâle dominant au sein d'un groupe de femelles reste une garantie de sécurité relative hormis les périodes de changement de leader. De plus, l'orgasme des femelles augmente en fonction du rang de dominance chez le Macaque japonais (Troisi et Carosi 1998).

Une attitude passive se retrouve ainsi souvent chez les espèces polygynes dont les femelles constituent des petits groupes permanents et révèlent des relations privilégiées. Pour les Antilopes, la formation du groupe limite les risques de prédation. Aussi, la tolérance des femelles reste plus forte que la sélection du partenaire. Les Lionnes *Panthera leo* exhibent une forte cohésion sociale, assurant ensemble l'élevage et la protection des jeunes notamment lors des changements de contrôles territoriaux par les mâles. Ainsi, quand l'association des femelles favorise la survie des jeunes, les femelles sont plus passives dans le choix de leur partenaire. Par l'attraction qu'elles exercent sur les mâles, les femelles peuvent aussi entrer en concurrence et définir des vraies relations de subordination. Chez de nombreux Primates, comme les Vervets, l'âge est facteur essentiel de l'obtention d'un partenaire reproducteur (Bernstein 1976, Horrocks et Hunte 1983, Fairbanks et MacGuire 1986) et chez les Tamarins, le stress social peut interdire aux femelles subordonnées de se reproduire. La synchronisation des activités sexuelles est un autre facteur qui influence le système de reproduction. Les femelles s'accouplent sélectivement avec un mâle disponible durant leur période de réceptivité optimale n'hésitant pas à s'accoupler avec d'autres partenaires et divorcer si le mâle est en retard (Ahnesjo *et al.* 1992).

Le plus souvent, les femelles vont se montrer *activement* exigeantes dans le choix de leur partenaire et cette sélection a des retentissements évolutifs (Gibson et Langen 1996, Reynolds 1996). Les femelles des différentes espèces d'Oiseau à Berceau s'avèrent ainsi très difficiles sur la construction du berceau, cette étonnante structure qui n'accueille que les amours, et sur la décoration effectuée par le mâle (Borgia 1985). En contrôlant la qualité des mâles, les femelles augmentent la chance de produire une progéniture robuste et saine. Ainsi, chez les Éléphants africains *Loxodonta*, les femelles expriment une nette préférence pour les vieux mâles de plus de 40 ans, les plus expérimentés et dont la période de rut, le *musth*, est beaucoup plus longue que chez les jeunes (Moss 1983, Fig. 14.3). Chez les Tétras *Tetrao urogallus*, les femelles s'accouplent préférentiellement (dans 80 % des cas) avec le mâle qui parade au centre de l'arène qui a pu évincer les animaux les moins puissants sur des secteurs périphériques. Les femelles de Crapaud accoucheur *Alytes obstetricans* préfèrent les mâles dont la voix est la plus grave, généralement les plus âgés, ceux qui ont pu résister à toutes les années de pénurie. Les femelles de Rousserolles des joncs *Acrocephalus arundinaceus* montrent une préférence pour les mâles dont le répertoire vocal est diversifié (Hasselquist *et al.* 1996). Chez les Oiseaux, le succès reproducteur des femelles est directement lié à l'aptitude du mâle à les approvisionner en nourriture. Ainsi, les femelles choisissent plutôt les mâles qui disposent d'un territoire riche et il est probable que les stratégies d'offrandes alimentaires

Figure 14.3 Éléphant mâle *Loxodonta africana* en période de musth.

puissent favoriser les accouplements. Chez les Combattants variés *Philomachus pugnax*, des Oiseaux limicoles, les femelles préfèrent les mâles à collerette blanche, plus doux que les autres, mais les individus de ce phénotype ne sont pas toujours assez combatifs pour s'emparer de territoires de reproduction (Lank *et al.* 1995).

De la même manière, les femelles de Chabots *Cotus gobio* choisissent des mâles de grande taille, possédant un bon territoire et aptes à rivaliser avec d'autres mâles (Bisazza et Marconato 1988). Les femelles vont même accepter des mâles disposant déjà d'une ponte et témoignant ainsi à la fois de leur statut territorial et de leur sollicitude envers la progéniture d'autant que chez les Chabots, le cannibalisme peut parfois se manifester. Les femelles d'Épinoche préfèrent également s'apparier avec des mâles qui disposent déjà d'une première ponte, probablement pour bénéficier de leur expérience (Ridley et Rechten 1981, Bakker 1993). Les femelles d'Ostéichthyens sont souvent séduites par des mâles qui disposent déjà d'une première ponte (Warner *et al.* 1991).

L'évolution a ainsi favorisé l'apparition de signaux révélateurs de la vigueur des mâles vers lesquels les femelles préfèrent s'orienter, parade sexuelle, organes démonstratifs comme les crêtes des Coqs ou les bois des Cervidés. L'une des hypothèses clés de cette séduction correspond au modèle du *handicap* développé par Zahavi (1975, 1977, *cf.* chapitre 6.3). Chez les Gobe-Mouches, la sélection des femelles porte davantage sur la qualité du territoire défendu par le mâle que sur le mâle lui-même (Alatalo *et al.* 1990). Mais, l'avantage adaptatif peut ne pas être immédiat, la vigueur des mâles ne traduisant qu'une bonne constitution génétique (Zahavi 1977) ou encore selon l'hypothèse d'Hamilton et Zuk (1982) une bonne résistance aux parasites. Une stratégie alternative consiste pour la femelle à préférer un partenaire déjà connu et dont elle a pu apprécier l'investissement parental, déterminant alors une stratégie monogamique. Ainsi, les femelles des espèces de Muridés monogynes comme *Mus spicilegus* s'accouplent plus volontiers avec des mâles familiers tandis que les Souris polygynes comme *Mus musculus* s'apparient plutôt avec des mâles nouveaux. Cette coopération entre mâle et femelle contribue à assurer le succès reproducteur notamment dans les habitats très hostiles comme c'est le cas des Manchots par exemple (Fig. 14.4). Mais les femelles d'Oiseaux comme le Gobe-mouches peuvent aussi préférer des mâles qui ont déjà assuré une première copulation, témoignant ainsi de leur aptitude (Alatalo *et al.* 1982).

Enfin, les stratégies annexes peuvent favoriser la reproduction des femelles (Gross 1996). C'est notamment le cas des *stratégies de libertinage* et Rowley (1983) a pu montrer que l'appariement avec un partenaire de mauvaise qualité pouvait être suivi de divorce. Chez les Sternes *Sterna hirundo*, l'accouplement dépend de la synchronie des arrivées sur les lieux de pontes et le retard des mâles est sanctionné par un divorce (Gonzàles-Solis *et al.* 1999). De la même manière, des femelles subordonnées peuvent multiplier des accouplements extraconjugaux pour assurer une meilleure reproduction. Ainsi, 45 % des nids de la Carouge à épaulette abritent au moins un oisillon engendré par un autre mâle que le possesseur du territoire et l'on considère qu'une forte proportion des femelles d'Hirondelles de cheminée ou des Guillemots de Troïl ont eu des relations extraterritoriales. De même, l'examen de plusieurs marqueurs microsatellites met en évidence que plus de la moitié des petits des femelles de Chats harets vivant sur une île du Japon, provenaient de copulations extraconjugales (Yamane 1998). L'analyse de la parenté génétique de 162 nichées de Gorge-Bleus *Luscinia svecica*, a révélé que 42 % des oisillons étaient issus d'un parent extraconjugal (Questiau *et al.* 1999). Néanmoins, l'analyse ne permet pas d'attribuer plus au père qu'à la mère l'existence de telles relations extraconjugales. Chez la Mésange bleue *Parus caeruleus*, les paternités multiples résultent de la préférence des femelles pour des mâles de meilleure qualité (Kempenaers *et al.* 1992). Chez le Bruant jaune *Emberiza citrinella*, les mâles âgés possédant un plumage coloré bénéficient le plus souvent de ces copulations multiples (Sundberg et Dixon 1996). Chez les Spermophiles *Spemophilus beecheyi*, 89 % des portées ont plusieurs géniteurs (Boellstorff *et al.* 1994). Les néonates des Écureuils terrestres

Figure 14.4 Le Manchot empereur *Aptenodytes forsteri*.
Espèce monogame associée à un environnement hostile.

américains *Citellus beldingi* et *C. columbianus* sont souvent les descendants de différents géniteurs et si la promiscuité favorise la multipaternité, les copulations multiples influencent également la parenté des groupes sociaux (Hanken et Sherman 1981, Murie 1995). De nombreuses femelles de Chimpanzés *Pan troglodytes* cherchent activement des partenaires en dehors de leur communauté d'origine sans pour autant changer de groupe social (Gagneux *et al.* 1999). Ces copulations extragroupe augmentent le flux génétique en dépit de la philopatrie des mâles. Ainsi, chez la Musaraigne *Sorex araneus,* la multipaternité constitue un mécanisme de réduction de la consanguinité (Stockley *et al.* 1993). Les Vipères péliades *Vipera berus* ou les serpents d'eau *Nerodia sipedon* peuvent multiplier les partenaires (Stille *et al.* 1986, Barry *et al.* 1992). Chez de nombreuses espèces d'Arthropodes, les femelles disposent d'un réceptacle séminal, la spermathèque où peuvent être conservés les spermatozoïdes pendant plusieurs semaines facilitant la multiplication des occasions de se croiser avec plusieurs mâles.

Les bénéfices de la multiplication des partenaires correspondent souvent à une augmentation de la compétition spermatique, en assurant une fertilisation, en promouvant la diversité de la descendance et en testant la qualité génétique des partenaires (Halliday et Arnold 1987, Birkhead et Moller 1998). Néanmoins, ces copulations extraconjugales ne sont pas toujours volontairement choisies par les femelles. Ainsi, près de 38 % des accouplements des Lagopèdes (*Chen rossi* ou *Chen caerulescent*) sont des copulations forcées par des partenaires extérieurs. Bien que cette stratégie s'avère reproductivement peu efficace puisque seulement 2 à 5 % des jeunes en sont issus, la plupart de ces accouplements sont obtenus par la contrainte des mâles (Dunn *et al.* 1999). Des copulations forcées existent aussi chez des Reptiles comme *Ctenophorus maculosus* (Olsson 1995) et chez de nombreux Mammifères.

14.2.2 Garantir la paternité : le choix des mâles

Pour se reproduire, les mâles doivent d'abord évincer les autres mâles mais rien sinon la garantie de leur propre paternité ne les limite dans leur recherche des femelles. Pour multiplier les accouplements et assurer leur succès reproducteur, les mâles vont s'engager comme le sexe combatif et deux options de garantie peuvent se présenter à eux : une *option précopulatoire*, supplanter les rivaux et une *option postcopulatoire*, interdire l'accès aux femelles et assurer sa descendance (Cunningham et Birkhead 1998).

Pour multiplier les accouplements, le mâle va manifester clairement sa combativité envers ses rivaux soit en s'appropriant le meilleur des territoires, soit en accédant au plus haut statut hiérarchique. Les conflits ne sont pas toujours évités et la concurrence peut s'avérer très âpre (Fig. 14.5). Chez le Crapaud commun *Bufo bufo*,

Figure 14.5 Combat de deux mâles rivaux de Lucane cerf-volant.

chaque mâle s'empare d'une femelle même si un premier mâle l'enlace et reste accroché le plus longtemps possible tandis que les autres mâles tentent de le déloger (Davies et Halliday 1979). Une femelle peut ainsi se retrouver en amplexus avec six ou sept mâles. La mise en évidence de signaux pertinents répétés de nombreuses fois, postures, chant des Oiseaux, limitera l'intensité des conflits (Teyssèdre 1995). Mais les mâles peuvent s'emparer par la force des femelles et les obliger à consentir une copulation. L'émission de signaux sonores plaintifs par les femelles n'empêche pas l'existence de ces copulations forcées chez les Anatidés par exemple (MacKinney *et al.* 1983). La répétition des accouplements qui correspond à une rivalité d'endurance, favorise aussi l'assurance de la paternité et, à cause de la compétition existante, les animaux polyandres ou monogames ont tendance à multiplier la fréquence de leurs copulations (Davies 1985, Birkhead *et al.* 1987, 1988). La multiplication des copulations reste cependant une tactique coûteuse en énergie.

Le mâle va chercher à s'accaparer des femelles disponibles en se fondant sur les éléments apparents qui signalent leur disponibilité. Ainsi, chez de nombreux Mammifères, les femelles exposent une tumescence de leurs parties génitales qui stimule l'activité des mâles. Néanmoins, la tumescence sexuelle dure plusieurs jours et ne signale jamais précisément la période d'ovulation, favorisant ainsi le maintien d'une compétition entre les mâles.

Une autre manière pour le mâle de s'assurer de la réceptivité sexuelle des femelles consiste dans l'*infanticide* (Hrdy 1979). En effet, chez les Oiseaux et les Mammifères, la mort de la progéniture permet aux femelles de manifester une nouvelle période de fécondité. La répétition de l'activité ovarienne offre la possibilité d'une nichée de remplacement. Ainsi, les Lions *Panthera leo* ne peuvent accéder au statut reproducteur qu'en s'emparant d'un territoire. Les Lions peuvent alors former une coalition de deux animaux pour évincer un possesseur de territoire affaibli. Aussitôt après s'être accaparé ce nouveau territoire et en avoir chassé l'ancien occupant, le Lion mâle va chercher un à un et mettre à mort tous les petits du groupe familial permettant par la suite aux femelles d'être à nouveau en chaleur (Packer et Pusey 1984, Fig. 14.6). Ce fait contraste avec l'habituelle tolérance dont la mâle fait preuve avec les autres mâles avec lesquels il s'associe (Schaller 1972). La formation du groupe social chez les Lionnes pourrait résulter de ce risque. L'association des femelles permet parfois une certaine résistance de leur part, le plus souvent avant l'agression du mâle territorial et à son côté. D'autres Félidés menant une vie plus solitaire comme le Chat domestique *Felis catus* peuvent aussi pratiquer l'infanticide (Packer et Pusey 1984, Natoli 1990). Chez les Mangoustes rayés *Mungos mungo*, les adultes reproducteurs n'interdisent pas toujours les tentatives de copulation des aides mais contrôlent leur reproduction par des infanticides *post-partum* (Cant 2000).

De tels infanticides se rencontrent aussi chez les Primates comme les Colobes (Thompson 1967, Struhsaker et Leland 1984) ou encore chez les Muridés (Boonstra 1980). De même, lorsqu'un mâle adulte de Souris évince son rival, il procède généralement au massacre des portées et s'accouple successivement avec toutes les femelles présentes. La structure polygyne des Souris *Mus musculus* est liée à un

Figure 14.6 L'infanticide chez le Lion *Panthera leo*.

investissement parental communautaire, les femelles associant leurs portées et assurant un nourrissage collectif. Toutefois, les femelles parturientes tuent souvent quelques-uns des souriceaux des portées précédentes. Ainsi, les derniers nés pourront-ils bénéficier d'un apport complémentaire lors de l'allaitement par une autre femelle dont la lactation pourra se poursuivre après le sevrage de ses propres jeunes (König 1994). L'infanticide par les femelles finit par profiter à la reproduction du groupe. Les Zèbres *Equus burchelli* peuvent aussi se montrer très intolérants envers les jeunes bien que la finalité des infanticides soit ici plus discutable et probablement associée au risque de prédation (Pluhacek et Bartos 2000).

La consommation des œufs ou la destruction des petits sont assez fréquentes chez de nombreux animaux et ces comportements ont probablement déterminé l'attitude protectrice des femelles, favorisé leur discrétion ou encore leur collaboration à l'élevage. Ainsi, chez l'Ours brun *Ursus arctos* ou chez le Putois (Lodé 1996a), la protection des jeunes entraîne une ségrégation temporelle entre mâle et femelle après la reproduction. Les femelles évitent systématiquement toutes les zones fréquentées par des mâles.

Le problème des mâles est d'abord de s'assurer de la paternité sur leur progéniture. Il ne peut suffire de fournir du liquide séminal, le mâle doit également veiller à ce qu'aucun rival ne puisse accéder aux femelles ou aux œufs qu'elles ont produits. Il subsiste ce que Parker (1970) appelle une **compétition spermatique**, la dernière éjaculation étant plus fécondante que les premières. La compétition spermatique avantage par conséquent les derniers animaux capables d'écarter leurs rivaux (Birkhead et Moller 1998).

La compétition spermatique influence considérablement les modifications du comportement reproducteur des Accenteurs mouchets (Davies 1983). Lors de l'accouplement, les mâles de certains Diptères comme la Drosophile *Drosophila melanogaster*, la Glossine (Mouche tsé-tsé) *Glossina morsitans* ou encore la Mouche domestique *Musca domestica* secrètent un *acétate* qui va masquer l'odeur de la phéromone érotique et supprimer l'attraction que la femelle exerce. Chez les Lépidoptères comme *Heliconius erato*, durant la copulation, les mâles enduisent également l'abdomen de leur femelle d'une sécrétion anti-aphrodisiaque rendant la femelle non attractive pour d'autres mâles (Gilbert 1976). Toutefois, le mâle doit prolonger la durée de la copulation pour contrôler chimiquement la réceptivité de la femelle car l'action de la substance sécrétée ne commence à être efficace qu'au bout de 60 minutes environ. Chez d'autres Insectes comme chez *Parnassius* et *Bombyx* (Lépidoptères), le dépôt des spermatozoïdes dans l'orifice génital des femelles est accompagné de la coagulation du liquide séminal qui forme un bouchon vaginal interdisant toute nouvelle copulation (Vos 1979, Fenton 1984). La formation de ce bouchon est souvent associée à l'émission de phéromones répulsives et Vos (1979) lui attribue une fonction de chasteté. La formation de bouchons vaginaux apparaît également chez les Chiroptères et permet la survivance hivernale des spermatozoïdes tout en interdisant une nouvelle copulation (Brosset 1966). Chez les animaux à fécondation externe, le mâle peut s'emparer des œufs pour assurer sa descendance et accepter les œufs de plusieurs femelles différentes. Ainsi, l'Épinoche ou encore l'Alyte accoucheur *Alytes obstetricans* s'approprient la ponte de leur partenaire aussitôt après leur fécondation et la défendent activement.

Toutefois, les mâles qui ne peuvent directement affronter des adversaires plus puissants peuvent ne pas se résigner et développer des stratégies alternatives. Ainsi, chez le Saumon *Salmo salar*, l'établissement d'une stratégie alternative dépend largement de l'âge, de la compétition et des conditions de l'environnement (Hutching et Myers 1994). Chez de nombreux animaux, les jeunes mâles cherchent en périphérie des sites de reproduction des occasions de copulation (Thirgood 1990). Mais, des mâles territoriaux ont aussi des relations extraconjugales occasionnelles. Ainsi, 20 % des Merles *Agelaius phoeniceus* étudiés par Gibbs montraient un comportement adultérin. Les mâles d'Épinoche ou de Chabot cherchent à s'introduire dans le nid des autres mâles pour féconder les œufs à l'insu du résident. Chez les Anoures notamment le Crapaud commun, plusieurs mâles peuvent se disputer la fécondation de la ponte d'une femelle en s'accrochant en amplexus les uns sur les autres. Les Écureuils gris *Sciurus carolinensis* peuvent effectuer de rapides incursions dans le domaine des mâles dominants pour s'accoupler avec les femelles

(Koprowski 1993). Dans les groupes polygynandres de Babouins ou de Chimpanzés, les mâles subordonnés profitent des rivalités des dominants pour tenter de copuler avec des femelles consentantes.

Chez les Limicoles comme chez les Chevaliers combattants ou Combattants variés *Philomachus pugnax*, les mâles disposent d'une collerette de plumes noires lorsqu'ils sont dominants et agressifs mais certains individus à collerette blanche paraissent plus attractifs auprès des femelles (Fig. 14.7). Les relations dominant/ dominé permettent à ces animaux batailleurs de se supporter (Hogan-Warburg 1966). Aussi, les mâles à collerette noire les tolèrent sur des sites de reproduction tout en s'assurant la majorité des accouplements. Les mâles à collerette blanche peuvent néanmoins bénéficier de quelques copulations quand l'autre mâle se querelle avec des congénères à collerette brune (Lank *et al.* 1995). La même stratégie d'accompagnement existe chez les Primates qui peuvent même manifester des amitiés privilégiées. Ainsi, chez les Babouins hamadryas, certains mâles peuvent s'associer pour tenter de supplanter les leaders, se partageant ensuite, souvent de manière inégale, la copulation des femelles disponibles.

Bien que les femelles soient plutôt le sexe exigeant, les mâles peuvent s'avérer sélectifs sur le choix des femelles dès que la fécondité de celles-ci décroît en fonction

Figure 14.7 Association d'un mâle de Combattant varié *Philomachus pugnax* à collerette noire avec un mâle à collerette blanche.

de leur qualité propre ou d'accouplements antérieurs. Ainsi, les mâles d'Anoures comme *Bufo americanus* ou *Rana sylvatica* peuvent rejeter certaines femelles, notamment les plus petites (Krupa 1995). Bateman (1948) propose d'expliquer pourquoi la sélection sexuelle s'avère en général plus forte chez les mâles que chez les femelles. Chez la plupart des espèces, la fécondité des femelles n'augmente pas avec le nombre d'accouplements tandis que le mâle accroît son succès reproducteur avec le nombre de femelles. La progéniture du mâle s'agrandit selon ce gradient ou **gradient de Bateman** et l'intensité de cette compétition tend à amplifier les essais de polygynie (Arnold et Duvall 1994). Si la fécondité des femelles était liée au nombre d'accouplements, le phénomène inverse pourrait apparaître.

14.2.3 Maintien des liens après l'accouplement

Une autre manière efficace de s'assurer de la paternité est d'interdire à de potentiels rivaux d'approcher de la partenaire. Le mâle peut rester auprès de la femelle comme le font les Odonates en enserrant leur partenaire à l'aide de leur pince abdominale jusqu'à la fin de la ponte, les animaux volant ainsi en tandem tant que la ponte n'est pas terminée. Chez le Scatophage du fumier (*Scatophaga stercoraria*, Diptères), le mâle s'accapare une bouse de vache et commence son vol nuptial rejoint par la femelle. Après un bref accouplement, le mâle capture la femelle qui dépose ses œufs et éloigne tous les autres mâles (Borgia 1980). Les mâles d'Otaries à fourrure interdisent activement tout vagabondage des femelles. De nombreux Oiseaux et Mammifères maintiennent des liens étroits après la fécondation, le mâle pouvant même multiplier les copulations favorisant à la fois le raffermissement des liens amoureux et la probabilité de sa propre paternité. Ainsi, chez le Rouge-gorge ou chez le Faucon crécerelle, les copulations se répètent presque à chaque rencontre des partenaires. Les Dauphins *Tursiops truncatus* peuvent séquestrer une femelle durant un certain temps pour empêcher toute approche d'autres mâles (Dos Santos et Harzen 1988, Leatherwood et Randall 1989). Enfin, les mâles peuvent obliger les femelles à rester auprès d'eux en kidnappant leurs petits. Ainsi, les Topis *Damaliscus lunatus* sont des Antilopes territoriales et les mâles empêchent les juvéniles de quitter leur domaine forçant les femelles à revenir ou à demeurer sur leur propre domaine (*cf.* Teyssèdre 1995). Chez les Babouins hamadryas, les mâles peuvent entraîner des femelles en se saisissant de leurs jeunes et même ainsi inhiber l'agressivité des dominants (Busse et Hamilton 1981). Les mâles de Babouins *Papio anubis* peuvent séquestrer les jeunes animaux, et les utiliser soit pour attirer des femelles ou soit pour se protéger des attaques des mâles dominants (Packer 1980).

L'explication évolutive de la *multiplication* ou de la *prolongation* des copulations, de l'exclusion territoriale ou même de la monogamie tient dans la garantie de la paternité que ces stratégies permettent (Daly et Wilson 1983). Le succès reproducteur du mâle dépend d'un compromis entre la fécondation de multiples femelles, nécessitant parfois de quitter chaque femelle, et l'assurance de la survie des jeunes pouvant dépendre de sa participation à l'élevage. Les facteurs physiologiques, notamment la croissance de la progéniture, peuvent influencer la stratégie du mâle. Les mâles polygynes temporaires maintiennent un harem précisément parce que les jeunes deviennent rapidement indépendants. Au contraire, la lente maturité des juvéniles entraîne souvent une prolongation des liens mâles femelles et, en même temps, diminue les chances du mâle de féconder une autre femelle, motivant la monogamie. Les mâles ne peuvent prendre l'initiative d'une rupture qu'à la condition que la faiblesse de leur investissement parental ne compromette pas la survie de leurs descendants.

14.3 LA SÉLECTION DE PARENTÈLE

Si les intérêts entre les mâles et les femelles divergent clairement, les intérêts des animaux apparentés pourraient au contraire converger et expliquer la manifestation de groupes familiaux ou sociaux. La théorie de la **sélection de parentèle** développée par Hamilton (1964, 1972) prédit que la socialité des animaux repose en premier lieu sur l'existence d'une parenté. Selon l'hypothèse de Wilson (1975), les organismes vivants ne servent qu'à propager des gènes. Le gène est ainsi égoïste comme le dit Dawkins (1976). Comment dès lors expliquer l'existence de **comportements altruistes** comme l'aide à la reproduction dans lequel un individu s'engage sans accéder à un quelconque succès reproducteur pour lui-même.

14.3.1 Le coefficient de parenté

En se fondant sur l'étude des Hyménoptères eusociaux, Hamilton (1964, 1972) explique le paradoxe de l'altruisme par la théorie de **sélection de parentèle** à partir d'un postulat simple : l'altruisme augmente le succès reproducteur des individus apparentés. La colonie Hyménoptères rassemble les filles stériles d'une même reine qui consacrent leur vie à l'élevage de sa progéniture. Les œufs non fécondés produisent des mâles haploïdes dont l'assortiment ne détermine qu'une parenté de 50 % avec leur mère (la moitié du bagage génétique). En revanche, le système reproducteur haplo-diploïde détermine une parenté plus étroite entre les femelles qui partagent en moyenne trois quarts de leurs gènes. Ainsi, une ouvrière est plus étroitement apparentée à ses sœurs qu'à sa mère et bien que stérile, son comportement d'entraide paraît une voie de retransmission des gènes beaucoup plus efficace impliquant ainsi une *inclusive fitness*. Une telle transmission génétique permet d'expliquer pourquoi seules les femelles Hyménoptères manifestent un comportement coopératif. Si l'auteur de l'acte altruiste est génétiquement proche de l'individu reproducteur, il est probable que le reproducteur en soit aussi pourvu. La fréquence du gène altruiste pourra augmenter dans la population si le coût de l'action altruiste est compensé par le succès reproducteur du reproducteur apparenté. Ce mécanisme s'applique également à tous les autres gènes. En fait, le coefficient de parenté moyen diffère chez les espèces sexuées puisque la probabilité qu'un même allèle soit partagé par un frère et une sœur est de 50 %. Chez une espèce monogame, le coefficient de parenté tombe à 25 % entre neveux et nièces et chute à 12,5 % chez des cousins germains. Au troisième degré, la probabilité n'est plus que de 1/128e c'est-à-dire à peu près équivalente à la probabilité de partager un allèle avec n'importe quel autre membre de la population. La parenté génétique joue donc le rôle primordial dans le modèle de parentèle de Hamilton.

La simplicité de l'hypothèse de Hamilton a permis qu'elle soit largement diffusée bien qu'elle se heurte à un certain nombre de difficultés. Tout d'abord, les Reines Hyménoptères sont plutôt polyandres et on estime à 17,2 le nombre moyen de mâles fécondant une seule reine d'Abeille domestique *Apis* (Veuille 1987). Une telle polyandrie altère considérablement le coefficient de parenté génétique qui chute jusqu'à un minimum de 40 à 27 % entre les Abeilles. Néanmoins, la parenté reste généralement très forte entre la reine et les ouvrières chez la plupart des Hyménoptères sociaux. D'autre part, de nombreuses espèces d'Insectes haplo-diploïdes ne sont pas eusociales alors que les Pucerons parthénogénétiques (Aphidés), et donc plus encore apparentés, ne manifestent nullement de comportements coopératifs (Blackman 1981). Enfin, les Termites Isoptères eusociaux sont diploïdes (Thorne 1997) de même que les Rats-taupes glabres *Heterocephalus glaber* (Braude et Lacey 1992) réfutant l'importance du seul système haplo-diploïde pour produire l'eu-socialité (Trivers et Hare 1976, Thorne 1997). L'hypothèse de la *manipulation parentale* a aussi été proposée pour rendre compte des phénomènes eusociaux (Michener 1969, Alexander 1974, Michener et Brothers 1974). Les descendantes des reines sont en effet rendues stériles par les émissions de leur propre mère et les ouvrières se retrouvent ainsi exploitées au service de la progéniture de leur mère. En quelque sorte, les victimes « altruistes » le sont par nécessité et leur parenté génétique n'est pas nécessairement déterminante. L'altruisme peut ainsi avoir une origine différente selon les animaux considérés, même si la parenté joue probablement un rôle essentiel (Alexander et Borgia 1978). De plus, nombre d'animaux peuvent manifester des comportements aberrants d'aide à la reproduction comme c'est le cas des nourrissages interspécifiques, ainsi du Grimpereau des jardins adulte *Certhia brachydactyla* alimentant de Coléoptères une nichée de Mésanges *Parus major* (Drouiche 1994).

Toutefois, il persiste une étroite relation entre les mécanismes de dispersion des individus et leur degré de parenté. La philopatrie des animaux peut considérablement accroître leur parenté. Des effets familiaux altèrent les mécanismes de dispersion des individus chez les animaux qui demeurent en groupes sociaux. Ainsi, les animaux sociaux, qui vivent en meutes comme les Loups *Canis lupus* ou en colonies comme les Mangoustes, montrent-ils un plus faible degré de dispersion augmentant la parenté entre membres du groupe et la divergence génétique entre groupes (Kennedy *et al.* 1991, Randi *et al.* 1993, Forbes et Boyd 1996, Vuuren et Robinson 1997). À son tour, la parenté pourrait être impliquée dans les mécanismes de tolérance intraspécifique et favoriser la cohabitation. Aussi, la petitesse du rayon de dispersion pourrait influencer de manière décisive l'élaboration des comportements sociaux (Trivers 1971, 1985). Au contraire, les espèces qui se dispersent à longue distance comme le Putois d'Europe *Mustela putorius* se montrent plus solitaires (Lodé 1996a, 2001c).

14.3.2 La préférence des apparentés

Cependant, il faut qu'une *reconnaissance de parentèle* survienne pour favoriser une réelle sélection de parentèle, c'est-à-dire que les animaux doivent pouvoir discriminer ceux qui leur sont proches (Maynard-Smith 1964). Dans les petits groupes d'Ongulés ou de Primates, la probabilité que les individus soient apparentés reste grande et on a pu remarquer aussi bien chez le Spermophile, la Souris, le Rat que chez la Grenouille des cascades *Rana cascadae* ou chez le Pics des chênes, l'aptitude des individus à reconnaître leurs propres sœurs ou leurs propres frères (Holmes et Sherman 1982, O'Hara et Blaustein 1981, Hepper 1987, Wilkinson et Miller Baker 1988). Les juvéniles du Lézard *vivipara* réussissent à identifier olfactivement leur mère et ce mécanisme favorise leur établissement à distance des parents (Léna et Fraipont 1998). Les Cailles japonaises sont capables d'identifier leurs cousines et de les préférer pour s'accoupler à condition d'avoir été élevées ensemble (Bateson 1982). Les femelles de Spermophiles montrent une plus grande tolérance envers leurs propres sœurs et les Souris peuvent même distinguer différents degrés de parenté. Les mécanismes d'accouplements préférentiels envers des phénotypes connus ou *homogamie* influencent les agencements de reconnaissance de parentèle (Lacy et Sherman 1983). Les Primates dévoilent aussi un népotisme ou préférence pour leur propre parent (Meikle et Veissey 1981). Le plus souvent, des déterminants olfactifs facilitent une telle reconnaissance comme cela a été montré aussi bien chez les Guêpes *Vespa germanica* et le Crapaud américain *Bufo americanus* que chez la Souris (Barnard 1990, Gamboa *et al.* 1996, Christophe et Baudoin 1998, Heth *et al.* 1998).

Néanmoins, l'altruisme est généralement peu manifeste entre frères et sœurs alors que les pères dont la paternité peut être facilement dupée, révèlent chez de nombreuses espèces un important investissement parental. De plus, les aides ne bénéficient pas des mêmes avantages selon leur sexe, les femelles héritant rarement d'un territoire (Cockburn 1998). En fait, la formation des groupes sociaux peut aussi bien dépendre d'une *origine familiale*, les descendants demeurant auprès de leurs propres parents, que d'une *origine parasociale*, associant des animaux ayant un intérêt commun. La familiarité des animaux favorise les stratégies de rapprochement (Pfennig 1990). Les stratégies de vigilance des sentinelles sont souvent interprétées comme des comportements altruistes, l'alarme mettant apparemment en danger la vie du guetteur. Mais chez les Suricates *Suricata suricatta*, les sentinelles qui alertent leurs congénères sont aussi les premières à détecter le danger et à fuir vers un abri. La mortalité par prédation est beaucoup faible chez ces guetteurs « égoïstes » que chez les autres membres de la Bande (Clutton-Brock *et al.* 1999). Les stratégies coopératives pourraient être expliquées par une théorie alternative comme celle de l'**altruisme réciproque** développée par Ligon et Ligon (1978). En étudiant le Moqueur vert *Phoeniculus purpureus*, les auteurs ont postulé l'existence de bénéfices directs favorisant simplement le succès reproducteur des animaux aidés. Une telle hypothèse a été largement confirmée chez les animaux qui présentent une reproduction communautaire, aussi bien en termes de profits immédiats pour les parents que d'avantages ultérieurs pour les aides. Chez des Primates sociaux comme les Babouins *Papio anubis* (Packer 1977) ou les Vervets (Seyfarth et Cheney 1984), des animaux sans parenté directe peuvent coopérer pour des taches diverses.

La coopération reproductive pourrait dès lors apparaître comme une forme particulière du mutualisme où chaque individu tire avantage de la collaboration de l'autre. Ce ne serait pas de l'apparentement que l'altruisme tirerait sa valeur mais de la coopération même. La familiarité des individus favoriserait la tolérance (Blaustein et O'Hara 1981). Ainsi, en s'associant, les Lions célibataires, souvent non apparentés, peuvent-ils plus facilement accaparer un nouveau territoire (Packer et Pusey 1982). Chez les Souris, les femelles d'espèces monogames comme *Mus spicilegus* s'accouplent plus volontiers avec des mâles familiers au contraire des Souris polygynes.

14.4 LA VALEUR ADAPTATIVE DE LA REPRODUCTION

Les populations naturelles montrent le plus souvent un polymorphisme démographique dont la valeur adaptative peut être déterminante selon le milieu concerné. En fait, l'influence des facteurs écologiques détermine des contraintes qui vont favoriser l'expression de tels phénotypes au détriment des autres.

14.4.1 Les contraintes écologiques et la fécondité

Lack (1968) a émis l'hypothèse que la taille des pontes chez les Oiseaux était directement liée au nombre moyen d'oisillons susceptibles d'être élevés. En fait, la quantité de nourriture que les animaux peuvent fournir à leurs descendants limite le nombre d'oisillons. Lorsque le nombre moyen d'œufs augmente, la ration se réduit et les chances de survie des jeunes diminuent (Perrins 1965). Les Oiseaux qui présentent une ponte optimale exhiberont naturellement une meilleure valeur sélective (*fitness*) par leur reproduction différentielle. Les phénotypes sélectionnés manifestent cependant une certaine plasticité en relation avec les disponibilités alimentaires. En fait, la taille de la ponte correspond en général à celle qui fournira le plus de jeunes à l'envol.

Chez l'Agame barbu des déserts australiens *Amphibolurus ornatus* (Fig. 14.8), la maturité sexuelle peut être atteinte à neuf mois (45 % des individus) ou à plus de deux ans (55 %) (Bradshaw 1971). Cette différence apparaît déterminée génétiquement puisqu'il n'y a pas d'intermédiaire entre ces deux périodes de maturité et qu'elles se conservent en élevage. La longévité moyenne ne diffère pas entre les individus. Les phénotypes précoces résistent bien au froid mais sont vulnérables à l'aridité tandis que les tardifs très sensibles au froid supportent bien la sécheresse. Ainsi, le polymorphisme reproducteur ne se maintient dans la population qu'à cause de l'alternance des périodes froides et sèches et contribue efficacement à augmenter la valeur adaptative des populations. De la même manière, quand les Lézards tropicaux sont exposés à une forte prédation liée à une longue saison d'activité. La sélection favorise à la fois une croissance rapide et une maturité précoce (Barbault 1976).

Figure 14.8 L'Agame barbu *Amphibolurus ornatus*.

Au contraire, dès que la pression se relâche, les Lézards peuvent différer leur maturité et produire des pontes plus importantes. Chez un Scincidé vivipare placentotrophique *Pseudomoia pagenstecheri*, le phénotype des descendants dépend de l'influence de l'environnement de leur mère. Ainsi, les petits des femelles exposées à l'odeur de serpents lacertophages disposent d'une queue plus longue favorisant la réponse antiprédatrice par autotomie caudale développée chez les Lézards (Shine et Downes 1999).

Les Lombrics peuvent facilement se distinguer du point de vue écologique selon qu'ils vivent *épigés* dans la litière du sol, *endogés* à l'intérieur du sol ou *anéciques* résidant dans un réseau de galeries. Les Lombrics épigés disposent d'une nourriture riche mais subissent une forte prédation et d'importantes modifications du milieu. Les formes endogées au régime géophage pauvre sont abritées dans un milieu stable peu soumis aux aléas de la prédation. Enfin, les anéciques manifestent un mode de vie intermédiaire s'alimentant en surface et s'abritant dans leurs galeries. L'étude des Lombrics de la savane de Côte d'Ivoire (Lavelle 1980) montre que la fécondité est plus élevée chez les espèces épigées, en moyenne 10,7 cocons pour *Dichogaster agilis* alors qu'elle est très faible chez les endogés géophages, 1,3 cocons *Millsonia ghanensis*. De la même manière, la fécondité des Hyménoptères parasitoïdes Ichneumons diverge radicalement selon la vulnérabilité de l'hôte. Les parasitoïdes qui pondent sur des chenilles de Lépidoptères exposées à une forte prédation manifestent une plus grande fécondité que les parasitoïdes de larves xylophages, abrités sous l'écorce. Ainsi, les conditions écologiques influencent la reproduction de l'espèce.

14.4.2 Les variations phénotypiques de la reproduction

Il existe en fait une relation entre les adaptations phénotypiques des individus et les stratégies de reproduction qu'ils déploient. Ainsi, les Drosophiles manifestent un polymorphisme figurant des variations géographiques. Mais la contribution des phénotypes diffère, car les variations morphologiques sont associées à des variations pondérales des femelles et de leur nombre d'ovarioles comme cela a pu être montré chez *D. melanogaster* et *D. simulans* (Lachaise 1980). Les femelles déposent leurs œufs sur des végétaux et les espèces sont plus ou moins exigeantes sur la qualité du substrat de ponte. Ici, la sélection favorise une reproduction précoce avec fécondation élevée ou une reproduction tardive associée à une fécondité réduite. La stratégie précoce est l'apanage d'espèces colonisatrices présentant une forte mortalité alors que la spécialisation de recherche de substrats de ponte favorables accroît le succès reproducteur pour un petit nombre d'œufs.

De la même manière, les Anoures du complexe *Rana pipiens* aux USA montrent un polychromatisme qui fait diverger une forme *burnsi*, sans pigmentation, et une forme *Kandiyohi*, à pigmentation irrégulière, de la forme typique (Fig. 14.9). Le maintien du gène *burnsi* dans les populations est lié à une mortalité sélective durant l'hivernage, les animaux étant virtuellement indétectables au fond des mares par leurs prédateurs. En revanche, les têtards *Kandiyohi* ont une croissance plus rapide, se métamorphosant beaucoup plus précocement que les larves typiques (Merrell 1968 ; Dubois 1980). Le phénomène est directement en relation avec l'habitat des Grenouilles puisque le gène *Kandiyohi* apparaît à une plus forte fréquence dans les milieux les plus arides. La reproduction plus précoce confère au *Kandiyohi* un avantage adaptatif d'autant plus important que les têtards se montrent beaucoup plus tolérants à l'élévation de la température et de la concentration des milieux lorsqu'ils approchent de la phase prémétamorphique. Une situation ressemblante subsiste aussi chez des Anoures australiens caractérisés à la fois par un polyphénotypisme pigmentaire et une plus ou moins grande précocité de la métamorphose (Bull 1975, 1977). La reproduction précoce peut être favorisée dans les milieux subarides. Ainsi, le polyphénotypisme est ici clairement associé à des modalités de reproduction particulière en réponse aux différentes contraintes de l'habitat.

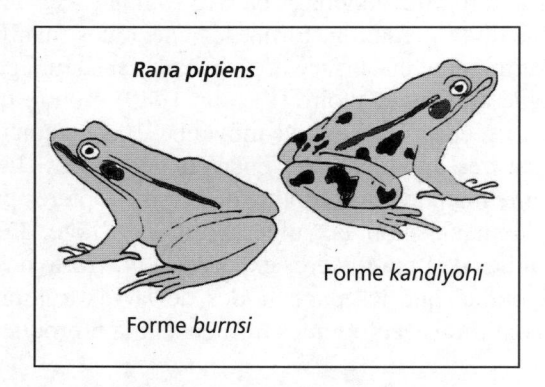

Figure 14.9 Phénotypes chez *Rana pipiens*.

14.5 LE SUCCÈS REPRODUCTEUR ET LA THÉORIE DES JEUX

Les individus reproducteurs sont engagés dans un ensemble d'*alternatives possibles* déterminant avec plus ou moins de bonheur leur succès reproducteur. On peut rendre compte des contraintes entraînant cette reproduction différentielle à travers la théorie des jeux telle qu'elle a été développée par Maynard-Smith et Price (Maynard-Smith 1982). Le choix de chaque individu influence la réussite des autres. On peut reconnaître par exemple une alternative pacifique craintive *dite stratégie colombe* et une stratégie agressive *dite stratégie faucon* sur le territoire de reproduction d'un groupe de Cerfs. Un mâle adulte peut devenir menaçant ou au contraire craindre un congénère. Si l'on attribue au succès reproducteur la valeur arbitraire $K = 100$, on peut considérer la possibilité d'un gain potentiel de $G = 40$ si le grand Cerf évince un concurrent, mais aussi le coût d'un combat de $C = 80$ et enfin d'une perte de temps en surveillance des intentions de l'autre de $T = 10$ (Tableau 14.1). Dès lors, le succès reproducteur sera directement dépendant des réactions de l'autre. Si les deux individus adoptent une conduite craintive, leur succès K sera diminué du temps T de surveillance. Si les deux individus qui engagent directement un combat sont pareillement tenaces, leur succès K sera par contre diminué du coût du combat. Mais, si le premier développe un comportement menaçant alors que le second reste pusillanime, le premier obtient un gain de $K + G$ mais le second conserve son succès K d'origine puisqu'il n'y a pas de coût de combat.

TABLEAU 14.1 LE CONTRÔLE DE LA PLACE DE BRAME CHEZ LE CERF : RÉSULTATS DES INTERACTIONS (THÉORIE DES JEUX).

		Premier individu	
		Conduite craintive	Conduite menaçante
Second individu	Conduite craintive	$K - T = 90$	$K = 100$
	Conduite menaçante	$K + G = 180$	$K - C/2 = 60$

Ainsi, les Cerfs *Cervus elaphus* les moins puissants ont plutôt intérêt à éviter le combat plutôt que de risquer de le perdre. Néanmoins, une conduite agressive face à des prétendants peu assurés est encore plus profitable. Cet exercice stratégique rend ainsi parfaitement compte des mécanismes de dominance territoriale en jeu dans les populations soumises à une forte sélection sexuelle.

Mais on peut retrouver ce même dilemme dans le choix des stratégies que peuvent développer les Grenouilles agiles *Rana dalmatina* sur les lieux de ponte. Les animaux qui peuvent s'emparer d'un poste de chant seront à l'abri des prédateurs pour attirer les femelles. En revanche, les mâles évincés en restant sur la berge risquent de se faire découvrir par leur prédateur, le Putois *Mustela putorius* et donc doivent être silencieux (Lodé 1996b, 2000a). Mais ces mâles satellites peuvent, en vagabondant, intercepter les femelles qui arrivent sur les sites de ponte. En pratique, si l'on considère un succès de sérénade arbitraire $K = 100$, un coût du chant de

C = 40, un coût d'affrontement A = 20 et un risque de prédation P = 80, les animaux n'ont intérêt à être erratiques que si les chanteurs occupent déjà la place (Tableau 14.2, Houston et McNamara 1987, Lucas et Howard 1995). Les interactions compétitives entraînent souvent l'existence de stratégies alternatives satellites chez les Anoures comme chez le Calamite *Bufo calamita* ou chez le Crapaud buffle par exemple (Howard 1984, Arak 1988).

TABLEAU 14.2 LA SÉRÉNADE DES GRENOUILLES AGILES :
RÉSULTATS DES INTERACTIONS (THÉORIE DES JEUX).

		Premier individu	
		Chanteur	*Erratique*
Second individu	*Chanteur*	K – (C + A) = 40	K – C = 60
	Erratique	K – P = 20	K – (P + A) = 0

La coalition des Lions célibataires peut s'expliquer à travers la théorie des jeux par les avantages consécutifs tirés d'une telle situation (Packer et Pusey 1982). Dans la nature, les modalités de reproduction dictent de multiples occasions de s'engager dans de telles alternatives comme coopérer ou duper, parfois complétées par une stratégie de type *bourgeois* (ne céder qu'à la force) renvoyant le dilemme dans un jeu à trois dimensions.

Chapitre 15

Stratégies démographiques

Ainsi, les individus ne présentent pas des performances identiques et les populations ne constituent donc pas des entités homogènes. Les stratégies de reproduction se situent à l'interface d'une double variabilité, celle des contraintes écologiques et celles des individus reproducteurs.

15.1 LA CONTRIBUTION REPRODUCTRICE

15.1.1 L'effort de reproduction

Les organismes vivants tentent d'optimaliser leur reproduction en fonction de la disponibilité des ressources et Williams (1966a, 1966b) a proposé une approche bioénergétique du problème en construisant le concept d'effort de reproduction. L'effort de reproduction correspond à la *fraction énergétique* qu'un individu dépense pour ses activités reproductives et dépend de ses potentialités futures de reproduction. Dans des milieux instables, l'effort de reproduction va donc croître en même temps que va diminuer la probabilité de survie jusqu'à la période de reproduction suivante. Plus l'individu va consacrer son énergie à la reproduction, plus il augmente ses propres risques de mortalité, l'effort de reproduction déterminant un **coût en terme de survie**. Ainsi, la survie des adultes dans une population naturelle de Mésanges charbonnières *Parus major* est inversement corrélée au nombre de jeunes à l'envol. À chaque âge ou pour chaque espèce, l'effort de reproduction va s'ajuster aux pressions de l'environnement. Les Campagnols de surface *Microtus arvalis* vont consentir un effort de reproduction intense dès que les conditions leur seront favorables, les portées se succédant du printemps à l'automne, mais limitent ce même effort dès que les ressources s'amenuisent en hiver. Ainsi, l'effort de reproduction entraîne également un **coût en terme de fécondité**.

Ces différences dans l'effort de reproduction sont déterminantes dans l'avenir même de la population. L'impact de la modification artificielle de la taille des nichées a été étudié par Stearns (1992) qui révèle que dans plus de 64 % des études, l'augmentation de la taille des nichées diminue la survie des jeunes. L'effort de reproduction doit donc se stabiliser à un moindre coût, tout en conservant une certaine plasticité favorisant un ajustement dans les milieux instables.

15.1.2 La contribution reproductrice totale

Les différences de l'effort de reproduction entraînent que la contribution reproductrice d'un individu dans une population va différer en fonction de son âge ou de paramètres de son environnement. Néanmoins, l'ensemble de ses performances individuelles détermine une *contribution reproductrice totale* (*Life time reproductrice success*). C'est précisément cette reproduction différentielle, c'est-à-dire cette variation du succès reproducteur qui influence directement la biologie des populations. Les contributions reproductrices des individus au capital génétique commun de la population peuvent sensiblement différer (Newton 1989). Certains couples reproducteurs peuvent élever un excédent de jeunes qui colonisent des places disponibles et induisent une modification du flux génétique. Par opposition, d'autres individus reproducteurs n'élèvent pas assez de jeunes pour compenser la mortalité naturelle, entraînant un déficit local. Enfin, certains individus, parfois en proportions considérables, n'accèdent même pas à un statut reproducteur. Ainsi, chez les populations de Geai de Floride *Aphelocoma caerulescens,* 6 % des reproducteurs engendrent plus de la moitié des nouveaux individus de la population tandis que près de la moitié des jeunes couples échouent dans l'élevage de leur progéniture (Fitzpatrick et Woolfenden 1989).

Ces différences du succès reproducteur n'existent pas qu'entre les générations. Le succès reproducteur varie beaucoup plus chez les mâles que chez les femelles. Ce qui oppose clairement les stratégies polygynes et les stratégies monogames c'est la **variance** du nombre de mâles reproducteurs. Chez les Drosophiles, 21 % des mâles ne se reproduisent pas contre 4 % de femelles. L'organisation polygyne réduit considérablement la contribution de certains mâles, comme c'est le cas chez l'Éléphant de mer par exemple. Dans une population étudiée par Le Bœuf (1974), cinq mâles ont pu réaliser plus de 50 % des fécondations. Dans les troupeaux de Cervidés, le succès reproducteur des mâles adultes dépend de leur aptitude à s'emparer d'un harem. Néanmoins, plus que du nombre de fécondations réussies, la contribution reproductrice totale d'un individu dépend davantage de sa propre survie (Clutton-Brock 1988, Blondel 1995). Ainsi, même chez les couples monogames comme chez le Dik-dik *Madoqua saltiana*, la durée de vie plus réduite des mâles implique un succès reproducteur souvent moindre que chez les femelles. Cette divergence contribue probablement à expliquer que la compétition sexuelle soit plus exacerbée chez les mâles. L'intensité de la sélection sexuelle pourrait, dès lors, être appréciée par la variance de la contribution reproductrice des mâles (Wade 1980, Gautier 1982).

En tout état de cause, et bien que pouvant assurer une majorité des fécondations, la contribution reproductrice d'un mâle polygyne du Morse *Odobenus rosmarus* ou de Cerf élaphe *Cervus elaphus* (Fig. 15.1) peut finalement être inférieure à celle d'un mâle monogame de Phoque à capuchons *Cystophora cristata* ou de Céphalophe bleu *Cephalophus monticola* selon la durée pendant laquelle les mâles polygynes survivent ou disposent d'un harem.

Figure 15.1 Cerf élaphe *Cervus elaphus* au brame.

15.2 LES STRATÉGIES D'HISTOIRE DE VIE

15.2.1 La croissance des populations

La contribution reproductrice des individus détermine en grande partie l'accroissement des populations. Plusieurs caractéristiques du cycle biologique peuvent affecter la croissance d'une population (Roff 1992). Ainsi, la fécondité et le nombre de descendants engendrés à chaque reproduction, varient selon l'organisme considéré mais aussi selon la saison ou selon l'individu. De la même manière, le nombre de reproductions diffère grandement selon les organismes. Enfin, l'âge de la reproduction peut être déterminant sur la contribution reproductrice. Néanmoins, la taille d'une population à un moment donné va dépendre d'un solde positif entre la natalité et la mortalité. Dans certains cas, nous l'avons vu dans le modèle source puits, l'immigration d'une partie d'individus reproducteurs peut venir renforcer les effectifs ou au contraire une forte émigration peut augmenter le déficit provoqué par la mortalité. D'où si la valeur (natalité plus immigration) excède la valeur (mortalité plus émigration), un accroissement de la population se produit.

La différence *r* entre la valeur (natalité plus immigration) et la valeur (mortalité plus émigration) est le **taux d'accroissement démographique** et la valeur positive de *r* indique une croissance, sa valeur nulle une stabilisation et sa valeur négative une perte. La plupart des écologistes emploient des notations de calcul différentiel :

$$\delta N/\delta t = r N$$

pour parler de taux d'accroissement instantané par rapport à des taux de natalité ou de mortalité. Si rien ne vient entraver l'effort de reproduction, on pourrait logiquement s'attendre à une croissance exponentielle comme Gause (1931) a pu le constater en étudiant les populations de *Paramecium caudatum*.

Des exemples de croissance exponentielle des populations ont été rapportés dans l'histoire. Le plus souvent de telles explosions démographiques surviennent lorsque les espèces sont introduites accidentellement dans des habitats où rien ne vient limiter la reproduction. Ainsi, l'introduction de trois couples de Lapins de garenne *Oryctolagus cuniculus* en Australie a abouti à une population de plus de 10 millions d'individus en 3 ans.

Mais on constate aussi qu'après une croissance très lente jusqu'en 1650, la population humaine est passée de 500 millions d'individus à près d'un milliard en 1850 (Fig. 15.2).

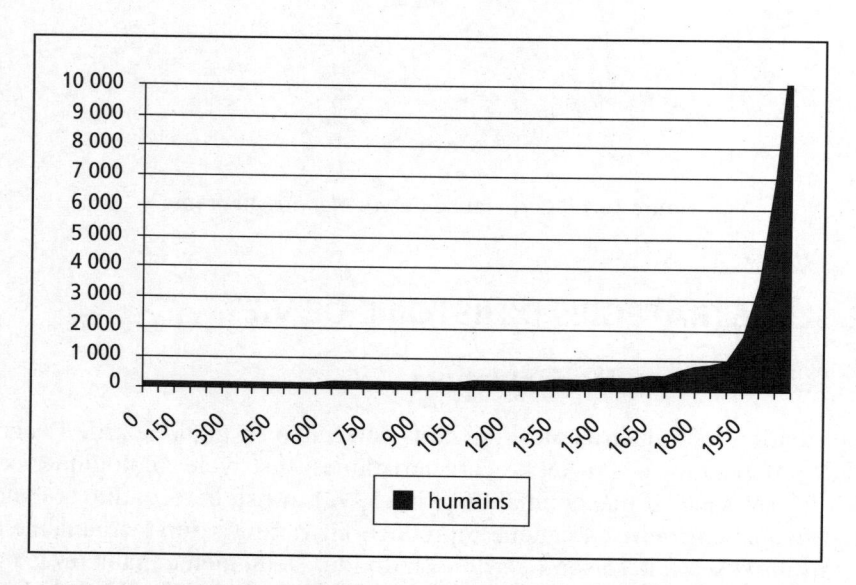

Figure 15.2 Estimation de la croissance de la population humaine depuis le Ier siècle.

La croissance s'est encore accélérée puisque la population humaine a doublé en 80 ans atteignant 2 milliards en 1930 et 4 milliards en 1975, s'accroissant à l'heure actuelle de plus de 80 millions de personnes par an soit de près de 220 000 personnes par jour, ce qui ne représente pourtant qu'un taux de croissance d'environ 3 %.

Enfin, on remarque ponctuellement des proliférations soudaines généralement très localisées dans l'espace et de durée brève comme c'est le cas pour les cycles de pullulation des Lemmings *Lemmus lemmus* (Shelford 1945) ou la constitution de nuages des Criquets pèlerins *Schistocerca gregaria* (*cf. infra*).

15.2.2 La capacité limite

Néanmoins, le taux d'accroissement des populations reste généralement plus modéré parce que l'environnement offre une résistance à l'accroissement démographique. Le potentiel biotique des espèces est ainsi entravé par les contraintes du milieu et c'est précisément les variations de ces pressions biologiques qui expliquent que la croissance des populations diffère non seulement selon l'espèce mais aussi selon les populations considérées.

De plus, au fur et à mesure que s'accroît une population, les ressources qui lui sont nécessaires diminuent et la taille d'une population qui peut occuper un habitat donné s'en trouve par conséquent limitée. C'est ce que les écologistes appellent la **capacité limite** du milieu ou facteur K qui est une propriété de l'environnement au sens large (Fig. 15.3).

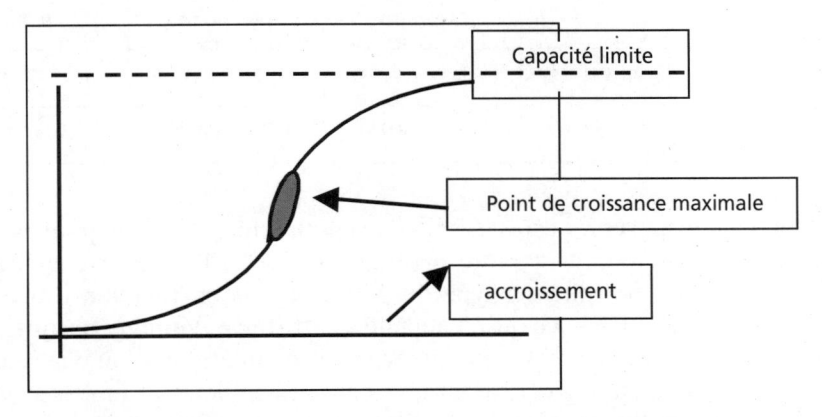

Figure 15.3 Accroissement et capacité limite de croissance des populations.

Mais la capacité limite K change dans le temps et dans l'espace et inclut l'abondance des ressources et tous les facteurs qui participent à leur réduction. Par conséquent, le taux d'accroissement démographique r va évidemment s'infléchir quand la taille N de la population va augmenter au fur et à mesure que N va s'approcher de la capacité limite du milieu K. Ainsi, plus la population est importante, plus sa croissance se ralentira, contenue par les contraintes de son environnement propre, ce qui réduit la valeur de r au fur et à mesure que N augmente et se rapproche de K.

15.2.3 Les stratégies reproductives

À partir de ce modèle théorique simple, Mac Arthur et Wilson (1967) ont attribué le qualificatif d'**espèces à sélection r** pour les animaux qui montrent des rapides accroissements démographiques liés à une forte fécondité, de nombreuses naissances et de nombreuses reproductions, à un temps de génération bref, maturité sexuelle précoce, et souvent associées à un investissement parental réduit. Ainsi, on peut reconnaître que les Morues produisant plusieurs milliers d'œufs qu'elles abandonnent au courant marin constituent un exemple de sélection r.

Au contraire, les populations qui vont se stabiliser aux alentours de la capacité limite du milieu et ne manifestant qu'un lent accroissement démographique lié à une faible fécondité, peu de naissance et peu de reproduction, à un temps de génération long, maturité sexuelle tardive, et souvent accompagné d'un investissement parental important, sont appelées **espèces à sélection K**. L'Albatros fuligineux présente toutes les caractéristiques d'une espèce à sélection K, ne se reproduisant qu'à l'âge de 12 ans, et ne pondant qu'un œuf tous les deux à trois ans.

TABLEAU 15.1 CARACTÉRISTIQUES DU CONTINUUM DES STRATÉGIES DÉMOGRAPHIQUES R/K.

	Milieux fréquentés	Caractéristiques biologiques		
		Fécondité	Mortalité	Taille
Sélection r	Instable, imprévisible	Élevée, précoce	Sévère, aléatoire	Petite
Sélection K	Stable, prévisible	Faible, tardive	Faible, régulière	Grande

En fait, on peut disposer les espèces selon un continuum r/K selon qu'elles maximalisent la croissance r ou la stabilité K (Tableau 15.1). Mais, pour une situation donnée, la population fournira un type de performances en fonction d'une série d'alternatives possibles. C'est ce qu'on appelle sa **stratégie démographique** : dans les milieux stables, les ressources sont dévolues à la compétition d'où une sélection de l'aptitude vers une stratégie K alors que dans les milieux instables et imprévisibles, la forte mortalité nécessite qu'une plus grande énergie soit consacrée à la reproduction d'où une sélection de la stratégie K (Pianka 1970).

Une des limites du continuum r-K est qu'il n'attribue qu'une seule dimension à la stratégie démographique (Barbault 1987). L'intérêt des comparaisons interspécifiques s'en trouve limité bien qu'on puisse reconnaître qu'un Campagnol développe plus une stratégie r qu'un Gorille. On se doit de considérer *la relativité de ces notions* d'autant que de multiples pressions de sélection viennent infléchir les stratégies démographiques.

En fait, l'analyse des caractéristiques démographiques de 44 espèces de Lézards rend possible un positionnement satisfaisant le long du gradient r/K (Barbault 1976). Les espèces K ont une maturité tardive, une bonne espérance de vie, une faible fécondité mais, contrairement à la prévision, occupent des milieux très contrastés et parfois très peu cléments comme les déserts froids. Elles subissent en revanche une prédation faible. Les espèces de Lézards r répertoriées par Barbault sont précoces et ont une faible espérance de vie mais se maintiennent dans des milieux stables et climatiquement prévisibles. Cependant, elles sont soumises à une prédation intense révélant que des milieux apparemment stables peuvent s'avérer extrêmement contraignants.

Bien que de multiples interactions contribuent à influencer les stratégies biodémographiques d'une espèce, l'étude des Lézards insectivores (en fait myrmécophages) du genre *Phrynosoma solare* (Pianka 1986) ou encore de l'organisation sociale des Antilopes (Jarman 1974) soulignent l'aspect déterminant de la taille corporelle sur la reproduction. Enfin, Grime (1977) et Southwood (1988) ont proposé d'élargir le *continuum r/K* en considérant les mécanismes de contraintes et de perturbations pesant sur l'ensemble des systèmes à travers le développement d'une *sélection C* (aptitude à la concurrence), d'une *sélection S* (vulnérabilité reproductive) et d'une *sélection R* (fécondité élevée) ou encore d'y engager des stratégies cénotiques (type « *i* » et « *s* » Blandin 1980).

15.3 LA VARIABILITÉ ET LE COMPROMIS ADAPTATIF

15.3.1 Les mécanismes maintenant le polymorphisme

Les populations naturelles présentent souvent un important polymorphisme qui lorsqu'il est lié au génome est un **polyphénotypisme**. C'est précisément l'importance du polyphénotypisme naturel qui a permis les expériences de sélection artificielle qui consistent à fixer des caractères existants mais plutôt récessifs.

Boesiger (1958, 1962) a montré un *avantage sexuel* des hétérozygotes aussi bien en terme de vigueur sexuelle des mâles qu'en terme de nombre de descendants. Ce phénomène d'**hétérosis** porte sur les caractéristiques de la reproduction. L'hétérosis favorise le polymorphisme en favorisant les hétérozygotes (Boesiger 1962). Cette interprétation est confirmée expérimentalement puisqu'on obtient une décroissance de la vigueur des mâles de Drosophiles au fur et à mesure de l'augmentation de leur consanguinité. En fait, des variations rares seront tout de même conservées parce qu'au-delà de certaines proportions les modifications comportementales viennent augmenter les croisements.

L'avantage des hétérozygotes ne suffit néanmoins pas à maintenir l'équilibre polymorphique des populations qu'*à la condition de la fragmentation* des situations écologiques. L'existence de nombreuses microniches favorise ainsi le maintien d'une population hétérogène. Dans une étude expérimentale, Powell et Taylor (1979) ont montré que la variabilité génétique des Drosophiles s'accroissait significativement avec l'hétérogénéité des conditions d'élevage (Tableau 15.2). L'avantage sélectif du choix de microhabitats a aussi été révélé chez les Oiseaux (Martin 1998).

Les populations élevées dans un environnement hétérogène maintiennent un taux de polyphénotypisme supérieur aux populations élevées dans un habitat banalisé. On peut raisonnablement en déduire un avantage reproducteur des hétérozygotes manifeste dans des environnements diversifiés.

TABLEAU 15.2 MAINTIEN ACTIF DU POLYMORPHISME CHEZ *DROSOPHILIA PSEUDOOBSCURA* EN LIAISON AVEC LE CHOIX DE L'HABITAT.

Traitement expérimental			Taux moyen d'hétérozygotes	
Variation	Milieu	Température (°C)	Taux	Moyenne
Pas de choix possible	A	16	23,3	23,9
	B	16	26,0	
	A	25	24,0	
	B	25	21,3	
Un choix possible	A ou B	16	30,6	29,6
	A ou B	25	26,7	
	A	16 ou 25	30,6	
	B	16 ou 25	30,6	
Deux choix possibles	A ou B	16 ou 25	32,4	32,4

15.3.2 La variance dans les populations

Le terme de *stratégie démographique* même défini à travers la dichotomie simplifiée *r/K* implique une *optimalisation* des conditions de vie, chaque population améliorant peu à peu son potentiel biotique face aux contraintes de l'environnement. Mais l'hétérogénéité et l'instabilité de l'environnement n'autorisent que des ajustements provisoires et la conservation d'une **variabilité** intrinsèque reste un enjeu primordial.

Les Astéries *Asterina* (Échinodermes) sont généralement hermaphrodites protogynes. Mais, les Astéries peuvent aussi manifester une sexualité. Les variations de la pratique sexuelle de *Asterina gibbosa* révèlent ainsi l'existence de races sexuelles divergentes selon la répartition géographique des organismes (Delavault 1963).

Ainsi dans un environnement hétérogène, plusieurs stratégies peuvent coexister sans que l'une ou l'autre ne détermine un avantage à long terme. Les mâles d'un petit Limicole, l'Huitrier-pie *Haematopus ostralegus*, étudié par Ens (Ens *et al.* 1992, 1993) en Hollande, possèdent soit une reproduction précoce vers l'âge de trois ans ou soit une première reproduction tardive vers l'âge de onze ans qui résulte d'une différence fondamentale dans l'installation du site de ponte de chaque unité populationnelle (Fig. 15.4). En effet, le nid peut être aménagé à proximité du *shore* où l'animal capture les vers Polychètes ou les Lamellibranches dont il se nourrit.

Figure 15.4 L'huitrier-pie *Haematopus ostralegus*.

La recherche de nourriture pour l'élevage des jeunes entraîne des déplacements réduits ou « *stratégie du pantouflard* » et les jeunes bien nourris restent discrets ; au contraire, l'aménagement du nid, loin du *shore*, provoque d'incessants déplacements de nourrissage d'une ampleur considérable ou « *stratégie du baladeur* ». Les jeunes plus affamés manifestent plus brillamment leur quémande et sont extrêmement exposés à leurs prédateurs, principalement les Busards. Toutefois, les « *baladeurs* » n'ont pas beaucoup à batailler pour s'octroyer un territoire de nidification face à d'autres mâles plus velléitaires et plaire à une femelle. Ils se reproduisent précocement et fréquemment, compensant partiellement la forte mortalité des juvéniles. En revanche, les « *pantouflards* » patientent une dizaine d'années avant qu'un territoire favorable ne se libère et ne peuvent se l'arroger qu'après de nombreuses passes d'armes entre concurrents vindicatifs. Mais cette reproduction tardive sera plus facilement menée à son terme. La contribution reproductrice totale ne diffère pas sensiblement et les deux stratégies se maintiennent à long terme. Il n'y a pas contradiction entre les deux alternatives, les animaux choisissant la plus favorable en fonction de leur expérience propre ou les utilisant successivement.

Le Lézard vivipare *Lacerta vivipara* est un petit Lacertidé dont les populations présentent une ovoviviparité facultative. Le plus souvent, le développement larvaire s'effectue dans les oviductes mais les populations méridionales pondent leurs œufs et les incubent dans le milieu naturel. Cette oviparité se manifeste notamment dans les Pyrénées ou encore en Espagne (Bauwens et Thoen 1981, Heulin 1988). Néanmoins, les individus peuvent s'hybrider et le mode de reproduction dépend alors de l'origine de la femelle (Heulin *et al.* 1989). En outre, les femelles ovipares réussissent deux pontes par an contre une seule reproduction chez les souches ovovivipares. De plus, la ponte est plus ou moins tardive selon que les animaux occupent des biotopes d'altitude ou de plaine. Enfin, bien que la reproduction ovovivipare se prolonge plus longtemps en Bretagne que dans le Massif central, la prédation des juvéniles y est plus importante. Ici, les contraintes exercées par l'environnement sont multiples et souvent imprévisibles. Au Sud, les conditions thermiques permettent des pontes directes et augmentent la fécondité tandis qu'au Nord, l'ovoviviparité protège le développement embryonnaire, réduisant du même coup la reproduction. Néanmoins, la forte prédation en Bretagne entraîne une plus longue durée de la reproduction que dans le Massif central. La variabilité des stratégies reproductrices possède ici clairement une signification adaptative.

À chaque fois, la reproduction résulte d'un compromis entre des contraintes divergentes ou même antagonistes.

Conclusion

Des stratégies reproductives aux stratégies adaptatives

1. LA REPRODUCTION ET LA SEXUALITÉ

Le paradoxe des espèces vivantes est de manifester la *pérennité* de leurs caractères en introduisant simultanément par leur sexualité des **variations** incessantes. Ainsi, l'ensemble des stratégies de reproduction animale s'inscrit dans la réalisation du *compromis homéostase-diversification* des populations.

La reproduction n'est pourtant pas contenue dans la seule sexualité et de nombreuses espèces s'obstinent à se dupliquer par un fractionnement propre dans des conditions favorables. Néanmoins, la sexualité est une acquisition évolutive dont très peu d'espèces semblent se priver totalement. Même les Protistes en manifestent les rudiments et beaucoup d'autres organismes maintiennent une reproduction sexuée malgré leur aptitude à se reproduire par bourgeonnement. De plus, chez de nombreuses espèces hermaphrodites ou parthénogénétiques, existent encore les traces d'une sexualité ancienne. Mais alors d'où provient-elle, cette sexualité apparemment inévitable ? En fait, le problème persiste encore derrière la question obscure de son origine car en dépit de son coût prohibitif, la reproduction sexuée se perpétue dans l'évolution.

Additionnant les paradoxes, la sexualité, qui précisément rapproche et recombine le matériel génétique à partir des opérations extrêmement complexes de la gamétogenèse, reste elle-même partiellement indépendante des chromosomes. L'identification sexuelle s'édifie dans la physiologie des hermaphrodites successifs protoandres ou protogynes ou encore dans le cas du déterminisme thermique du sexe des Crocodiliens ou des Chéloniens. Et, même chez les espèces pourvues d'un lot chromosomique sexuel, la différence génétique ne constitue qu'une base pour l'action ultérieure des hormones et des comportements à travers des déterminismes subtils impliquant le système nerveux et l'environnement (Mittwoch 1996). L'action des stéroïdes sur les tissus impliqués dans la reproduction reste prédominante et ce phénomène est commun chez tous les animaux sexués. La sexualité reste donc une manifestation **épigénétique**. Il faudrait ajouter le développement de nombre de comportements hétérotypiques, inefficaces d'un point de vue reproducteur, mais parfois totalement indispensables à la reproduction elle-même. Il en est ainsi des phases de mimétisme copulatoire chez les femelles parthénogénétiques de *Cnemidophorus* ou encore des pseudo-hybridations obligatoires de *Poecilia*. Des conflits intragénomiques, comme la pression méiotique, pourraient constituer l'une des causes essentielles du maintien de la bisexualité chez les Vertébrés (Schmidt 1996). Les comportements sexuels hétérotypiques interviennent également dans la régulation des interactions sociales. Il en est ainsi des réactions de monte chez nombre de Primates ou chez les Bovins. Comment ne pas évoquer également le rôle apaisant de la sexualité débridée des Bonobos ? Les comportements sexuels apparemment aberrants constituent probablement moins des déviances par rapport à une moyenne que la manifestation de la variance elle-même. Ainsi, l'un des phénomènes les plus essentiels de l'évolution, la production du différent, reste-t-il partiellement autonome du fondement génétique des espèces.

Néanmoins, le maintien d'une dualité sexuelle dans l'évolution s'effectue clairement au détriment de la multiplication de la progéniture. La reproduction sexuée est manifestement désavantagée par le *coût de la méiose* (Williams et Mitton 1973, Williams 1975, Lloyd 1980) et par le *coût de la production des mâles*. Par la complexité de son mécanisme délicat, la méiose reste deux fois plus lente à produire qu'une mitose simple et les mâles constituent non seulement des individus concurrents mais déterminent une reproduction mille fois moins efficace en une dizaine de générations que ne le ferait une parthénogenèse. Il faut pourtant bien convenir, en terme de sélection naturelle, que la sexualité n'a pu se maintenir qu'à la condition d'en tirer bénéfice. Hamilton et Zuk (1982) ont proposé d'universaliser leur hypothèse de la résistance, la sexualité gratifierait les animaux d'une efficace résistance aux infections ou infestations parasitaires. Le succès de la sexualité trouverait son origine dans cette résistance.

La sexualité est une dispendieuse entreprise de fabrication du dissemblable qui ne peut perdurer que si l'avantage introduit par les différences excède nettement le prix d'une multiplication restreinte. En termes évolutifs, la recombinaison génétique que la sexualité occasionne est *la source privilégiée de la variation*. Pourtant, l'existence de mutations favorables n'est pas même nécessaire. La force de la sexualité tient dans l'innovation de la recombinaison favorisant la rapidité des adaptions évolutives. Plus que les mutations récurrentes, les réassemblages génétiques de la fécondation sexuelle produisent de la diversité, cette matière première de la sélection naturelle.

2. LA REPRODUCTION DIFFÉRENTIELLE

La divergence sexuelle a été retenue par les processus évolutifs et les pressions sélectives en ont même accentué le caractère. Ainsi, le dimorphisme sexuel qui accompagne l'anisogamie traduit nettement l'importance de la **sélection sexuelle**. Mais les contraintes qui interviennent sont indépendantes d'un sexe à l'autre et leur action est parfois même contradictoire. Mâles et femelles n'ont pas le même intérêt précopulatoire ou postcopulatoire comme multiplier les accouplements ou s'investir dans l'élevage. Les contraintes environnementales peuvent alors s'avérer décisives pour la reproduction.

Le succès reproducteur est le résultat d'une *optimisation des traits d'histoire de vie* fait d'ajustements précaires. Les stratégies reproductives élaborent des compromis en réplique aux pressions divergentes du milieu. La sanction en est une reproduction différentielle, c'est-à-dire la plus ou moins grande contribution des reproducteurs à la dynamique de la population. Tels ou tels individus présentant tel phénotype singulier seront favorisés dans un milieu particulier. À chaque fois, l'ensemble des caractères participe des recombinaisons génétiques de la sexualité. Mais ici la valeur sélective concerne les deux partenaires en même temps. Les deux partenaires échouent ou réussissent simultanément, l'un dépendant de l'autre et réciproquement. La sanction n'est pas nécessairement équitable et il peut encore être possible d'effectuer d'autres tentatives, de changer de partenaire. Mais l'aboutissement de la différenciation sexuelle reste néanmoins la confirmation d'une remarquable *complémentarité*.

Les différentes alternatives des stratégies de reproduction n'ont pas de valeur absolue. Leur efficacité reste *provisoire* et ne peut être privilégiée par rapport à une autre. Le succès reproducteur momentané peut s'effondrer sous l'effet de contraintes extraordinaires de l'environnement. La variabilité des stratégies mises en œuvre possède clairement une signification adaptative.

De plus, la reproduction différentielle introduit une divergence inéluctable, émergence d'une spéciation possible.

3. LES STRATÉGIES ADAPTATIVES

En fait, de nombreux facteurs d'homéostase interviennent sur les populations, contribuant au maintien des phénotypes ou des sous-populations. Outre les mécanismes d'homogamie, la constitution de grands harems chez les espèces polygynes inhibe pareillement la diversification des populations. En outre, la polygynie des Pinnipèdes ou des Artiodactyles est directement associée à la constance des environnements. Enfin, la monogamie et la faible dispersion des juvéniles freinent encore l'infiltration de la diversité. Ainsi, dans un environnement écologiquement stable, la colonisation des milieux est favorisée au détriment de la variabilité. Une rapide multiplication permet l'exploitation de la totalité des disponibilités. Non seulement l'homogénéité est favorisée, mais la régularité des conditions qui prédominent assure même la prévalence de la reproduction asexuée, comme le manifestent de nombreuses espèces.

Néanmoins, le maintien de la sexualité dans l'évolution suppose que l'intérêt évolutif de la recombinaison génétique supplante clairement les autres modes de reproduction. Ainsi, l'édification perpétuelle des différences implique un avantage bien plus considérable que la simple multiplication asexuée. Pourtant, les conséquences bénéfiques de la variabilité génétique paraissent ne s'imposer qu'à *long terme*.

L'intérêt de telles conjectures est qu'elles soulignent le peu de constance et la variété des milieux même à une échelle de temps très brève. L'environnement ne constitue nullement un ensemble uniforme et l'instabilité persiste à chaque niveau. Ce qui caractérise l'environnement, c'est précisément sa nature imprévisible et changeante. Dès lors que l'instabilité et le contraste des milieux sont la condition d'existence du vivant, la flexibilité est décisive. Les populations déploient de multiples manières de favoriser la diversité, à travers les mécanismes d'exogamie, de vigueur des hétérozygotes, de dispersion des jeunes adultes ou encore de copulations multiples. La sexualité constitue par conséquent une *réplique nécessaire à la fois à l'hétérogénéité et à la précarité* des conditions du milieu. La sexualité ne tire bénéfice de sa complexité que si l'avantage de différer de ses parents surpasse l'intérêt d'une rapide colonisation des niches disponibles. Plus que la moyenne, la **variance** que la sexualité introduit l'emporte face aux contraintes évolutives. Cette variance s'inscrit comme un compromis face à des pressions multiples et divergentes et traduit l'émergence de stratégies adaptatives. Ainsi, les stratégies de reproduction témoignent de l'interdépendance entre génétique des populations et **stratégies adaptatives**.

Bibliographie

ABRAMS P.A. – Alternative models of character displacement 2) displacement when there is competition for a single resource. *Amer. Nat.,* **130**, 271-282, 1987.

AHNESJO I., VINCENT A., ALATALO R., HALLIDAY T., SUTHERLAND W.J. – The role of females in influencing mating patterns. *Behav. Ecol.,* **4**, 187-189, 1992.

ALATALO R.V., LUNDBERG A., STAHLBRANDT K. – Why do pied flycatcher females mate with already-mated males? *Anim. Behav.,* **30**, 585-593, 1982.

ALATALO R.V., ERIKSSON D., GUSTAFSSON C., LUNDBERG A. – Hybridization between Pied and Collared Flycatchers sexual selection and speciation theory. *J. Evol. Biol.,* **3**, 375-389, 1990.

ALBON S.D., GUINNESS F.E., CLUTTON-BROCK T.H. – The influence of climatic variation on the birth weights of red deer calves. *J. Zool. Lond.,* **200**, 295-297, 1983.

ALBRECHT F.O. – *Polymorphisme phasaire et biologie des Acridiens migrateurs.* Masson, Paris, 1963.

ALEXANDER R.D. – The evolution of social behavior. *Ann. Rev. Ecol. Syst.,* **5**, 325-383, 1974.

ALEXANDER R.D., BORGIA G. – Group selection, altruism and the levels of organization of life. *Ann. Rev. Ecol. Syst.,* **9**, 449-474, 1978.

ALLEE W.C. – *The social life of animals.* Norton, New York, 1938.

ALLEE W.C., PARK O., EMERSON A., PARK T., SCHMIDT K.P. – *Principles of animal ecology.* Saunder Company, 1950.

AMOROSO E.C. – Viviparity in fishes. *Symp. Zool. Soc. Lond.,* **1**, 153-183, 1960.

ANDERSEN H.T. – *The biology of marine mammals.* Acad Press, New York, 1969.

ANDERSSON M. – *Sexual selection.* Univ Press, Princeton, NJ, 1994.

ANDERSSON M., IWASA Y. – Sexual selection. *TREE,* **11**, 53-58, 1996.

ANDERSSON M., GÖTMARK F. – Social organisation and foraging ecology in the Arctic Skua *Stercorarius parasiticus*, a test of the food defendability hypothesis. *Oikos,* **35**, 63-71, 1980.

ANDREWS A. – Fragmentation of habitat by roads and utility corridor, a review. *Aust. Zool.,* **26**, 130-141, 1990.

AR A., YOM-TOV Y. – The evolution of parental care in birds. *Evolution,* **32**, 655-669, 1978.

ARAK A. – Callers and satellites in the Natterjack toad. *Anim. Behav.,* **36**, 10-22, 1988.

ARMITAGE K.B. – Do female yellow-bellied marmots adjust the sex-ratio of their offspring ? *Am. Nat.,* **129**, 501-519, 1987.

ARNOLD M.L. – *Natural hybridisation and evolution.* Oxford series in ecology and evolution, Oxford, 1997.

ARNOLD M.L., BULGER M.R., BURKE J.M., HEMPEL A.L., WILLIAMS J.H. – Natural hybridisation, how low can you go and still be important ? *Ecology,* **80**, 371-381, 1999.

ARNOLD S.J., DUVALL D. – Animal mating systems, a synthesis based on selection theory. *Am. Nat.,* **143**, 317-348, 1994.

ASHBY K.R. – Studies on the ecology of field mice and voles (*Apodemus sylvaticus, Clethrionomys glareolus,* and *Microtus agrestis*) in Houghall wood, Durham. *J. Zool. Lond.,* **152**, 389-513, 1967.

AVEL M. – Recherches expérimentales sur les caractères sexuels somatiques des Lombriciens. *Bull. Biol. France Belgique,* **63**, 1929.

BAGENAL T.B. – The relationship between food supply and fecundity in Brown trout *Salmo trutta. J. Fish. Biol.,* **1**, 167-182, 1969.

BACKER R.R. – Sun orientation during migration in some British butterflies. *Proc. Roy. Entomol. Soc., London.,* 1968.

BACCI G., RAZZAUTI A. – Protogynous hermaphroditism in *Coris julis. Rend. Accad. Naz. Lincei,* **23**, 181-189, 1958.

BALLOUX F., GOUDET J., PERRIN N. – Breeding system and genetic variance in the monogamous, semi-social shrew *Crocidua russula. Evolution,* **52**, 1230-1235, 1998.

BAKKER T.C.M. – Positive genetic correlation between female preference and preferred male ornament in stickle-backs. *Nature,* **363**, 255-257, 1993.

BALTZER F. – Untersuchungen über die Entwicklung und Geschellechtsbestimmung bei *Bonellia. Pub. Staz. Zool.,* **6**, 25-32, 1925.

BANKS B., BEEBEE T.J.C. – Spwan predation and larval growth inhibition as mechanism for niche separation in anurans. *Oecologia,* 569-573, 1987.

BARBAULT R. – Contribution à la théorie des stratégies démographiques, recherches sur leur déterminisme écologique chez les lézards. *Bull Soc. Zool. France,* **101**, 671-693, 1976.

BARBAULT R. – Peut-on encore parler de sélection-*r* et de sélection-*K* ? *Acta Oecol.,* **8**, 63-70, 1987.

BARDIN C.W., CATTERALL J.F. – Testosterone, a major determinant of extragenital sexual dimorphism. *Science,* **211**, 1285-1294, 1981.

BARINAGA M. – Where Have All the Froggies Gone ? *Science,* **247**, 1033-1034, 1990.

BARNARD C.J. – Kin recognition , problems, prospects, and the evolution of discrimination systems. *Adv. Study Behav.,* **19**, 29-81, 1990.

BARR M.L., BERTRAM E.G. – A morphological distinction between neurones of the male and female and the behavior of the nucleolar satellite during accelerated nucleoprotein synthesis. *Nature,* **163**, 676-677, 1949.

BARRY F.E., WEATHERHEAD P.J., PHILIPP D.P. – Multiple paternity in a wild population of northern water snakes, *Nerodia sipedon. Behav. Ecol. Sociobiol.,* **30**, 193-199, 1992.

BART J., TORNES A. – Importance of monogamous male birds in determining reproductive success. *Behav. Ecol. Sociobiol.,* **24**, 109-116, 1989.

BATEMAN A.J. – Intrasexual selection in *Drosophila. Heredity,* **2**, 349-368, 1948.

BARTON N.H., HEWITT G.M. – Analysis of hybrid zones. *Ann. Rev. Ecol. Syst.,* **16**, 113-148, 1985.

BATESON P. – Preferences for cousins in Japanese quail. *Nature,* **295**, 236-237, 1982.

BATRA L.R. – Ecology of Ambrosia fungi and their dissemination by Beetles. *Trans. Kansas Acad. Science,* **66**, 213-236, 1963.

BAUWENS D., THOEN C. – Escape tactics and vulnerability to predation associated with reproduction in the lizard *Lacerta vivipara. J. Anim. Ecol.,* **50**, 733-743, 1981.

BEACH F.A. – *Sex and behaviour.* John Wiley, New York, 1965.

BEAMS H.W., MEYER R.K. – The formation of pigeon milk. *Physiol. Zool.,* **4**, 486-500, 1931.

BEAUMONT A., CASSIER P. – *Biologie animale.* Tomes 1, 2 et 3. Dunod, Paris, 1973, 1983, 1987.

BEEBEE. T.J.C. – Purification of an agent causing growth inhibition in anuran larvae and its identification in anuran larvae and its identification as a unicellular unpigmented alga. *Can. J. Zool.,* **69**, 2146-2153, 1991.

BEEHLER B. – Frugivory and polygamy in birds of paradise. *Auk,* **100**, 1-12, 1983.

BEJA P.R. – Seasonal breeding and food resources of otters, *Lutra lutra* (Carnivora, Mustelidae), in south-west Portugal, a comparison between coastal and inland habitats. *Mammalia,* **60**, 27-34, 1996.

BEKOFF M., DIAMOND J., MILTON J.B. – Life history patterns in sociality in canids, body size reproduction and behavior. *Oecologia,* **50**, 386-390, 1981.

BELL G. – *The Masterpiece of nature, the evolution and genetics of sexuality.* Univ. California Press, Berkeley, 1982.

BEN DAVID M. – Delayed implantation in the marbled polecat *Vormela peregusna syriaca* (Carnivora, Mustelidae), evidence from mating, parturition and post-natal growth. *Mammalia,* **62**, 269-283, 1998.

BEN SHAUL D.M. – The composition of milk of wild animals. *International Zoo. Yearbook,* **4**, 333-342, 1962.

BERGER L. – Systematics and hybridization in the *Rana esculenta* complex. *Reproductive Biology of Amphibians,* Plenum Press, London, 367-388, 1977.

BERGERARD J. – Intersexualité expérimentale chez *Carausius morosus* Br. (Phasmidae). *Bull. Biol. France et Belgique,* **95**, 273-300, 1961.

BERGERUD A.T. – The population dynamics of Newfoundland caribou. *Wild. Monogr.,* **25**, 1-55, 1971.

BERNSTEIN I.S. – Dominance, aggression and reproduction in Primate societies. *J. Theor. Biol.,* **60**, 459-472, 1976.

BERRY J.F., SHINE R. – Sexual size dimorphism and sexual selection in turtles (Order Testudines). *Oecologia,* **44**, 185-191, 1980.

BERTRAM B.C.R. – Social factors influencing reproduction in wild lions. *J. Zool. Lond.,* **177**, 463-482, 1975.

BETTS B.J., JENNI D.A. – Time budget and the adaptiveness of polyandry in Northern Javans. *Wilson Bull.,* **103**, 598-597, 1991.

BEUCHNER H.K., ROTH D. – The lek system in Uganda Kob Antelope. *Amer. Zool.* **14**, 145-162, 1974.

BIRKET-SMITH K. – *Mœurs et coutumes des Eskimos,* Payot, Lausanne, 1955.

BIRKHEAD T.R., ATKIN L., MOLLER A.P. – Copulation behaviour of birds. *Behaviour,* **101**, 101-138, 1987.

BIRKHEAD T.R., CLARKSON J.E., HUNTER F.M. – Extra-pair copulation and sperm competition in the Zebra finch. *Nature,* **334**, 60-62, 1988.

BIRKHEAD T.R., MOLLER A.P. – *Sperm competition and sexual selection.* Academic Press, NY, 1998.

BIRKS J.D.S., KITCHENER A.C. – *The distribution and status of the polecat* Mustela putorius *in Britain in the 1990s.* Vincent Willife Trust, London, 1999.

BISAZZA A., MARCONATO A. – Female mate choice, male-male competition and parental care in the river bullhead *Cottus gobio. Anim. Behav.,* **36**, 1352-1360, 1988.

BLACKMAN R.L. – Species, sex, and parthenogenesis in aphids. In *The evolving biosphere.* Forey P. (ed.), Cambridge Univ. Press, Cambridge, 75-85, 1981.

BLAFFER-HRDY S. – *Des guenons et des femmes.* Tierce, 1984.

BLAKER D. – Behaviour of the cattle egret *Areola ibis. Ostrich.* **40**, 75-129, 1969.

BLANCHET M.-F., CHARNIAUX-COTTON H. – Contrôle du déclenchement et de la durée du cycle de l'inter-mue par l'ecdystérone chez le Crustacé Amphipode *Orchestia gammarella. C.R.A.S.,* **272**, 307-310, 1971.

BLANDIN P. – Évolution des écosystèmes et stratégies cénotiques. In *Recherche écologiques théoriques, les stratégies adaptatives,* Barbault R., 1980.

BLAUSTEIN A.R., O'HARA R.K. – Genetic control for sibling recognition. *Nature,* **290**, 246-248, 1981.

BLONDEL J. – *Biogéographie évolutive.* Masson, Paris, 1986.

BLONDEL J. – *Biogéographie. Approche écologique et évolutive.* Masson, Paris, 1995.

BLONDEL J., DIAS P., PERRET P., MAISTRE M., LAMBRECHTS M.M. – Selection-based biodiversity at a small spatial scale in a low-dispersing insular bird. *Science,* **285**, 1399-1402, 1999.

BOELLSTORFF D.E., OWINGS D.H., PENEDO M.C.T., HERSEK M.J. – Reproductive behaviour and multiple paternity of California groung squirrels. *Anim. Behav.,* **47**, 1057-1064, 1994.

BOESIGER E. – Influence de l'hétérosis sur la vigueur des mâles de *Drosophila melanogaster. C.R.A.S.,* **247**, 1246-1248, 1958.

BOESIGER E. – Sur le degré d'hétérozygotie des populations naturelles de *Drosophila melanogaster* et son maintien par la sélection sexuelle. *Bull Biol. Fr. Belg.,* **96**, 3-122, 1962.

BONNET X., NAULLEAU G., SHINE R. – The dangers of leaving home, dispersal and mortality in Snakes *Biol. Conserv.,* **89**, 39-50, 1999.

BOONSTRA R. – Infanticides in microtines, importance in natural populations. *Oecologia,* **46**, 262-265, 1980.

BORGIA G. – Sexual competition in *Scatophaga stercoraria*, size- and density-related changes in male ability to capture females. *Behaviour,* **75**, 185-206, 1980.

BORGIA C. – Bowers as markers of male quality. Test of a hypothesis. *Anim. Behav.* **35**, 266-271, 1985.

BOULENGER G.A. – Observations sur l'accouplement et la ponte de l'Alyte accoucheur. *Bull. Class. Sc. Acad. Belg.,* 570-579, 1912.

BOUNHIOL J.-J. – *Larves et métamorphoses.* PUF, Paris, 1980.

BOURKE A.F.G. – Comparative analysis of sex investment ratio in slave-making ants. *Evolution,* **43**, 913-918, 1989.

BOYD L.L., MAC CANN T.S. – Prenatal investment in reproduction by female Antactic furseals. *Behav. Ecol. Sociobiol.,* **24**, 377-385, 1989.

BRADSCHAW S.D. – Growth and mortality in a field population of *Amphibolurus* lizards exposed to seasonal cold and aridity. *J. Zool. Lond.,* **165**, 1-25, 1971.

BRAUDE S., LACEY E. – La vie sociale des rats-taupes. *La Recherche,* **247**, 1126-1133, 1992.

BREDER C.M., ROSEN D.E. – *Modes of Reproduction in Fishes.* Nat. Hist. Press, New York, 1966.

BRENANN E.R., DYKE B. – Assortative mate choice and mating opportunity on Sanday, Orkney islands. *Social Biol.* **27**, 199-210, 1980.

BRESSE G. – Rôle des Moules d'eau douce dans la réproduction des Bouvières. *Bull. Fr. Pisc.,* **23**, 47-52, 1950.

BREUIL M. – La néoténie dans le genre *Triturus*, mythes et réalités. *Bull. Soc. Herp.,* **61**, 11-44, 1992.

BRIEN P. – *Biologie de la reproduction animale, blastogenèse, gamétogenèse, sexualisation.* Masson, Paris, 1966.

BROCKDORFF N. – L'inactivation du chromosome X. *La Recherche,* **262**, 136-141, 1994.

BROMAGE N.R., ROBERT R.J. – *Broodstock management and egg and larval quality.* Blackwell, London, 1995.

BRONSON F.H. – Rodent pheromones. *Biol. Reprod.,* **4**, 344-357, 1971.

BROSSET A. – *La biologie des Chiroptères.* Masson, les grands problèmes de la biologie, Paris, 1966.

BROSSET A. – Le peuplement des Cyprinodontes du bassin de l'Invindo. *Rev. Ecol. (Terre Vie),* **36**, 233-292, 1982.

BROSSET A., LACHAISE D. – Evolution as a lottery conflicting with evolution via sexual selection in African rain forest – dwelling killifishes (*Cyprinodontidae, Rivulinae, Diapteron*). *Evol. Biol.,* **28**, 217-264, 1995.

BROWN J.M. – *Helping and communal breeding in birds, ecology and evolution.* Princeton Univ. press, Princeton, 1987.

BROWN F.A., BENNETT M.F., WEBB H.M. – A magnetic compass response of an organism. *Biol. Bull.,* **119**, 65-74, 1960.

BRUNING D.F. – Social structure and reproductive behavior of the greater rhea. *Living Bird,* **13**, 251-294, 1974.

BUDKER P. – Viviparité chez les Sélaciens. *Traité Zool.,* **13** (2), 1755-1790, 1957.

BULL C.M. – Parallel polymorphism in Australian frogs of the genus *Ranidella. Heredity,* **35**, 273-278, 1975.

BULL C.M. – Back pattern polymorphism and tadpole growth rate in two Western Australian frogs. *Aust. J. Zool.,* **25**, 243-248, 1977.

BULL J.J. – Sex determination in reptiles. *Q. Rev. Biol.,* **55**, 3-21, 1980.

BULMER L.S. – Male parental care in the Bony fishes. *Q. Rev. Biol.,* **54**, 49-161, 1979.

BUSSE K. – Care of the young by male *Rhinoderma darwini. Copeia,* 395-402, 1970.

BUSSE C., HAMILTON W.J. – Infant carrying by male chacma baboons. *Science,* **212**, 1281-1283, 1981.

BUTET A., LEROUX A. – Polymorphisme phénotypique de *Sorex coronatus* dans les marais de l'ouest de la France. *Mammalia,* **57**, 367-373, 1993.

BUTLIN R.K., WOODHATCH C.W., HEWITT G.M. – Male spermatophore investment increases female fecundity in a grasshopper. *Evolution* 41, 221-225, 1987.

CALHOUN J.B. – Population density and social pathology. *Am. Scient.,* **206**, 139-148, 1962.

CALOW P. – The cost of reproduction – a physical approach. *Biol. Rev.,* **54**, 23-40, 1979.

CANIVENC R. – A Study of Progestation in the European Badger *Meles meles. Symp. Zool. Soc. Lond.,* **15**, 15-26, 1966.

CANIVENC R., BONIN M. – Delayed implantation is under environmental control in the badger *Meles meles. Nature,* **278**, 849-850, 1979.

CANT MA. – Social control of reproduction in banded mongooses. *Anim. Behav.,* **59**, 147-158, 2000.

CARLISLE D.B. – Moulting cycles in *Crustacea. Symp. Zool. Soc. Lond.,* **2**, 109-120, 1960.

CARLSON D.A., LANGLEY P.A., HUYTON P. – Sex pheromone of the Tse-tse fly, isolation, identification and synthesis of contact aphrodisiacs. *Science,* **201**, 750-753, 1978**a**.

CARLSON D.A., MAYER M.S., SILHACEK D.L., JAMES J.D., BEROSA M., BIERL B.A. – Sex attractant pheromone of the House fly. *Science,* **174**, 76-78, 1978**b**.

CARRIK R. – Ecological significance of territory in the Australian magpie *Gymnorhina tibicen. Proc. Int. Cong. Ornitnol.,* 740-753, 1963.

CASSIER P., LAFONT R., DESCAMPS M., PORCHET M., SOYEZ D. – *La reproduction des Invertébrés, stratégies, modalités et régulation.* Masson, Paris, 1997.

CATCHPOLE C.K. – Sexual selection and the evolution of complex songs among European warblers of the genus *Acrocephalus. Behaviour,* **74**, 149-166, 1980.

CHAPMAN R.F. – *The Insects, structure and function.* Hodder et Stoughton, London, 1969.

CHAPUISAT M., GOUDET J., KELLER L. – Microsatellites reveal high population viscosity and limited dispersal in the ant *Formica paralugubris. Evolution,* **41**, 475-482, 1997.

CHARDARD D., CHESNEL A., BAUTZ A., DOURNON C. – Déterminisme de l'inversion du sexe des gonades chez *Pleurodeles waltl* et *Pleurodeles poireti* sous l'effet de la température d'élevage. *Bull. Soc. Herp. Fr.,* **77**, 5-10, 1996.

CHARLES-DOMINIQUE P. – *Ecology and Behaviour of nocturnal Primates, Prosimians of equatorial West Africa.* Ducworth, London, 1977.

CHARLES-DOMINIQUE P., MARTIN R.D. – Evolution of lorises and lemurs. *Nature,* **227**, 257-260, 1970.

CHARLESWORTH B. – The population genetics of anisogamy. *J. Theor. Biol.,* **73**, 347-357, 1978.

CHARNIAUX-COTTON H. – Castration chirurgicale chez un Crustacé Amphipode (*Orchestia gammarella*) et déterminisme des caractères sexuels secondaires. *C.R.A.S.,* **234**, 2570-2572, 1952.

CHARNIAUX-COTTON H., GINSBURGER-VOGEL T. – Preuves expérimentales de l'auto-différenciation ovarienne chez *Orchestia montagui* Audouin (Crustacé, Amphipode). *C.R.A.S.,* **254**, 2836-2838, 1962.

CHARNOV E.L. – Simultaneous hermaphroditism and sexual selection. *PNAS,* **76**, 2480-2484, 1979.

CHARNOV E.L. – *The theory of sex allocation.* Univ. Press, Princeton, New Jersey, 1982.

CHRISTIAN J.J. – The adeno-pituitary system and population cyclesin mammals. *J. Mammal.,* **31**, 247-259, 1950.

CHRISTOPHE N., BAUDOIN C. – Olfactory preferences in two strains of wild mice, *Mus musculus musculus* and *Mus musculus domesticus,* and their hybrids. *Anim. Behav.,* **56**, 365-369, 1998.

CLAPPERTON B.K., MINOT E.O., CRUMP D.R. – An olfactory recognition system in the ferret *Mustela furo* L. (Carnivora, Mustelidae). *Anim. Behav.,* **36**, 541-553, 1988.

CLARK E. – Functional hermaphroditism in self fertilization in a serranid fish. *Science,* **129**, 215-216, 1959.

CLARK E., ARNSON L.R., GORDON M. – Mating behavior patterns in two sympatric species of *Xiphorin* Fishes, their inheritance and significance in sexual isolation. *Bull. Am. Mus. Nat. Hist.,* **103**, 135-226, 1954.

CLINE D.R., SINIFF D.B., ERICKSON A.W. – Underwater copulation of the Weddell seal. *J. Mammal.,* **52**, 216-218, 1971.

CLUTTON-BROCK T.H. – *Reproductive success, Studies on individual variation in contrasting breeding system.* Univ. Chacago Press, 1988.

CLUTTON-BROCK T.H. – Mammalian mating systems. *Phil. Trans. Royal. Soc. London* B, **236**, 339-372, 1989.

CLUTTON-BROCK T.H. – *The evolution of parental care.* Princeton University Press, Princeton, 1991.

CLUTTON-BROCK T.H., PARKER G.A. – Sexual coertion in animal societies. *Anim. Behav.,* **49**, 1345-1365, 1995.

CLUTTON-BROCK T.H., GUINNESS F.E., ALBON S.D. – *Red deer, the behavior and ecology of two sexes.* Univ. Press Chicago, 1982.

CLUTTON-BROCK T.H., GUINNESS F.E., ALBON D. – The cost of reproduction to red deer hinds. *J. Anim. Ecol.,* **52**, 367-383, 1983.

CLUTTON-BROCK T.H., ALBON S.D., GUINNESS F.E. – Parental investment and sex differences in juvenile mortality in birds and mammals. *Nature,* **313**, 131-133, 1985.

CLUTTON-BROCK T.H., O'RIAIN M.J., BROTHERTON P.N.M., GAYNOR D., KANSKY R., GRIFFIN A.S., MANSER M. – Selfish sentinels in cooperative mammals. *Science,* **284**, 1640-1644, 1999.

COCKBURN A. – Evolution of helping behavior in cooperatively breeding birds. *Ann. Rev. Ecol. Syst.,* **29**, 141-177, 1998.

COE W.R. – Nutrition and sexuality in protandric gastropods in the genus *Crepidula. Biol. Bull.,* **94**, 158-160, 1948.

COGNETTI G., DELAVAULT R. – La sexualité des Astérides. *Cahiers Biol. Marine,* **3**, 157-182, 1962.

COMBES C. – Parasitisme et évolution. *Pour la Science,* 173-179, 1998.

COOKE F., ROWELL R.F. – Reproductive success in Snow geese. In *Reproductive success* Cutton-Brock T. Univ. Cicago Press, 237-250, 1988.

CORBEN C.J., INGRAM G.J., TYLER M.J. – Gastric brooding, unique form of parental care in an Australian frog. *Science,* **186**, 946-947, 1974.

CORMIER J.-P. – Le rôle de la végétation dans l'emplacement des sites de reproduction chez *Circus cyaenus* et *Circus pygargus* dans des secteurs de reboisement en conifères. *Rev. Ecol. (Terre Vie),* **39**, 447-457, 1984.

CORMIER J.-P. – La reproduction du Busard cendré, *Circus pygargus* L., dans deux sites de l'ouest de la France. *L'Oiseau et RFO,* **55**, 107-114, 1985.

CORMIER J.-P. – Distribution, biologie de la reproduction et dynamique des populations de Busards Saint-Martin et cendré. *Rev. Ecol. (Terre Vie),* **43**, 57, 1987.

COX C.R., LE BŒUF B.J. – Female incitation of male competition, a mechanism of male selection. *Amer. Nat.,* **111**, 317-335, 1977.

COYNE J.A. – Rules for Haldane's rule. *Nature,* **369**, 189-190, 1994.

CRANE J. – Basic patterns of display in Fiddler crabs. *Zoologica,* **42**, 69-82, 1957.

CRANE J. – Combat, Display and ritualisation in Fiddler crabs. *Philos. Trans. Roy. Soc. London,* **251**, 459-472, 1966.

CREEL S.R., WASER P.M. – Inclusive fitness of strategies in Dwarf mongooses. *Behav. Ecol.,* **5**, 339-348, 1994.

CRESP J. – Études expérimentales et histologiques sur la régénération et le bourgeonnement chez les Serpulides *Hydroïdes norvegica* et *Salmacina incrustans. Bull. Biol. France Belgique,* **98**, 1964.

CRESPI B.J., YANEGA D. – The definition of eusociality. *Behav Ecol.,* **6**, 109-115, 1995.

CREWS D. – Parade nuptiale et évolution du cerveau. *Pour la Science,* **124**, 26-31, 1988.

CROOK J.H., ELLIS J.E., GOSS-LUSTARD J.D. – Mammalian social systems, structure and function. *Anim. Behav.,* **24**, 261-274, 1976.

CRUMP D.R., MOORS P.J. – Anal gland secretions of the stoats (*Mustela erminea*) and the ferret (*Mustela putorius* forma *furo*). *J. Chem. Ecol.,* **11**, 1037-1043, 1985.

CUNNINGHAM E.J.A., BIRHEAD T.R. – Sex roles and sexual selection. *Anim. Behav.,* **56**, 1311-1321, 1998. 1998.

CURIO E. – Why do young birds reproduce less well ? *Ibis,* **125**, 400-404, 1983.

DAGAULT N., SABOREAU M. – Caractéristiques de la reproduction du myocastor (*Myocastor coypus* M.) mâle dans la région du marais poitevin. *Can J. Zool.,* **68**, 1584-1589, 1990.

DALY M. – Why don't male mammals lactate ? *J. Theor. Biol.,* **78**, 325-345, 1979.

DALY M., WILSON M. – *Sex, evolution and behavior.* PWS pub. Belmont, 1983.

DARLING F.F. – *Bird flocks and the breeding cycle.* Cambridge Univ. Press, Cambridge, 1938.

DARWIN C.R. – *On the origin of species by means of natural selection, or the preservation of favoured races in the struggle for life.* John Murray, London, 1859.

DARWIN C.R. – *The descent of man and selection in relation to sex.* Murray Ed., London, 1871.

DAVIES N.B. – Polyandry, cloaca pecking and sperm competition in Dunnocks. *Nature,* **302**, 334-336, 1983.

DAVIES N.B. – Cooperation and conflict among Dunnocks *Prunnella modularis* in a variable mating system. *Anim. Behav.,* **33**, 628-648, 1985.

DAVIES N.B., HALLIDAY T.R. – Competitive mate searching in male common toads. *Anim. Behav.,* **27**, 1253-1267, 1979.

DAVIES N.B., LUNDBERG A. – Food distribution and variable mating system in the Dunnocks *Prunnella modularis. J. Anim. Ecol.,* **53**, 895-913, 1984.

DAWKINS R. – *The selfish gene.* Univ. Press Oxford, Oxford, 1976.

DEL PINO E. – Progesterone induces incubatory changes in the brouding pouch of the frog *Gasthroteca riobambae (Fowler). J. Exp. Zool.,* **227**, 159-163, 1983.

DELAVAULT R. – Recherches expérimentales sur la sexualité des hermaphrodites chez *Asterina gibbosa,* greffes de glandes génitales. *Arch. Anat. Micr. Morph. Exp.,* **52**, 469-496, 1963.

DELSOL M. – Un mécanisme évolutif riche en suggestion, la néoténie chez les batraciens. *Rev. Gen. Sc.,* **61**, 1-10, 1954.

DELSOL M., EXBRAYAT J.-M., FLATIN J., GUEYDAN-BACONNIER M. – Nutrition embryonnaire chez *Typhlonectes compressicaudus,* Amphibien Apode vivipare. *Mém. Soc. Zool. Fr.,* **43**, 39-54, 1986.

DEPUTTE B. – L'évitement de l'inceste chez les primates. *La Recherche,* **193**, 1332-1342, 1987.

DHONDT A.A. – Reproduction and survival of polygynous and monogamous Blue tits *Paris caeruleus. Ibis,* **129**, 327-334, 1987.

DI NATALE A., MANANO A. – Mating and calving of the Sperm Whale in the Central Mediterranean Sea. *Aquatic Mammals,* **1**, 7-9, 1985.

DIJKSTRA C., DAAN S., BURKER J.B. – Adaptive seasonal variation in the sex ratio of kestrel broods. *Functional Ecol.,* **4**, 143-147, 1990.

DOBRZANSKA J. – Problems of behavioural plasticity in the slave makin amazon ant *Polyergus rusfescens. Acta neurobiol. Exp.,* **38**, 113-132, 1978.

DOBOSZYNSKA T., ZUROWSKI W. – Reproduction of the European Beaver. *Acta Zool. Fennica,* **174**, 123-126, 1983.

DOMINEY W.J. – Alternative mating tactics and evolutionary stable strategies. *Am. Zool.,* **24**, 385-396, 1984.

DONCASTER C.P., MICOL T. – Response by coypus to catastrophic events of cold and flooding. *Holarct. Ecol.,* **13**, 98-104, 1990.

DOPAZO H., ALBERCH P. – Premilinary results on optional viviparity and intrauterine siblicide in *Salamandra salamandra* populations from Northern Spain. *Mertensiella,* **4**, 125-137, 1994.

DOS SANTOS M.E., HARZEN S. – Some new mating behaviour elements of free ranging bottlenose dolphins. *Eur. Res. Cetaceans,* **2**, 43, 1988.

DOURNON C., DURAND D., DEMASSIEUX C., BAUTZ A., GODBILLON G. – Influence de la température d'élevage sur la différenciation sexuelle chez les Amphibiens. *Bull. Soc. Herp. Fr.,* **57**, 19-30, 1991.

DOWLING T.E., SECOR C.L. – The role of hybridization and introgression in the diversification of animals. *Ann. Rev. Ecol. Syst.,* **28**, 593-619, 1997.

DROUICHE P. – Abondance de parents ne nuit pas. *Le Courrier de la Nature,* **143**, 4, 1994.

DUBOIS A. – Les Problèmes de l'espèce chez les Amphibiens Anoures. In "Les Problèmes de l'espèce dans le règne animal" (Dir. Bocquet C., Genermont J., Lamotte M.). *Mém. Soc. Zool. France,* **39**, 161-284, 1977.

DUBOIS A. – Populations, polymorphisme et adaptation, quelques exemples chez les amphibiens anoures. In *Recherche écologiques théoriques, les stratégies adaptatives* Barbault R., Blandin P., Meyer J.A. (eds), Maloine, Paris, 141-158, 1980.

DUBOIS A., GÜNTHER R. – Klepton and synklepton, two evolutionary systematics categories in zoology. *Zool. Jahr.,* **109**, 290-305, 1982.

DUNBAR R., DUNBAR P. – Dominance and reproductive success among female gelada baboons. *Nature,* **266**, 351-352, 1977.

DUNN P. O,. AFTON A.D., GLOUTNEY M.L., ALIISAUSKAS R.T. – Forced copulation results in few extrapair fertilizations in Ross's and lesser snow geese. *Anim. Behav.,* **57**, 1071-1081, 1999.

DURCHON M. – Recherches expérimentales sur l'épitoquie des Néréidiens. *Ann. Scien. Nat.,* **18**, 1-13, 1956.

DURCHON M. – Contribution à l'étude de la stolonisation chez les Syllidiens (Annélides polychètes). *Bull. Biol. Fr. Belg.,* **93**, 155-219, 1959.

DURCHON M. – *Endocrinologie des Invertébrés.* PUF, Paris, 1978.

EBEHARD W.G. – Beetle horn dimorphism, making the best of a bad lot. *Am. Nat.,* **119**, 420-426, 1982.

EBEHARD W.G. – *Sexual selection and animal genitalia.* Univ Press, Harvard, 1985.

ELLIOTT P.F. – Longevity and the evolution of polygamy. *Amer. Nat.,* **109**, 281-287, 1975.

EMLEN S.T. – Celestail rotation, its importance in the development of migratory orientation. *Science,* **170**, 1198-1201, 1970.

EMLEN S.T. – *Cooperative breeding in birds and mammals. Behavioral ecology and evolutionary approach.* Blackwell Sc. Pub., Oxford, 305-309, 1984.

EMLEN S.T., ORING L.W. – Ecology, sexual selection and the evolution of mating system. *Science,* **197**, 215-223, 1977.

EMLEN S.T., WREGE P.H. – A test of alternate hypotheses for helping behavior in white-fronted bee-eaters. *Behav. Ecol. Sociobiol.,* **25**, 303-319, 1989.

ENS B.J., KERSTEN M., BENNINKMEIJER A., HULSCHER J.B. – Territory quality, parental effort and reproductive success of Oystercatchers *Haematopus ostralagus*. *J. Anim. Ecol.,* **61**, 703-715, 1992.

ENS B. J, SAFRIEL U.N., HARRIS M.P. – Divorce in the long-lived and monogamous oystercatcher, *Haemotopus ostralegus*, incompatibility or choosing a better option ? *Anim. Behav.,* **45**, 1199-1217, 1993.

EVANS P.G.H., MACDONALD D.W., CHEESEMAN C.L. – Social structure of the European Badgers *Meles meles*, genetic evidence. *J. Zool. Lond.,* **218**, 587-595, 1989.

EWERT M.A., NELSON C.E. – Sex determination in turtles, diverse patterns and some posible adaptative values. *Copeia,* **91**, 50-69, 1991.

FAABORG J.F., PATTERSON C.B. – The characteristics and occurrence of cooperative polyandry. *Ibis,* **123**, 477-484, 1981.

FAABORG J.F., DE VRIES T., PATTERSON C.B., GRIFFIN C.R. – Preliminary observations on the occurrence and evolution of polyandry in Galopagos hawk (*Buteo galapagoensis*). *Auk,* **97**, 581-590, 1980.

FAIRBAIRN D.J. – Allometry for sexual size dimorphism, pattern and process in the coevolution of body size in males and females. *Ann. Rev. Ecol. Syst.,* **28**, 659-687, 1997.

FAIRBANKS L.A., MACGUIRE M.T. – Age reproductive value and dominance related behaviour in Vervet monkey females. *Anim. Behav.,* **34**, 1718-1721, 1986.

FARHIG L., MERRIAM G. – Conservation of fragmented populations. *Conserv. Biol.,* **8**, 50-59, 1994.

FENTON M.B. – *Sperm competition ? The case of vespertilionid and rhinolophid bats. In sperm competition and the evolution of animal mating systems.* In Smith R.L. (ed.). Academic Press, London, 573-587, 1984.

FERGUSSON M.W., JOANEN T. – Temperature of egg incubation determines sex in *Alligator mississippiensis. Nature,* **296**, 850-853, 1982.

FERRON J. – Le comportement cohésif de l'Écureuil roux (*Tamiasciurus hudsonicus*). *Biol. Behav.,* **5**, 119-138, 1980.

FITZPATRICK J.W., WOOLFENDEN G.E. – *Florida Scrub Jay.* In *Lifetime reproduction in birds.* Newton I., Academic Press, London, 201-218, 1989.

FISHER R.A. – *The genetical theory of natural selection.* Oxford Univ Press, Oxford, 1930.

FORBES S.H., BOYD D.K. – Genetic variation of naturally colonizing wolves in the central rocky mountains. *Conserv. Biol.,* **10**, 1082-1090, 1996.

FORMAN R.T.T., ALEXANDER L.E. – Roads and their major ecological effects. *Ann. Rev. Ecol. Syst.,* **29**, 207-231, 1998.

FRAME L.H., MALCOLM J.R., FRAME G.W., LAWICK H. – The social organization of African wild dogs *Lycaon pictus* on the Serengeti plaines, Tanzania. *Eeit. Tierpsychol.,* **50**, 225-249, 1979.

FRANCK L.G. – Female masuclanization in the Spotted Hyena. Gittelman ed, *Carnivore Behaviour, Ecology and Evolution,* **2** (3), 78-131, 1996.

FRANKS N.R. – Army ants a collectivity intelligence. *Amer. Scientist,* 139-145, 1989.

FRIEDMANN H. – Host relations of the parasitic Cowbirds *U.S. Nat. Mus. Bull.,* **233**, 1963.

FRYER G., ILES T.D. – *The Cichlid Fishes of the Great Lakes of Africa.* TFH publication, Neptune city, 1972.

FUSTEC J., LODÉ T., LE JACQUES D., CORMIER J.-P. – Colonisation strategy and habitat selection in a reintroduced beaver *Castor fiber* population in the Loire valley. *Freshwater Biology,* à paraître, 2001.

GABRION J., SENTEIN P., GABRION C. – Les populations néoténiques de *Triturus helveticus* des Causses et du Bas-Languedoc. I. Répartition., caractéristiques. *Terre Vie (Rev Ecol),* **31**, 489-506, 1977.

GADGIL M. – Dispersal, population consequences and evolution. *Ecology,* **52**, 253-260, 1971.

GADGIL M. – Male dimorphism as a consequence of sexual selection. *Amer. Nat.,* **106**, 574-580, 1972.

GADGIL M., BOSSERT W.H. – Life historical consequences of natural selection. *Amer. Nat.,* **104**, 1-24, 1970.

GALLIEN L.G. – *Différenciation et organogenèse sexuelle des métazoaires.* Masson, Paris, 1973.

GALLIEN L.G. – *Reproduction et développement.* PUF, Paris, 1976.

GAMBOA G.J., GRUDZIEN T.A., ESPELIE K.E., BURA E.A. – Kin recognition pheromones in social waps, combining chemical and behavioural evidence. *Anim Behav.,* **51**, 625-629, 1996.

GAGNEUX P., BOESCH C., WOODRUFF D.S. – Female reproductive strategies, paternity and community structure in wild West African chimpanzees. *Anim. Behav.,* **57**, 19-32, 1999.

GAUSE G.F. – The influence of ecological factors on the size of populations. *Am. Nat.,* **65**, 70-76, 1931.

GAUTIER J.Y. – *Socioécologie.* Privat, Toulouse, 1982.

GAUTIER J.-Y., LEFEUVRE J.-C., RICHARD G., TREHEN P. – *Ecoéthologie.* Masson, Paris, 1978.

GAUTIER J.-Y., PLANQUETTE P., ROUGER Y. – Étude éthologique de la relation mâle-femelle au cours du cycle de reproduction chez *Hoplosternum littorale. Rev. Ecol. (Terre Vie),* **43**, 389-398, 1988.

GELDER, (VAN) J.J. – A quantitative approach to the mortality resulting from traffic in a population of *bufo Bufo* L. *Oecologia,* **13**, 93-95, 1973.

GÉNOT J.C. – Biologie de reproduction de la Chouette chevêche, *Athena noctua,* en France. *L'Oiseau et RFO,* **62**, 309-319, 1992.

GENTNER T.Q., HULSE S.H. – Female European starling preference and choice for variation in conspecific male song. *Anim. Behav.,* **59**, 443-458, 2000.

GERHARDT H.C. – The evolution of vocalization in frogs and toads. *Annu. Rev. Ecol. Syst.,* **25**, 293-324, 1994.

GIARD A. – De l'influence de certains parasites Rhizocéphales sur les caractères sexuels extérieurs de leur hôte. *Cr. Acad. Sc.*, **103**, 84-86, 1886.

GILBERT L.E. – Post mating female odor in Heliconius butterflies, a male contributed antiaphrodisiac? *Science*, **193**, 419-420, 1976.

GHISELIN M.T. – The evolution of hermaphrodim among animals. *Q. Rev. Biol.*, **44**, 189-208, 1969.

GHISELIN M.T. – *The economy of nature and the evolution of sex*. Univ. California Press, Berkeley, 1974.

GLADSTONE D.E. – Promiscuity in monogamous colonial birds. *Amer. Nat.*, **114**, 545-557, 1979.

GODWIN J.H. – Histological aspects of protoandrous sex change in the anemonfish *Amphiprion melanopus*. *J. Zool. Lond.*, **232**, 199-213, 1994.

GOLDSCHMIDT T. – *Darwin's dreampond, drama in Lake Victoria*. Mit Press, 1993.

GOLDSWORTHY S.D., BONESS D.J., FLEISCHER R.C. – Mate choice among sympatric fur seals, female preference for conphenotypic males. *Behav. Ecol. and Sociolecol.*, **45**, 253-267, 1999.

GONZÀLEZ-SOLIS J., BECKER P.H., WENDELN H. – Divorce and asynchronous arrival in common terns, *Sterna hirundo*. *Anim. Behav.*, **58**, 1123-1129, 1999.

GOMPPER M.E., GITTLEMAN J.L., WAYNE R.K. – Genetic relatedness, coalitions and social behaviour of white-nosed coatis, *Nasua narica*. *Anim. Behav.*, **53**, 781-797, 1997.

GORDON J.W., RUDDLE F.H. – Mammalian gonadal determination and gametogenesis. *Science*, **211**, 1265-1271, 1981.

GORMAN M.L., KRUUK H., LEITCH A. – Social functions of the subcaudal scent gland secretion of the European badger *Meles meles* carnivora, Mustelidae. *J. Zool. Lond.*, **203**, 549-555, 1984.

GOSLING L.M. – Climatic determinants of spring littering by feral coypus (*Myocastor coypus*). *J. Zool. Lond.*, **195**, 461-474, 1981.

GRAF J.D., KARCH F., MOREILLON M.C. – Biochemical variation in the *Rana esculenta* complex, a new hybrid form related to *Rana perezi* and *Rana ridibunda*. *Experientia*, **33**, 1580-1584, 1977.

GRANT B.R., GRANT P.R. – *Evolutionary dynamics of a natural population, the large cactus finch of the Galapagos*. Univ. Chicago Press, Chicago, 1994.

GRASSÉ P.-P. – Ordre des Isoptères ou termites. *Traité de Zoologie*, **9**, 408-544, 1949.

GRAVE C. – Metamorphosis of Ascidian larvae. *Labor. Carn. Instit.*, **29**, 209-292, 1936.

GREENWOOD P.J. – Mating systems, philopatry and dispersal in birds and mammals. *Anim. Behav.*, **28**, 1140-1162, 1980.

GREVEN H., GUEX G.D. – Structural and physiological aspects of viviparity in *Salamandra salamandra*. *Mertensiella*, **4**, 139-160, 1994.

GRIFFITHS R.A. – Competition between common frog, *Rana temporaria*, and natterjack toad, *Bufo calamita*, tadpoles, the effect of competitor density and interaction level on tadpole development. *Oikos*, **61**, 187-196, 1991.

GRIME J.P. – Evidence for the existence of three primary strategies in plants and its relance to ecological and evolutionary theory. *Am. Nat.*, **111**, 1169-1194, 1977.

GROOT C. – *On the orientation of young sockeye salmon* (Oncorrhynchus nerka) *during their Seaward migration out of Lakes*. *Behav. Suppl. 14.*, 1965.

GROSS M.R. – Alternative reproductive strategies and tactics, diversity within sexes. *TREE*, **11**, 92-98, 1996.

GROSS M.R., SARGENT R.C. – The evolution of male and female parental care in fishes. *Am. Zool.*, **25**, 807-822, 1985.

GROSS M.R., SHINE R. – Parental care and mode of fertilization in ectothermic vertebrates. *Evolution*, **35**, 775-793, 1981.

GUBBAY J., LOVELL-BADGE R. – *The Mouse Y Chromosome. Molecular Genetics of Sex Determination*, Academy Press, San Diego, 43-67, 1994.

GUILLAUME O. – Does the Pyrenean salamander *Euproctes asper* use chemical cues for sex identification and mating behaviour? *Behav. Process.*, **46**, 57-62, 1999.

GUTZKE W.H. – Mini-review, sex detremination and sexual differentiation in reptiles. *Herpetol. Journal*, **1**, 122-125, 1987.

HAAPANEN A. – Site tenacity of the common taod, *Bufo bufo* (L.). *Ann. Zool. Fennici*, **11**, 251-252, 1974.

HAFEZ E.S.E. – *Reproduction and breeding techniques for laboratory animals.* Lea-Febiger, Philadelphia, 1970.

HAFFER J. – Secondary contact zones of birds in Northern Iran. *Bonn. Zool. Monog.,* **10**, 1-64, 1977.

HAGAME H.R. – *Embryology of the viviparous insect.* Ronald press, New York, 1951.

HALDANE J.B.S. – Sex ratio and uni-sexual sterility in animals. *J. Genet.,* **12**, 101-109, 1922.

HALE D.W. – Is X-Y recombinaison necessary for spermatocyte survival during mammalian spermatogenesis ? *Cytogenet. Cell Genet.,* **65**, 278-282, 1993.

HALLIDAY T., ARNOLD S.J. – Multiple mating by females, a perspective from quantitative genetics. *Anim. Behav.,* **35**, 939-941, 1987.

HAMILTON W.D. – The genetical evolution of social behaviour. *J. Theor. Biol.,* **7**, 1-52, 1964.

HAMILTON W.D. – Altruism and related phenomena, mainly in social insects. *Ann. Rev. Ecol. Syst.,* **3**, 193-232, 1972.

HAMILTON W.D., ZUK M. – Heritable true fitness and bright birds, a role for parasites ? *Science,* **218**, 384-387, 1982.

HAMILTON W.D., AXELROD R., TANESE R. – Sexual reproduction as an adaptation to resist parasites, a review. *Proceedings National Acad. Sci.,* **87**, 3566-3573, 1990.

HAMPIKIAN G.K., COOPER D.W., MARSHALL-GRAVES J.A. – Sex Determination in Marsupials and Monotremes. *Molecular Genetics of Sex Determination,* Academy Press, San Diego, 143-170, 1994.

HANKEN J., SHERMAN P.W. – Multiple paternity in Belding's ground squirrel litters. *Science,* **212**, 351-353, 1981.

HANSEN T.F., PRICE D.K. – Good genes and old age, do old mates provide superior genes. *J. Evol. Biol.,* **8**, 759-778, 1995.

HAUSFATER G. – Dominance and reproduction in baboons (*Papio cynocephalus*), a quantitative analysis. *Contrib. Primatology,* **7**, 1-150, 1975.

HARARI A.L., HANDLER A.M., LANDOLT P.J. – Size-assortative mating, male choice and female choice in the curculionid beetle *Diaprepes abbreviatus. Anim. Behav.,* **58**, 1191-1200, 1999.

HARCOURT A.H. – Strategies of emigration and transfer by primates, with particular reference to Gorillas. *Z. Tierpsychol.,* **48**, 401-420, 1978.

HARCOURT A.H., FOSSEY D., SABATER-P.I.J. – Demography of *Gorilla gorilla. J. Zool. Lond.,* **195**, 215-233, 1981.

HARRIS S. – The food of suburban foxes *Vulpes vulpes* with special reference to London. *Mammal Rev.,* **11**, 151-168, 1981.

HARRISSON R.G. – *Hybrid zones and the evolutionary process.* Univ Press, NY, 1993.

HARRISSON R.J., YOUNG B.A. – Functional characteristics of the Pinniped placenta. *Symp. Zool. Soc. London,* **15**, 47-68, 1966.

HARTZLER J.E. – *An analysis of Sage grouse lek behavior.* PH Dissertation, Univ. Montana, 1972.

HASLER A.D. – Guideposts of migrating fishes. *Science,* **131**, 785-792, 1960.

HASLER A.D., SCHWASSMANN H.O. – Sun orientation of fish at different latitudes. *Cold Spring Harbor Symp. Quant. Biol.,* **25**, 429-441, 1960.

HASSELQUIST D., BENSCH S., VON SCHANTZ T. – Correlation between male song repertoire, extra-pair paternity and offspring survival in the great reed warbler. *Nature,* **381**, 229-232, 1996.

HEATH D.J. – Simultaneous hermaphroditisme, cost and benefit. *J. Theor. Biol.,* **81**,151-155, 1977.

HEG D., TREUREN VAN R. – Female-female cooperation in polygynous oystercatchers. *Nature,* **391**, 687-690, 1998.

HEPPER P.G. – Sibling recognition in the rat. *Anim. Behav.,* **31**, 1177-1191, 1987.

HETH G., TODRANK J., JOHNSTON R.E. – Kin recognition in golden hamters, evidence for phenotype matching. *Anim. Behav.,* **56**, 409-417, 1998,

HEULIN B. – Données nouvelles sur les populations ovipares de *Lacerta vivipara. CR Acad. Sc. Paris,* **306**, 63-68, 1988.

HEULIN B., ARRAYAGO M.-J., BEA A. – Expérience d'hybridation entre les souches ovipare et vivipare du Lézard *Lacerta vivipara. CR Acad. Sc. Paris,* **308**, 341-346, 1989.

HEWITT G.M. – Hybrid zones-Natural laboratories for evolutionary studies. *TREE*, **3**, 158-167, 1988.

HILDEN O., VUOLANTO S. – Breeding biology of the red neckel phalarope *Phalaropus lobatus* in Finland. *Orn. Fenn.*, **49**, 72-85, 1972.

HOFFMAN S.G., SCHILDHAUER M.P., WARNER R.R. – The cost of changing sex and the ontogeny of males under contest competition for mates. *Evolution*, **39**, 915-922, 1985.

HOFFMANN J.A., LAGNEUX M., HETRU C., KAPLER C., GOLTZENE F., LANOT R., THIEBOLD J. – Role of ecdysteroids in reproduction of insects, a critical analysis. In, *Advances in Invertebrate reproduction*, 4, Porchet *et al.*, 9-21, 1986.

HOGAN-WARBURG L. – Social behavior of the ruff, *Philomachus pugnax* L. *Ardea*, **54**, 109-229, 1966.

HOGARTH P.J. – *Viviparity*. Camelot press, Southampton, 1976.

HÖHN E.O. – Observations on the breeding biology of Wilson'xs Phalarope (*Steganopus tricolor*) in central Alberta. *Auk*, **84**, 220-244, 1967.

HÖLLDOBLER B., WILSON E.O. – *The ants*. Springer-Verlag, Berlin, 1990.

HOLM L.W. – The Gestation Period of Mammals. Comparative Biology of Reproduction in Mammals. *Zool. Soc. Lond.*, 403-418, 1966.

HOLMES W.G., SHERMAN P.W. – The ontogeny of kin recognition in two species of ground squirrels. *Amer. Zool.*, **22**, 491-517, 1982.

HOOGLAND J.L. – Prairie dogs avoid extreme inbreeding. *Science*, **215**, 1639-1641, 1982.

HORI M. – Frequency-dependent natural selection in the handedness of scale-eating Cichlid Fish. *Science*, **260**, 216-219, 1993.

HORROCKS J., HUNte W. – Maternal rank and offspring in vervet monkeys, an appaial of the mechanism of rank acquisition. *Anim. Behav.*, **31**, 772-781, 1983.

HOURDRY J., BEAUMONT A. – *Les métamorphoses des Amphibiens*. Masson, Paris, 1985.

HOUSTON A.I., MACNAMARA J.M. – Singing to attract a mate, a stochastic dynamic game. *J. Theor. Biol.*, **129**, 57-68, 1987.

HOWARD R.D. – Alternative mating behaviors of young male bullfrogs. *Am. Zool.*, **24**, 397-406, 1984.

HOWARD R.D., YOUNG J. – Individual variation in male vocal traits and female mating preferences in *Bufo americanus*. *Anim. Behav.*, **55**, 1165-1179, 1998.

HOWSE P.E. – Chemical defences of ants, termites and other insects, some out standing questions. In pheromones and defence secretions in social insects. *Proceed International Symposium* IUSSI Dyon, 23-40, 1975.

HRDY S.B. – Infanticide among animals, a review, classification, and examination of the implications for the reproductive startegies of females. *Ethol., Sociobiol.*, **1**, 13-40, 1979.

HUEY R.B., PIANKA E.R., EGAN M.E., COONS L.W. – Ecological shifts in sympatry, kalahari fossorial lizards *Typhlosaurus*. *Ecology*, **55**, 304-316, 1974.

HUEY R.B., PIANKA E.R. – Seasonal variation in thermoregulatory behavior and body temperature of diurnal kalahari lizard. *Ecology*, **58**, 1066-1075, 1977.

HULL S. – Assortative mating between two distinct micro-allopatric populations of *Littorina saxatillis* Olivi, on the northeast coast of England. *Hydrobiologia*, **378**, 79-88, 1998.

HUNT S., CUTHILL I.C., BENNETT A.T.D., GRIFFITHS R. – Preferences for ultraviolet partners in the blue tit. *Anim. Behav.*, **58**, 809-815, 1999.

HUNTER R.H.F. – *Sex determination, differentiation and intersexuality in placental mammals*. Cambridge Univ. Press, Cambridge, 1995.

HURTREZ-BOUSSÈS S., GARINE-WICHATITSKI M., PERRET P., BLONDEL J., RENAUD F. – Variations in prey valence and intensity of blow fly infestations in an inular Mediterranean population of Blue-tits. *Can. J. Zool.*, **77**, 337-341, 1999.

HUTCHING J.A., MYERS R.A. – The evolution of alternative mating strategies in variable environments. *Evol. Ecol.*, **8**, 256-268, 1994.

INGER R.F., VORIS H.K., WALKER P. – Larval transport in a Bornean ranid frog. *Copea*, 523-525, 1986.

INGRAM C.J., ANSTIS M., CORBEN C.J. – Observations on the Australian Letodactylid frog, *Assa dardingtoni*. *Herpetologica* 31, 425-429, 1975.

JANZEN F.J. – Is temperature-dependent sex determination in reptiles adaptive? *TREE*, **11**, 253, 1966.

JEANNE R.L. – Evolution of social behavior in the Vespidae. *Ann. Rev. Ento.*, **25**, 371-396, 1980.

JAISSON P. – Les relations parentales chez les Hyménoptères sociaux. *Reprod. Nutr. Dev.*, **20**, 771-778, 1980.

JARMAN P.J. – The social organisation of antelope in relation to their ecology. *Behaviour*, **48**, 215-267, 1974.

JARMAN P.J. – Mating systems and sexual dimorphism in large terrestrial mammalian herbivores. *Biol. Rev.*, **58**, 485-520, 1983.

JARVIS J.U.M. – Eusociability in a mammal, cooperative breeding in naked mole rat colonies. *Science*, **212**, 571-573, 1981.

JENKINS D., WATSON A., MILLER G.R. – Population studies on red grouse populations. *J. Appl. Ecol.*, **1**, 183-195, 1963.

JENNI D.A. – Evolution of polyandry in birds. *Amer. Zool.*, **14**, 129-149, 1974.

JOHANNESSON K., ROLA-ALVAREZ., EKENDAHL A. – Incipient reproductive isolation between two sympatric morphs of the interdital snail *Littorina saxatilis*. *Evolution*, **49**, 1180-1190, 1995.

JOHNSTON C.M., BARNETT M., SHARPE P.T. – The molecular biology of temperature-dependent sex determination. *Philos. Trans. Royal Soc. series*, B **350**, 297-304, 1995.

JOHNSTON R.E. – Effects of female odors on the sexual behavior of male hamsters. *Behav. Neural. Biol.*, **46**, 1688, 1986.

JOLY J., CHESNEL F., BOUJARD D. – Biological adaptations strategies in the genus *Salamandra*. *Mertensiella*, **4**, 255-269, 1994.

JOUVENTIN P., WEIMERSKIRCH H. – Les Albatros. *La Recherche*, **159**, 1228-1240, 1984.

JOUVENTIN P., AUBIN T., LENGAGNe T. – Finding a parent in a king penguin colony, the acoustic system of individual recognition. *Anim. Behav.*, **57**, 1175-1183, 1999.

JOUVENTIN P., BARBRAUD C., RUBIN M. – Adoption in the emperor penguin, *Aptenodytes forsteri*. *Anim. Behav.*, **50**, 1023-1029, 1995.

JOUVENTIN P., MICOL T., VERHEYDEN C., GUÉDON G. – Le Ragondin, Biologie et méthodes de limitation des populations. ACTA, Paris, 1996.

JUCHAULT P., RIGAUD T., MOCQUARD J.P. – Evolution of sex-determining mechanisms in a wild population of *Armadillidium vulgare* Latr (Crustacea, Isopoda), competition between two feminizing parasitic sex factors. *Heredity*, **69**, 382-390, 1992.

KANO T. – *The last ape, Pygmy chimpanzee behaviour and ecology*. Univ press. Standford, 1992.

KASTON B.J. – Some little known of spider behavior. *Am. Midl.*, **73**, 336-356, 1965.

KEANE B., WASER P.M., CREEL N.M., ELLIOT L.F., MINCHELLA D.J. – Subordinate reproduction in dwarf mongooses. *Anim. Behav.*, **47**, 65-75, 1994.

KEETON W.T. – Magnet interfer with pigeon homing. *PNAS USA*, **68**, 102-106, 1971.

KEMPENAERS B., BERHEYEN G.R., BROECK M., BURKE T., BROECKHOVEN C.V., DHONDT A.A. – Extra-pair paternity results from female preference for high suality males in the Blue tit. *Nature*, **357**, 494-496, 1992.

KENNEDY P.K., KENNEDY M.L., CLARKSON P.L., LIEPINS I.S. – Genetic variability in natural populations of the gray wolf, *Canis lupus*. *Can. J. Zool.*, **69**, 1183-1188, 1991.

KERFOOT W.C. – Egg-size cycle of a cladoceran. *Ecology*, **65**, 1259-1270, 1974.

KEMPER S. – *Polygamy and monogamy in Kandyan Sri Lanka*. London, 1980.

KILNER R.M., NOBLE D.G., DAVIES N.B. – Signals of need in parent-offspring communication and their exploitation by the common cuckoo. *Nature*, **397**, 667-668, 1999.

KIRKPATRICK M. – Sexual selection by female choice in polygynous animals. *Ann. Rev. Ecol. Syst.*, **18**, 43-70, 1987.

KIRKPATRICK M., RYAN M.J. – The evolution of mating preferences and the paradox of the lek. *Nature*, **350**, 33-38, 1991.

KLEIMAN D.G. – Monogamy in mammals. *Q. Rev. Biol.*, **52**, 39-69, 1977.

KOENIG W.D. – Opportunity of parentage and nest destruction in polygynandrous acorn woodpeckers, *Melanerpes formicivorus*. *Behav. Ecol.*, **1**, 55-61, 1990.

KOFORD C.B. – Rank of mothers and sons in bands of Rhesus monkeys. *Science,* **141**, 356-357, 1963.

KOMDEUR J., DAAN S., TINBERGEN J., MATEMAN C. – Extreme adaptive modification in sex ratio of the Seychelles warbler's eggs. *Nature,* **385**, 522-525, 1997.

KONDRASHOV A.S. – Selection against harmful mutations in large sexual and asexual populations. *Genet. Res., Camb.,* **40**, 325-332, 1982.

KÖNIG B. – Components of lifetime reproductive success in communally and solitarily nursing house mice, a laboratory study. *Behav. Ecol. Sociobiol.,* **34**, 275-283, 1994.

KORNFIELD I., SMITH P.F. – African cichlid fishes, model systems for evolutionary biology. *Ann. Rev. Ecol. Syst.,* **31**, 163-196, 2000.

KOSE M., MÄND R., MOLLER A.P. – Sexual selection for white tail spots in the Barn swallow in relation to habitat choice by feather lice. *Anim Behav.,* **58**, 1201-1205, 1999.

KRACKOW S. – Potential mechanisms for sex ratio adjustment in mammals and birds. *Biol. Rev.,* **70**, 225-241, 1995.

KRAFFT B. – Les araignées sociales. *La Recherche,* **168**, 884-892, 1985.

KREBS J.R. – Colonial nesting in birds with special references to the ciconiiformes. In Sprunt A., Ogden Jc., Winckler S., *Wading birds,* Nat. Audubon Soc., NY, 299-314, 1978.

KRUPA J.J. – How likely is male mate choice among anurans? *Behaviour,* **132**, 643-664, 1995.

KRUUK H. – *The spotted hyena.* Univ. Chicago Press, Chicago, 1972.

LACHAISE D. – Les stratégies de reproduction chez les Drosophilides tropicaux. In *Recherche écologiques théoriques, les stratégies adaptatives,* Barbault R., Blandin P., Meyer J.A. (eds). Maloine, Paris, 115-139, 1980.

LACK D. – *Population studies of birds.* Clarandon press, 1966.

LACK D. – *Ecological adaptations for breeding in birds.* Methuen and Coe, London, 1968.

LACY R.C., SHERMAN P.W. – Kin recognition by phenotype matching. *Amer. Nat.,* **121**, 489-512, 1983.

LAMBERT A., LE BRUN N., RENAUD F. – L'étrange reproduction d'un ver parasite. *La Recherche,* **194**, 1548-1551, 1987.

LAMOTTE M., LESCURE J. – Tendances adaptatives à l'affranchissement du milieu aquatique chez les amphibiens anoures. *Rev. Ecol. (Terre Vie),* **31**, 225-312, 1977.

LAMOTTE M., PERRET J.-L. – Contribution à l'étude des Batriciens de l'ouest africain. XIV. Le développement larvaire de *Chiromantis rufescens* Günther. *Bull. I.F.A.N.,* **25**, 265-276, 1963.

LAMOTTE M., XAVIER F. – Les Amphibiens Anoures d'Afrique à développement direct. *Bull. Soc. Zool. Fr.,* **97**, 413-428, 1972.

LAMUNYON C.W. – Sperm storage by females of the polyandrous noctuid moth *Heliothis virescens. Anim. Behav.,* **59**, 395-402, 1999.

LANDE R. – Sexual dimorphism, sexual selection, and adaptation in polygenic characters. *Evolution,* **34**, 292-305, 1980.

LANK D.B., ORING L.W., MAXSON S.J. – Mate and nutrient limitation of egg-laying in a polyandrous shorebird. *Ecology,* **66**, 1513-1524, 1985.

LANK D.B., SMITH C.M., HANOTTE O., BURKE T., COOKE F. – Genetic polymorphism for alternative mating behavior in lekking male ruff, *Philomachus pugnax. Nature,* **378**, 59-62, 1995.

LAQUEUR G.L. – Fonction endocrine des gonades. *Endocrinologie,* **32**, 81-86, 1943.

LATIL, DE P. – Fantasia chez les poulpes. *Science Avenir,* **473**, 82-86, 1986.

LAUKAITIS C.M., CRITSER E.S., KARIM R.C. – Salivary androgen-binding protein ABP mediates sexual isolation in *Mus musculus. Evolution,* **51**, 2000-2005, 1997.

LAURIMA A., SEPPA P. – Multiple paternity in the common frog *Rana temporaria*, genetic evidence from tadpole kin groups. *Biol. J. Linn. Soc.,* **63**, 221-232, 1998.

LAVELLE P. – Relations entre types écologiques et profils démographiques chez les vers de terre de la savane de Lamto (Côte-d'Ivoire). In *Recherche écologiques théoriques, les stratégies adaptatives,* Barbault R., Blandin

P., Meyer J.A. (eds), Maloine, Paris, 193-207, 1980.

LAWS R.M., CLOUGH G. – Observations on reproduction in the Hippopotamus *Hippopotamus amphibus* Linn. *Symp. Zool. Soc. London,* **15**, 117-140, 1966.

LEATHERWOOD S., RANDALL R. – *The bottlenose dolphin.* Acad. Press, London, 1989.

LE BŒUF B.J. – Sexual behavior un the northern elephant seal *Mirunga angustirostris. Behaviour,* **41**, 1-16, 1972.

LE BŒUF B.J. – Male-male competition and reproductive success in Elephant seals. *Amer. Zool.,* **14**, 163-176, 1974.

LE BOEUF B.J., PETERSON R.S. – Social status and mating activity in elephant seals. *Science,* **163**, 91-93, 1969.

LE BŒUF B.J., MESNICK S.L. – Sexual behavior of male Northern Elephant seal, I Lethal injuries to adult females. *Behaviour,* **116**, 143-162, 1990.

LE BERRE R. – *Ecologie dynamique des populations animales.* Orsay, Paris, 1976.

LEGAY J.-M., DEBOUZIE D. – *Introduction à une biologie des populations.* Masson, Paris, 1985.

LEGAY J.-M., PONTIER D. – Âge, courbe de survie et taille des groupes dans les populations de chats. *CR Acad. Sci. Paris,* III **296**, 33-36, 1983.

LÉNA J.-P., FRAIPONT DE M. – Kin recognition in the common lizard. *Behav. Ecol., Sociobiol.,* **42**, 341-347, 1998.

LENGAGNE T., LAUGA J., JOUVENTIN P. – A method of independent time and frequency decomposition of bioacoustic signals, interindividual recognition in four species of penguins. *CR. Acad. Sci.,* **320**, 885-891, 1997.

LEROY Y. – *L'univers odorant de l'animal.* Boubée, Paris, 1987.

LESBARRÈRES D., LODÉ T. – La conservation des amphibiens, exemple d'aménagements autoroutiers. *Bull. Soc. Sc. Nat. Ouest France,* **22**, 37-48, 2000.

LEVEAUX M. – La formation des Gemmules chez les Spongillidae. *Ann. Soc. Ry. Zool. Belg.,* **70**, 1939.

LEVIN N.E. – *Women with many husbands.* London, 1980.

LICHT P. – Regulation of the annual testis cycle by photoperiod and temperature in the lizard, *Anolis carolinensis. Ecology,* **52**, 240-252, 1971.

LIGON J.D., LIGON S.H. – Communal breeding in green woodhoopoes as a case for reciprocity. *Nature,* **276**, 496-498, 1978.

LIGON J.D., LIGON S.H. – Green woodhoopoes, life history traits and sociality. In *Cooperative breeding in birds.* Stacey P.B., Koenig W.D. (eds), Univ. Press, Cambridge, 1990.

LILLIE F.R. – The free-martin, a study of the action of sex hormones in the foetal life of cattle. *J. Exp. Zool.,* **23**, 371-452, 1917.

LITTLEJOHN M.J., OLDHAM R.S. – *Rana pipiens* complex, mating call structure and taxonomy. *Science,* **162**, 1003-1004, 1968.

LLOYD D.G. – Benefits and handicaps of sexual reproduction. *Evol. Biol.,* **13**, 69-111, 1980.

LOCKIE J. – Territory in small carnivores. *Symp. Zool. Soc. Lond.,* **18**, 143-165, 1966.

LOHMAN K.J. – Magnetic orientation by hatchling loggerhead seeturtles. *J. Exp Biol.,* **155**, 37-49, 1991.

LODÉ T. – Ontogenèse des comportements de prédation et rôle de l'expérience alimentaire précoce chez *Mustela putorius. Mammalia,* **53**, 497-509, 1989.

LODÉ T. – Reconnaissance du congénère et comportements sexuels chez un Mustélidé, le Putois. *Bull. Soc. Sc. Nat. Ouest France,* **12**, 105-110, 1990.

LODÉ T. – Conspecific recognition and mating in Stone marten *Martes foina* Erxleben 1777. *Acta Theriol.,* **36**, 275-283, 1991.

LODÉ T. – Conspecific tolerance and sexual segregation in European polecat. *Acta Ther.,* **41**, 171-176, 1996a.

LODÉ T. – Predation of European polecat upon frog and toad populations at breeding sites in western France. *Ethol. Ecol. Evol.,* **8**, 115-124, 1996b.

LODÉ T. – *Cours de Génétique des Populations.* Ellipses. Paris, 1998.

LODÉ T. – Genetic bottleneck in the threatened western population of European mink *Mustela lutreola. Ital. J. Zool.,* **66**, 351-353, 1999.

LODÉ T. – Functional response and area-restricted search of a predator, seasonal exploitation of anurans by European polecat *Mustela putorius*. *Autral Ecology,* **25**, 223-231, 2000a.

LODÉ T. – Effect of a motorway on mortality and isolation of wildlife populations. *Ambio,* **29**, 165-168, 2000b.

LODÉ T. – Character convergence in advertisement call and mate choice in two genetically distinct water frog hybridogenetic lineages (*Rana kl esculenta, R. kl grafi*). *J. Zool. Syst. Evol. Res.,* **39**, 91-96, 2001a.

LODÉ T. – Genetic divergence without spatial isolation in polecat *Mustela putorius* populations. *J. Evol. Biol.,* **14**, 228-236, 2001b.

LODÉ T. – Mating system and genetic variance in a polygynous mustelid, the European polecat. *Genes., Genetic systems,* 2001c.

LODÉ T., MARION L. – *Biologie des populations de Myocastor coypus sur la réserve de Grand-Lieu.* Rapport d'activité CNRS, 1997.

LODÉ T., PAGANO A. – Variations in courtship call and morphology in male water frogs, taxonomic and evolutionary implications. *CR Acad. Sci.,* **323**, 995-1001, 2000.

LOISON A., GAILLARD J.M., PÉLABON C., YOCCOZ N.G. – What factors shape sexual dimorphism in ungulates ? *Evol. Ecol. Res.,* **1**, 611-633, 1999.

LOWE V.P.W. – Population dynamics of the red deer (*Cervus elaphus* L.) on Rhum. *J. Anim. Ecol.,* **38**, 425-457, 1969.

LUBET P., STREIFF W. – Étude expérimentale de l'action des ganglions nerveux sur la morphogenèse du pÉnis et l'activité génitale de *Crepidula fornicata* (Mollusque gastéropode). Culture d'organes d'Invertébrés. Lutz Ed. London 5, 141-159, 1969.

LUCAS A. – Recherches sur la sexualité des Mollusques bivalves. *Bull. Biol. Fr. Belg.,* **99**, 115-247, 1965.

LUCAS J.R., HOWARD R.D. – On alternative reproductive tactics in anurans, dynamic games with density- and frequency-dependence. *Am. Nat.,* **146**, 365-397, 1995.

LUSCHER M. – *Differential effects of three JH in the cockroach.* Coll. Endo. Inv., 1975.

LUTAUD G. – Contribution à l'étude du bourgeonnement et de la croissance des colonies chez *Membranipora membranaeca*, Bryozaire chilostome. *Ann. Sc. Zool.,* **91**, 1957.

LYMAN R.P., Dave A.R. – Mammalian hibernation. *Bull. Mus. Comp. Zool.,* **124**, 1-549, 1960.

LYON M.F. – *X-Chromosome Inactivation, Molecular genetics of sex determination*, Academy Press, San Diego. 123-142, 1994.

MAC ARTHUR R.H., WILSON E.O. – *The theory of island biogeography.* Princeton Univ. Press, Princeton, 1967.

MAC DIARMID R.W., FOSTER M.G. – Unusual sites for two neotropical tadpoles. *J. Herpetol.,* **9**, 264-265, 1975.

MAC KERNS K.W. – *The gonads.* NY Ampleton Cent Crofts, NY, 1969.

MAC KINNEY F., DERRICKSON S.R., MINEAU P. – Forced copulation in waterfowl. *Behaviour,* **86**, 250-294, 1983.

MADER H.J. – Animal Habitat isolation by roads and agricultural fields. *Biol. Conserv.,* **29**, 81-96, 1984.

MAIZERET C., MIGOT P., GALINEAU H., GRISSER P., LODÉ T. – Répartition et habitats du Vison d'Europe (*Mustela lutreola*) en France. *Arvicola* « Actes Amiens », 67-72, 1998.

MALCOLM J.R., MARTEN K. – Natural selection and the communal rearing of pups in African wild dogs *Lycaon pictus*. *Behav. Ecol. Sociobiol.,* **10**, 1-13, 1982.

MANGEL M. – Évolution of host selection in parasitoids, does the state of the parasitoid really matter ? *Am. Nat.,* **135**, 688-705, 1990.

MARCHAL P. – Recherches sur la biologie et le développement des Hyménoptères parasites. *Arch. Zool. Exp. Gen.,* **4**., 1904.

MARION L. – Mise en évidence par biotélémétrie de territoires alimentaires individuels chez un oiseau colonial, le Héron cendré *Ardea cinerea*. Mécanismes de répartition et de régulation des effectifs des colonies de Hérons. *L'Oiseau., RFO,* **54**, 1-78, 1984.

MARQUÈS R. – Female choice in the midwife toads. *Behaviour,* **132**, 151-161, 1995.

MARTIN G., JUCHAULT P., LEGRAND J.-J. – Mise en évidence d'un microorganisme intracytoplasmique symbiote de l'Oniscoïde *Armadillidium vulgare* Latr dont la présence accompagne l'intersexualité ou la féminisation totale des mâles génétiques de la lignée thélygène. *CR Acad. Sci. Paris,* **276**, 2313-2316, 1973.

MARTIN T.E. – Are microhabitat preferences of coexisting species under selection and adaptive ? *Ecology,* **79**, 656-670, 1998.

MARTINET J., HOUDEBINE L.-M. – *Biologie de la lactation.* Eds INSERM-INRA, Paris, 1993.

MARTINET L., ORTAVANT R., COUROT M. – Seasonal breeding, changes in gonadal activity. *Acta Zool. Fennica,* **171**, 157-163, 1984.

MAXSON S.J., ORING L.W. – Breeding season time and energy budgets of the polyandrous spotted sandpiper. *Behaviour,* **74**, 200-263, 1980.

MAYNARD-SMITH J. – Group selection and kin selection. *Nature,* **201**, 1145-1147, 1964.

MAYNARD-SMITH J. – *The evolution of sex.* University Press, Cambridge, 1978.

MAYNARD-SMITH J. – *Evolution and theory of games.* University Press, Cambridge, 1982.

MAYR A. – *Animal species and evolution.* Haward Univ. Press, Cambridge, 1963.

MECH L.D. – Wolf-pack zones as prey reservoirs. *Science,* **198**, 320-321, 1977.

MÉDIONI J., BOESIGER E. – *Mécanismes éthologiques de l'évolution.* Masson, Paris, 1977.

MEIKLE D.B., VESSEY S.H. – Nepotism among rhesus monkey brothers. *Nature,* **294**, 160-161, 1981.

MERRELL D.J. – A comparison of the estimated size and "effective size" of breeding populations of the leopard frog, *Rana pipiens. Evolution,* 22, 274-283, 1968.

MEYER A. – Phylogenetic relationships and evolutionary process in east African Cichlid Fishes. *TREE,* **8**, 279-284, 1993.

MIAUD C., GUYÉTANT R. – Plasticité et sélection sur les traits de vie d'un organisme à cycle vital complexe, la grenouille rousse *Rana temporaria* (Amphibien, Anoure). *Bull. Soc. Zool. Fr.,* **123**, 325-344, 1998.

MIAUD C., GUYÉTANT R., ELMBERG J. – Variations in life-history traits in the common frog *Rana temporaria* (*Amphibia, Anura*), a literature review and new data from the French Alps. *J. Zool. Lond.,* **249**, 61-73, 1999.

MICHENER C.D. – Comparative social behavior of bees. *Ann. Rev. Entom.,* **14**, 299-342, 1969.

MICHENER C.D., BROTHERS D.J. – Were workers of eusocial hymenoptera initially altruistic or oppressed. *PNAS USA,* **71**, 671-674, 1974.

MICHOD R.E., LEVIN B.R. – *The evolution of sex, an examination of current ideas.* Sinauer Ass. Inc, Sunderland, 1988.

MIGNAULT C. – Les initiatives sexuelles des femelles singes. *La Recherche,* **293**, 70-73, 1996.

MITTWOCH U. – Sex-determining mechanisms in animals. *TREE,* **11**, 63-65, 1996.

MOEHLMAM P.D. – Jacal helpers and pup survival. *Nature,* **277**, 382-383, 1979.

MOLLER A.P. – Females prefer large and symmetrical ornaments. *Nature,* **357**, 238-239, 1992.

MOLLER A.P. – Ectoparasites increase the cost of reproduction in their hosts. *J. Anim. Ecol.,* **62**, 309-322, 1993.

MOLLER A.P. – *Sexual selection and the Barn swallow.* Inv. Press, Oxford, 1994.

MONOD J. – *Le Hasard et la nécessité.* Le Seuil, Paris, 1970.

MOORE B.R. – Is homing in the pigeon's map geomagnetic ? *Nature,* **285**, 69-70, 1980.

MORAN N.A. – The evolution of aphid life cycles. *Ann. Rev. Ent.,* **37**, 321-348, 1992a.

MORAN N.A. – The evolutionary maintenance of alternative phenotypes. *Am. Nat.,* **139**, 971-989, 1992b.

MORI A., D'ETTORE P., LE MOLI F. – Mating and postmating of the European Amazon ant *Polyergus rufescens* (Hymenoptera, Formicidae). *Boll. Zool.,* **61**, 203-206, 1994.

MORI A., GRASSO D., VISICCHIO R., LE MOLI F. – Colony founding in *Polyergus rufescens,* the role of the Dufour's gland. *Insect. Soc.,* **47**, 7-10, 2000.

MORITZ C. – Parthenogenesis in the endemic Australian lizard *Heteronotia binoei* (Gekkonidae). *Science,* **220**, 235-237, 1983.

MORRIS D. – *Der nackte Affe.* Droemer, München, 1968.

MOSS C.J. – Oestus Behaviour and Female Choice in the African Elephant. *Behaviour,* **86**, 167-196, 1983.

MOYNIHAN M. – Some aspects of reproductive behavior in the Black-headed gull (*Larus ridibundus ridibundus*) and related species. *Behav. Suppl.,* **4**, 1955.

MROSOVSKY N., YNTEMA C.L. – Temperature dependence of sexual differentiation in sea turtles, implications for conservation practices. *Biol. Conserv.,* **18**, 271-280, 1980.

MULLER H.J. – Our load of mutations. *Amer. J. Hum. Genet.*, **2**, 111-176, 1950.

MURIE J.O. – Mating behavior of Columbian ground squirrels. I. Multiple mating by females and multiple paternity. *Can. J. Zool.*, **73**, 1819-1826, 1995.

NAISSE J. – Contrôle endocrinien de la différenciation sexuelle chez l'Insecte *Lampyris noctiluca* (Coléoptère, Malacoderme, Lampyride). *Arc. Biol.*, **77**, 139-210, 1966.

NATOLI E. – Mating strategies in cats, a comparison of the role and importance of infanticide in domestic cats, *Felis catus* L., and Lions, *Panthera leo* L. *Anim. Behav.*, **40**, 183-186, 1990.

NAULLEAU G. – Reproduction de la couleuvre d'esculape *Elaphe longissima* Larenti (Reptilia, colubridae) dans le centre-ouest de la France. *Bull. Soc. Herp. Fr.*, **62**, 9-17, 1992.

NEWMAN H., PATERSON S.T. – The developement of the nine-banded *Armadilla* with référence to the question of the specific polyembryony. *J. Morphol.*, **21**, 1910.

NEWTON I. – *Lifetime reproduction in birds*. Academic Press, London, 1989.

NICE M.M. – The role of territoriality in bird life. *Am. Midl. Nat.*, **26**, 441-487, 1941.

NICOLAI J. – Der Brutparasitismus der Viduinae als ethologisches Problem, Prägungsphänomene als Faktoren der Rassen und Artbildung. *Z. Tierpsychol.*, **21**, 129-204, 1964.

NUR U., WERREN J.H., EICKBUSH D.G., BURKE W.D., EICKBUSH T.H. – A selfish B chromosome that its transmission by eliminating the paternal genome. *Science*, **240**, 512-514, 1988.

O'HARA R.K., BLAUSTEIN A.R. – An investigation of sibling recognition in *Rana cascadae* tadpoles. *Anim. Behav.*, **29**, 1121-1126, 1981.

OHNO S. – *Major sex determining genes*. Springler-Verlag Berlin, 1979.

OLSSON M. – Forced copulation and costly female resistance behavior in the Lake Eyre dragon *Ctenophorus maculosus*. *Herpetologica*, **51**, 19-24, 1995.

OPPLIGER A., RICHNER H., CHRISTE P. – Effect of an ectoparasite on lay date, nest-site choice, desertion, and hatching success in the Great tit (*Paris major*). *Behav. Ecol. Sociobiol.*, **5**, 130-134, 1994.

ORIANS G.H. – On the evolution of mating systems in birds and mammals. *Am. Nat.*, **103**, 589-603, 1969.

ORIANS G.H. – *Some Adaptations of Marsh-nesting Blackbirds*, University Press, Princeton, 1980.

ORING L.W., LANK D.B. – Sexual selection, arrival times, philopatry and site fidelity in the polyandrous Spotted sandpiper. *Behav. Ecol. Sociobiol.*, **10**, 18, 1982.

ORING L.W., FEISCHER R.C., RED J.M., MARDEN K.E. – Cuckoldry through stored sperm in the sequentially polyandrous Spotted sandpiper. *Nature*, **359**, 631-633, 1992.

ORR H.A. – Haldane's rule. *Ann. Rev. Ecol. Syst.*, **28**, 195-218, 1997.

ORTEN J.H. – On the occurrence of protandric hermaphroditism in the Mollusc *Crepidula fornicata*. *Proc. Roy. Soc. Lond.*, **81**, 468-484, 1909.

PACKER C. – Reciprocal altruism in *Papio anubis*. *Nature*, **265**, 441-443, 1977.

PACKER C. – Male care and exploitation of infant in *Papio anubis*. *Anim. Behav.*, **28**, 512-520, 1980.

PACKER C., TATAR M., COLLINS A. – Reproductive cessation in females mammals. *Nature*, **392**, 807-810, 1998.

PACKER C., PUSEY A.E. – Cooperation and competition within coalition of male lions, kin selection or game theory? *Nature*, **296**, 740-742, 1982.

PACKER C., PUSEY A.E. – Infanticide in carnivores. In *Infanticide, comparative and evolutionary perspectives* (Eds : Hanfater G., Hrdy S.B.), De Gruyter A., New York, Hawthorne. 31-42, 1984.

PAGANO A., JOLY P., HOTZ H. – Taxonomic composition and genetic variation of water frogs in the mid-Rhône floodplain. *CR Acad. Sci. Paris*, **320**, 759, 1997.

PAGANO A., CROCHET P.A., GRAF J.D., JOLY P., LODÉ T. – Distribution and habitat use of water frog hybrid complexes in France. *Global Ecol. and Biogeography*. Sous presse.

PALAZON S., RUIZ-OLMO J. – Preliminary data on the use of space and activity of the European mink (*Mustela lutreola*) as revealed by radio-tracking. *Small Carnivore Conserv.,* **8**, 6-8, 1993.

PAPI F. – Longrange migratory travel of a green turtle tracked by satellite, evidence for navigational ability in the open sea. *Mar. Biol.,* **122**, 171-175, 1995.

PANIGEL M. – Contribution à l'étude de l'ovoviviparité chez les reptiles, gestation et parturition chez le Lézard vivipare *Zootoca vivipara. Ann. Sc. Nat.,* **18**, 569-668, 1956.

PARKER G.A. – Sperm competition and its evolutionary consequences in the insects. *Biol. Rev.,* **45**, 525-567, 1970.

PARKER G.A. – Snakes and female sexuality. *Nature,* **355**, 395-.96, 1992.

PARKES A.S., BRUCE H.M. – Olfactory stimuli in mammalian reproduction. *Science,* **134**, 1049-1054, 1961.

PARSONS P.A. – Fluctuating asymmetry, an epigenetic measure of stress. *Biol. Reviews,* **65**, 131-145, 1990.

PASSERA L. – *L'organisation sociale des fourmis.* Privat, Toulouse, 1984.

PATERSON H.E.H. – *Evolution and the recognition concept of species, collected writings.* J. Hopkins Univ. Press Batimore, Maryland, 1993.

PATRIS B., BAUDOIN C. – Female sexual preferences differ in *Mus spicilegus* and *Mus musculus domesticus*, the role of familiarization and sexual experience. *Anim. Behav.,* **56**, 1465-1470, 1998.

PAYNE R.B. – The evolution of clutch size and reproductive rates in parasitic cuckoos. *Evolution,* **28**, 169-181, 1974.

PAYNE R.B. – The ecology of brood parasitism in birds. *Annn. Rev. Ecol. Syst.,* **8**, 1-28, 1977.

PÉREZ-LACHAUD G., CAMPAN M. – Comportement sexuel et stratégie reproductrice chez le *Chryseida bennetti* Burks (Hymenoptera, Eurytomidae), parasitoïde de la bruche du haricot. I. Effet de l'âge des partenaires. *Can. J. Zool.,* **72**, 126-134, 1994.

PERRINS C.M. – Population fluctuations and clutch size in the great tit (*Parus major*). *J. Anim. Ecol.,* **34**, 601-647, 1965.

PERRONE M., ZARET T.M. – Parental care patterns of fishes. *Am. Nat.,* **113**, 351-361, 1979.

PFENNING D.W. – « Kin recognition » among spadefoot toad tadpoles. A side effect of habitat selection. *Evolution,* **44**, 785-798, 1990.

PIANKA E.R. – On r and K selection. *Am. Nat.,* **104**, 592-597, 1970.

PIANKA E.R. – *Ecology and natural history of Desert lizards.* Princetion Univ. Press, Princeton, 1986.

PICKLES A.R., GRAHAME J. – Mate choice in divergent morphs of gastropod mollusc *Littotina saxatillis* (Olivi), speciation in action? *Anim. Behav.,* **58**, 181-184, 1999.

PIEAU C. – Sex determination in Reptiles *Quart. Rev. Biol.,* **55**, 3-21, 1980.

PLANES S., DOHERTY J. – Genetic and color interactions at a contact zone of *Acanthochromis polacanthus*, a marine fish lacking pelagic larvae. *Evolution,* **51**, 1232-1243, 1997.

PLÉNET S., PAGANO A., JOLY P., FOUILLET P. – Variation of plastic responses to oxygen availability within the *Rana esculenta* complex. *J. Evol. Biol.,* **13**, 20-28, 2000.

PLUHACEK J., BARTOS L. – Male infanticide in captive plains Zebra *Equus burchelli. Anim. Behav.,* **59**, 689-694, 2000.

PONSE K. – Ponte et développement d'œufs provenant de l'organe de Bidder d'un Crapaud mâle féminisé. *C. R. Soc. Biol.,* **92**, 582-583, 1925.

POWELL J.R., TAYLOR C.E. – Genetic variation in ecologically diverse environments. *Am. Sc.,* **67**, 590-596, 1979.

PRECHTL H.F.R. – Zur Paarungsbiologie einiger Molcharten. *Z. Tierpsychol.,* **8**, 337-348, 1951.

PRÉVOST J., VILTER V. – Histologie de la sécrétion oesophagienne du manchot empereur. *Proc. Int. Ornit. Congr.,* **13**, 1085-1094, 1963.

PRICE P.W. – Reproductive strategies in parasitoid wasps. *Am. Nat.,* **197**, 684-693, 1973.

PRICE P.W. – *Insect Ecology.* Wiley., Son, New York, 1975.

PULLIAM H.R. – Sources, sinks and population regulation. *Amer. Nat.,* **132**, 652-661, 1988.

PUYTORAC P., GRAIN J., MIGNOT J.-P. – *Précis de protistologie.* Boubée, Paris, 1987.

PYBURN W.F. – Breeding behavior of the leaf frogs *Phyllomedusa callydrias* and *Phyllome-*

dusa dacnicolor in Mexico. *Copeia,* 1970, 209-218, 1970.

QUESTIAU S., EYBERT M.C., TABERLET P. – Amplified fragment length polymorphism (AFLP) markers reveal extra-pair parentage in a bird species, the bluethroat *Luscinia svecica. Mol. Ecol.,* **8**, 1331-1339, 1999.

RABB G.B. – Evolutionary aspects of the reproductive behavior of frogs. In *Evolutionary Biology of the Anurans,* (J.L. Vial, ed.), 213-227, 1973.

RALLS K. – Sexual dimorphism in mammals, avian models and underanswered questions. *Am. Nat.,* **111**, 917-938, 1977.

RASMONT R. – La gemmulation des Spongillidés. *Ann. Soc. Roy. Belg.,* **86**, 1956.

RAYMOND M., BERGERON J.-M., PLANTE Y. – Dimorphisme sexuel et régime alimentaire de l'hermine dans un agrosystème du Québec. *Can. J. Zool.,* **62**, 594-600, 1984.

READING C.J., LOMAN J., MADSEN T. – Breeding pond fidelity in the common toad, *Bufo bufo. J. Zool. London,* **222**, 201-211, 1991.

REICHHOLF J.H. – *Der schöpferische Impuls, Eine neue Sicht der Evolution.* Verlag-Anstalt GmbH, Stuttgart, 1992.

REICHMAN O.J., VAN DE GRAAFF K.M. – Association between ingestion of green vegetation and desert rodent reproduction. *J. Mammal.,* **56**, 503-506, 1975.

REMBOLD H. – Control of imaginal development by juvenile hormone. In *Advances in Vertebrate reproduction* (Porchet *et al.*, eds), 5-68, 1986.

REYNOLDS J.D. – Animal breeding systems. *TREE,* **11**, 68-72, 1996.

RIDET J.-M., PLATEL R., MEUNIER F.-J. – *Des Protozoaires aux Echinodermes.* Ellipses, Paris, 1992.

RIDLEY M. – Paternal care. *Anim. Behav.,* **26**, 904-932, 1978.

RIDLEY M., RECHTEN C. – Female sticklebacks prefer to spawn with males whose nests contain eggs. *Behaviour,* **76**, 152-161, 1981.

RICHARD P.-B. – Le Castor du Rhône. *Rev Ecol (Terre Vie),* **2**, 129-137, 1954.

RICHARD P.B. – Le gîte du castor du Rhône (*Castor fiber*) description et comportement constructeur. *Rev Ecol (Terre Vie),* **27**, 3-32, 1973.

ROBBINS M.A. – Male mating patterns in wild multimale mountain gorilla groups. *Anim. Behav.,* **57**, 1013-1020, 1999.

ROBERTSON D.R. – Social control of Sex Reversal in a Coral-Reef fish. *Science,* **177**, 1007-1009, 1977.

ROBINSON B.W., WILSON D.S. – Character release and displacement in fishes, a neglected literature. *Amer. Nat.,* **144**, 596-627, 1994.

ROBITAILLE J.F., RAYMOND M. – Spacing patterns of ermine, *Mustela erminea* L., in a Quebec agrosystem. *Can. J. Zool.,* **73**, 1827-1834, 1995.

ROEDER J.-J., ANDERSON J.-R. – *Primates, recherches actuelles,* Masson, Paris, 1990.

ROEDER J.-J., PALLAUD B. – Ontogenèse des comportements alimentaires et de prédation chez trois genettes (*Genetta genetta* L.) nées et élevées en captivité, rôle de la mère. *Mammalia,* **4**, 18-193, 1980.

ROFF D.A. – *The evolution of life histories. Theory and analysis.* Chapman et Hall, New York, 1992.

ROPARTZ P. – Le rôle de l'olfaction dans le comportement des Souris mâles. *Rev. Comp. Anim.,* **2**, 1-39, 1968.

ROUBAUD P., GILLET C., BILLARD R. – Influence du pH du milieu au cours de la fécondation sur la survie embryonnaire de la carpe commune (*Cyprinus carpio*). *Can. J. Zool.,* **62**, 851-861, 1984.

ROUGET P.-C., VIETTE P. – *Guide des papillons nocturnes d'Europe et d'Afrique du Nord.* Delachaux-Niestlé, Neuchatel, Paris, 1978.

ROUSSET F., BOUCHON D., PINTUREAU B., JUCHAULT P., SOLIGNAC M. – Wolbachia endosymbionts responsible for various alterations of sexuality in arthropods. Proc. R. Soc. Lond., B **250**, 91-98, 1992.

ROWLEY I. – Re-mating in birds. In *Mate choice,* Bateson P. (ed.). Cambridge Univ. Press, 331-360, 1983.

RYLAND J.S. – Polyembryony paradox. The case of Cyclostomate Bryozora. *TREE.* 11, 26, 1996

SADLEIR R.M.F.S. – Ecological consequences of lactation. *Acta Zool. Fennica,* **171**, 179-182, 1984.

SAETRE G.P., MOUM T., BURES S., KRAL M., ADAMJAN M., MORENO J. – A sexually selected character displacement in flycatchers reinforces premating isolation. *Nature,* **387**, 589-592, 1997.

SAINO N., VILLA S. – Pair composition and reproductive success across a hybrid zone of carrion crows and hooded crows. *Auk,* **109**, 543-555, 1992.

SANDELL M. – Movement patterns of male stoats *Mustela erminea* during the mating season, differences in relation to social status. *Oikos,* **47**, 63-70, 1986.

SANDERSON N. – Variation in mating call across the hybrid zone between the fire bellied toads *Bombina bombina* and *B. variegata. Evolution,* **46**, 595-607, 1992.

SAUER F., SAUER E. – Star navigation of nocturnal migrating birds. *Cold Spring Harbor Symp. Quant. Biol.,* **25**, 463-473, 1960.

SAUER E.G.F., SAUER E.M. – The behavior and ecology of the South African ostrich. *Living Birds,* **5**, 45-75, 1966.

SCHAFFER W.M., ELSON P.F. – The adaptive significance of variations in life history among local populations of Atlantic salmon in North America. *Ecology,* **56**, 577-590, 1975.

SCHALLER G.B. – *The mountain Gorilla, ecology and behaviour.* Univ. Press, Chicago, 1963.

SCHALLER G.B. – *The Serengeti Lion.* Univ. Press, Chicago, 1972.

SCHALLER F., SCHWALB H. – Attrappenversuche mit Larven und Imagines einheimischer Leuchtkäfer. *Zool. Anz. Suppl.,* **24**, 154-166, 1961.

SCHAMEL D., TRACY D. – Polyandry, replacement clutches, and site tenacity in the red Phalarope (*Phalaropus fulicarius*) at Barrow, Alaska. *Bird banding,* **48**, 314-324, 1977.

SCHARTL M., NANDA I., SCULUPP I., WILDE B., EPPLEN J.T., SCHMID M., PARZEFALL J. – Incorporation of subgenomic amount of DNA as compensation for mutational load in a gynogenetic fish. *Nature,* **373**, 68-71, 1995.

SCHMIDT B.R. – Sexual and asexual reproduction in vertebrates. *TREE,* **11**, 253-254, 1996.

SCHRÖPFER R., PALIOCHA E. – Zur historischen und rezenten Beständerung der Nerze *Mustela lutreola* (L. 1761) und *Mustela vison* Schreber 1777 in Europa — eine Hypothesendiskussion. *Wissenschaft Beitung Univität Halle,* **37**, 303-321, 1989.

SCHULTZ R.J. – Hybridization, unisexuality, and polyploïdy in the Teleost *Poeciliopsis* (Poecillidae) and other Vertebrates. *Am. Nat.,* **101**, 605-619, 1969.

SCHWARTZ J.H. – *Orang-Outan biology.* Univ. Press, Oxford, 1988.

SELANDER R.K. – Sexual dimorphism and differential niche utilization in birds. *Condor,* **68**, 113-151, 1966.

SEYFARTH R.M., CHENEY D.L. – Grooming, alliances and reciprocal altruism in vervet monkeys. *Nature,* **308**, 541-542, 1984.

SHAPIRO D.Y. – Social behaviour, group structure and the control of sex reversal in hermaphroditic fish. *Adv. Stud. Behav.,* **10**, 43-102, 1979.

SHARMANN G.B. – Studies on marsupial reproduction. *Aust. J. Zool.,* **3**, 56-70, 1955.

SHELFORD V.E. – The relation of snowy owl migration to the abundance of the collared lemming. *Auk,* **62**, 592-596, 1945.

SHENK A., KOVACS K.M. – Multiple mating between black bears revealed by DNA finger printing. *Anim. Behav.,* **50**, 1483-1490, 1995.

SHERMAN P.W., LACEY E.A., REEVE H.K., ZELLER L. – The eusociality continuum. *Behav. Ecol.,* **6**, 102-108, 1995.

SHINE R. – Sexual selection and sexual dimorphism in the amphibia. *Copeia,* 297-306, 1979.

SHINE R., DOWNES S.J. – Can pregnant lizards adjust their offspring phenotypes to environmental conditions? *Oecologia,* **119**, 1-8, 1999.

SHORT H., HAY M.F. – Delayed Implantation in the Roe Deer *Capreolus capreolus. Comp. Biology Repr. in Mammals,* Zool. Soc. Lond., Academic Press, 173-194, 1966.

SIEGFRIED W.R. – Feeding activity of the cattle egret. *J. Appl. Ecol.,* **8**, 447-468, 1971.

SINSCH U. – Migration and orientation in Anuran Amphibians. *Ethol. Ecol. Evol.,* **2**, 65-79, 1990.

SITES J.W., PECCININI-SEALE D.M., MORITZ C., WRIGHT J.W., BROWN W.M. – The evolutionary history of parthenogentic *Cnemido-*

phorus lemniscatus (Sauria, Teiidae). I Evidence for hybrid origin. *Evolution,* **44**, 906-921, 1990.

SLATKIN M. – Gene flow and the geographic structure in subdivided populations. *Science,* **236**, 787-792, 1987.

SOLBERG E.J., SAETHER B.E. – Fluctuating asymmetry in the antlers of moose (*Alces alces*) – does it signal male quality? *Proc. Roy. Soc.,* **254**, 251-255, 1993.

SOLER J.J. – Do life history variables of European cuckoo hosts explain their egg-rejection behavior? *Behav. Ecol.,* **10**, 1-6, 1999.

SORDI M. – Ermafrodismo proteroginico in *labrus turdus* e in *L.* merula. *Mon. Zool. Ital.,* **69**, 69-89, 1962.

SOULÉ M.E. – *Conservation Biology, the science of scarcity and diversity.* Sinauer Associate, Sunderland, Mass., 1986.

SOUTHWOOD T.R.E. – Tactics, strategies and templets. *Oikos,* **52**, 3-18, 1988.

SPIRA A., BAJOS N., BEJIN A., BELTZER N., BOZON M., DUCOT B., DURANDEU A., FERRAND A., GIAMI A., GILLOIRE A., GIRAUD M., LERIDON H., MESSIAH A., LUDWIG D., MOATTI J.-P., MOUNNIER L., OLOMUCKI H., POPLAVSKY J., RIANDEY B., SPENCER B., SZTALRYD J.M., TOUZARD H. – AIDS and sexual behaviour in France. *Nature,* **360**, 0407-409, 1994.

SPRINGER S. – Oviphagous embryos of the Sand shark *Carcharias taurus. Copeia,* **3**,153-157, 1948.

SPRULES G.W. – The adaptive significance of paedogenesis in north American species of *Ambystoma* (Amphibia caudata). *Can. J. Zool.,* **52**, 393-408, 1974.

STEARNS S.C. – *The evolution of life histories.* Univ. Press, Oxford, 1992.

STILLE B., MADSEN T., NIKLASSON M. – Multiple paternity in the adder, *Vipera berus. Oikos,* **47**, 173-175, 1986.

STOCKLEY P., SEARLE J.B., MACDONALD D.W., JONES C.S. – Female multiple mating behaviour in the common shrew as a mechanism to reduce inbreeding. *Proc. Roy. Soc. London,* **254**, 173-179, 1993.

STRUHSAKER T.T., LELAND L. – Infanticide in a patrilineal society of red colobus monkey. *Z. Tierpsychol.,* **69**, 89-132, 1984.

SUNDBERG J., DIXON A. – Old, colourful male yellowhammers, *Emberiza citrinella,* benefit from extra-pair copulations. *Anim. Behav.,* **52**, 113-122, 1996.

SUOMALAINEN E., SAURA E., LOKKI J. – Evolution of parthenogenotic insects. *Evol. Biol.,* **9**, 209-257, 1976.

SYMINGTON M.M. – Demography, ranging-patterns and activity budgets of Black-spider monkey (*Ateles paniscus chamek*) in the Manu Natioanl Park, Peru. *Amer. J. Primat.,* **15**, 45-67, 1988.

SYMONS D. – *The evolution of human sexuality.* Oxford Univ Press, NY, 1979.

TABER E. – Intersexuality in birds. In *Intersexuality in vertebrates including man* (Armstrong C.N., Marshall A.J., eds), Academic Press, New York, 285-310, 1964.

TABORSKY M. – Broodcare helpers in the Cichlid fish *Lamprologus brichardi,* their costs and benefits. *Anim. Behav.,* **32**, 1236-1252, 1984.

TALLAMY D.W. – Insect parental care. *Bioscience,* **34**, 20-24, 1984.

TEMPLETON A.R. – The meaning of species and speciation, a genetic perspective. In *Speciation and its consequences* (Otte D., Endler J.A., eds), Sinauer, Sunderland, Mass., 1989.

TEYSSÈDRE A. – *Les stratégies sexuelles des animaux.* Nathan, Paris, 1995.

TINBERGEN N. – *The study of instinct.* Oxford Press, London, 1951.

THIBAULT C., LEVASSEUR M.-C. – *La reproduction chez les mammifères et l'homme.* Ellipses INRA, 1991.

THIBAULT C., BEAUMONT A., LEVASSEUR M.-C. – *La reproduction des Vertébrés.* Masson, Paris, 1998.

THIRGOOD S.J. – Alternative mating strategies and reproductive success in fallow deer. *Behaviour,* **116**, 1-9, 1990.

THOMAS F., RENAUD F., DE MEUÜS T., CÉZILLY F. – Parasites, age and the Hamilton-Zuk hypothesis, inferential fallacy? *Oikos,* **74**, 305-309, 1995.

THOMPSON N.S. – Primate infanticide. *Lor Primate Newletter,* **6**, 18, 1967.

THORNE B.L. – Evolution of eusociality in termites. *Ann. Rev. Ecol. Syst.,* **28**, 27-54, 1997.

THORNHILL R. – Rape in *Panorpa* scorpionflies and a general rape hypothesis. *Animal Behav.*, **28**, 52-59, 1980.

THORNHILL R. – Alternative strategies by *Panorpa* (Scorpion flies), an experiment. *Ann. Rev. Ecol. Syst.*, **12**, 355-386, 1981.

THORNHILL R., GANGESTAD S.W., COMER R. – Human female orgasm and mate fluctuating asymmetry. *Anim. Behav.*, **50**, 1601-1615, 1995.

TRIVERS R. – The evolution of reciprocal altruism. *Quat. Rev. Biol.*, **46**, 35-57, 1971.

TRIVERS R.L. – Parental investment and sexual selection In *Sexual selection and the descent of man 1871-1971*. Campbell B., Aldine, Chicago, 1972.

TRIVERS R.L., HARE H. – Haplodiploidy and the evolution of social insects. *Science*, **191**, 249-263, 1976.

TRIVERS R. – *Social evolution*. Menlo Park, Benjamin/Cummings Publishing Company, 1985.

TROISI A., CAROSI M. – Female orgasm rate increase with male dominance in japanese macaques. *Anim. Behav.*, **56**, 1261-1266, 1998.

TUNNER H.G. – Die klonale struktur einer Wasserfroschpopulation. *Z. zool. Syst. Evolut. Forsch.*, **12**, 309-314, 1974.

TURELLI M., ORR H.A. – The dominance theory of Haldane's rule. *Genetics*, **140**, 389-402, 1995.

TUTIN C.E.G. – Mating patterns and reproductive strategies in a community of wild chimpanzees. *Behav. Ecol. Sociobiol.*, **6**, 29-38, 1979.

VAISSAIRE J.-P. – *Sexualité et reproduction des Mammifères domestiques et de laboratoire*. Maloine, Paris, 1977.

VALLÉE L. – Recherches sur *Triturus blasii* de l'Isle, hybride naturel de *Triturus cristatus* Laur × *Triturus marmoratus* Latr. *Mem Soc Zool Fr* 31, 1-95, 1959.

VANCASSEL M. – Plasticity and adaptive radiation of dermapteran parental behavior, results and perspectives. *Adv. Stud. Behav.*, **14**, 51-80, 1984.

VANDEL A., DURAND J.-P. – Le cycle vital du Protée. *CR Acad. Sci.*, **270**, 2699-2701, 1970.

VAN VALEN L. – A new evolutionary law. *Evol. Theor.*, **1**, 1-30, 1973.

VASEY P.L. – Female choice and inter-sexual competition for female sexual partners in japanese macaques. *Behaviour*, **135**, 579-597, 1998.

VIENNE C., ERRARD C., LENOIR A. – Influence of the queen on worker behaviour and queen recognition behaviour in Ants. *Ethology*, **104**, 431-446, 1998.

VERNER J., WILLSON M.F. – Influence of habitats on mating systems of North American passerine birds. *Ecology*, **47**, 143-147, 1966.

VERNET G. – Données actuelles sur le déterminisme de la mue chez les Crustacés. *Ann. Biol.*, **15**, 155-188, 1976.

VEUILLE M. – Insectes sociaux, solidarité ouvrière sans fraternité ? *La Recherche*, **190**, 962-964, 1987.

VOLLRATH F., RHODEARNDT D. – Prey capture and feeding in the Social Spider *Anelosimus eximius*. *Z. Tierpsychol.*, **61**, 334-340, 1983.

VOS R. – Male accessory glands and the evolution of copulatory plugs in rodents. *Occ. Pap. Mus. Zool. Univ. Mich.*, **689**, 1-27, 1979.

VREYS C., MICHIELS N.K. – Flatworms flatten to size up each other. *Proc. Roy. Soc. Lond.*, **264**, 1559-1564, 1997.

VRIJENHOEK R.C. – Unisexual fish, Model systems for studying ecology and evolution. *Annual Review of Ecology and Systematics*, **25**, 71-96, 1994.

VUUREN VAN B.J., ROBINSON T.J. – Genetic population structure in the yellow mongoose, *Cynictis penicillata*. *Mol. Ecol.*, **6**, 1147-1153, 1997.

WAAL (DE) F.B.M. – Sex differences in the formation of coalition among Chimpanzees. *Ethol. Sociobiol.*, **5**, 239-255, 1984.

WAAL (DE) F.B.M. – The communicative repertoire of captive bonobos *Pan paniscus* compared to that of chimpanzees. *Behaviour*, **106**, 183-251, 1988.

WAAL (DE) F.B.M. – L'activité sexuelle pacificatrice des Bonobos. *Pour la Science*, **211**, 70-77, 1995.

WADE M.J. – Kin selection, its components. *Science*, **210**, 665-666, 1980.

WALTHER F.R. – Entwicklungszüge im Kampf- und Paarungsverhalten der Horntiere. *Jahrb.*

G. v. Opel – Freigehe f. Tierforschg **3**, 90-115, 1961.

WARE H. – Polygyny, women's view in a transitional society, Nigeria. *J. Mar. and Fam.*, **141**, 185-195, 1979.

WARNER R.R., ROBERTSON D.R., LEIGH E.G. – Sex change and sexual selection. *Science*, **190**, 633-638, 1975.

WARNER R.R., WERNERUS F., LEJEUNE P., VAN DEN BERGHE E. – Dynamics of female choice for parental care in a fish species where care is facultative. *Behav. Ecol.*, **6**, 73-81, 1991.

WATSON P.J., THORNHILL R. – Fluctuating asymmetry and sexual selection. *TREE*, **9**, 21-25, 1994.

WELCH A.M., SEMLITSCH R.D., GERHARDT H.C. – Call duration as an indicator of genetic quality in male Gray tree frogs. *Science*, **280**, 1928-1930, 1998.

WHITEHOUSE M.E.A., LUBIN Y. – Competitive foraging in the social spider *Stegodyphus dumicola*. *Anim. Behav.*, **58**, 677-688, 1999.

WIDEMO F., OWENS I.P.F. – Size and stability of vertebrate leks. *Anim. Behav.*, **58**, 1217-1221, 1999.

WILKINSON G.S. – Reciprocal altruism in Bats and other mammals. *Ethol. Sociobiol.*, **9**, 85-100, 1988.

WILKINSON G.S., MILLER BOKER. – Communal nesting among genetically similar house mice. *Ethology*, **77**, 103-114, 1988.

WILLIAMS G.C. – *Adaptation and natural selection, a critique of some current evolutionary thought*. Princeton Univ. Press, Princeton, 1966a.

WILLIAMS G.C. – Natural selection, the cost of reproduction, and a refinement of Lack's principle. *Amer. Nat.*, **100**, 687-690, 1966b.

WILLIAMS G.C. – *Sex and evolution*. Princeton Univ. Press, New Jersey, 1975.

WILLIAMS G.C., MITTON J.B. – Why reproduce sexually ? *J. Theriol.*, **39**, 545-554, 1973.

WILLIER B.H. – The embryological foundation of sex in vertebrates. *Sex and internal secretion Allen Edt*, **4**, 94-159, Baltimore, 1934.

WILSON E.O. – *The insect Societies*. Belknap Press. Haward Univ. Press, Cambridge, 1971.

WILSON E.O. – *Sociobiology, the new synthesis*. Harvard Univ Press, Cambridge, 1975.

WILTSCHKO W., WILTSCHKO R. – Magnetic compass of European Robin. *Science*, **176**, 62-64, 1972.

WIRTZ P. – Mother species-father species, unidirectional hybridization in animals with female choice. *Animal behviour*, **58**, 1-12, 1999.

WITSCHI E. – Modification of developement of sex in lower vertebrates and in mammals. *Sex and internal Secretion*, Ed. Baliere, Tindall and Cox, London, 1939.

WITSCHI E. – *Development of vertebrates*. Sanders Ed., Philadelphia, 1956.

WITTENBERGER J.F. – Group size and polygamy in social mammals. *Am. Nat.*, **115**, 197-222, 1980.

WOLF U., SCHEMPP W., SCHERER G. – Molecular Biology of the human Y-chromosome. *Rev. Physiol. Biochem. Pharmacol.*, **121**, 148-213, 1992.

WOOLFENDEN G.E., FITZPATRICK J.W. – *The Florida scrub jay, demography of a cooperative-breeding bird*. Univ. Press, Princeton, 1984.

YAMANE A. – Male reproductive tactics and reproductive success of the group-living feral cat (*Felis catus*). *Behav. Process.*, **43**, 239-249, 1998.

YOM-TOV Y., OLLASON J.G. – Sexual dimorphism and sex-ratios in wild birds. *Oikos* 27, 81-85.Zahavi A. 1975. Mate selection, a selection for a handicap. *J. Theor. Biol.*, **53**, 205-214, 1976.

ZAHAVI A. – The cost of honesty (further remarks on the handicap principle). *J. Theor. Biol.*, **67**, 603-605, 1977.

ZOHAR Y., ABRAHAM M., GORDIN H. – The gonadal cycle of the captivity-reared hermaphroditic teleost *Sparus auratus* during the first two years of life. *Ann. Biol. Anim. Bioch. Biophys.*, **18**, 877-882, 1978.

Index

A

Acanthochromis polyacanthus 204
Acanthoscelides obtectus 40
Accipenser sturio 99
Accipiter nisus 39
Achètes 19, 36, 122
Acinonyx jubatus 165, 193
Acrocephallus schoenobaelus 107
Acrocephalus arundinaceus 209
Acrocephalus scirpaceus 134
Acrocephalus sechellensis 159, 181
acrosome 30, 38, 43
Actinophrys sol 18
Actitis macularia 171
adelphophagie 71
Aegithalos caudatus 181
Aepyceros melampus 195
Agelaius phoeniceus 160, 166, 211, 216
Agelena consociata 184
Agnathes 48, 49, 50, 58, 62, 99
Agrions 85
Alcedo atthis 113
Alcelaphus buselaphus 195
Alces alces 91, 193
alécithe 58, 74, 76
allantoïde 65, 74
Alligator mississipiensis 39, 53
Alopex lagopus 178
altruisme, *Voir* comportements altruistes

altruisme réciproque 221
Alytes obstetricans 34, 107, 118, 121, 168, 209, 216
Ambystoma 54, 55, 150
Amphibolurus ornatus 222, 223
Amphipodes 50, 55, 85
Amphiprion frenatus 22
Amphiprion seba 122
amplexus 33, 64, 146, 148, 214, 216
Anableps 73
anadromes 99
Anapagurus chiroacanthus 52
Anarhichas lupus 177
Anas acuta 159
Anas platyrhyncos 39
androgènes 45, 48, 53, 55, 56, 104
androsténedione 22
Anelosimus eximius 184
Anergates atratulus 130
Anguilla anguilla 50, 63, 96, 99, 100
Anguilla rostrata 39, 157
Anguis fragilis 69
anisogamie 43, 81, 88, 239
Anodonta 137, 138
Anomalospiza imberbis 134
Anser caerulescens 188
Anthus 134
Aphelocoma coerulescens 181
Aphidés 26, 220
Aphyosemion 198

Apis 26, 127, 220
Apistgramma ramirezi 118
Aplysies 55, 98
Apus melba 101
Aquila chrysaetos 39
Arachnides 34, 37, 66, 86, 123
architomie 13
Arctocephalus 192
Ardea cinerea 111, 113, 125, 178
Areinicolidae 55
Armadillidium vulgare 52
arrhénoïdie 51
arrhénotoque 24
Artemia 24
Assa darlingtoni 67
assortative mating, *Voir* homogamie
Astérides 47
Asterina gibbosa 22, 234
Asterina pancerii 22
Ateles belzebuth 173
Athene noctua 96, 124
atoque 55
atrésie folliculaire 32
Atta 127
autofécondation 19, 20
Autolytus sp. 13

B

baculum 37
Balaenoptera physalis 165
Bdelloïdes 24
Bellicositermes 127, 184
Betta splendens 121
blastozoïde 2, 9
Blattella 67
Bombina 171
Bombus 127
*Bombycilla garrulu*s 113
Bombyx 86, 105, 216
Bonellia 87
Bos taurus 157
Bosmina 199
Bothriomyrmex decapitans 130
bouchon vaginal 75, 216
Brachygobius xanthozona 121
Brachypelta aterima 122
Bradypus varietagus 164
Bubulcus ibis 178
Bufo americanus 107, 221
Bufo bufo 33, 50, 100, 146, 171, 213
Bufo calamita 198, 226
Buteo buteo 109, 133
Buteo galapagoensis 172

Bycanistes 124

C

cæcotrophes 125
Calanus finmarchicus 96
Callorhinus californicus 208
Calotermes 127
Canis latrans 178, 192
Canis lupus 125, 128, 146, 161, 182, 192, 198, 220
Canis mesomelas 178, 193
cannibalisme intra-utérin
    Voir adelphophagie 71
capacitation 37, 144
capacité limite 231, 232
Capra ibex 84
Capreolus capreolus 77, 123
caractères sexuels secondaires 4, 33, 56, 83
Carausius morosus 50
Carcharias taurus 70
Carcinus maenas 51
Caretta caretta 101
caryocinèse 12
caséum 125
Castor fiber 97, 177, 191
catadromes 99
Centrocercus urophasianus 167
centrolécithes 58, 59
Centrolene 122
Centrolenella 121
Cephalophus 178, 195, 229
Céphalopodes 28, 34, 36, 37, 58, 59
Cérambycidés 120
Ceratotherium simun 167, 168
cercaires 27
Cercopithecus aethiops 157, 158, 209, 222
Certhia brachydactyla 133, 220
Cervus elaphus 96, 107, 157, 159, 167, 225, 229
Cestodes 20, 23
Cétacés 49, 107, 168
Chaetognathes 20
Chalcides chalcides 74
chambre des mâles 87
Chelifer 35
Chelonia mydas 101
Chen caerulescent 213
Chen rossi 213
Chiromantis 121
Chiroptères 49, 74, 75, 76, 94, 101, 107, 127, 216
Chlamys varia 21
choix d'accouplement 207
Chondrichthyens 37, 48, 49, 57, 58, 65, 72
chorion 57, 65, 74
chromosome ravageur 50

Chryseida bennetti 188
Chrysococcys 133
Cicadetta tibialis 106
Ciliés 12, 17
Cimicidae 36
Cincinnurus magnificus 196
Circus 96, 113, 125, 133, 143, 177, 179
Cirripèdes 19, 51
Citellus beldingi 212
Clamator glandarius 133, 134
Clethrionomys 96, 158
clitellum 21
clitoris 49, 87
Clupea harengus 100
Cnemidophorus uniparens 25, 238
Cnidaires 10, 13, 59, 117
Coelebs 24
coercition 207, 213
coït 36, 112, 113
Colias croceus 91, 98
Colisa 51
commensalisme reproducteur 137, 139
compétition
    d'interférence 198
    spermatique 207, 216
complexe spécifique 148
comportements altruistes 219, 221
concept d'espèce biologique 141
conjugaison 2, 17, 18, 19
Connochaetes taurinus 96, 124, 172, 195, 199
contestation 207
continuum r / K 232
contribution
    reproductive 5
        totale 228, 235
copulations forcées 213, 214
Coris julis 22
Corvus cornix 148
Corvus corone 148
Corvus frugilegus 125, 178
Corvus splendens 134
Cottus scorpius 67
Cotus gobio 168, 210
coût de la méiose 32, 238
Crepidula fornicata 21, 55
Cricetomys gambianus 72
Crocidura russula 124, 177
Crocodiliens 49, 52, 53, 122, 123, 237
Crocuta crocuta 87, 173, 193
Crustacés 24, 47, 50, 51, 52, 55, 60, 66, 69, 87, 98, 199
cryptisme 88
Ctenophorus maculosus 213

Cuculus canoris 133
Culex 144
Cyclops 66
Cygnus cygnus 101
Cynipidés 26
Cynthia cardui 98
Cyprinidés 19, 139
Cyprinus carpio 65
Cystophora cristata 178, 192, 229

D

Damaliscus 167, 218
Danaus gilipus 110
Danaus plexippus 99
dard 47
Dasypus novemcictus 15
déficience adaptative 191
Delphinus delphis 172
Dendrobates pumilio 122
Dendroica petechia 136
déplacement de caractère 146
deutérotoque 24
Dichogaster agilis 223
Dictyoptères 61, 67
Dicyema truncatum 28
Diomedea exulans 88, 110, 111, 177, 232
Diploptera 67
Diplozoon paradoxum 19, 20
Diptères 14, 31, 58, 60, 66, 70, 84, 85, 105, 110, 122, 131, 216, 218
dispersion à grande distance 206
distorsion de ségrégation 151
divorce 178, 211
Drosophila melanogaster 40, 106, 216, 224
Drosophile 31, 39, 40, 44, 106, 216
Drosophilia pseudoobscura 234
Dryophanta scutellaris 26
Dugesia gonocephala 204
dulotisme 129
Dysticus marginalis 91

E

ecdystéroïdes 83
Echinodermes 14, 22, 32, 47, 58, 62, 97, 117, 234
Ectoproctes 10, 12, 14, 50, 60
Edriolychnus 87
Elaphe longissima 66
Emberiza citrinella 211
Emberiza schoeniclus 124
Empis Tesellata 110
empressement 207
Emys orbicularis 52
Encyrtus fuscicollis 14

endogamie 203
Ephiailtes manifestes 131
épididyme 31, 37, 48
Epiplatis 198
épitoque 55, 86
Eptesicus serotinus 76
Equus burchelli 215
Equus przewalskii 169
Erigorgus femorator 132
Erinaceus europaeus 94
Erithacus rubecula 101, 107, 134, 160
Escargots 19, 46
Eudynamis scolopacea 133
Euproctus asper 106
eusocialité 128, 220
excursion brève 206
exogamie 206, 240

F

Falco tinnunculus 39, 113, 124, 218
fardeau génétique 3, 41
Fasciola hepatica 27
fécondation 1
fécondité potentielle 38, 39
Felis catus 214
Fenecus zerda 178
fidélité au site de ponte 121
fitness, *Voir* valeur sélective
Flagellés 12
Flectonotus 122
Flectonotus pygmaeus 69
fluctuating asymetry, *Voir* fluctuation asymétrique
fluctuation asymétrique 91
follicule de Graaf 32
fonction apaisante du sexe 176, 238
Forficula auricularia 91, 120
Formica 127, 129, 130
free-martin 51
Fregata minor 107, 108

G

Gadus morhua 100
Galeichthys felis 67
Gallinula chloropus 125
Gallus 51
Galus galus 159
gamètes 2, 3, 17, 19, 23, 29, 30, 32, 33, 34, 43, 45, 46, 47, 54, 64, 81, 82, 87, 97, 117, 118, 119, 142, 144, 148, 150, 157
Gamogonie 17
Gastéropodes 19, 21, 46, 55, 59
Gasterosteus 111, 118, 208, 210, 216
Gastrotheca marsupiata 73

Gastrotheca ovifera 73
gémellité 14
gemmules 11, 12
Genetta genetta 125
Geospiza fortis 147
Geothlyois trichas 136
Géotrupes 66
glande(s)
    de Dufour 129, 131
    accessoires 31, 34, 48, 57, 65
Glossina morsitans 106, 216
Glossina sp. 70
Glossiphonia 122
Gonadotropin Releasing Hormone 54
gonopodium 85, 113, 114
Gorilla gorilla 170
gradient de Bateman 218
Gryllus 35
Gryphea sp. 21
Gymnopleurus laevicollis 115
Gymnorhina tibicen 201
gynandromorphie 92
gynécogenèse 23, 24
gynogenèse 23

H

Haematopus ostralegus 189, 234, 235
Haliaetus vocifer 177
Halichoerus grypus 192
Hamilton-Zuk, *Voir* Théorie de Hamilton et Zuk
Haplotoxon tricoti 67
hectocotyle 36
Heliconius erato 216
Heliozoaire 18
Helix pomatia 39
Helogale parvula 128, 173, 182
Hemimerus talpoides 72
hémipénis 37, 49
Hémiptères 24
Hemitragus jemlahicus 96
Heterocephalus glaber 125, 128, 182, 183, 220
Hétérocères 86, 105
hétérogamétique 45, 146
hétérolécithes 58, 59
Heterometrus 122
Heteronetta atricapilla 133
Heteronotia binoei 26
hétérosis 233
hétérozygotie 29
hibernacules 12
Himantopus himantopus 147
Himantopus novaezealandiae 147
Hippocampus hudsonius 118, 122

Index **269**

Hippopotamus amphibus 96
Hirundo rustica 90, 101, 132, 200
Holothuries 47, 62
Homarus americanus 39
Homo sapiens 175, 205
homogamétique 45, 146
homogamie 148, 204, 221, 239
Homoptères 24, 72, 106
homozygotie 29
Hoplosternum littorale 121
Hydra fusca 10
Hydre d'eau douce 9, 10, 13
Hyla arborea 33
Hylobate lar 177
Hylobittacus apicalis 113
Hylopanchax 198
Hyménoptères 14, 24, 26, 44, 51, 60, 75, 92, 127, 128, 131, 132, 182, 184, 201, 219, 220, 223
Hypertélie 85, 89
hypertélie 83, 84, 89
Hypochera chalybata 134
hypothèse
　de la réduction de compétition 87
　de Lack 190, 222
Hyppocampus zosterae 69

I

Ichneumon rudis 132
inceste 206
inclusive fitness 219
incubation gastrique 67, 122
Indicator minor 134
infanticide 207, 214, 215
inquilinisme 129
insémination traumatique 36
investissement parental 82, 115, 117, 118, 123, 124, 126, 127, 133, 163, 177, 179, 211, 219, 221, 232
isogamie 43, 82
isolement reproducteur 3, 79, 141, 143, 145, 146
Isoptères 48, 92, 127, 184, 220
Isurus oxyrhynchus 70
itéroparité 93

J

Jacana spinosa 171

K

kleptomanie génétique 150
Klepton 150
Kobus ellipsiprymnus 160
Kobus kob 160

L

Labidura riparia 120
Labroides dimidiatus 22
Labrus merula 22
Lacerta vivipara 69, 221, 235
lactation 39, 77, 125, 126, 215
Lagonosticta senegala 134
Lagopus lagopus 97, 160, 201
Lama guanacoe 169
Lamna nasus 70
Lampreta fluviatilis 99
Lamprologus brichardi 180
Lampyres 50
Lampyris noctiluca 107
Lanius collurio 113, 160, 161
Larus 111, 112, 125, 157, 160, 178
*Larus argentatu*s 125
*Larus ridibundu*s 111, 112, 157, 160
Leiopelma 72
Leipoa ocellata 122
leks 160
Lemmus lemmus 231
Lépidoptères 14, 24, 45, 47, 60, 61, 91, 94, 98, 105, 122, 131, 133, 156, 190, 216, 223
Leptinotarsa 97
Leptodactylus 121
Leptodactylus fallax 72
Leptonotarsa decemlineata 62
Leptonychotes weddelli 192
Lepus capensis 124
Life time reproductrice success, *Voir* contribution reproductrice
Ligron 146
Linophryne 87
Liocarcinus holsatus 51
Litocranius walleri 195
Litomastix truncutellus 14, 132
Littorina patula 67
Littotina saxatillis 204
Lobodon carcinophagus 192
Locusta migratoria 201
Locusta sp. 47
Loligo 35, 36, 98
Loxodonta 38, 107, 157, 198, 209, 210
Lucanus cervus 84
Luscinia svecica 211
Lutra lutra 96
Lycaon pictus 128, 173, 174, 192
Lycosa 122
*Lymantria dispa*r 41
Lytta magister 204

M

Macaca fuscata 176
Macaca rhesus 104, 157, 175
Macacus 209
Macacus rhésus 106
Macrocentrus homonae 132
Macrothylacia rubi 86
Madoqua kirki 178, 195
Madoqua saltiana 228
Maia squinando 98
manipulation parentale 220
Manucodia keraudrenii 196
Marmota monax 187
Marsupiaux 45, 74, 77, 164
Marsupium 74
*Martes foin*a 77, 110, 112
Megadyptes antipodes 88, 126, 178, 179, 211
Mégalops 34
meiotic driv, *Voir* pressions méiotiques
Melanerpes formicivorus 128, 180, 181
Meles meles 77, 78, 106, 125, 179, 204
Melitta 127
Melolontha melolontha 40, 86
Melospiza melodia 136
Merops bullockoides 181
Mertensiella caucasica 70, 71
Messor 127
Micromalthus debilis 54
Microtus 96, 142, 227
Militicida 184
Millsonia ghanensis 223
*Milvus migran*s 124
Miniopterus schreibersi 75, 127
Miracidium 27
Mirounga angustirostris 193, 209
Mirounga leonina 167, 192
modèle
    co-évolutif de la Reine rouge 136
    de Zahavi, *Voir* principe du handicap
    des caractéristiques indicatrices 90
    du choix des femelles 89
    du handicap, *Voir* Principe du handicap
    source puits 191, 230
Molothrus ater 136
Monachus monachus 119
monocalique 128
Monodon monoceros 84, 85
Monomorium salomonis 130
Morue 120
Moschus moschiferus 106
Moycastor coypus 191
Muller's ratchet, *Voir* fardeau génétique
multiplication des copulations 212, 213, 214, 218

Mungos mungo 214
Mus musculus 39, 124, 126, 157, 211, 214
Mus spicilegus 177, 211, 222
Musca domestica 106, 216
Mustela erminea 77, 206
Mustela furo 106
Mustela lutreola 148, 165, 207
Mustela nivalis 40, 119, 165, 166, 203
Mustela putorius 39, 40, 77, 106, 112, 113, 125, 144, 148, 149, 165, 166, 204, 205, 206, 215, 225
Mustela vison 77
Mustélidés 40, 77, 87, 96, 106, 109, 112, 165, 206
Mustelus canis 72
Mustelus laevis 71
Myocastor coypus 197
Myotis 75
Myrianida sp ; 13
Myrmecocystus mexicanus 184
Mytilus 38
Myzus dianthicola 24
Myzus persicae 26

N

nanisme 87
Nasonia vitripennis 50
Nasua narica 204
Natrix natrix 157
Nautilus 37
Nectophrynoïdes occidentalis 72
Nectophrynoïdes viviparus 72
Necturus sp 54
Neotragus batesi 195
Nephrops norvegicus 47
népotisme 175, 221
Nereidae 55
Nereis limnicola 70
Netta peposaka 133
nidicoles 123, 124, 177
nidifuges 123, 177
Nimbochromis livingstonii 67

O

océanodromes 100
Ochotoma 164
Octopus 36
Odobenus rosmarus 229
Odocoilus virgineus 198
Oenanthe hispanica 148, 149
oestrogènes 22, 25, 26, 53, 56, 94, 104
œstrus 94, 108
Oligarces paradoxus 54
Oligochètes 13, 19, 21, 23, 47, 93
oligolécithe 58

Oncorhynchus nerka 99
Ondatra zibethicus 191
Onychophores 70
oophagie 70, 71, 123
oothèque 48, 57, 65
oozoïde 2, 10, 11, 14, 60
Ophtalmotilapia ventralis 108
Orcinus orca 39, 157, 168
organe
    de Bidder 50
    de Ribaga 36
organisation de fission-fusion 173
Orthoptères 24, 47, 61, 106
Oryctolagus cuniculus 97, 157, 230
Oryzaephilus surinamensis 41
Ostéichthyens 37, 48, 49, 51, 58, 64, 65, 67, 72, 84, 87, 99, 118, 137, 150, 211
Ostrea edulis 21
Otiorrhynchus scaber 26
Ourebia ourebi 195
oviscapte 83, 137, 138
ovotestis 19, 46

P

P. latipinna, Voir *Poecilia* 24
Paludicella 12
Pan paniscus 176, 238
Pan troglodytes 174, 212
panmixie 155
Panorpa communis 85, 113, 114
Panthera leo 173, 193, 209, 214, 215
Panthera pardus 164, 193
Papio 170, 174, 190, 218, 222
Papio anubis 174, 218, 222
Papio cynocephalus 174
Papio hamadryas 170
Paradisea raggiana 196, 197
Paramécie 18
Paramecium caudatum 230
parasitoïdes 14, 131, 132, 223
paratomies 13
parenté 15, 60, 103, 173, 176, 180, 184, 204, 211, 219, 220, 221, 222
parentèle 219, 220, 221
Parnassius 216
Parus 84, 97, 133, 189, 190, 198, 200, 211, 220, 227
Parus caeruleus 84, 97, 189, 190, 211
Parus major 133, 200, 220, 227
Passer domesticus 132, 157
Pecten maximus 21

Pelecanus 125
Pelophyllax 150
Peltogaster paguri 52
pénis 37, 47, 49, 144
Phasmidioptères 24
Phausis splendidula 86, 107
Philetairus socius 178
Philomachus pugnax 210, 217
philopatrie 175, 204, 206, 212, 220
Phoca groenlandica 192
Phoca hispida 178, 192
Phoca vitulina 192
Phoenicopterus ruber 125, 179
Phoeniculus purpureus 128, 180, 221
Phoxinus 51, 150
Phrynosoma solare 233
Phryxe caudata 132
Phyllodoceidae 55
Phyllomedusa hypchondrialis 34
Phylloscopus 134
Phylloscopus collybita 143
Phylloxera 26
Physeter macrocephalus 168
Picus viridis 124
Pieris brassicae 98
Pieris rapae 98
Pipa pipa 69, 122
Pipistrellus 76, 101
Pisaura mirabilis 113
Planaires 36
Plathelminthes 13, 19, 27, 36, 38, 95
Platichthys flesus 63
Platygaster hyemalis 14
Plecotus 76
Pleuronectiformes 63
Podiceps cristatus 123
poecilandrique 91
Poecilia formosa 24
Poecilia sphenops 24
Poeciliopsis 150
poecilogynique 91
polycaliques 128, 184
Polychètes 10, 13, 14, 32, 46, 55, 70, 86, 93, 234
Polyergus rufescens 129, 131
polygynie de dominance 168, 170, 172
polygynie territoriale 167, 169
polymorphisme phasaire 201
polyphénisme 184, 185
Pongo pygmaeus 166
Porcellio 122
Presbytus entellus 176
pression méiotique 26, 151, 238

principe
	d'Allee 156
	du handicap 90, 91
processus réparateurs, Voir Théorie de la méiose réparatrice
Prodotiscus insignis 134
progestérone 56, 72, 73, 94
prolactine 66, 77, 96, 125
prolongation des copulations 218
promiscuité 165, 170, 172, 173, 175, 176, 202, 206, 212
prostaglandine 67, 122
Proteus anguinus 54
Protichneumon isorius 131
Protistes 2, 12, 17, 18, 19, 43, 237
Protoandrie 20
Protogynie 20
Protoperus dolloi 118
Protozoaires, Voir Protistes
Prunella modularis 134, 166, 188
Pseudomoia pagenstecheri 74, 223
Pterophyllum scalare 122
ptérygopodes 37, 49

R

Radaella 198
Rana 39, 150, 157
Rana cascadae 221
Rana clamitans 95
Rana dalmatina 142, 225
Rana lessonae 150
Rana palustris 95
Rana pipiens 151, 224
Rana ridibunda 146, 150
Rana sylvatica 95
Rana temporaria 63, 142, 170, 188, 198
Rangifer tarandus 101, 172, 193
Raptiformica sanguinea 130
Rattus norvegicus 200
réaction acrosomiale 38
reconnaissance de parentèle 221
règle de Haldane 146
Reine rouge, Voir modèle co-évolutif de la reine rouge
reproduction clonale 26
résistance aux parasites, Voir Théorie de Hamilton et Zuk
Reticulitermes 127
Rhea americana 167
Rheobatrachus silus 67, 68, 122
Rhinoceros unicornis 206
Rhinoderma darwinii 67, 68
Rhinolophus 75

Rhodeus sericeus 137
Rhodogaster viridis 86
Rhyssa persuasoria 132
Rissa tridactyla 178
rivalité d'endurance 207, 208, 214
Rotifères 24, 54

S

Sacculina carcini 51
Sacculines 19, 51
Sagitta, Voir Chaetognathes
Salamandra atra 71
Salamandra s. bernadezi 71
Salamandra s. fastuosa 70
Salamandra salamandra 70, 71, 100
Salmo salar 95, 99, 216
Salmo trutta 97
Salvelinus fontinalis 95
Saturnia pyri 86, 105
Scarabeus sacer 115
Scatophaga stercoraria 218
Schistocerca americana 201
Schistocerca gregaria 47, 201, 231
Schistosoma 28
schizométamérie 14
scissiparité 2, 12, 13, 14
Scorpionidés 34
scrotum 48
Scurius carolinensis 216
Scyliorhinus 58
ségrégation 46, 126, 164, 215
Seimes aurocapilus 136
sélection K 232
sélection r 232
sélection sexuelle 3, 4, 88, 89, 90, 91, 126, 203, 207, 218, 225, 228, 239
selmeparité 93
Serranellus subligarius 20
Serranus cabrilla 22
Serviformica 129, 130
seuil limite de polygynie 163
Sex determining region 45
Solenobia 24
Sorex araneus 212
Sorex coronatus 91, 94, 164
source puits, Voir modèle source-puits
spandix 37
Sparus auratus 21
Spathegaster tashenbergii 26
spéciation 3, 5, 141, 147, 204, 239
Specific Mating Recognition System, Voir système de reconnaissance spécifique
Spemophilus beecheyi 211

Index

Spercheus 66
spermathèque 21, 32, 34, 36, 47, 48, 75, 129, 212
spermatophore 31, 34, 36, 48, 111
Spizella passerina 136
Spongiaires 10, 11, 12, 29, 45
Sporozoaires 13, 17
Steganopus tricolor 171
Steganura paradisea 134, 135
Stegodyfus dumicola 184
Stercorarius parasiticus 178
Sterna hirundo 101, 113, 114, 160, 178, 211
Sterna paradisea 101
stolonisation 10
Stongyonatus huberi 131
stratégies
    alternatives 170, 175, 187, 206, 207, 216, 226
    d'accompagnement 217
    de libertinage 211
stress d'agression 182
Strongyloides papillosus 26
Struthio camelus 167
Sturnus vulgaris 107, 159
succès reproducteur 4, 5, 22, 38, 107, 109, 160, 163, 170, 175, 181, 182, 188, 190, 191, 198, 205, 207, 209, 211, 213, 218, 219, 221, 224, 225, 228, 239
Sula bassana 177
superfœtation 93
Suricata suricatta 182, 221
Sus scrofa 40
Syllidae 55
Syllis vivipara 70
Sylvia 134
sympatrie 146
Symphodus melops 96
Syncerus caffer 172, 196
syngaméon 148
système de reconnaissance spécifique 146, 148

T

Tachyglossus aculeatus 65
Tadarida brasiliensis 127
Tamiascurius hudsonicus 165
Tapinoma 130
télolécithe 58, 64, 65
Teredo navalis 21
Testis determining factor 45
Tetraenura ficsheri 135
Tetraenura regia 134
Tetramorium coespitum 130
Tetrao urogallus 160, 167, 209
Thalarctos maritimus 164

Thalassoma bifasciatum 23
Thaumetopoea pityocampa 131
thélytoque 24
Théorie
    d'histoire de vie 4, 89, 94, 156, 229, 239
    d'Orians, *Voir* seuil limite de polygynie
    de Hamilton et Zuk 90, 211, 238
    de l'altruisme réciproque, *Voir* altruisme réciproque
    de la méiose réparatrice 42
    de la roue à rochet 3, 41
    des Bons gènes 90
    du crédit désordonné 42
Theropithecus gelada 170
Tibicen septendum 94
Tilapia 122
Tipula subnodicornis 84
Toenia 38
Trématode parasite 19
triploïdes 151
Triturus 35, 54, 109, 111, 145, 146
Triturus blasii 145
Triturus cristatus 145
Troglodytes troglodytes 134
tubules galactophores 126
Tursiops truncatus 172, 218
Typhlosorus lineatus 198

U

Uca pugilator 109
Uca rhizophorae 109
Uca signata 109
Unio 137, 138
Uraeginthus ianthinogaster 135
Urochordés 10, 38, 62
Ursus arctos 215

V

valence écologique 95, 150
valeur sélective 3, 4, 5, 91, 135, 147, 222, 239
Vespa 127
Vespa germanica 221
Vicugna vicugna 169
Vidua macroura 134
Vidua raricola 135
Vipera berus 171, 212
Vireo ilvaceus 136
vitellus 57, 58, 64, 65, 74
Viviparus 67
Vormela peregusna 77

Vorticelle 18
Vulpes vulpes 119, 178, 187

X

X inactive specific transcript 45
Xénarthres 14, 49, 77
Xiphophorus 51
Xiphos 143

Z

Zahavi, Voir principe du handicap
Zalophus californiacus 208
Ziphius cavirostris 168
zone hybride 146, 148, 149
Zygiella 109
zygote 24, 32, 38, 43, 50, 57, 64, 67, 75, 76, 77, 82, 144